中国文化概论

第三版

檀江林 夏建圩 主编

合肥工业大学图书出版专项基金资助项目
国家大学生文化素质教育基地建设成果
安徽省高等学校『十三五』规划教材

合肥工业大学出版社

中国文化概论

（第三版）

主　　编　檀江林　夏建圩

副 主 编　祁高飞　郭晓燕

编 著 者　檀江林　夏建圩　祁高飞　郭晓燕

汪　清　崔景明　陈二林　王前军

刘红梅　孙玉红　陈　伟

目　录

绪论：坚定新时代中国文化自信…………………………………………（001）

第一章　中国传统文化的内在结构及基本精神……………………………（006）

第一节　文化的内涵、特征及功能……………………………………（006）
第二节　中国传统文化的主体精神与整体风貌…………………………（012）
第三节　中国传统文化的基本精神……………………………………（018）

第二章　中国传统文化植根的自然、经济及社会条件……………………（036）

第一节　大陆性自然地理环境与中国传统文化…………………………（037）
第二节　自然经济与中国传统文化……………………………………（039）
第三节　宗法制度与中国传统文化……………………………………（043）

第三章　中国传统文化的发展沿革及近代转型……………………………（050）

第一节　中国传统文化的萌生定型……………………………………（050）
第二节　中国传统文化的兴盛延续……………………………………（058）
第三节　中国传统文化的近代转型……………………………………（063）

第四章　儒家思想的发展历程及现代转型…………………………………（067）

第一节　先秦儒家代表人物的思想体系…………………………………（068）
第二节　儒学思想的发展沿革及近代式微………………………………（071）
第三节　现代新儒学的发展演变………………………………………（076）

第五章　道家道教思想的发展及现代启示…………………………………（080）

第一节　道家道教的产生与发展………………………………………（080）
第二节　道家道教思想对中国文化格局的影响…………………………（086）
第三节　道家伦理思想的现代启示……………………………………（091）

第六章　佛教在中国的发展嬗变及其深远影响……………………………（095）
第一节　佛教的产生及在中国的发展历程……………………………（095）
第二节　佛教思想核心观点介绍……………………………（101）
第三节　禅宗形成及对中国文化的深远影响……………………………（105）
第七章　传统法家法文化思想的发展演变及基本精神……………………………（111）
第一节　中国法家法文化的缘起及早期发展……………………………（111）
第二节　中国传统法家法文化的延革及近代转型……………………………（115）
第三节　中国传统法家法文化的基本精神……………………………（122）
第八章　中国传统制度文化发展沿革与基本特征……………………………（125）
第一节　中国传统政治制度构架……………………………（125）
第二节　中国传统经济及教育制度……………………………（133）
第三节　中国传统制度文化的基本特征……………………………（141）
第九章　中国传统史学文化的发展脉络及基本精神……………………………（147）
第一节　中国传统史学文化的形成发展……………………………（147）
第二节　中国传统史学文化的繁荣赓续……………………………（152）
第三节　中国传统史学文化的基本精神……………………………（157）
第十章　中国古代文学的辉煌成就及基本精神……………………………（160）
第一节　中国古代文学的发展历程……………………………（160）
第二节　中国古代文学的辉煌成就……………………………（164）
第三节　中国古代文学的基本精神……………………………（175）
第十一章　中国古代艺术的主要成就及主体精神……………………………（185）
第一节　中国古代艺术的发展演变……………………………（185）
第二节　中国古代艺术的主要成就……………………………（190）
第三节　中国古代艺术的主体精神……………………………（205）
第十二章　中国古代科技的主要成就及基本特征……………………………（211）
第一节　中国古代科学领域的突出成就……………………………（211）
第二节　中国古代技术领域的巨大贡献……………………………（217）
第三节　中国古代科技的基本特征及近代发展迟滞……………………………（221）

第十三章　中国传统服饰文化及其审美特征……………………（225）

第一节　中国传统服饰、冠制的演变……………………（225）
第二节　中国传统社会妇女服饰的演变……………………（230）
第三节　中国传统服饰的文化内涵与审美特征……………………（232）

第十四章　中国古代区域文化的瑰宝：徽州文化及其当代价值……………（236）

第一节　徽州文化的发展历程……………………（236）
第二节　徽州文化的杰出成就……………………（241）
第三节　徽州文化的独特精神价值……………………（251）

第十五章　中西方文化精神比较……………………（257）

第一节　西方文化的主要发展脉络……………………（257）
第二节　西方文化的基本精神概略……………………（263）
第三节　中西方文化基本精神交流互鉴……………………（266）

第十六章　当代中国文化的大众化与和谐化……………………（272）

第一节　20 世纪 80 年代的“文化热”……………………（272）
第二节　20 世纪 90 年代以来的文化大众化……………………（275）
第三节　中国特色社会主义和谐文化的建构路径……………………（278）

参考文献……………………（287）

后　记……………………（289）

绪论：坚定新时代中国文化自信

文化自信是一个国家、一个民族发展中更基本、更深沉、更持久的力量。在中国特色社会主义新时代，加强中华优秀传统文化教育，是深化中国特色社会主义“四个自信”教育的重要组成部分，是构建中华优秀传统文化传承体系、推动文化传承创新的重要途径，是培育和践行社会主义核心价值、落实立德树人根本任务的重要基础。

（一）新时代文化自信的提出与坚守

党的十八大以来，习近平总书记围绕弘扬中国传统文化精神主题，发表了一系列重要讲话，内容涵盖中华优秀传统文化精髓的解读，中国历史上的国家治理经验与借鉴，以及弘扬中国传统文化与践行社会主义核心价值观的路径等。

2013 年 3 月，习近平总书记在十二届全国人大一次会议闭幕会上，强调中华民族具有 5000 多年连绵不断的文明历史，创造了博大精深的中华文化，为人类文明进步作出了不可磨灭的贡献。

2014 年 2 月，习近平总书记主持第十八届中央政治局第十三次集体学习，强调培育和弘扬社会主义核心价值观必须立足中华优秀传统文化，博大精深的中华优秀传统文化是我们在世界文化激荡中站稳脚跟的根基。[①]

2014 年 9 月，习近平总书记在人民大会堂出席纪念孔子诞辰 2565 周年国际学术研讨会暨国际儒学联合会第五届会员大会开幕会并发表重要讲话，他强调：“研究孔子、研究儒学，是认识中国人的民族特性、认识当今中国人精神世界历史来由的一个重要途径。”中国的传统思想文化体现着中华民族世世代代在生产生活中形成和传承的世界观、人生观、价值观、审美观，最核心的内容已经成为最基本的文化基因，成为中华民族和中国人民在修齐治平、尊时守位、知常达变、开物成务、建功立业过程中逐渐形成的有别于其他民族的独特标

习近平：坚定文化自信，建设社会主义文化强国

① 习近平：《把培育和弘扬社会主义核心价值观作为凝魂聚气强基固本的基础工程》，人民日报，2014 年 2 月 26 日。

识。“只有不断发掘和利用人类创造的一切优秀思想文化和丰富知识，我们才能更好认识世界、认识社会、认识自己，才能更好开创人类社会的未来。”①

2014 年 10 月 13 日，中共中央第十八届政治局第十八次集体学习我国历史上的国家治理，习近平总书记在主持学习时强调：“对绵延 5000 多年的中华文明，我们应该多一份尊重，多一份思考。对古代的成功经验，我们要本着择其善者而从之、其不善者而去之的科学态度，牢记历史经验、牢记历史教训、牢记历史警示，为推进国家治理体系和治理能力现代化提供有益借鉴。”② 习近平特别强调古代国家治理中的民唯邦本、政得其民，礼法合治、德主刑辅，为政之要莫先于得人、治国先治吏，为政以德、正己修身，居安思危、改易更化等核心理念，都给当代人以重要启示。

2016 年 5 月 17 日，习近平总书记在哲学社会科学工作座谈会上的讲话中强调：“我们说要坚定中国特色社会主义道路自信、理论自信、制度自信，说到底是要坚定文化自信。文化自信是更基本、更深沉、更持久的力量。历史和现实都表明，一个抛弃了或者背叛了自己历史文化的民族，不仅不可能发展起来，而且很可能上演一场历史悲剧。”③

2017 年 10 月 18 日，中国共产党第十九次全国代表大会在北京人民大会堂开幕。习近平代表第十八届中央委员会向大会作报告。新华社记者摄

① 习近平：《在纪念孔子诞辰 2565 周年国际研讨会上的讲话》，新华网，2014 年 9 月 27 日。
② 《中共中央政治局就我国历史上的国家治理进行第十八次集体学习》，人民日报，2014 年 10 月 14 日。
③ 习近平：《在哲学社会科学工作座谈会上的讲话》，人民日报，2016 年 5 月 18 日。

2017 年 10 月 18 日，习近平总书记在中国共产党第十九次全国代表大会上的报告中说："文化是一个国家、一个民族的灵魂。文化兴国运兴，文化强民族强。没有高度的文化自信，没有文化的繁荣兴盛，就没有中华民族伟大复兴。"① 在新时代，我们要推动中华优秀传统文化创造性转化、创新性发展，继承革命文化，发展社会主义先进文化，不忘本来、吸收外来、面向未来，更好构筑中国精神、中国价值、中国力量，为人民提供精神指引。

2019 年 3 月 4 日，习近平总书记在看望参加政协会议的文艺界社科界委员时强调："文化文艺工作者、哲学社会科学工作者都肩负着启迪思想、陶冶情操、温润心灵的重要职责，承担着以文化人、以文育人、以文培元的使命。""要坚定文化自信，把握时代脉搏，聆听时代声音，坚持与时代同步伐，以人民为中心，以精品奉献人民、用明德引领风尚。"尤其是要为时代画像，为时代立传，为时代明德。②

2019 年 8 月 19 日，习近平总书记在敦煌研究院座谈时指出："中华文明 5000 多年绵延不断、经久不衰，在长期演进过程中，形成了中国人看待世界、看待社会、看待人生的独特价值体系、文化内涵和精神品质，这是我们区别于其他国家和民族的根本特征，也铸就了中华民族博采众长的文化自信。"③

2020 年 9 月 22 日，习近平总书记在文教体卫领域座谈会上的讲话中指出："统筹推进'五位一体'总体布局、协调推进'四个全面'战略布局，文化是重要内容；推动高质量发展，文化是重要支点；满足人民日益增长的美好生活需要，文化是重要因素；战胜前进道路上各种风险挑战，文化是重要源泉。"④

总之，党的十八大以来，以习近平同志为核心的党中央高度重视中华优秀传统文化的传承发展，始终从中华民族最深沉的精神追求的视角看待优秀传统文化，从推动中华民族现代化进程的深度，创新发展优秀传统文化，使之成为实现"两个一百年"的奋斗目标、中华民族伟大复兴的中国梦和构建"人类命运共同体"的强大精神动力。

（二）当代大学生研习中华优秀传统文化的主要宗旨

在实施全面素质教育、加快高等教育改革的背景下，研习中国优秀传统文化，掌握其脉络，领悟其精髓，引领大学生参与新时代文化建设实践，具有重要意义。

（1）有助于了解历史，增强民族自尊心和自豪感。"求木之长者，必固其根本；欲流之远者，必浚其泉源。"中华文化源远流长，积淀着中华民族最深层的

① 习近平：《在中国共产党第十九次全国代表大会上的报告》，人民日报，2017 年 10 月 28 日。
② 习近平：《一个国家、一个民族不能没有灵魂》，求是，2019 年第 8 期。
③ 习近平：《在敦煌研究院座谈时的讲话》，求是，2020 年第 3 期。
④ 习近平：《在教育文化卫生体育领域专家代表座谈会上的讲话》，新华网，2020 年 9 月 22 日。

精神追求，代表着中华民族独特的精神标识。在现代科技的条件下，世界已然变成一个“地球村”，优秀传统文化是我们先辈创造、历代传承下来的丰厚遗产，对亚洲文化乃至世界文化的发展都产生深远影响。文化是一个生生不息的运动发展过程，任何一种民族文化，都有它发生、发展与不断更新的过程，都有其历史和传统。我们正在进行的中国特色社会主义现代化建设，要建立在对中华优秀传统文化的历史、特征有一个总体了解和深刻把握的基础上。

（2）有助于准确而深刻地认识当前的国情。“知者行之始，行者知之成。”2013年8月，习近平总书记在全国宣传思想工作会议上的讲话中指出：“中国特色社会主义植根于中华文化沃土、反映中国人民意愿、适应中国和时代发展进步要求，有着深厚历史渊源和广泛现实基础。”中国要自立于世界民族之林，除了具备先进的生产力之外，还必须具备先进的文化。而先进文化的建构必须立足于中国现实。建设中国特色社会主义新文化体系的前提是厘清中国的国情。而国情不是空洞之物，其实质就是历史文化及其现状。“明镜所以照形，古事所以知今。”深入剖析优秀传统文化对今日中国的影响，是认清国情的必要工作，而认清国情更是新文化建设的必然前提。

（3）有助于以理性态度和求实精神去继承弘扬优秀传统。“文化是一个国家、一个民族的灵魂。”优秀传统文化就是影响中国人过去、现在和将来的基因。传统是社会的一种生存机制和创造机制，借助于它，历史得以延续与发展，社会的精神成就和物质成就得以保存和实现。2014年9月，习近平在北京师范大学看望一线教师时说：“我很不赞成把古代经典诗词和散文从课本中去掉，‘去中国化’是很悲哀的。应该把这些经典嵌在学生脑子里，成为中华民族文化的基因。”① 文化传统并非仅仅滞留于博物馆的陈列品或图书馆的线装书，作为民族文化基因，更活跃在当代人的生活实践当中，并在实践中不断改变提升自我修养和理性务实精神。研习中华优秀传统文化，正是培育理性态度和务实精神的最好教材。

总之，当今世界正处在大发展大变革大调整时期，世界多极化、经济全球化深入发展，科学技术日新月异，各种思想文化交流交融交锋愈益频繁，文化在综合国力竞争中的地位和作用日趋凸显，维护国家文化安全任务更为艰巨，增强国家文化软实力、彰显中华优秀传统文化国际影响力要求更加紧迫，中华优秀传统文化的研习正当其时。

2020年5月，教育部印发《高等学校课程思政建设指导纲要》中，提出加强中华优秀传统文化教育：“大力弘扬以爱国主义为核心的民族精神和以改革创新为核心的时代精神，教育引导学生深刻理解中华优秀传统文化中讲仁爱、重民

① 《让经典成为中华民族文化的基因》，人民日报海外版，2014年9月12日。

本、守诚信、崇正义、尚和合、求大同的思想精华和时代价值，教育引导学生传承中华文脉，富有中国心、饱含中国情、充满中国味。”

（三）当代大学生研习中华优秀传统文化的可行路径

第一，历史与逻辑相结合。中华优秀传统文化历经数千年演化，内容异常丰富。我们既要对其来龙去脉有一个明晰了解，又要避免被无穷无尽的枝节材料所淹没，将历史与逻辑有机结合，才能收到事半功倍的效果。在学习历史文化的时候，不要被现象所惑，而要透过现象看本质，探寻文化演变与社会发展的内在规律。

第二，理论与实践相结合。“道虽迩，不行不至；事虽小，不为不成。”中国优秀传统文化的要义广泛记录在汗牛充栋的古籍之中。研读文化古籍，尤其是经典文献，有助于把握中国文化的精髓。中国文化的众多要素更多以非文本形式存留于社会生活之中，如众多的远古遗址、起居生活习俗、宗教礼仪、道德规范等。这就要求研究者将研究视野扩大到文本之外的历史遗迹和社会生活的宽广领域，将听课、阅读、讨论相结合，将典籍研习与社会考察结果相参照，从而对生生不息的中国文化精神有一个动态、全面的了解。

第三，继承与创新相结合。“不忘本来才能开辟未来，善于继承才能更好创新。”有史以来，中华先辈结合千百年的辛勤实践，对于养育自己的优秀文化进行过详尽研究，取得了丰硕成果，已成为全人类智慧的结晶，我们没有理由拒绝这一珍贵遗产。苛求前人、否定历史、怀疑一切的民族虚无主义态度并不可取。应重视学以致用、领悟精髓，离开创新、脱离当代社会现实去学习中国文化更不可行。处理好继承和创新的关系，重点是做好中华优秀传统文化的创造性转化和创新性发展。

第四，交流与互鉴相结合。2013 年 3 月 1 日，习近平总书记在中共中央党校建校 80 周年庆祝大会暨春季学期开学典礼上说：“我们不仅要了解中国的历史文化，还要睁眼看世界，了解世界上不同民族的历史文化，去其糟粕，取其精华，从中获得启发，为我所用。”① 不断接受外部挑战是文化持续发展的重要条件。一个民族的文化必须与其他民族的文化相互借鉴和融合，才能不断更新发展。重视同其他民族的交往、勇于对外文化交流，才能促进本民族的文化进步。既要保持民族主体性和民族文化的优良传统，又要广泛吸收外来文化的优秀成果，而最终以践行社会主义核心价值体系和核心价值观、建设社会主义和谐文化、提高中华民族文化水平和文明素质为依归。

---

① 《习近平在中央党校建校 80 周年庆祝大会暨 2013 年春季学期开学典礼上的讲话》，人民日报，2013 年 3 月 3 日。

第一章　中国传统文化的内在结构及基本精神

文化是人的活动方式与活动成果的辩证统一，是一个动态系统、一个不断创造的过程。中国传统文化自成一系，历经5000余年，始终绵延不绝，而与中国文化相若的其他古国文化，或已夭折，或已转易，“唯中国能以其自创之文化绵永其独立之民族生命，至于今日岿然独存”①。中国传统文化是中国人的伟大创造，展示出中华民族对世界所做的无与伦比的伟大贡献。当今世界，文化越来越成为民族凝聚力和创造力的重要源泉，越来越成为综合国力竞争的重要因素，越来越成为经济社会发展的重要支撑。2017年1月，中共中央办公厅、国务院办公厅《关于实施中华优秀传统文化传承发展工程的意见》中强调：“文化是民族的血脉，是人民的精神家园。文化自信是更基本、更深层、更持久的力量。中华文化独一无二的理念、智慧、气度、神韵，增添了中国人民和中华民族内心深处的自信和自豪。”② 一个时代的恢宏画卷，底色是人心；一个民族的伟大复兴，关键在精神。努力探索、发掘中华民族文化的基本精神，为现实社会服务，成为中国特色社会主义新时代的一项重要任务。

中共中央办公厅、国务院办公厅《关于实施中华优秀传统文化传承发展工程的意见》

第一节　文化的内涵、特征及功能

一、文化的概念

1952年，美国文化人类学家克罗伯和克拉克洪合著《文化——概念和定义的批判回顾》一书，列举了西方学术界80年间出现的各种“文化”定义160余

① 梁漱溟：《中国文化要义》，上海世纪出版集团，2005年版。

② 中共中央办公厅，国务院办公厅：《关于实施中华优秀传统文化传承发展工程的意见》，人民日报，2017年1月26日。

种。而自1952年至今，世界各地关于“文化”的新定义更是层出不穷。

汉语中的“文化”一词，既是中国语言固有的传统词汇，又是近代以来学者赋予其新内涵的翻译语汇。在中国语言中，“文化”是“文”与“化”两个字的复合词组。在距今4000多年的山西陶寺文化中发现了扁壶上面的朱书字“文”。而殷商甲骨文的“文”字，像一个袒胸而立、身有花纹文饰的人。《礼记·乐记》说：“五色成文而不乱”；许慎《说文解字》称：“文，错画也，象交文”。引申为文字典籍、精神修养、礼乐制度、德行美善、文德教化等含义。因为与五色成文有关，“文”字又有了与“质”“野”相对的含义。如《论语》称：“质胜文则野，文胜质则史，文质彬彬，然后君子。”“化”本义指事物动态的变化过程。《易》所称：“男女构精，万物化生”；《礼记》称：“赞天地之化育”，即其所指，因而又衍生出造化、大化等含义。

“文”“化”合用，见之于《易》：“刚柔交错，天文也。文明以止，人文也。观乎天文以察时变，观乎人文以化成天下。”天文与人文相对，“天文”指天道运行的自然规律；“人文”指人与人之间纵横交织的社会关系、人伦规范和风土民情。意指为政与治国，均须通过观察天象变化，把握自然规律与时令变化，并对人间生活百态因势利导、随宜教化，才能实现理想治世。在此，“因文教化”或“以文教化”的含义已十分明确。西汉刘向《说苑》中将“文”“化”二字连为一词：“凡武之兴，谓不服也，文化不改，然后加诛。”晋人束皙提出：“文化内辑，武功外悠”，意即“言以文化辑和于内，用武德加于外远也”。“文化”成为与“武功”“武力”相对的概念，即以文德教化天下。

西方语言中文化的原型是拉丁文Cultura，含有耕作、居住、育种等义。英文为Culture，含有改良土壤、栽培植物、种植树木、饲养牲畜等意。这种用法至今仍保留在农业（Agriculture）和园艺（Horticulture）一类词汇中。后来引申出神明崇拜、性情陶冶、道德教化等含义。这与古汉语中“文化”所具有的“文治教化”之意比较接近。所以，近世学者便使用“文化”来对译Culture一词。

最早从科学视角给“文化”下定义的是英国“人类学之父”爱德华·泰勒，他在《原始文化》一书中将文化诠释为：“文化或文明，就其广泛的民族学意义来说，是包括全部的知识、信仰、艺术、道德、法律、习俗以及作为社会成员的人所掌握和接受的任何其他的才能和习惯的复合体。”① 之后，许多学者又从不同角度进一步修正“文化”的定义。

2014年10月15日，习近平总书记在文艺工作座谈会上的讲话中强调：“没有中华文化繁荣兴盛，就没有中华民族伟大复兴。一个民族的复兴需要强大的物质力量，也需要强大的精神力量。没有先进文化的积极引领，没有人民精神世界

① ［英］爱德华·泰勒著，连树声译：《原始文化》，上海文化出版社，1992年版，第1页。

的极大丰富，没有民族精神力量的不断增强，一个国家、一个民族不可能屹立于世界民族之林。”①

“文明”与“文化”既相互联系又存有区别。“文明”一词，在中国古代典籍中出现较早。《尚书·舜典》说：“浚哲文明，温恭允塞。”孔颖达诠释为：“经纬天地曰文，照临四方曰明。……舜既有深远之智，又有文明温恭之德，信能充实上下也。”在古代汉语中，“文明”的最初用法有光明、文德彰显的含义。近代以来，在文化启蒙过程中，西方学术思想与术语涌入中国，学术界开始用“文明”一词对译英文中的Civilization。该词来源于拉丁文的市民（Civics）和都市（Civilitas），具有两方面的内涵：一为文雅之义；二为政治方面的意义，与国家概念相对应。

“文化”概念有广义和狭义之分。广义的“文化”指人类社会活动过程中所创造的一切成果，表现为物质、制度和精神三个层面，基本等同于文明。狭义的“文化”仅指人类精神创造活动及其成果，如思想观念、价值取向、道德规范、文艺活动等。

二、文化的基本特征

其一，文化是一个综合统一体，凸显人类集体创造意志。文化是诸多要素和成分在纵横交错的关系中所产生的综合统一体，并通过共同价值系统和行为模式表现出来。创造是文化之母，因为文化由人创造并掌握，必须明确地同本能的生物学遗传或先天性行为方式区别开来。每一社会、每一民族、每一时代，人们都生活在一定的文化系统中，包括生存的国家、活动的社会、遵守的制度、寄身的家庭、持有的信仰等。因此，文化所体现的是人的群体本质、群体现象，仅表现个别人特征的内容不属于文化现象。

其二，文化的稳定性与创新性。文化作为世代相传的连续体，是社会性传承的结果。在人类文化的发展过程中，随着历史的积淀，民族文化系统的建构及其稳定作用得到保持。而在连绵不断的发展过程中，文化更具有创新机制，借以引领文化传统不断演化推展。

其三，文化的地域性和超地域性。文化的地域性，指每个地域的文化都有其相应特征。一种文化产生于一定的地理环境，就不可避免地带有特定地域印记。特定民族在历史发展过程中恪守自己的共同语言、共同利益、共同风俗习惯和民族性格，使文化具有鲜明的地域性。文化的超地域性，指文化超出原有地界，带有一种普遍特质，即文化间在互相接触、吸收、互鉴过程中，逐渐形成其一定共性，甚至为全人类所共有。

① 习近平：《坚定文化自信，建设社会主义文化强国》，求是，2019年第12期。

其四，文化的同一性和时代性。文化的同一性，指文化作为人类在长期社会实践中的经验积累和智慧结晶，为社会成员共同创造、共同享有。中国的四大发明，西方发明的声、光、电，都是人类共有的、普遍的文明成果。文化的时代性，指任何文化都是在特定历史条件下创造出来，在继承前人的基础上延续发展。文化既具有传承性，又带有鲜明的时代特征。

针对中国特色社会主义新时代的文化准则，2019年3月4日，习近平总书记在参加全国政协十三届二次会议文化艺术界、社会科学界委员联组会的讲话中强调："新时代的文化文艺工作者、哲学社会科学工作者首先要明大德、立大德，就要有信仰、有情怀、有担当，树立高远的理想追求和深沉的家国情怀，把个人的艺术追求、学术理想同国家前途、民族命运紧紧结合在一起，同人民福祉紧紧结合在一起，努力做对国家、对民族、对人民有贡献的艺术家和学问家。要坚守高尚职业道德，多下苦功、多练真功，做到勤业精业。要自觉践行社会主义核心价值观，在市场经济大潮面前自尊自重、自珍自爱，讲品位、讲格调、讲责任，抵制低俗庸俗媚俗。""希望大家坚定文化自信，把握时代脉搏，聆听时代声音，承担记录新时代、书写新时代、讴歌新时代的使命，勇于回答时代课题，从当代中国的伟大创造中发现创作的主题、捕捉创新的灵感，深刻反映我们这个时代的历史巨变，描绘我们这个时代的精神图谱，为时代画像、为时代立传、为时代明德。"①

文化的本质特征，就是"自然的人化"或"人的本质力量的对象化"。在文化创造过程中，主体是人，客体是自然。人凭着意志和创造力量，从自然界中独立出来，并创造出"第二自然"，也就是文化领域。人能够创造"第二自然"，是因为人具有自由意志和能动作用。马克思正是从人的文化本质出发，探察出人的生产活动与动物的根本区别，即人的自觉、主动、有意识活动，才是人类文化创造活动的本质特征。

三、文化的内在结构

"文化"内涵的丰富性决定其外延的广泛性。时间维度上，文化可分为原始文化、古代文化、近代文化、现当代文化；空间视角上，可分为东方文化、西方文化、海洋文化、大陆文化；社会层面上，可分为贵族文化、平民文化、官方文化、民间文化；社会功能上，又可分为礼仪文化、服饰文化、校园文化、企业文化等；而学术界一般从物质、制度、精神三个层面对文化分类。

物质生产文化，又称物态文化，是人类所从事的物质生产创造活动及其劳动产品的总和。它以满足人类生存发展所必需的衣、食、住、行为目标，直接反映

① 习近平：《习近平谈治国理政（第三卷）》，外文出版社，2020年版，第325页。

人与自然的关系，凸显人类对自然的认识、利用和改造的程度与结果，反映社会生产力发展水平，是一种可以感知、具有物态实体的文化成果，奠定人类从事文化创造的基础。

制度行为文化，分为制度文化和行为文化。制度文化是人类在社会实践活动中所建立的各种社会规范的总和，包括婚姻、家庭、政治、经济、法律、宗教等制度。人是社会化的动物，社会活动要求处理好人与人、人与社会的关系，否则社会就会陷于无序，制度文化就是用来规范协调人与人之间的行为，具有很强的调控性。行为文化，是人类在长期社会实践和复杂人际交往中约定俗成的习惯行为定式，多以民风民俗形态出现，见之于日常生活，具有鲜明的民族特性和地域特色。

精神心理文化，是人类在长期社会实践和意识形态活动中升华出来的价值观念、道德情操、审美情趣和思维方式的总和，分为社会意识形态和社会心理两个部分。社会意识形态是经过系统加工的主导意识，往往由相关专家对社会心理进行理论归纳、逻辑整理、艺术升华，并以著作或作品等物化形态固定下来，流行传扬，名垂于后世，与制度文化相对应。社会心理指人们日常精神状态和思想状貌，是尚未经过理论加工和艺术升华的大众流行心态，包括人们的情绪、愿望和要求等，与行为文化相对应。

在文化结构的三个层次中，物质生产文化是人类在适应自然、改造自然、征服自然过程中的创造及其成果，反映人与自然的关系；制度行为文化是人在建立社会、推动社会发展过程中的创造及其行为的自觉，反映人与社会的关系；精神心理文化是人在自身发展过程中主体意识的自觉及其精神创造能力的成果，反映人与自我的关系。外显的物质生产文化往往随着生产力这一最为活跃因素的变革而迅速变革；处于中层的制度行为文化随着社会革命和社会变革或快或慢地发生，并由于统治阶级文化观念的改变而影响人的社会行为方式；而精神心理文化则内化于人的心底，积淀在民族文化深层，形成独特的民族心理结构，因而最难发生变化。

四、文化的主要功能

（一）传承功能

文化真实记录人类的活动历程及其成果。在文字出现之前，人们通过口语，将经验、知识、观念口耳授受、代代相传。作为文化的重要载体，文字有效扩大文化的记录功能。而随着造纸术、印刷术的出现，科学技术和文字本身的不断发展，这种记录功能更是无所不在。史书典籍、科学著作、报纸杂志、音像媒体无不发挥着记录功能，人类借以不断积累知识经验，持续开拓深广的认知领域。同样，人类创造的物质文化也有记录功能。一种工具、一件兵器、一种生活用品、一个艺术装饰，都可以让人们感知到彼时彼地社会的精神状况和实践活动。

文化可以进行广泛传播。文化作为一种社会现象，在社会交往中产生，在社会交往中传播。款式新颖的时装、风行一时的歌曲、知识的普及、技能的推广，无不彰显文化传播功能。传播可以纵向，也可以横向；可以在群体内，也可以在群体间。文化传播可以跨越时空，上下几千年，纵横几万里，可以通过传播功能推动社会发展。①

（二）教化功能

人类通过文化不断积累经验，改进思维方式，提高认知能力，借以认识自然、认识社会、认识自身、认识世界。随着科学技术的持续发展，人类不断改进认识工具，并创造出新的工具。人类的认识能力不断扩大，发明速度越来越快，生产出的工具质量大为提高。一部文化史是见证了人类成长发展的心路历程和伟大创造，更是一部内容丰富的人类认识史。

通过教育促进教化。在汉语系统中，“文化”的本义就是“以文教化”，凸显性情的陶冶、品德的养成。文化的核心功能就在于教化，提倡一种文化，就是倡导一种教育。人从呱呱坠地，父母就教他学话，引导他识别器物，教他爱憎分明；长大后，学校教他知识，教他做人；社会的各种规章制度、风俗习惯，都在促进其适应社会；乃至奉行的文化模式，推广和灌输的价值观，都在引导其观念的形成，最终外化为自主的行为方式。

通过环境营造促进教化。自从被创造之后，文化就成为人们生活环境中的有机组成部分，即文化环境。文化环境孕育、教化、引导着人类不断成长进而成熟，无论是思想道德还是科学文化知识，都从多个维度渗透、影响、改造着人类思想和行为，更通过耳濡目染、潜移默化方式，促使其按照社会理想和价值标准实现社会化，最大限度地削弱人类的动物性而成为社会人。

（三）凝聚功能

文化使一个社会群体的人在同一文化模式中受到教化，并形成相同的思维方式、价值观念、行为习惯，从而紧紧团结在一起，产生巨大的认同抗异力量。对一个民族而言，作为共同生活方式的人类共同体，必须和“非我族类”的外人接触才产生民族认同感，也就是民族意识有一个从自在到自觉的过程，进而形成共同的民族心理。即通过共同的民族文化背景去塑造、陶冶而形成共同的人生态度、情感表达、思维方式、致思途径和价值观念等，文化的凝聚功能既成为团结共有成员和维系本民族特性的重要精神纽带，又使其他民族的心理精神难以渗入，从而对本民族的团结起有效保护作用。

文化凝聚功能的核心内容就是民族认同（爱国）。爱国主义是价值观念的体

---

① 金元浦：《中国文化概论》，首都师范大学出版社，2008 年版，第 10 页。

现，属于精神文化的内层，凝聚范围大、程度深、持续久。至于共同的爱好、职业、习惯、经历等，则属于表层、中层文化，凝聚功能也趋于表面化。

文化有融合性，同时也有排他性。一种文化对其他文化的排斥，多出于保存自身的需要。文化相互抗拒不能简单地视为保守落后因素。正因为人类这种文化抗拒的心理，才使更多民族传统得以保存，使人类文化没有变成一个模式，避免文化的单一性发展。在当前全球各地文化模式相互影响越来越深、各种文化类型交往日趋频繁的大环境下，各民族文化更需要保持清醒认识，在交流中有选择地吸收异性文化内涵；在吸取、整合异性文化要素中灵活利用文化的排异功能；在文化建构中达到费孝通先生所倡导的："各美其美，美人之美，美美与共，天下大同。"①

（四）调适功能

对生存环境不断调适。不同文化都有一种对生存环境的调适与改造功能。调适是适应各种自然环境和社会条件变化的需要，改造是为了更好把握自然界的发展变化。改造主要通过民族凝聚力去克服人与自然的矛盾；调适则主要调节人在自然环境中的生存状况。

通过民族精神促进调适。作为一种群体理念的民族精神，并非抽象或空虚存在，而是渗进民众理想追求与信念中，并通过民众的思想和行为表现出来的，这就是通过民族精神的无形影响，进而实现整合与调适社会目标的宗旨。这是因为民族精神反映了芸芸众生的意志、愿望和利益，借以激励和鼓舞民众为实现共同价值目标而奋斗。

借助规章制度促成调控。一个社会群体为了生存和发展，要求其成员必须遵守共同的行为准则和道德标准，进而形成一定的社会规范，以明是非、辨善恶，进而趋向某种价值观、审美观等，以保证社会在一定秩序中运行发展，这就是文化的调控功能，以促使不同制度的社会、不同国情的国家之间能和平共处。文化的调控功能是一种客观存在，应以积极态度和科学方式，优化调控手段，更多通过潜移默化实现调控目标。

第二节　中国传统文化的主体精神与整体风貌

一、中国传统文化的涉及范围

"中国文化"是指中华民族这片土地上创造出来的文化，包括传统文化和文

① 费孝通：《反思、对话、文化自觉》，费孝通文集，群言出版社，1999 年版，第 14 卷。

化传统两部分。古代并没有“中国文化”概念，只是到了晚清，西方文化大规模进入后，为与西方文化相区别，才有此说法。换言之，“中国文化”概念是晚清知识分子自我反省、检讨传统的用语，既包括传统社会的文化现象，又包括传统文化背后的精神连接，即文化传统。

“中国”是我们民族文化的生存空间，是华夏五千年文明的摇篮。它既是我们祖国自古以来的一个通称，又是现在中华人民共和国的一个简称。其内涵经历逐渐扩展的过程。1963 年，陕西省宝鸡市贾村镇出土的何尊，铭文“宅兹中国”是“中国”一词最早的文字记载，纪念西周初期在今洛阳市所在的地区营造新都“成周”。在商周甲骨文与金文中，“中”字像一面有飘带的旗帜，王立“中”以聚众，并发号施令，“中”由此具有“中央”“中心”的含义，又引申为政治与文化的核心。“中国”有狭义和广义之别。就狭义而言，“中国”指方形的城，指王所在的都城、京城，城外有诸侯、土地和百姓。《诗经》称：“惠此中国，以绥四方。”就广义而言，“中国”指地理空间范围，主要指黄河中下游流域，也就是古代所谓“中原之地”，并把中原以外的地方视为蛮夷之地，所谓东夷、南蛮、西戎、北狄。秦汉以后，历朝版图虽时有损益，但总体趋势是不断拓展。清代疆域“东极三姓所属库页岛，西极新疆疏勒，至于葱岭，北极外兴安岭，南极广东琼州之崖山”。

中华民族是中国传统文化的创造主体。由古代华夏族演变而来的中华民族成为中国地域内共同生活的各民族总称。春秋时代，黄河流域的居民就自称“诸华”或“诸夏”，有时单称“华”或“夏”，有时合称“华夏”。“华夏”一词，最早见于《尚书·周书·武成》。唐代孔颖达在《春秋左传正义》中称：“中国有礼仪之大故称夏，有服章之美谓之华。”“华夏”连称本义指衣冠华美又重礼仪，在先秦时期又是中原的地域、国家和族群指称。《尚书正义》说：“华夏谓中国也”，意为华夏居天下之中的“中国”。由“中华”与“民族”组成的复合词“中华民族”则出现于晚清，曾与“中国民族”并用，梁启超首先使用了“中华民族”一词。“中华民族”既有悠远深邃的历史渊源，又在近代民族国家竞存的世界环境中得以正式铸就。

二、中国传统文化的主体精神

2018 年 8 月 21 日，习近平在全国宣传思想工作会议上强调：“中华优秀传统文化是中华民族的文化根脉，其蕴含的思想观念、人文精神、道德规范，不仅是我们中国人思想和精神的内核，对解决人类问题也有重要价值。要把优秀传统文化的精神标识提炼出来、展示出来，把优秀传统文化中具有当代价值、世界意义的文化精髓提炼出来、展示出来。”

如何正确地认识中国文化及其对现实社会的影响。庞朴先生认为：“文化传统”和“传统文化”应该是两个概念，不能混为一谈，“一个民族的传统无疑与其文化密不可分。离开了文化，无从寻觅和琢磨什么是传统；没有了传统，也不成其为民族的文化”。其核心观点认为传统文化是“死”的文化，而文化传统是“活”的文化。“文化传统是形而上的道，传统文化是形而下的器；道在器中，器不离道。”①

文化传统的基本含义是民族或群体的历史发展过程中逐渐形成、完善并被后辈们认可和实践、具有代表性的文化意识，如道德伦理、思维方式、行为模式、社会意识等。这些要素在现实社会依然影响或支配人们的主观意识和客观行为，进而成为仍然“活”在现实中的“传统文化”。

文化传统之所以称得上“传统”，即在于它具有相对稳定的特征。文化传统一经形成，其影响就贯穿于传统文化全部内容之中，并支配着人们的主观意识和客观行为，成为调节社会生活的稳态系统，彰显内控自制的历史惯性运动。文化传统是历史的、现在的，又是将来的；它在历史过程中逐渐形成和发展，并通过社会生活的潜移默化而被人们所接受并身受支使；又成为未来的基因，控制着未来文化的发展趋向。

中国文化传统的主体精神是和谐统一。表现为一元——和谐的体系结构，即和谐基础上的统一。如中国人习惯从总体上观察事物，喜欢直接描述，崇尚整体性的思维方式，即在对某一具体对象进行研究时，并不局限于其本身的研究，而是将其放在一个更为广泛的背景下考察，更加重视人与人、人与社会、人与自然的和谐，并利用这种和谐手法化解矛盾、消除矛盾，使矛盾处于一种相对稳定与平衡的状态。从这种系统观和平衡观出发，中国文化强调整体、偏向综合而疏于分析；长于直觉思维和内心体验，而相对轻视分析批判与逻辑推理。

华夏先祖不仅创造了辉煌灿烂的物质成果，而且在哲学、文学、史学、艺术、科技诸方面均有独特的表现。今天，当人们继承和发展这份珍贵历史遗产的同时，也同时打上深深的传统印记，“在最初的祖先身上显露的心情和精神本质，在最后的子孙身上照样出现。”② 悠久的文明发展，都因人们沿袭着民族传统，深受其影响。

三、中国传统文化的整体特色

（一）一统与多元相统一

中国文化的一统多元体现在两个层面：在中华民族内部，以华夏汉族为主体、其他少数民族融洽共存的格局；在民族内部的精神思想领域，以儒家文化为

① 庞朴：《文化传统与现代社会》，中国社会科学，1986年第5期。

② ［法］丹纳：《艺术哲学》，人民文学出版社，1983年版，第354页。

主体、道法墨佛等互为补充的多元文化格局，即多民族和睦共存、多元文化融合共生。

中华民族是以汉族为主体的多民族共同体，经历长期发展进程。华夏汉族的祖先可以追溯到夏商周三代之前。当时存在着人数不一、风俗各异的诸多族群，在交往中既有分化、更见融合，合中分、分中合，并在中原地区出现了一个较大的族群——华夏民族。由于其强大的聚合能量，最终成为中华民族的核心。华夏族并非单一民族血缘，是由炎黄部落融合东夷、南蛮、西戎、北狄而形成的民族族团。在华夏汉族文化的强大影响下，其他各民族围绕这个核心，不断融合并进。同时华夏文化也受其他民族文化影响，互鉴融合，逐渐形成了一统多元的中华民族格局。政治上“大一统”，经济、文化交流互补，各民族相互依存、长期融合，成为中华民族形成的内在动因。

“大一统”是中华民族融合的结果，更是历代政治家主导的政治思想。开创中国太平盛世的古圣尧、舜、禹、汤、文、武、周公，曾经使用“协和万邦”理念，进一步发展聚合“大一统”思想。《诗经》称：“普天之下，莫非王土。率土之滨，莫非王臣”，凸显中国很早就有天下一统观念。

自从汉武帝“罢黜百家，独尊儒术”后，中国传统文化在意识形态上的总体特征为“儒学一统”。作为正统，儒学的礼乐制度、宗法传统、等级观念、伦理规范等，构成中国古代社会的主要文化支撑。汉代以后，中国历代统治者多尊孔崇儒，也是基于孔子及其儒学的文化一统思想。

对于儒学在中国文化格局中的正宗地位及其影响，人们应实事求是地分析。儒家的宗法等级观念及其相应的礼乐制度，为维护专制制度提供理论和文化支撑。但儒家的仁爱精神、民本思想、人格理想、道德境界、学术观念、艺术理论等，更为几千年来中国的哲学、政治、学术和审美提供丰富的精神营养和思想因子。从某种意义上说，中国文化的恒久生命力和强大凝聚力就主要源于儒家文化，乃至于全球化的今天，文化界仍然使用“儒家文化圈”界定中国文化的地域影响力。

所谓“儒学一统”是主流观念，从历时性分析，与儒学一统并行不悖的是文化多元。先有殷商神本文化向西周人本文化的跃迁，后有春秋战国的诸子蜂起、百家争鸣。西汉中期，以儒学独尊为内核、以经学为主干的文化模式基本定型，中国文化由多元走向一元。而到了东汉末年，儒学一统又为多元文化局面所取代。魏晋南北朝时期，既有道学复兴、玄学崛起，又有道教创建、佛教传入，从而形成二学（儒学、玄学）、二教（道教、佛教）的多样融合、相互激荡格局。魏晋以后，儒道佛成为三大主流学说，以儒为主，佛道为辅翼，彼此渗透、互相推动，影响中国文化的整体格局，共同熔铸中华民族的主体精神。进入宋明以后，中国文化最终迈向儒道释的三元融通，实现高度整合。而宋明理学中的儒学已非纯粹的先秦儒学，已成为融儒道佛及诸子百家思想于一体的“新儒学”。

（二）事功与审美相统一

中国传统文化是一种农耕文明，物质主导和力量支配就是在自然经济轨道上运行的农业。“一分耕耘，一分收获”的农耕生活孕育出华夏先民的务实精神和经验理性。墨家的“兼爱”“尚贤”“尚同”主张，均以事功原则为终极追求。法家的事功原则更加彰显，倡导“名与利交至”。在法家看来，追求功利成为人的本性，而人与人之间的关系必然以利益为纽带。儒家更有“三不朽”事业：立德、立功、立言。理想人格是“内圣外王”，追求建功立业、兼济天下的功利取向。

中国传统价值观的主流是事功与审美的统一，更多体现在儒家有为与道家无为的互补。以华夏文化为根基的儒家强调礼法和自强不息，具有浓厚的人文主义色彩；道家则以南方的荆楚文化为依托，崇尚真朴和厚德载物，具有浓郁的自然主义色彩。儒家主张有为，主张“知其不可而为之”；道家倡导顺其自然，实现超迈无为。儒家注重人伦血缘关系，期望建功立业，以治国、平天下为己任；道家主张人与自然的内在合一，向往在生机勃勃的宇宙中悟道自得，享受超然物外、守朴崇俭的适愉生活，在精神世界寻求逍遥之游。在诸子百家中地位最高、影响最大的是孔子和老子；对中国社会和中国人影响最深、既广且久的学派是儒道。儒道两家作为中国的本土文化，一刚一柔，一阳一阴，一社会一自然，一有为一无为，既对立又互补。中国思想文化的基本特点就是“外儒内道”“儒中有道”“道中有儒”。作为中国文化的基本构成因子，儒道互补奠定了中国人的文化生命形态，形成了阴阳互动、刚柔相济的总体特色，铸就了中华民族独特的国民性，构筑了中华民族传统美德和处世观念，汇成了东方伦理智慧的不竭源泉，缔造了大一统的中华文明。

（三）显学与隐学相统一

中国文化在秦汉以后出现了显学与隐学之分。春秋战国时代“百家争鸣”，到汉武帝时“罢黜百家，独尊儒术”。当时法家遭遏制，墨家和名家中绝，阴阳家被儒家所吸收。两千多年的中国治理模式主要是儒法两家的争斗。儒家备受推崇，以正统意识形态起作用，处于显学地位；而法家、墨家则被统治者所抑制，但法家的“权、势、术”和墨家的“兼济天下”等，以各种隐蔽方式起作用，而成为隐学。

中国传统显文化是儒家文化。儒家在孔子、孟子、荀子、董仲舒、周敦颐、张载、“二程”、朱熹、陆九渊、王阳明、王夫之等开创、继承和发展下，逐渐形成博大精深的文化体系。文化要点是“义以为上”的价值观，强调“正其谊不谋其利，明其道不计其功”，反对私利之说；重视现世，不讲“来世”，不追求死后的“极乐世界”；天人合一，追求天人之间的和谐统一，阐发天地万物一体的宇宙观和社会观；崇尚刚健自强的人生观，倡导自强不息、发愤图强精神；修身为本、以政为德，修身、齐家、治国、平天下，把德治礼教作为施政方略。

法家主张治国以法为主，以德为辅，道德教化需以法令威严为前提，“法立令行”，然后“教可立而化可成”；甚至将法与德对立起来，“不贵义而贵法”“不务德而务法”，提倡“以法为教”“以吏为师”；认同“法、术、势”三者，不可一无，皆“帝王之具”；倡导统治者“与天下同利”主张，即顺同百姓利欲，举百姓之利而利之；鼓吹奖励耕战，剪除私门势力，选拔“法术之士”等，无不成为后世明君加强中央集权的理论基石。而法家注重“参验”的认识论，宣扬进化的历史观，以及非道德主义的伦理观，极端功利主义的价值观等，也对后世士大夫与普罗大众产生很大影响。西汉以后，独立的法家学派虽已消失，但法文化被大量吸收到汉化儒学体系中，成为中国传统文化中的隐学。

（四）精英文化与大众文化相统一

中国文化自古就有雅俗之分。雅文化为士大夫文化或精英文化，俗文化为通俗文化或大众文化。“雅”是从《诗经》雅诗套用而来，既凸显统治阶层的思想意识，也反映了民族共同文化、心理的要素。信奉者一般都受过系统教育，较好地继承历史传统，思想文化比较系统、精致，但书卷气十足，相对保守，具有浓厚的空想色彩。

礼是中国传统雅文化的核心。在中国长期的阶级社会中，礼成为维护等级制度、保证政权统一和社会稳定而形成的人际关系的行为标准。“礼者，君之大柄也。”“夫礼者，所以定亲疏、决嫌疑、别同异、明是非也。”社会各阶层都依照礼导引生活，约束社会成员；成文礼由最高统治者制定和颁布，首先实现于朝廷，在贯彻过程中，所包含的思想观念不断向四方扩散；礼既具有很强的继承性，又能适时进行微调而无巨变；礼体现深层雅文化最充分、最直接的部分。①

俗文化的最高价值。人类为适应生存环境逐步形成社会普遍性习惯，称之为“风俗”。“俗，谓常所行与所恶也。”风俗来源于对生存环境的调适，只有群体性的习惯行为才能成为风俗，属于社会学所称的“社会现象”，对社会群体进行无形约束。中国传统俗文化源远流长，最早可追溯到《诗经》中的风诗。通常以“富贵利达”为最高价值，民众心目中最崇敬的并非仁智合一的圣贤，而是能力过人、侠肝义胆的“好汉”，凸显“路见不平，拔刀相助”的侠义思想。

文化的雅、俗并不等同于高、低，仅属表现形式和内容深度的差异。雅文化与俗文化之间并不绝缘，而是共存于民族文化中的对立统一体，相互依存、彼此制约，并在一定条件下向对方靠拢与转化。社会上层不断向底层强化其雅文化，将其通俗化以扩大社会影响，并出于调节目的从俗文化中汲取营养；社会底层往

---

①　许嘉璐：《论民族文化的雅与俗》，北京师范大学学报，2003年第4期。

往出于仰慕而仿效雅文化，即所谓上行下效。俗文化又以其质朴清新吸引社会上层，部分内容逐渐雅化。一部中国文化发展史，就是雅俗并进、互鉴相融的历史。

对于中国优秀传统文化的创造性转化和创新性发展，2016 年 5 月 17 日，习近平总书记在哲学社会科学工作座谈会上的讲话中强调："要加强对中华优秀传统文化的挖掘和阐发，使中华民族最基本的文化基因与当代文化相适应、与现代社会相协调，把跨越时空、超越国界、富有永恒魅力、具有当代价值的文化精神弘扬起来。要推动中华文明创造性转化、创新性发展，激活其生命力，让中华文明同各国人民创造的多彩文明一道，为人类提供正确精神指引。"①

第三节　中国传统文化的基本精神

习近平总书记指出："中华文明绵延数千年，有其独特的价值体系。中华优秀传统文化已经成为中华民族的基因，植根在中国人内心，潜移默化影响着中国人的思想方式和行为方式。今天，我们提倡和弘扬社会主义核心价值观，必须从中汲取丰富营养，否则就不会有生命力和影响力。"② 中国传统文化精神和中华民族精神既相互联系、内在贯通，又相互区别、各有其旨趣。中国文化精神的优秀成分构成中华民族精神；中华民族精神是中国文化精神的核心价值，是中华民族智慧的结晶。全面梳理中国文化的基本精神，既有利于探究中国传统文化，剖析其利弊，理性超越其局限，合理转化其有益资源，更有利于不断弘扬民族正气、升华民族精神，从而在新时代中华民族伟大复兴的"中国梦"大业中更好地建构先进文化。

2014 年 5 月 4 日，习近平总书记在北大师生座谈会上，列举了包括"民惟邦本""天人合一""和而不同""天行健，君子以自强不息""大道之行也，天下为公""天下兴亡，匹夫有责""君子喻于义""君子坦荡荡""君子义以为质""言必信，行必果""人而无信，不知其可也""德不孤，必有邻""仁者爱人""与人为善""己所不欲，勿施于人""出入相友，守望相助""老吾老以及人之老，幼吾幼以及人之幼""扶贫济困""不患寡而患不均"等中国文化的优秀思想传统和精神理念。以下主要从天人合一、以民为本，道德自觉、刚健有为及贵和尚中、协和万邦等三个维度系统阐释中国优秀传统文化的基本精神。

---

① 习近平：《在哲学社会科学工作座谈会上的讲话》，新华网，2016 年 5 月 18 日。

② 《习近平在北京大学师生座谈会上的讲话》，人民网，2014 年 5 月 5 日。

一、天人合一，以民为本

中国传统文化植根于大陆性季风气候条件下典型农业文明中的客观自然条件、生产劳动的实际需要，以及中华民族独到的思维方式与主体体验能力，造就了基于“天人合一”理念之上的自然主义和独具特色的民本观念。

（一）天人合一

在中华先哲们看来，天与人、天道与人道、天理与人性相类相通，最终达到天人和谐统一的境界。

1. 天人合一思想形成的原因

在天人关系上，中国古代主要有三种学说：一是道家的“任自然”之说，即庄子的“不以人助天”；二是荀子的改造自然之说，“大天而思之，孰与物畜而制之？从天而颂之，孰与制天命而用之？”；三是儒家的“辅相天地”之说，“天地交泰，后以财成天地之道，辅相天地之宜，以左右民。”由于儒道互补构成中国文化的主导理念，因而道家和儒家彰显天人关系的观点基本一致，就是强调天人和谐。道家主张“法天”“忘己入天”；儒家称“天人合一”。作为儒家经典的《周易》诠释了天人和谐的基本内涵：“夫大人者，与天地合其德，与日月合其明，与四时合其序，与鬼神合其吉凶。先天而天弗违，后天而奉天时。”

“天人合一”源于农耕社会的需要。中国文明起源和发展与农耕社会有不解之缘，古代物质文化、制度文化和精神文化的创造都离不开农耕基础。在农耕实践中需要探察天人关系，在社会人事范围内也要探讨“天时”“地利”“人和”之间的关系。中国很早就有天文历算的发明，也是出于农耕生产的需要。由此引发中国文化对人与自然关系的高度关注，对“天人之学”的持续探究。

“天人合一”观念成熟于上古时期。在以“五经”为核心的古典文献中，具体记载对自然与人的认知。《尚书》中有诸多对天文、地理等内容，凸显当时已有专人关注天文，《尚书·尧典》所谓“乃命羲和，钦若昊天，历象日月星辰，敬授人时。”《诗经》中天人观念相当丰富。当时对天体、地理、整个自然界有较为深刻、广阔、丰富的认识。其中的比、兴，都将自然现象、自然物与人类社会、现实生活相联系。

春秋到西汉初期，中国传统思想开始挣脱血缘宗族的原始礼教，走出以噬古为代表的神灵观念，认真思考自然和社会，认识到人类在自然界中的独立存在。到了《淮南子》，人和自然的关系更加强化，“天人合一”倾向进一步发展，表现在把人体部位和宇宙天象做彼此对应的比照：“故胆为云，肺为气、肝为风、肾为雨、脾为雷，以与天地相参也，而心为之主。”

后经两汉经学、魏晋玄学、隋唐佛学，其核心问题仍围绕“天人”关系展开。主要表现为“天道”与“人道”，“自然”与“名教”的关系。

董仲舒在《春秋繁露》中提出，帝王将兴，必有“美祥”，将亡，必有“妖孽”，治世与乱世有不同的征兆。董仲舒着眼于“天人相与之际，甚可畏也。”从而构筑了一个从自然到人类、从人类社会组织到人体构造、从人的有形之躯到无形思想观念的严密“天人感应”神学体系。天不再是单纯的客观存在，而是一种通过灾异来表现其好恶和意志的神灵，自然灾害成为社会灾害的象征。不仅一般的社会现象和“天”相对应，而且人类社会结构也按照天的意志安排，依则于天；人的道德观念、思想感情均由天定。从西汉后期开始，谶纬之类充满奇异色彩的著述盛行一时，更将天人感应推向极端，从而牢固地确立以天气季节运行为基轴、以“天人感应”为特色的古代自然观。

中国传统哲学的发展沿革

董仲舒“天人感应”的神学目的论，遭到王充的“元气”自然论与王弼的“天道”自然无为论的否定。王充认为“天”的性质“与地无异”，是无意志、无目的、无人格的自然物体，人和万物都是“偶自生”即自然而然的巧合。自然命定论虽否定董仲舒的神学目的论，但也扼杀了人的能动性。魏晋玄学大师王弼表面上推崇老子“自然无为”思想的复归，但他通过本体和现象、运动和静止、天道和人事的研究，把“天”转化为天道“自然无为”，把“人”归结为社会“礼法名教”，既排除神的作用，也否定自然命定论。魏晋玄学虽以老庄道家思想为骨架，但讨论的中心课题即“自然”与“名教”关系，实际上是天人关系，并提高到道德本体层面，追求天人合一的精神境界。

东晋以后，玄学与佛学结合，佛教获得极大发展。佛、儒分歧的焦点是生死问题，儒家重生轻死；佛家重死轻生，以神不灭论为其理论根本。六朝后期，范缜通过形神之辩，认为神为形所生、形亡而神灭，从而否定佛教“形神相异”的神不灭论。到唐代，柳宗元、刘禹锡融会诸家，试图对汉以来天人之辩予以总结，柳宗元著《天说》，刘禹锡著《天论》，提出“天人交相胜，还相用”思想，既注重客观规律性，也强调主观能动性。

两宋时期，天人合一思想成为主导地位的文化思潮。张载第一个明确提出“天人合一”命题。在他看来，人生的最高理想是天人协调，主张“为天地立心，为生民立命，为往圣继绝学，为万世开太平。”最终达到天道和人道的有机统一。

2. 天人合一思想的评析

天人合一关乎人和自然的统一问题。从远古直到现代，“天”的内涵和形象在不断演变，但作为命定、主宰含义和作为自然的双层含义始终存在。所以，“天”“人”关系，既包含着人对自然规律能动地适应、遵循，也意味着人对主宰、命定的被动顺从与崇拜。用天和人代表万事万物的矛盾，其动因在于，如无人，一切矛盾运动均无法觉察；如无天，一切矛盾运动均失去产生的载体；唯有人可以运用万物的矛盾，唯有天可以给人运用矛盾的资源。天与人作为宇宙万物矛盾运动的代表，才能更透彻地彰显天地变迁的原貌和功用。

天人合一彰显世界观和方法论意义。天是万物的起源，天生万物，也生成了人类社会。天地万物也像人类社会一样运转，自然的发展变化体现、制约着人类社会的发展变化。日月正常运行，说明人世间一切正常，君明、臣贤、百姓勤耕和睦；而当人事出了问题，君昏、臣奸、百姓反对，那么日月也会用反常予以警告。“古帝王以功举贤，则万化成，瑞应著；末世以毁誉取人，故功业废而致灾异。”也就是说，人之善将得到天之更大的善，人之恶将得到天之更大的恶。唯其如此，天人合一思想成为人的行为准则和诠释历代制度的理论依据。统治者总把自己打扮成顺应天命、替天行事的代表，而反对者也总是攻击其政敌违反天命。如唐太宗就曾称自己是“上畏皇天之监临，下惮群臣之瞻仰，兢兢业业，犹恐不合天意，未副人望。”宋代高举义旗的梁山英雄也以“替天行道”来召令民众。

天人合一推动自然科学及艺术发展。由于把人作为整个宇宙中心来思考，强调人是自然系统中不可缺少的有机部分，主张道德原则与自然规律相一致，追求人生的理想即是天人和谐有机统一，这包含着一定的唯物因素，促使人们去研究自然，助推中国古代科学技术在部分领域的发展，诸如天文历算、农学和中医学等领域都取得瞩目成就；更促使人们从自然界吸取美感，以自然界的某些现象作为原型进行艺术加工，从而对我国古代器物以及书法、绘画、文学作品、园林建筑等产生重要影响，体现在中国山水花鸟画、山水田园诗的兴盛以及对画成“神品”、乐成“天籁”、巧夺天工、物我合一、情景交融等艺术追求中。

天人合一催生人与自然物我相通的观念形态。在中国人的观念中，没有绝对的自然，也没有绝对的主体，而是泯灭物我界限，主客体浑然一体。中国古代文化常以天地人三者并列探索世界的构成规律，认为天能生物，地能载物，天地万物群生，唯人有智慧，唯人能裁剪天地万物。天地定位后，人居中而立，与天地融为一体。人不是凌驾于天地之上的主宰者，而能够参赞、调谐天地万物之化育，自然万物皆体现人之色彩，人不能违背自然，不能超越自然界的承受力去改造自然、征服自然、破坏自然，只能在顺从自然规律下去利用自然、调整自然，使之更符合人类发展需要，也使自然万物生长发展。另一方面，自然界对于人类也不是一个超越异己的本体，不是主宰人类社会的神秘力量，而是能认知并为我所用的客观对象。这种理念长期践履的结果，就是自然界与人的统一，人的精神、行为与外在自然的一致，自我身心平衡与自然环境平衡的统一，由此达到天道与人道的统一，终而实现完美和谐的精神追求。

总之，作为影响中国数千年的主流文化精神的一部分，天人合一思想有着丰富内涵和合理价值，它着眼于人类与整个宇宙的关系，依据自然的变化推及人世，强调人类遵从自然界的普遍规律，在历史上起到积极作用，至今仍不乏其现实价值。

天人合一精神也不乏消极意义。过分强调环境对人的影响力，形成古代天人关系之学，导致带有迷信色彩的术学、易学等异常发达；而过分强调自然对人类的影响，甚至将风马牛不相及的自然变化附会于人类，使人类过度依赖自然，产生自责心理，限制人类创造性、能动性发挥，有碍科学技术的深度探究。

（二）民本主义

中国文化强调人与自然的和谐统一，以人本主义为前提，把人作为核心来探讨人和宇宙自然的关系。中国文化价值系统的确立以及主体内容的嬗变，始终以阐释人生价值目标及其实践为核心，儒、道、佛等思想体系本质上都是人生哲学。始终围绕着人，以人为中心、以人为根本，侧重于研究人与社会、人与人的关系以及人的心性修养问题，构成伦理本位的人本主义。包括民贵君轻的政治理念，关注现世的世俗生活，追求道德伦理的人文关怀等三个维度①。

1. 民贵君轻

中国传统民本主义坚持“民为贵”精神，《尚书》中就有“重我民”“唯民之承”“施实德于民”等记述，《诗经》所谓：“邦畿千里，维民所止”，《左传》《国语》等典籍强调以民为本观念。儒家学说更集中凸显“民惟邦本”思想。孔子历来主张重民、富民、教民，在“民、食、丧、祭”这些世间大事中，他将“民”列为首位。孟子则提出影响中国几千年的“民为贵，社稷次之，君为轻”的著名观点，成为历代开明统治者的座右铭。他强调：“乐民之乐者，民亦乐其乐；忧民之忧者，民亦忧其忧”，认为得民心者得天下，失民心者失天下。“桀纣之失天下也，失其民也；失其民者，失其心也。得天下有道：得其民，斯得天下矣”，以及“得道者多助，失道者寡助”，政治统治要得民心、合民意，否则便可能“身危国削”。荀子提出“君舟民水”思想，传之久远，是历代为政者的必修课。道、墨、法诸家也不乏民为贵的思想。在漫长的历史演进中，重民贵民精神不断丰富和强化。汉代贾谊曾提出：“闻之于政也，民无不为本也。”李世民更是深谙民贵君轻之道，认定“君依于国，国依于民。”贵民重民思想集中反映了中国传统民本思想的发展与演进，彰显中国文化的民本主义传统。

2. 看重现世

在人与物的关系中是人贵于物。如《尚书·泰誓上》说：“惟天地万物父母，惟人万物之灵”，《孝经·圣治》引孔子的话说：“天地之性，人为贵”，《荀

① 金元浦：《中国文化概论》，首都师范大学出版社，2008年版，第100－102页。

子·王制》说："水火有气而无生，草木有生而无知，禽兽有知而无义，人有气有生有知且有义，故最为天下贵也"。中国传统文化在人与神之间，坚持以人为本，重视现世人伦生活，而将宗教和鬼神信仰置于其后，神本主义始终未居主导地位。以儒家为主体的古代思想家更多地将目光投注于人的现世生活，反对以鬼神为本。《论语》中早就有"子不语怪力乱神"的记载。孔子说过："务民之义，敬鬼神而远之，可谓知矣。"弟子问怎样事奉鬼神，孔子回答说："未能事人，焉能事鬼?"又问人死后的情况，孔子说："未知生，焉知死?"在这里"事人""知生"就是关怀现世和关注现世生活；"事鬼""知死"则是将目光投注于人所不知的鬼神世界，孔子认为既不可能又无必要，显示出对鬼神敬而远之的态度。宋明理学中，不论是气本论、理本论，还是心本论，都否认灵魂不灭和鬼神存在，却高度肯定精神生活的价值。气本论以天地之间"气"的统一性来论证道德的根据，理本论断言道德源于宇宙本原之"理"，心本论则认为道德伦理出于"本心"的要求。这些道德起源论未必正确，但都摆脱了宗教信仰。我国诸多民俗文化中，祭祀鬼神活动虽然隆重而热烈，如民间庙会、傩祭、傩戏等，但在这种祭神民俗庆典中，也仍然凸显重现世生活的基本态度。观傩戏、逛庙会成为集物质和精神交流为一体的现世节庆，彰显民间狂欢精神和乐观务实的生活态度。

3. 道德完善

中国民本主义具有浓重道德色彩。每一个人从诞生起便进入五伦关系网中：政治上的君臣关系，社会上的朋友关系，家庭中的父子、夫妇、兄弟等关系，并各有其行为典范与道德模式，即君仁臣忠、父慈子孝、夫教妇从、兄友弟恭、朋亲友信。传统文化所关注的是"经夫妇，成孝敬，厚人伦，美教化，移风俗。"而每个人则在其中寻找自己的合适位置，践履自身责任。中国文化所重视的不仅是现世存在的人，更重视"伦理"人，体现道德原则的人；彰显个体对群体的义务责任，借以维系社会生活正常运转，相对忽视个体精神的自由与独立。

中国文化对个体价值的肯定不在于物质欲望的满足，而是从个人与对象（家庭、宗族、国家）的心性向善。这种向善既是社会的要求，也是个体的自觉。由于心性完善所指向的"理"被提到"本体"的高度，即在未有万物之前已先存在，这种由"理"所衍生出来的原则，如忠、孝、仁、义，是自然的、天经地义的。个人的价值判断只能定位于通向"理"的心性完善途中，一切作为实践主体所追求的事业，都必须具备"完善心性"的道德主体才能承当。只有"内圣"才能"外王"，即先有"格物""致知""诚意""正心"才能"修身"，而后才能"齐家、治国、平天下"。正如明代吕坤《呻吟语》中主张："一念收敛，则万善来同；一念放恣，则百邪乘衅。"就是说人在修身过程中，收敛一个欲念，诸多善行就会随之而来；放纵一个欲念，各种邪念就会乘隙而入，侵蚀身心。因此，人要心有所戒，行有所止，守住底线，不踩红线。

中国文化对人的价值追求和肯定具有积极意义。道德完善作为一种人格特质，驱使深受传统文化熏染的士子们追求和谐与执着相统一的品格，崇尚内心的真诚与尊严，秉持内在的自信和宁静，不受时风左右而动摇，而是为“道”、为“义”、为“德”的要求不断完善自我，固守自己的心性天地，生活依凭道德心性的中和自制而井然有序，社会更因这些具有良好修养的楷模而变得纯朴和谐、彬彬有礼。

二、道德直觉　刚健有为

（一）道德养成

中国文化以德行修养为安身立命之本，重视道德自觉和人格完美，强调道德在社会、人生中的地位，更渗透到国家政治、经济生活中，并由此形成一套完整的道德伦理体系，即所谓的“崇德”或“重德”传统。2018 年 5 月 2 日，习近平总书记在北京大学师生座谈会上的讲话中强调：“要把立德树人的成效作为检验学校一切工作的根本标准，真正做到以文化人、以德育人，不断提高学生思想水平、政治觉悟、道德品质、文化素养，做到明大德、守公德、严私德。要把立德树人内化到大学建设和管理各领域、各方面、各环节，做到以树人为核心，以立德为根本。”

1. 道德养成的主要体现

孝亲。中国传统伦理思想以“孝悌”为本，梁漱溟称誉中国文化为“孝的文化”。《孝经》能进入中国古代最重要的经典“十三经”之列，本身就能说明问题。郑玄解释道：“孝经者，三才之经纬，五行之纲纪。孝为百行之首，经者不易之称。”孝，指“善事父母”；悌，指“敬爱兄长”。孝悌之心推而广之，由尽孝而尽忠，由事兄而敬长，家庭血缘的亲情不断放大，从而升华为社会成员之间和睦相处的伦理准则：“夫孝，始于事亲，中于事君，终于立身。”

尚德。周代统治者吸取商王朝覆亡的历史教训，扭转、清算商王朝骄奢淫逸、好大喜功、敬天事鬼的政治，改以“敬德保民”的“德治主义”，奠定中国文化道德至尊的发展方向。《诗经》《尚书》一再称颂的周代先王就是“敬德”的楷模。“德”的内涵丰富，仁义礼智信，温良恭俭让，礼义廉耻，忠孝节义均在此列。晋臣范宣子问鲁国大夫叔孙豹，何谓“死而不朽”？叔孙豹回答：“太上有立德，其次有立功，其次有立言，虽久不废，此之谓不朽。”尚德观念得到文化实践的认同，经过诸子百家中若干主要流派的阐发，逐渐升华为中国文化的道德至上传统。

崇礼。将“德”的具体要求条理化、规范化，便成为“礼”。中国之所以被称为“礼仪之邦”，其内在依据是数千年一贯制地将“崇礼”作为超越生命价值的永恒追求。孔子主张人与人之间应宽恕和谐，提倡用宽恕精神去缓和紧张关系。但人与人之间的和谐仍是有原则的，即以符合礼为标准。后世儒家学者又以阴阳相分、柔刚定位原理推演出社会政治关系中的君臣、君民和家庭关系中的父子、夫妇之间的尊卑、贵贱，并严格规定阳尊阴卑、刚上柔下的等级秩序。

尚仁。虽然立德、立功、立言的“三不朽”伟业并非人人都能达到，但是基本的“仁者爱人”，却不难做到。从逻辑上讲，“爱人”是从身边最亲密的人爱起，然后推而广之，“弟子入则孝，出则悌，谨而信，泛爱众，而亲仁。”“老吾老以及人之老，幼吾幼以及人之幼。”所以，“君子务本，本立而道生。孝悌也者，其为仁之本欤。”“仁”实际上包含爱人、忠恕、孝悌等内涵，成为儒家思想的内核，并视为做人的最高道德准则，即“仁者爱人”“己所不欲，勿施于人”“己欲立而立人，己欲达而达人”。

2. 道德养成的建构意义

其一，注重个体的德行素养。在孔子看来，要变“天下无道”为“天下有道”，就要求志士仁人在德行修养方面达到智、仁、勇的“三达德”境界，所谓“知者不惑，仁者不忧，勇者不惧。”孔子平生实践就是在孜孜追求这种德行，而《论语》的主体精神便在于强调道德的作用。鉴于德行修养对于人安身立命的重要性，宋代大儒朱熹把《礼记》中的《大学》单独拿出来，列为“四书”之首，就在于它强调自我修养的八个步骤，即格物、致知、诚意、正心、修身、齐家、治国、平天下，并以天下太平为终极追求，所谓“身修而后家齐，家齐而后国治，国治而后天下平。”中心环节是修身，因为格物、致知、诚意、正心是为了修身；齐家、治国、平天下是修身的结果，修身是立身之道，也是立国之道。这种思想传统造就历史上无数体现民族道德理想追求的仁人志士，并对中华民族的历史演进产生重大推动。

其二，践行内圣外王的道德人生。儒家强调的人格就是内圣外王，即内蕴道德文章，外可济世经纶。内圣就是道德品质不断提升与超越；外王就是提升社会能力，成就文章，教化百姓，建功立业，最高取向是“为天地立心，为生民立命，为往圣继绝学，为万世开太平。”内圣是核心，属于体的范畴；外王是目的，是用的表现，先内圣而后可以外王。古代思想家特别崇尚气节、重视情操，强调行为符合道德规范要求。孔子提出“三军可夺帅也，匹夫不可夺志也。”孟子提倡“富贵不能淫，贫贱不能移，威武不能屈”的大丈夫人格等，都对铸造中华民族的精神品格产生深远影响，有助于形成中华民族刚直不阿的气节和明辨是非、坚持正义的品质。特别是在国家命运多舛、民族生死存亡的紧要关头，许多仁人志士决不丧志辱身，以不屈精神挽救国家民族命运，甚至不惜牺牲自己、杀身成仁，这便是崇尚气节精神的典型体现。

其三，构筑中国文化的理性传统。儒家把“成圣贤”规定为人生理想和终极目标，从而赋予人生一种永恒、崇高的价值和意义，充分肯定人性的道德尊严与崇高。要求个体从道德践履的主体实践活动出发，由己及人，由近及远，扩展到全社会，去做一番经世济民、改造社会的弘道事业。儒家的人生观就是从这种道德实践活动与社会现实生活的密切联系中探究人生真谛，彰显人生意义，进而获得一种心理情感上的超越。这种人生哲学富有强烈的人文意识，更具有积极入世的现实精神，对无数杰出人才的成长发挥了积极作用。历史上所谓“国家兴亡，匹夫有责”“身无分文，心忧天下”的献身意识，以及“居庙堂之高则忧其民，处江湖之远则忧其君”的济世精神，都成为其真实体现。

其四，彰显全面务实的人生追求。中国传统文化的突出特点是注重现实生活，其思维方法和价值取向重实践、重事实、重功效，强调务实精神，致力于解决现实问题。先哲们在强调人的精神境界时，并未否定作为人类生存基础的物质追求。早在春秋时代就有所谓“三事”之说。《左传·文公七年》记载：“正德、利用、厚生，谓之三事。”正德，端正品德；利用，便利器用；厚生，丰富生活。“三事”之说兼重物质生活和精神生活，把道德建构与实际生活联系起来，是一种比较全面又符合社会实际的观点。虽然作为中国文化主流的儒家学派更加重视“正德”“崇德”，对“利用”“厚生”关注相对不多。但是，儒家并未忽视人的物质生活，只不过重义轻利、有所侧重。在儒家“民惟邦本”基础上建构的仁政德治思想体系中，就对人们的物质生活给予充分肯定，并正确阐释物质生活和精神生活的关系。孔子曾告诉学生对老百姓要“先富后教”，政治道德教化应建立在老百姓安定富裕的基础之上，他还提出“因民之所利而利之”的观点。孟子则提出要“制民之产”，使“七十者衣帛食肉，黎民不饥不寒”，然后“谨庠序之教，申之以孝悌之义”，养成高尚的道德情操。

其五，向往天下“大同”的终极目标。儒家经典《礼记》有如下描绘：“大道之行也，天下为公，选贤与能，讲信修睦。故人不独亲其亲，不独子其子，使老有所终，壮有所用，幼有所长，矜寡孤独废疾者皆有所养，男有分，女有归。货恶其弃于地也，不必藏于己；力恶其不出于身也，不必为己。是故谋闭而不兴，盗窃乱贼而不作，故外户而不闭，是谓大同。”“大同”社会成为中华民族几千年孜孜追求的“乐土”，并已融入代代中华儿女的血脉之中，在新时代实现中华民族伟大复兴“中国梦”及推进人类命运共同体建设大业中，仍不乏其现实价值。为人民谋幸福、为民族谋复兴、为世界谋大同，是深刻理解和全面把握习近平新时代中国特色社会主义的“金钥匙”。鲜明地体现习近平新时代中国特色社会主义思想的人民情怀、民族情怀、国家情怀和世界情怀，集中反映了当代中国共产党人的人民立场、民族抱负和世界责任。

（二）刚健有为

1. 自强不息

作为文化的主导精神，在中华民族五千多年的历史中，刚健有为、自强不息的精神一直成为奋发向上、蓬勃发展的动力，无论对国君、人臣、士大夫阶层还是一般民众都产生巨大影响。这种精神可以追溯到中国文化最早的代表《尚书》和《诗经》之中，这两部儒家典籍充满勤勉刚健、勇猛深沉的向上气息。如《尚书·尧典》里对先王“克明峻德，以亲九族”和“历象日月星辰，敬授人时”功业的颂扬，《诗经》的《公刘》《生民》篇中描写的周部族诞生之初的创业艰难和不断壮大等。《易经》进一步明确赞扬刚健精神，“刚健而文明”，并提出“天行健，君子以自强不息。”日月星辰永远在运动，有作为的人应效法其“刚健”，奋力向上，永不停息。刚健有为、自强不息的追求，集中彰显中华民族朝气蓬勃、奋发向上的顽强生命力，表现出百折不挠的基本精神。

从先秦时代起，刚健自强成为思想家、哲学家着力阐发的人生精义。老子说：“道大，天大，地大，人亦大”，道家的“无为”实质上渗透了“人法地，地法天，天法道，道法自然”的更高层次“有为”。孔子更是有为思想的极力提倡者和积极践行者。他一生奔波，期望以周礼匡扶乱世，“知其不可而为之”，结果是“发愤忘食，乐以忘忧，不知老之将至。”他对“饱食终日，无所用心”的人生态度极度蔑视，强调“士不可以不弘毅，任重而道远，仁以为己任，不亦重乎？死而后已，不亦远乎？”认同“三军可夺帅也，匹夫不可夺志也。”孟子说：“天将降大任于斯人也，必先苦其心志，劳其筋骨，饿其体肤，空乏其身。”荀子提出：“制天命而用之”的著名论断。

中国历史上的无数仁人志士以其坚韧不拔，谱写了自强不息的辉煌诗篇。司马迁极力推崇发奋有为的圣贤：“西伯拘而演《周易》；仲尼厄而作《春秋》；屈原放逐，乃赋《离骚》；左丘失明，厥有《国语》；孙子膑脚，《兵法》修列；不韦迁蜀，世传《吕览》；韩非囚秦，《说难》《孤愤》；《诗》三百篇，大底圣贤发愤之所为作也。”汉唐将士的积极戍边，“匈奴未灭，何以家为”的英雄气概，“请君暂上凌烟阁，若个书生万户侯”的豪迈气势。特别是在民族危亡、外族入侵的关口，仁人志士更是以不屈的精神，顽强进行反侵略、反压迫的英勇斗争，涌现出无数可歌可泣的民族英雄。而无数爱国诗词更以高度的自信自尊，无不凸显国民性格中强烈的进取向上、自强不息精神。鲁迅赞扬：“我们有并不失掉自信力的中国人在。我们从古以来，就有埋头苦干的人，有拼命硬干的人，有为民请命的人，有舍身求法的人，……虽是等于为帝王将相作家谱的所谓‘正史’，也往往掩不住他们的光耀，这就是中国的脊梁。”[①] 正是以这样的精神品质，中华民族以强大的凝聚力和顽强的生命力始终自立于世界民族之林。

刚健有为、自强不息体现为革故鼎新精神，所谓“苟日新，日日新，又日新。”而被奉为六经之首的《易经》就主张：“凡益之道，与时偕行”“唯变所

① 《鲁迅全集》，第6卷，人民文学出版社，1958年版，第92页。

适”“最故革新”“穷则变，变则通，通则久”；韩非子奉行“世异则事异，事异则备变”；明末清初思想家王夫之提出“奉常以处变”“变不失其常”的常变观，等等。每当积弊日久时总会出现改革或革命的运动，为清除积弊而换规变法。于当今社会而言，大至国家、民族，小至单位、个人，都应继承弘扬这种革新精神，拼搏进取、与时俱进、锐意改革，中华民族伟大复兴的中国梦大业才会越来越兴旺。

2. 偏重实践

中国古代哲学从本质上看是一种道德哲学。无论是儒家的三纲领（明明德、亲民、止于至善）、八条目（格物、致知、诚意、正心、修身、齐家、治国、平天下），还是道家的修道积德，皆以道德实践为第一要义。知行关系始终成为中国古代思想家特别关注的课题。

中国古人特别是儒家学说，“知”虽然包括一切知识，但主要指具有道德内蕴的“良知”。“行”虽然包括人的一切行动、行为，但其中心则在于对良知的“践履”与“躬行”。所以，知行问题不仅涉及认识论，更重点关注、思考人的道德伦理和国家的管理方法。孔子提出：“知之者不如好之者，好之者不如乐之者”，所谓“乐之”，就是依其所知之实践，而获得一种乐趣。自孔子开始，虽然提倡知行兼顾，“言顾行、行顾言”，但实际上一直存在轻言重行倾向。

宋代以后，知行之辩的探讨进入一个新阶段。理学家朱熹建构较为完整的知行关系体系。他认为：“论先后，知为先；论轻重，行为重。”“知之愈明，则行之愈笃；行之愈笃，则知之益明。”实际上，此时“知”“行”关系出现新变化，开始注重“知”对“行”的指导作用。无论是朱熹的“理在事先”，故人须先“穷理”；还是陆九渊的“心即理”，故人须“一悟本心”，都抛开实践层面返归个人内心的修养。理学注重思辨特色，成就中国文化的又一次黄金时代。

明代以后，王守仁针对理学偏离现实倾向，提出“知行合一”。但此处的“知”“行”与原有含义不同，甚至有混淆趋向，意图把“知”提到与“行”并列的高度，他强调道德意识与道德实践的合一，“一念发动处即是行”。“一念”即道德意识，“行”即道德实践，是一种道德哲学。

明清之际的王夫之将知行观提升到最高水准。明确提出“行先知后”著名命题，认为“君子之学，未尝离行以为知也必矣”；诠释“行可兼知，而知不可兼行”的思想，断定“知有不统行，而行必统知”；对知行的辩证关系进行科学阐释，认为“知”“行”“始终不相离”，既相区别，又相资互用，“并进而有功”。

鉴于中国传统文化中存在着“重行轻知”的特点，革命先行者孙中山先生提出“知难行易”命题，对“知”做出高于“行”的新论断。其目的在于：强调革命者“先知先觉”的引领作用，对于统一革命党内部的认识，加强革命团体的凝聚力，起到显著作用。

中国共产党人对马克思主义理论指导地位的彰显，在某种意义上与孙中山的“重知”有异曲同工之妙。毛泽东以马克思主义基本原理为指导，结合中国传统认识论的精华，实现了马克思主义中国化的历史性飞跃。其理论成果主要表现在三个方面：全面深刻地揭示人类认识的来源，指出“人的正确思想，只能从社会实践中来，只能从社会的生产斗争、阶级斗争和科学实验这三项实践中来”①；阐释人类认识运动的规律，指出“实践、认识、再实践、再认识，这种形式，循环往复以至无穷，而实践和认识之每一循环的内容，都比较地进到了高一级的程度。这就是辩证唯物论的全部认识论，这就是辩证唯物论的知行统一观”②；提出真理发展规律和检验标准，明确强调：实践是检验真理的唯一标准。

在中国特色社会主义的新时代，力求知行合一、以知促行、以行求知。2014年5月4日，习近平在北京大学师生座谈会上说：“道不可坐论，德不能空谈。于实处用力，从知行合一上下功夫，核心价值观才能内化为人们的精神追求，外化为人们的自觉行动。”

三、贵和尚中，协和万邦

（一）贵和尚中

“和”是把众多矛盾的事物有机统一起来，构成一个和谐整体；“中”则是在“和”的基础上达到居中不偏、兼容两端的境界。二者既有统一性，又不乏辩证意蕴。

1. 和而不同

西方文化强调通过斗争手段解决矛盾，中国文化则主张通过调和去化解矛盾。“和谐”一直是中国传统文化追求的最高境界，重视人与自然、人与社会、人与人以及人身心和谐等。

注重和谐，成为中国文化基本精神的重要标志。《周易》提出：“君子以厚德载物”，提倡宽容、和谐地待人接物，即以宽厚的道德情怀包容万物，能宽容意见不同的人。较早对和谐进行理论探讨的是西周末年的史伯和春秋末年的晏婴。史伯提出：“夫和实生物，同则不继。以他平他谓之和，故能丰长而物归之；若以同裨同，尽乃弃矣。故先王以土与金、木、水、火杂，以成百物。”史伯强调以不同元素配合，才能使矛盾均衡统一，收到和谐的效果。他指出：五味相和才能产生香甜可口的食物；六律相和才能形成悦耳动听的音乐；善于倾听正反之言的君王才能达到“和乐如一”的局面。晏婴倡导“相济”“相成”理念，丰富

① 《毛泽东文集》第8卷，人民出版社，1999年版，第320页。

② 《毛泽东选集》第1卷，人民出版社，1991年版，第296－297页。

"和"的内涵，并主要运用于君臣关系上，强调君臣在处理政务上综合平衡，保持和谐统一的关系，主张以宽阔胸怀容纳不同意见。孔子倡导"君子和而不同"，也强调在不盲目附和的前提下协调不同意见。

"和而不同"精神的典型例证是"百家争鸣"。在天下大乱、礼崩乐坏的社会背景下，儒、道、墨、法、阴阳等学派各有所长，皆有所重，形成各家竞争、相互驳难的论战局面，议论风发，词锋锐利，直指要害，同时也肯定对方的合理成分。"然而其持之有故，其言之成理"，自有独立的学术地位，在尖锐的批判言辞中，充分彰显"和而不同"的文化精神。

冯友兰先生评价说："在中国古典哲学中，'和'与'同'不一样，'同'不能容'异'；'和'不但能容'异'，而且必须有'异'，才能称其为'和'。客观辩证法的两个对立面矛盾统一的局面，就是一个'和'，两个对立面矛盾斗争，当然不是'同'，而是'异'；但却同处于一个统一体中，这又是'和'。"① 具体而言，中国的和合精神体现在诸多层面：

在处理人的身心关系上，追求"身心一体"境界。所谓"身"指人的形体，并派生情、欲、利等；"心"则指人的精神，由此派生理、义等。欲求得身心和谐，就必须克身扬心，出行入神，崇理灭欲，用心的满足弥补身的匮乏，用精神力量代替本能物欲。而天人和谐、人际和谐等均以身心和谐为基础，是其外延与结果。

在处理人与人的关系上，彰显"己所不欲，勿施于人"和"己欲立则立人，己欲达则达人"的"恕道"原则。要求"老吾老以及人之老，幼吾幼以及人之幼"。这种推己及人的思维形成一种处世方式，即通过情感交流和彼此联系，使人与人的关系达到和谐境地。强调一事当前，要设身处地为对方、他人着想，并以对方、他人为重。"一纸书来只为墙，让他三尺又何妨。长城万里今犹在，不见当年秦始皇。"清代桐城人张英这首《让墙诗》和名叫六尺巷的小巷，至今仍在无声处诠释着为人处世的哲理，成为中国传统社会邻里之间和谐礼让的典范。

在处理人与社会的关系上，坚持"中和为上"原则。把个人与社会的关系看作一个对立统一体。对立是源于个体都有血肉之躯，势必会有所欲求，而社会又难以满足人的所有欲求，必然与社会发生冲突；统一则凸显个人与社会的不可分，个人脱离社会就无法生存，而失去个人也就不成其为社会。所以，以儒家思想为主体的中国文化，力排法家偏重社会而忽略个人利益，在人与社会关系处理上反对偏激言行。

在处理人与自然的关系上，强调"天人合一""万物一体"境界。以人道合天道，以人心合天心，以人德合天德，以人生合宇宙，视天地万物为一体。中国

① 冯友兰：《中国现代哲学史》，广东人民出版社，1999年版，第253页。

文化要求万物并育而不相害，达到人与自然的整体和谐，人与天地合为“三才”：人应该“赞天地之化育”；应该“尽万物之性”、开发自然资源；应该“利用厚生”“开物成务”，以求人类的生存。本着顺万物之性的原则，应尊重自然规律，理智地与天地万物协调共存，而不是一味地征服和破坏。

在处理中国文化内部关系上，千百年来，华夏汉族与周边多民族互鉴共荣，其间虽有暂时的兵戎相见，但大多数时期保持着密切交往，互相学习、彼此帮助、亲如一家。

在处理中国文化与外来文化关系上，无论汉唐盛世下的主动拓展，还是晚清衰局下的被动承受，中国文化都能以平等姿态，吐旧纳新，与异域文化相容相摄，表现出有容乃大的襟怀和海纳百川的气度。正如习近平总书记2014年10月15日在文艺工作座谈会上强调的：“古往今来，中华民族之所以在世界有地位、有影响，不是靠穷兵黩武，不是靠对外扩张，而是靠中华文化的强大感召力和吸引力。我们的先人早就认识到‘远人不服，则修文德以来之’的道理。阐释中华民族禀赋、中华民族特点、中华民族精神，以德服人、以文化人是其中很重要的一个方面。”①

2. 中庸之道

怎样才能实现“和”的理想境界呢？根本途径就在于保持“中”道，倡导“中行无咎”，主张以“中”为度，把“中庸”作为处世行为准则和人格完善标准。

孔子首次提出“中庸”概念，并使中和观念哲理化。孔子认为：“中庸之为德也，其至矣乎！民鲜久矣。”强调中庸是一种最高的道德。中庸，就是不偏不倚地把握“中”这个事物运动的总准则，包含了“和而不同”和“过犹不及”两个方面的内涵。办任何事情都依乎标准，既不能超过，也不能达不到，而应该是完全合乎标准的中正不偏、准确适度、无过无不及。事物对立的两端是客观存在，正确的态度是“允执其中”，在对立的两极之中把握一个最适当的度。孔子说：“君子和而不同，小人同而不和。”子思作《中庸》，开篇指出：“喜怒哀乐之未发谓之中，发而皆中节谓之和。中也者，天下之大本也；和也者，天下之达道也。致中和，天地位焉，万物育焉。”并主张“莫见乎隐，莫显乎微，故君子慎其独也”。君子要慎独，即使一个人独处，也要谨言慎行。

汉代继承和发展先秦儒学的“中庸”观，不仅视为伦理道德的最高境界，而且将其作为日常行为基本准则的哲理化抽象。宋明理学时期，“中庸”理念不断得到强化。朱熹《中庸集注》成为后世士人认识世界的基本方法和处世接物的主导原则，更渗透到一般民众的社会心理之中。

---

① 习近平：《习近平论治国理政（第二卷）》，外文出版社，2017年版，第133页。

从总体上看，儒家的中和理论是以中庸观为理论基础，以礼为标准，以中、和为范畴，以维持统一体和抑制冲突为特征的和谐体系。做事恰到好处，为人既坚持原则又能团结和谐，是一种很高的修养境界。《论语》中孔子也提出了达到中庸境界的养成方法：强调自我修养、克制自我、严于律己、宽以待人；推己及人，行忠恕之道，将心比心，善待他人；以礼节之，用“礼”节制自身社会行为等。《礼记·中庸》提出五个步骤达到中庸境界：“博学之，审问之，慎思之，明辨之，笃行之。”

“中庸”作为一种道德标准，成为指导行为方式的一个最佳尺度，体现在现实生活中就是“中行”。这种理念推动国人做事不走极端，求大同存小异，自觉维护人际关系的和谐，秉持安定团结局面。但中庸思想过分强调屈从，限制个体能动性的发挥，进而影响社会发展。与现代民主思想相比，中庸思想存有某些缺失，不容忽视其消极影响。

总之，贵和持中理念，代表中国传统文化的基本精神。既适应大一统的政治要求，又迎合宗法社会温情脉脉的情感需要，更养成中华民族的群体处世心态。

（二）兼容并包

中国自古以来就是一个多民族国家，作为主体部分的汉族并非由单一部落发展，而是融合、同化其他族群而形成。中国历史上，处理境内各民族之间以及与周边民族的关系，都一直依照“兼容并包”原则，就是以道德修养和人文教化为根本，以治理好自己国家为前提，借此感化周边邦国；既维护本民族独立，又不向外武力扩张；对于外族的侵犯，在正当防御卫时，更多采用怀柔、“和亲”、会盟政策，以求得“协和万邦”。

1. 对内倡导“一视同仁”

在中华民族成长历史上，无论是汉族还是其他居于统治地位的民族，大体上都对异族采取“修其教不易其俗，齐其政不易其宜”的理智行为。在西汉以前尚以军事行动作为向大漠、西南扩张的重要手段，东汉以后，军事活动转变为次要的防御行为。在承认和尊重边疆民族独立性的基础上，采用“和亲”“互市”“贡赐”“绥抚”，设立“羁縻州”和赋税“夷獠之户皆从半输（免去半数）”等民族政策。魏晋南北朝时期的民族大融合是中华民族发展史上的一座里程碑，“中华”一词就出现在这个时期。唐朝对于境内少数民族采取“顺俗施化”政策，唐太宗曾说：“自古皆贵中华，贱夷狄，朕独爱之如一。”他曾被北边各民族尊奉为“天可汗”。唐朝一般不改变其生产方式、社会制度和风俗习惯，多用加封各族首领为都督、刺史形式，让其继续统辖本族。契丹的大辽国典章制度“大略采用唐制”。元朝入主中华后，“附会汉法”。明朝实行“内安诸夏，外抚四夷，一视同仁，咸期生遂”政策，对在元朝进入中国版图的西南少数民族地区，“顺俗施化，因人授政，欲其上下相安也。”清康熙帝一直强调“满汉一体”，在北京开设博学鸿儒科，网罗全国“名士”共建基业；雍正帝更倡导“华夷无别”，尝谓“本朝之为满洲，犹中国之有籍贯”，同是中国人不能因籍贯（民族）之不同，而“妄判中外”。长期以来，中国各民族相依相存，各文化互为融合，至清朝最终实现空前大统一，完成各民族融合为中华民族的历史进程。

由于汉族人口众多、文化先进，历史上曾经同化了一些少数民族，而实际上在融合进程中，汉族也吸收了其他民族的某些文化特征，诸如战国末期流行的“胡服骑射”；唐人气质“大有胡气”；清代满族妇女的旗袍为汉族女性所钟爱等。文明因交流而多彩，因互鉴而丰富，共同推动中华文明进程。

中国文化不仅善于在内部融合吸收各族文化的精华，更能接受外来文化，如印度佛教文化、波斯文化、阿拉伯文化以及欧洲文化等。外来文化毕竟与中国本土文化不同，对其选择比较困难。但当观念定势被突破后，中国文化“和”的机制便会发挥作用，广泛吸纳外来文化利于自身发展的新因素。正是这种兼容并蓄的精神，才使得中华民族的内聚力不断加强，中华文化传承得以久远悠长。

2. 对外主张“协和万邦”

人文教化影响塑造中国人的气质，在民族政策上表现为“协和万邦”。中国历史上有武士而无武士阶级，自汉以后主要实行文官制；较少宗教偏见，同时信奉儒、释、道三教者不乏其人，历史上从未发生过宗教之战。在中国文化中占主导地位的三大文化中，儒家不主张武力争夺，而强调道德修养；道家思想主张回归自然，相安无事；佛教反对杀生。这种对和平的热爱从上层社会到普通百姓，已经深入人心，成为全民族的道德自觉。诗歌散文中凡涉战争大多持反对态度，社会上广受崇拜的是德高望重的仁者，推动不同文明间的交流互鉴。

习近平在亚洲文明对话大会开幕式上的主旨演讲

正如习近平主席在亚洲文明对话大会开幕式主旨演讲中所强调的：“交流互鉴是文明发展的本质要求。只有同其他文明交流互鉴、取长补短，才能保持旺盛生命活力。文明交流互鉴应该是对等的、平等的，应该是多元的、多向的，而不应该是强制的、强迫的，不应该是单一的、单向的。我们应该以海纳百川的宽广胸怀打破文化交往的壁垒，以兼收并蓄的态度汲取其他文明的养分，促进亚洲文明在交流互鉴中共同前进。”①

中西文化交流始于汉代以前。其时，中国的商品已经通过西域传入欧洲。《史记》记载：“在大月氏西可数千里……其西则条支，北有奄蔡、黎轩”，黎轩即罗马（后称大秦），这说明早在西汉时，中国所了解的地域已包括罗马。中国与罗马之间最初经由西域进行商业交流，后因安息人从中阻挠，便改由海路。

① 习近平：《在亚洲文明对话大会开幕式上的主旨演讲》，新华网，2019 年 5 月 15 日。

古代中国与外部世界大规模交流互鉴起于西汉张骞出使西域。东汉时，在西亚、中亚乃至欧洲，源于中国的丝路成为主要交通干道，并以此逐步发展为四通八达的交通网。随着地理大发现及欧洲到东方新航路的发现，丝绸之路才逐渐湮没。习近平总书记指出："古代丝绸之路是一条贸易之路，更是一条友谊之路。在中华民族同其他民族的友好交往中，逐步形成了以和平合作、开放包容、互学互鉴、互利共赢为特征的丝绸之路精神。"除"丝路"外，经陆路与西部世界联系的主要交通线尚有"蜀身毒道"和"草原路"，前者由四川经云南曲折转达印度；后者纵贯亚欧草原，并在元代为中西陆路交通带来一时极盛。

公元3世纪后的数百年，中国与欧洲的交流以海上通道为主。当时海上交通线主要有两类：一类是从南海经马六甲海峡入印度洋，终抵大秦（古罗马）的"海上丝路"；一类是中日、中朝间的海上交通。中国与亚洲其他国家的文化交流很早，先秦文献、秦汉史籍有不少提及朝鲜、越南、日本、印度（天竺）、中亚细亚等国的地名，足见中国与周边国家的渊源关系。如《山海经》有"东海之内，北海之隅，有国名曰朝鲜"的记载，而《尚书·大传》对其含义的解释为"朝日鲜明"；《尚书》同时有越南人的祖先与中国通使的记载："越裳氏重九译而献白雉"；最早提及日本的是《汉书》："夫乐浪海中有倭人，分为百余国，以岁时来献见云。"古代中国与上述国家的交流多为物态文化。在精神文化方面，中国古代对外来文化的接纳，仍以邻近的印度、中亚细亚诸国和阿拉伯文化为主，更多接纳外来艺术（文学、戏剧、音乐、舞蹈等）和宗教思想，以佛教和伊斯兰教为甚。

中欧文明
交流再放异彩

中国与欧洲的文化交流输出大于输入。5世纪—15世纪正是欧洲文化近千年的沉寂黑暗期，中国文化则处于相对繁荣时代，科技水平处于领先地位，影响古代世界文化交流动向。因此，中西文化交流则延至近现代才进入高潮。这时候，中国文化对西方文化的吸收带有"扬弃"内涵，既引进西方先进学术、思想和科技，又保持中国传统中利于现代化的积极方面，抛弃不利于文化创造性转化的消极因素，逐渐成为一种共识。2014年3月27日，习近平主席在巴黎联合国教科文组织总部的演讲中对中西文化的交流互鉴进行详细阐释：公元前100多年，中国就开始开辟通往西域的丝绸之路，汉代张骞于公元前138年和119年两次出使西域，向西域传播了中华文化，也引进了葡萄、苜蓿、石榴、胡麻、芝麻等西域文化成果。西汉时期，中国的船队就到达了印度和斯里兰卡，用中国的丝绸换取了琉璃、珍珠等物品。唐代是中国历史上对外交流的活跃期。据史料记载，唐代中国通使交好的国家多达70多个，那时候的首都长安里来自各国的使臣、商人、留学生云集成群。这个大交流促进了中华文化远播世界，也促进了各国文化和物产传入中国。15世纪初，中国明代著名航海家郑和七次远洋航海，到了东南亚很多国家，一直抵达非洲东海岸的肯尼亚，留下中国同沿途各国人民友好交往的佳话。明末清初，中国人积极学习现代科技知识，欧洲的天文学、医学、数学、几何学、地理学知识纷纷传入中国，开阔中国人的知识视野。之后，中外文明交流互鉴更是频繁展开，这其中有冲突、矛盾、疑惑、拒绝，但更多是学习、消化、融合、创新。[1]

2014 年 3 月 27 日，国家主席习近平在巴黎联合国教科文组织总部发表演讲　新华社记者摄

2013 年 9 月和 10 月，习近平主席相继提出共建丝绸之路经济带和海上丝绸之路重大倡议，既传承了海纳百川的中华优秀文化传统，更推进了当代构进人类命运共同体的伟大进程。2018 年 8 月 27 日，习近平总书记在推进“一带一路”建设工作 5 周年座谈会上强调，以共建“一带一路”为实践平台推动构建人类命运共同体，这是从我国改革开放和长远发展出发提出来的，也契合中华民族历来秉持的天下大同理念，符合中国人怀柔远人、和谐万邦的天下观，占据了国际道义制高点。[2]

① 习近平:《文明交流互鉴是推动人类文明进步和世界和平发展的重要动力》，求是，2019 年第 9 期。

② 《习近平出席推进“一带一路”建设工作 5 周年座谈会并发表重要讲话》，新华网，2018 年 8 月 28 日。

第二章　中国传统文化植根的自然、经济及社会条件

文化作为人类社会生活中影响最为广泛、深刻的一种社会现象，是一个不断创造发展的过程。从空间角度来看，文化存在于社会生活的方方面面；从时间维度来看，它又贯穿于整个历史长河。

习近平谈中华优秀传统文化：善于继承才能善于创新

中国传统文化产生的土壤是基于三大条件：极有回旋余地的半封闭的暖温带大陆而非海洋国家；以农业为主干成分的经济结构而非发达的游牧业、工商业经济；在社会组织上区别于中世纪欧洲等级制度和印度种姓制的血缘宗法制。地理环境、生产方式、社会组织这三个维度的格局，共同构筑了中国文化的生成基石，影响了中国文化的发展。中国文化的一系列优点与不足，或多或少都与此关联。

当代中国是历史中国的延续和发展，当代中国思想文化也是中国传统思想文化的传承和升华，要认识今天的中国、今天的中国人，就要深入了解中国的文化血脉，准确把握滋养中国人的文化土壤。2016 年 5 月 17 日，习近平总书记在哲学社会科学工作座谈会上的讲话，全面阐述了中国文化精神传承弘扬的基本理论："中华民族有着深厚文化传统，形成了富有特色的思想体系，体现了中国人几千年来积累的知识智慧和理性思辨，这是我国的独特优势。中华文明延续着我们国家和民族的精神血脉，既需要薪火相传、代代守护，也需要与时俱进、推陈出新。要加强对中华优秀传统文化的挖掘和阐发，使中华民族最基本的文化基因与当代文化相适应、与现代社会相协调，把跨越时空、超越国界、富有永恒魅力、具有当代价值的文化精神弘扬起来。要推动中华文明创造性转化、创新性发展，激活其生命力，让中华文明同各国人民创造的多彩文明一道，为人类提供正确精神指引。要围绕我国和世界发展面临的重大问题，着力提出能够体现中国立场、中国智慧、中国价值的理念、主张、方案。"①

① 习近平：《坚定文化自信，建设社会主义文化强国》，求是，2019 年第 12 期。

第一节　大陆性自然地理环境与中国传统文化

一、半封闭的大陆性地理环境

（一）中国文化的生态环境

地形多样。地球上的一切地形中国几乎都有，但以高山大河为标志，自西向东分为三级阶梯：西南部海拔4000米以上的青藏高原是最高级，世界第一峰珠穆朗玛峰在此；第二级，海拔4000米以下，1000～2000米以上的高原和盆地，包括云贵高原、黄土高原、内蒙古高原和四川盆地、塔里木盆地、准噶尔盆地；第三级，大兴安岭、太行山、巫山至云贵高原东缘以东地区，海拔1000米以下、主要是500米以下的丘陵和平原交错地区，以及沿海平均海拔50米以下的平原，包括东北平原、华北平原、长江中下游平原和东南丘陵地带。三级地势，西高东低，大山大河体系构成中国地形的骨架，形成特有的山河图谱。自古以来中华民族的衣食住行、治乱兴衰、喜怒哀乐，都与中国这片神奇大地上的千山万水相依相连。

气候复杂。从赤道到极地，从海洋到内陆，各种气候中国应有尽有。“橘生淮南则为橘，生于淮北则为枳”，山上山下不同春，河南河北不同秋。中华文化的多姿多彩、深厚蕴含、博大胸怀以及包容性皆源于此。自然环境多样性的特征，造就中华文化成为大国文化、大民族文化。

人口众多。中国人口占世界人口1/5，90%以上的居民是汉族，汉族是世界上最大的民族。2300多年前，中华民族就统一了文字，虽然方言繁多、少数民族语言丰富，但95%以上的人都使用同一文字。

地域广泛。中国是世界上土地面积最大的国家之一。西部、北部辽阔的草原孕育了游牧民族，带给其逐水草而居的漂泊不定生活。而中原以至江南河谷平原，水源充足、土壤肥沃，优厚的自然环境适合人类的生产生活。特殊的自然地理条件，决定了中国文明的主体在河谷平原中产生。但这块被东南的大海、西北的荒漠、西南的崇山峻岭包围的土地，成为相对封闭的独立体，使中原文明从其伊始便带有一定的封闭性。

（二）中国文化的连贯性

中国文化形成相对封闭的机制，从而能够长期保持较为连贯的发展系统，成为世界历史上不多见的连绵性文化典范。地理上的相对封闭机制成为一柄双刃剑，它既具有护卫、保存文化的功能，又会滋长封闭自守意识。但中国文化的对外交流从未中断，如陆上丝绸之路和海上丝绸之路的开辟与长期运行，成为古代东西方经济、文化交流的大动脉；而出使西域的张骞、取经印度的玄奘、七下西洋的郑和等成为中华民族开拓致远的杰出代表。中国古代文化从半封闭的地理环境中获得了比较完备的隔离机制，成为一种自发的文化，独立成为一个系统，具有延续性和一贯性。所谓“天处乎上，地处乎下。居天地之中者曰中国，居天地之偏者曰四夷。四夷外也，中国内也。”凭借强大国力和先进文化，中国同周边各国形成一种特殊的华夷秩序，一种文化上和政治礼仪上的等级关系。

（三）中国文化的一元与多元

东亚大陆的地理格局，是中国文化既多元又一体，既能独立发生、发展，又能在漫长岁月中保持一以贯之的原因。中国文化自其发生起，即因环境的多样性而呈现多元状态，不但在黄河流域，而且在长江流域、珠江流域，甚至东北和西北地区都有大量的旧石器和新石器时代文化遗址。

这种由地区多样性导致的文化多元倾向，与文化的“大一统”趋向相辅相成，共同构成中国文化的显著特征，由于旱涝灾害频仍，黄河本身凶险之至，分立小国难以独立生存，加之地理环境相对封闭等诸多因素的共同影响，推动中国文化的“大一统”发展，上古时代就形成“天下”观，所谓“天下同归而殊途，一致而百虑”，在远古时代就形成大国体制。春秋战国时期更凸显文化多样性，学派林立，诸子百家各持一端，相互诘难。秦汉之际，从秦的“焚书坑儒”，到汉的“罢黜百家，独尊儒术”，使文化渐以“大一统”形象展现。然而由于不同地域、不同风俗的广泛存在，文化思潮仍是庞杂多元，各地区都有其独特关注视域，凸显悠久历史时期的延续性和地区间的相对独立性。

二、广袤宽阔的回旋之地

大漠、高山包护的东亚大陆，腹地辽阔，提供了较为广阔的回旋之地。当中原地区受到北方游牧民族侵扰，或当中原地力衰退、政治动乱时，政治、经济和文化中心尚有向东南转移的广大区域，进而为中国文化赢得了补强、恢复壮大、发展的必备条件。隋唐以后，长江流域殷实富庶，“东南财赋”与“西北甲兵”共同成为支撑国家的两大基石。虽然中国的政治、军事重心长期保留在北方，但唐宋以后，处在北方的京师，依靠南北大运河从江南源源不断供应米粮丝帛，才得以昌盛繁华，故北京有“漂来的城市”之称。东南沿海虽在古代处于中华文化的边缘，却在近代最早接受西方文化，成为得风气之先的地区。古代中国传统文化传播的大势是由西北向东南，近现代中国文化传播则是由东南向西北，长江中游便成为重要交汇处，故两湖在近现代成为人文荟萃之地、事件聚焦点，并非偶然。

哺育中华民族的土地是一块半封闭但非常广阔的大陆，面积与整个欧洲大陆相差不多。由于疆土广袤，内部平原辽阔，尤其是黄河、长江流域平原毗连，无明显的天然屏障，因而在政治、经济、文化以及军事上，都比海洋民族容易实现统一。历史上强悍的游牧民族南侵，中国虽然丧失了黄河流域，但仍有广大退路可供周旋。世界其他古文明地区一旦沦亡于外族入侵，即一蹶不振。唯独中国能逐渐感化、教化、同化周边少数民族，兼收并蓄，始终秉持文化的独特风格和完整系统，优秀文化传统得以绵延不绝。

第二节 自然经济与中国传统文化

由于中国东部濒临太平洋，海上邻国很少，西北和西南又为沙漠和高原所阻，海上通商或陆路贸易较为困难，加之中华民族的主要诞生地黄河流域与长江流域平坦地势、肥沃土壤、温暖气候、水源充沛，农业成为中华民族主要的生产生活方式，进而对传统文化产生深远影响。

一、以农业为主的自然经济

早在7000年前的新石器时代，黄河、长江流域就出现了农耕文明的典型，它们分别是黄河中游的仰韶文化和长江流域的河姆渡文化。黄河中下游成为中国上古时代的政治、经济和人文中心，夏、商、周三代都在此建都立国。农耕已经成为中原华夏民族社会生活资料的主要来源。古诗所谓"日出而作，日入而息，凿井而饮，耕田而食"就反映这一景象。随着农业生产力的发展，特别是铁制农具和牛耕的普及，农耕区域又逐渐向长江流域拓展。

河谷平原为主的自然条件使农业生产成为必然选择。当时的农业生产具有几个特点：第一，生产力低下，面对各种自然突变和灾害，人们显得无法应对，出现夏人乞求"天"，商人乞求"神"之说。第二，尽管自然界有许多突变，但四季更替相对稳定，生产生活有规律地循环，形成了四季周而复始的循环生活方式。第三，水旱灾害频发，尤其是治理水患、主持水利成为生产生活的重大课题，类似"大禹治水"事件成为历史佳话。第四，农业以土地为基本生产资料，不同地域的土地适宜种植不同的农作物，辛苦劳作的农民期盼着收获。先民最初由血缘集合群体的本能，因农业生产而变得更加稳固，并有所发展。

中国农业自然经济主要分为两大阶段，一是殷商、西周的土地国有（王有）及村社所有、集体劳作阶段；二是东周至明清的土地私有、个体耕作阶段。自春秋、战国开始，土地国有（王有）与私有并存，而私有逐渐占主导。自秦汉以后的两千年间，正是小家庭农业与家庭手工业相结合的自然经济，与此相辅相成的是自耕农土地占有制，以及地方小市场在城乡的普遍存在，地主、商人、高利贷者三位一体。自然经济虽占据主导地位，但商品经济在两汉即达到一定规模，唐以后更有较大发展，宋代甚至发生“城市革命”，即城市由政治、军事中心向工商业中心转化。明末在长江三角洲等地涌现的工场手工业和大范围纺织品市场，诱发资本主义萌芽。但由于自然经济尚未进入瓦解期，加之专制统治对商品经济的摧残性掠夺，以及明清之际大规模的战乱，脆弱的资本主义萌芽无法实质性成长起来。

综上所述，由于中国是半封闭的大陆型国家，黄河、长江流域的自然条件非常适合农业发展，使得近代以前以农业经济为主体，工商经济在社会经济生活中所占比例很少，从而使“经济条件的全部或绝大部分，还是在本经济单位中生产的，并直接从本经济单位的总产品中得到补偿和再生产”① 的自然经济一直独领风骚、占据统治地位，并成为中国传统社会的突出特征。

二、自然经济对中国文化的影响

农耕文明贯穿于中国传统社会的始终，直到近代，农业社会属性对中国传统政治观念和民族特性都有着重要影响。

（一）民本思想

中国传统文化中的民本思想与集权政治相反相成，正是由农耕经济为主的特征决定的。中国古代农业社会是由千万个相互雷同、极端分散而很少有商品交换关系的村庄组成。为抵御外敌，维持社会安定有序运行，需要高高在上、君临一切的中央集权政体，建立统一的、权威巨大的帝国，形成所谓“东方专制主义”。早在两千年以前的秦汉时期就确立了中央集权君主政体，成为显著政治特征。

与集权主义相伴而生的是民本主义。集权政体赖以生存的物质资料，均由农民生产出来。民众安居乐业，社会秩序才能正常运转，社稷家国才能得以保全。所谓“民可近，不可下。民惟邦本，本固邦宁。”所体现的已不仅仅是对下层百姓遭遇的同情怜悯，而是提到了政治高度，将“民”确立为“邦”之根本，深刻认识到民意是决定安邦治国的重要力量。“锄禾日当午，汗滴禾下土，谁知盘中餐，粒粒皆辛苦”为代表的“悯农”观念传之后世，恤民生之辛。由于社会生产力十分脆弱，一旦发生天灾人祸，导致民不聊生、民怨沸腾，甚至王朝更替，因此历史上很多明君都很注意调整上层社会集团与下层民众的关系，体民恤民，力求使利益双方在对立中保持相对平衡，甚至把约束上层社会行为作为治国安邦的一种手段。

传统士大夫积极倡导民本主义思想，成为中国农业社会的根本观念。老子“圣人无常心，以百姓为心”，孔子“节用而爱人，使民以时”，孟子“民为贵，

① 马克思：《资本论》第3卷，人民出版社，1975年版，第896页。

社稷次之，君为轻”，荀子“君者，舟也，庶人者，水也，水则载舟，水则覆舟”，以及“仁政”“王道”学说，都是中国传统政治民本思想的真实反映。因此，“爱民”“恤民”“利民”的民本思想与“残民”“虐民”“害民”的专制集权既彼此对立、相互冲突，又相互依存、互为补充，共同演绎了农业社会国家治理的二重变奏。

（二）安土重迁

农耕经济的持续性，保证了中华文明的绵延不断，使其具有极大的承受力、愈合力和凝聚力。生活在东亚大陆的华夏人及以后的汉人，栖息于由大河灌溉的辽阔而肥沃的原野间，结束流动性的渔猎生活，很早就从事定居农业。并对土地产生一种执着的感情，在国人的观念中，土地成为根本。生时立足于土，死后亦归于土。对土地的深深眷恋，使汉民族养成一种“安土重迁”的习惯。除少数行商走贩和从事“宦游”的士子外，大多数居民终生固着在土地上，“日出而作，日落而息”。除非极端严重的灾荒或战乱，一般不愿远离故土。由于居民少有迁徙，使得从氏族社会遗留下来、由血缘家族组合而成的农村乡社得以世代留存。

农业社会的特点在于安居乐土，引发对乡土的无限眷恋之情。《诗经》、楚辞、汉赋、唐诗、宋词、明清小说，无不洋溢着浓浓的乡土情谊，李白《静夜思》，贺知章《回乡偶书》，白居易《邯郸冬至夜思家》以及崔颢《黄鹤楼》，《诗经》中“昔我往矣，杨柳依依。今我来思，雨雪霏霏”等为其代表。中国文化的乡土浓情，在功能上起着巨大的凝聚作用，对故乡、对家园、对民族、对文化都产生高度的认同感和亲近力。当身遭国变、离乡背井之时，这种乡土情谊就会上升为爱国情怀和民族精神，“十年一梦扬州路。倚高寒、愁生故国，气吞骄虏”，无不反映出乡土之情扩及爱国之情。海外华人之所以普遍具有落叶归根的念想，同样受家国情怀影响。

农耕经济可变性少、求延续、重稳定的特征，造就中国文化较强的持续性和生命力。从先秦诸子到汉代经学、唐代义疏、宋明理学，都有着一条传统的延续脉络。《易传》“可久可大”，《老子》“天长地久”，董仲舒“天不变，道亦不变”，都是求“久”观念的经典表述。

（三）崇尚中和

中庸是中国传统文化的一个重要概念。中庸之道更是一种生存智慧，把无过无不及的庸常之道作为天下的定理、正道，要求人们凡事要适中、适度，不偏不倚，保持均衡。这种人生智慧，源自农耕经济的土壤。中庸之道体现在行为上，就是持重、谨慎、少走极端；注重现世和人事，不关心来世和人事以外的自然界，所谓“天道远，人道迩”“未知生，焉知死”；少空想而踏实做人行事，关注现世生活和现实世界，抽象的宗教难以真正被接纳。

农耕经济的生产方式主要是劳动力与土地的结合，生活方式建立在土地上，稳定安居成为农耕社会发展的前提。追求安宁和稳定，以“耕读传家”自豪，以穷兵黩武为戒。墨子主张：“若使天下兼相爱，国与国不相攻，家与家不相乱，盗贼无有，君臣父子皆能孝慈，若此，则天下治。”以汉民族为主的中原农耕民族对西北游牧民族的侵袭和入侵，除坚决抵抗外，主要采用“柔和”“安抚”政策，如和亲、会盟、赠送礼物等方式。助推中华民族趋向崇文轻武、鄙弃战争，力倡以德服人，而非以力压人。

（四）有容乃大

由于中国疆域辽阔，呈现各自不同的自然地理区域，游牧生态与农业生态截然分明而又毗邻相连。当中原农耕文明日益发展之时，中国北方的游牧民族也在不断繁衍生息，农耕民族与游牧民族的长期对垒，大大促进民族融合：北方民族勇猛善战、粗犷强悍，富于流动性，善于吸取异域文化，成为中原农耕文化的补强剂；农耕民族的先进生产方式、政治制度和文化技术，也促进游牧民族社会形态演进。农耕经济的多元结构造就了中国文化的包容性，中原文明长期吸纳周边少数民族的优秀成果，又形成中国文化交流互鉴的显著特点。

中国农耕经济的发展始终保留多样经济成分。从横向看，农耕经济并不仅仅以农业生产为界限，而是包含着手工业、商业等多种经济成分。从纵向看，中国经济在夏商周三代时是原始协作式农业自然经济，秦汉至明清则为农业与家庭手工业相结合，至近代则出现农业与工商业并存的经济形态。农耕经济的多元化结构，造就中国传统文化兼收并蓄的包容性特点。推动不同派别、不同类型思想文化交相渗透、兼容并包、多样统一，凸显中国文化“有容乃大”的宏阔气派。

（五）厚重务实

由于黄河流域到长江流域光照量和温度适宜，非常适合农耕文明发展，推动中国农业文化成熟较早。农业生产周而复始衍化以及四季循环现象，是中国文化循环思维方式产生的基础，并长期制约国人的思维方式，所谓“寒往则暑来，暑往则寒来”。政治生活中朝代的盛衰更迭、治乱分合的往复交替，所谓“天下大势，分久必合，合久必分”，以及人世间的种种变幻离合，更强化了循环观念。金、木、水、火、土五行相生相克便是循环论的具体表现。

在农业社会中，所采用的主要是农业劳动力与主要生产资料——土地高度结合的生产方式。农民被固定在土地上，既出于其自身延续的要求，也是统治阶层的需要。人们满足于维持简单再生产，缺乏扩大再生产的能力，社会运行缓慢迟滞，更易滋生永恒意识，认为时间是悠久的、静定的，导致社会普遍安于现状，缺乏远见和开拓精神。在士人留下的各类典籍中，虽不乏“兼爱非攻”“礼运大同”“庄生梦蝶”“归墟里的五座神山”之类美好的理想或奇妙的玄想，但较少海外扩张和征服世界的狂想，这既有异于游牧民族以军事征服、战争掠夺为荣耀的心理，更不同于工商文明以商品交换和海外殖民为致富手段的扩张意向。

长期的农耕生产，形成了中华民族质朴厚重品格和务实精神。民众在农业劳作中领悟到：利不幸至，力不虚掷，说空话无补于事，实心做事必有所获。更因为过于注重实用知识，往往缺少对科学理论的应有激情，不利于激发科学探究精神。农耕文明的务实作风也感染了士人，“大人不华，君子务实”成为贤哲们孜孜倡导的精神。注重切实领悟，鄙弃口辩，将能言善辩看作“巧舌如簧”，甚至与“狡猾”等同起来，“君子欲讷于言而敏于行”，不善言辞、笨嘴拙舌甚至成为忠厚的同义语。中华民族因此被称为最善于处理实际事务的民族。

第三节 宗法制度与中国传统文化

当人类跨入文明社会的门槛时，选择了相应的社会结构和管理形式，如印度是种姓制度，欧洲是宗教制度，中国则是宗法制度。

民族特性的形成，社会政治结构也是一个重要因素。在漫长的历史进程中，中国传统的社会结构历经变迁，而由血缘纽带维系着的宗法制度及其遗存和变种却长期保留着。抓住了家族血缘关系和宗法制度的“钥匙”，就等于打开了中国文化认识之门。

一、宗法制度的缘起及流变

中国宗法制度是在古代社会宗族长期延续的基础上形成的。宗族就是同一父系的人们群聚而居，有着共同的土地财产，共同的宗庙，祭祀着同一个祖宗，甚至有共同的墓地，最终形成一个宗族。“宗”成为中国文化祖先崇拜的代码；“族”为直系亲属或同姓亲属，与血缘有密切关系，指在血统上相联系的人，成为中国文化血亲的代码。

（一）宗法制度的产生

宗法制度源于原始社会父系家长制家庭成员之间牢固的亲族血缘关系，并与社会政治等级关系密切交融、渗透、固结。西周初期，宗法制度得以正式确立，并形成庞大、复杂却井然有序的血缘-政治社会构造体系。

所谓宗法制社会，就是国家政权实行和依靠血缘为纽带的管理制度，它规定同一宗族内部各成员的权利和义务。社会的最高统治者“天子”是天帝的长子，奉天承运，治理天下土地臣民。天子既是最高政治领袖，又是大族长和至尊教主，集族权、神权、政权于一身。

宗法制度的基本内容涵盖嫡长子继承制、分封制、祭祀制度等。（1）嫡长子继承王位制，世代保持大宗地位，“立嫡以长不以贤，立子以贵不以长”，这是宗法制度的核心。（2）分封制，嫡长子将若干土地连同居民分封给诸弟，并允许他们享有对这部分土地、居民的统治特权和宗主地位，并形成天子、诸侯、卿大夫、士等各级宗族贵族组成的金字塔式等级制度。（3）等级森严的宗庙祭祀制度。"国之大事，在祀与戎。"由于天子是天下最高统治者，"七庙"成为王室或国家的代称，宗庙的毁损喻示王朝的灭亡。因此，历代君王都非常重视宗庙营建，并视为国家权力象征。王宫之前，左宗庙右社稷的格局一直沿袭至明清时期。

（二）宗法制向小家族制演变

春秋战国时期，随着生产发展，财富积累，以卿大夫和士为主的新兴地主阶级经济地位逐步提高，强烈要求重新分配政治权力。秦国首先认识到宗法制度对社会的制约作用，商鞅看到了"今以众地者，公作则迟，有所匿其力也，分地则速，无所匿其力也"，从而"废井田，开阡陌"，实行"制土分民"即土地小家庭私有制度。秦国在政治上的改革，如废除贵族世袭特权，推行郡县制，但县以下的基层社会仍是聚族而居，实行家族自治管理，宗法制影响仍延及后世。

（三）世家大族与门阀制度

东汉时期，社会结构发生显著变化。一是出现了借助经学入仕的世家大族，即士族。二是随着地方势力扩展，一些大宗依靠居住乡里的大家族力量，割据一方，国家政权也无可奈何。在此基础上，逐渐形成了门阀制度。魏晋南北朝时期选拔官员的方法是"九品中正制"，由各地中正官采纳乡里舆论，根据家世才德，把人才分成九个等级，进行推选。导致以家族为基础盘踞于地方的门阀士族垄断了选举权，出身于名门望族，即使无才无德，总能优先入仕。而出身寒门的庶民子弟即使才德超群，仍被列为下品，以致出现"上品无寒门，下品无士族"现象，导致世家大族把持政权的"门阀政治"。隋唐时期取消九品中正制，开始实行科举制，世家大族的政治特权随之取消，更无法操纵科举制，门阀制度逐渐走向衰落。

（四）家族制度的延续

宋代以后，土地兼并严重，社会动荡不安。理学代表人物将上古时期的宗法制度理想化，主张重建古代的宗族组织，"管摄天下人心，收宗族，厚风俗，使人不忘本，须是明谱系、世族与立宗子法。"第一，宗谱，又叫家谱，即宗族继嗣的世系谱。宗谱最主要的部分是谱系名录。第二，宗祠，又称祠堂，是供奉祖先神主、进行祭祀活动的场所。宋代祠堂以家庭名义建立，而且与居室相连，非单独建筑。元代以后，以宗族为单元建立的宗祠开始出现。明代时，正式允许民间联宗立庙，宗祠在民间普遍化。在宗祠举行庄严隆重的祭祀活动时，追思祖先，用血缘关系团结族人；向族人灌输族规家法，教育族内子弟；处理宗族事务，凡涉及宗族公务，或调解族内纠纷，族长即召集族人于宗祠，研析对策。第三，族田，宗族的公共田产。主要分为祭田、义田、学田三大类，采用招佣耕种、收取地租方式经营。祭田供祭祀祖先活动使用，义田用于赈济族中贫困灾病者，学田用于宗祠办学。在族田收入中，用于赈族济贫占相当大的部分，成为家族制度的物质基础。第四，族长，作为一族的最高首领，拥有极高的权力，主持祭祀典礼、管理族产、教育惩罚族人和处理族内或族外纠纷等。第五，族规，又称族训、族约、宗规、家规、家训、祠规等，是族人的行为规范，起宗族法律的作用，反映不同宗族传统和相应规范。如古徽州地区绩溪上庄"明经胡"家训以仁、义、礼、学传承治家之本，读书、勤俭、和顺、忠孝为世代子孙的精神指引，"庶民之业，唯仕唯尊，贾而崇义，儒而尚仁。读书乃明经胡氏之尊荣，学优出仕为明经胡氏之族望，积德行善本明经胡氏之家风。集贾、儒、仕一族成明经胡之恒业也。"保持了传统人文气息与治家、做人、处世之根本。虽然族规仅对本族人行为规范，属民间公约性质，但受国家法律保护，发挥着补充国家法律不足、协助维持社会秩序的重要作用。

二、宗法制对中国传统社会的影响

以家庭为基础的生产模式，在中国社会中得到长期延续，并因此形成宗法社会，以及家庭本位的宗族文化。

（一）倚重家庭

梁漱溟曾说："家庭生活是中国人第一重的社会生活……人每责备中国人只知有家庭，不知有社会；实则中国人除了家庭，没有社会。……人从降生到老死的时候，脱离不了家庭生活，尤其脱离不了家庭的相互依赖。你可以没有职业，然而不可以没有家庭。"[①] 这些成为国人以家族为本的真实体现。家庭是一种集血缘继承、婚姻结合、生产经营、道德教化等多功能于一体的社会单元。

孝亲敬祖。孝亲思想自孔子开始形成体系，西汉时《孝经》更得到统治者的青睐和宣传。孝亲是中华民族的道德本位，成为一切道德规范的核心和母体，这种情感不仅是对死去先人的祭奠以及祈求他们保佑后代人丁兴旺、家族昌盛，更体现在对活着长辈的绝对顺从和孝敬，所谓"百善孝为先"。人可以无才无能，不可以无孝。若为不孝，则千夫所指、万人不齿，不仅被排斥在社会之外，甚至受处刑责。

中国传统社会的孝具有三大价值意蕴。孝为立身之本，人要立于天地之间，为他人所尊敬，必须达到一定的道德水准，而"孝"为德之本，要立身，就必须行孝；孝为齐家之宝，以身教来影响家庭成员；孝为治国之道，选择"孝"

① 参见梁漱溟：《中国文化要义》，学林出版社，1987 年版，第 12－13 页。

这一伦理规范与农业经济有着密切关系，农业经营方式促使人们与土地紧密结合，要赡养父母，就不能够离开家乡，离开土地，所以孔子提倡“父母在，不远游”。

（二）秉持传统

在国人的情感依托中，祖先亡灵可以护卫家人。对血缘延续高度重视，欲使家族枝叶繁昌，生子愈多愈好，且重男轻女，以保证传宗接代、香火不断。通过扫墓祭祖、追忆先人，可以在情感上净化心灵、团聚族人。每年清明节，祭祀逝去的祖先和亲人，寄托哀思，流传至今。宗法制把人牢牢束缚在家族或宗族团体中。编撰本宗的谱系和历史，将祖先牌位按次序排位。孔子就曾经说过：“三年无改于父之道，可谓孝矣。”在更广泛的社会领域，注重道统、家法，各派各门都有其特殊的规矩，世代传承。

传统社会的普遍现象是对“离经叛道”的排斥，思想家讲究学术传承性，文人、学士则推崇“文统”，吟诗、作文有所祖述。这种敬重祖先的观念渗透到文化之中，就是强调沿袭与继承，坚守捍卫稳定性。对传统的极度尊重，从积极层面，可以强化文化的延续力、传承性，使中国文化成为世界上罕见未因外力而中断的典范；从消极层面，造成民众向后看的积习和守旧倾向，知足常乐，厚古薄今，弱化进取心与创新意识。

（三）家国同构

第一，父系传承盛行。严格的父系原则在西周之后盛行，始终以父系家长制为核心，父亲在家庭“君临一切”，父权神圣不可侵犯。权力继承上，依照“立嫡以长不以贤，立子以贵不以长”原则，不仅不允许母系成员染指，也不能传位于本系女性后裔。在民间，某种专业特种技艺的传授就有“传男不传女”“传媳不传女”的习俗。与父权相应的是夫权，女子在宗法社会中处于从属地位，不能染指政治，也没有财产继承权，却要遵从“三从”“四德”，还要受“七出”制约。

第二，家风文化延续。家族是由血缘纽带维系着的宗法性组织，构成中国社会的基石。同一祖先而聚集在一起的家族成员，由于其经济利益和文化心态一致，所形成的实体较为稳定，成为社会机体生生不息的细胞。中国历史尽管历经动荡，但构成传统社会基石的以血缘纽带联系起来的家族制度却长期维系下来，并在西周以后数千年历史中存续不衰。习近平总书记指出，中华民族历来重视家庭、家教和家风建设：家庭和睦则社会安定，家庭幸福则社会祥和，家庭文明则社会文明，家庭的前途命运同国家和民族的前途命运紧密相连；家庭重言传、重身教，教知识、育品德，身体力行、耳濡目染，帮助孩子扣好人生的第一粒扣子，迈好人生的第一个台阶；家风好，就能家道兴盛、和顺美满，家风差，难免殃及子孙、贻害社会，正所谓“积善之家，必有余庆；积不善之家，必有余殃”。诸葛亮诫子格言、颜氏家训、朱子家训等，都是一种经典的家风倡导。[①]合肥包拯流传下来的家训只有37个字，却令后人深为信服：“后世子孙仕宦，有犯赃滥者，不得放归本家；亡殁之后，不得葬于大茔之中。不从吾志，非吾子孙。”

第三，“家国同构”社会。即家庭、家族与国家在组织结构方面的共同性，实质上源于氏族社会血缘纽带解体不完全而遗留下来的血亲关系。孟子有言，天下之本在国，国之本在家，家之本在身。国家的组织系统和权力配置都严格遵循父系家长制，君主成为全国的君父。“家是最小国，国是千万家。”由于宗族组织已成为政权的基础，家规族法本身具有准政权性质，能发挥政府难以企及的作用。国家政务活动常常通过宗族组织执行，族长利用祖宗名义进行统治，督促族人交纳赋税，对族人实施教化。老百姓会反抗政府，但很难反抗族权，族长可以用“叛逆”“不孝”等名义弹压。皇位的继承都在一个家族中传承，虽时有争斗，但也是皇家之内的争斗，天下系于一家一姓，并形成“事君如事父”的准则，要求臣民们对待君王时移忠作孝。族权政权相协相补，形成中国特殊的统治模式，源远流长，影响至深。

三、宗法制对中国文化的影响

宗法关系渗透于社会生活各个领域，形成密布交织的社会网络，并经统治阶层的积极倡导和士人的加工改造，使之理论化、固定化，形成系统的政治伦理学说。对国民性格的形成，对中国政治传统和文化传承都产生深远影响。

（一）世俗取向

人类早期对自然和自身缺乏了解，往往把生死、自然灾祸等看作异己力量操纵。周代统治者从殷的灭亡中汲取教训，用“天”代替殷商“帝”的位置，冲淡人格神的主宰性，提出“天命靡常”“敬德保民”等思想，开始从宗教理念中分离出“人德”观念。春秋时期，开始把人与人、人与社会的和谐作为价值标准，又经孔子、孟子、荀子等人继承发展，完成从神到人的观念转化。

中国人求神拜佛不是为了拯救灵魂、死后复活，而是着眼于现世幸福，希望神明保佑平安、祛病消灾、时来运转。中国没有产生犹太、基督或伊斯兰类似的宗教，也没有像欧洲那样的宗教战争。中国的神明是世俗的，关帝、妈祖等都是由人而神，没有那种唯我独尊的绝对权威。在中国的许多寺庙里，儒、道、释三教并列，三位老祖和谐相处，接受各自的信徒参拜，凸显讲究实际效用、不执着于非理性的特定信仰。由于“孝亲”意识浸润着全社会，使人不至于沦为“六

① 习近平：《注重家庭，注重家教，注重家风》，《习近平论治国理政（第二卷）》，外文出版社，2017年版，第353－355页。

亲不认”“无父无子”的宗教狂徒。

（二）忠君爱民

中国人的“孝亲”意识强烈，为历代统治者所提倡，并成为中国政治伦理的典型特色。《孝经》说：“夫孝，始于事亲，中于事君，终于立身。”对君的崇敬是对父的崇敬的延伸，所谓“君子之事亲孝，故忠可移于君，事兄悌，故顺可移于长，居家理，故治可移于官。”“国”与“家”相通，君权与父权互为表里，君被看作全国百姓的父亲，君与民的关系是“君父”与“子民”的关系；伴随着国家治理的家族化，宗法观念便演化为“三纲五常”等一整套伦常体系，构成传统社会人际关系的准绳，维系社会有序和家庭安定。但这种宗法意识也使人们在“忠君敬长”的规范内谨小慎微，一切听从“君长”的安排，缺少创新精神和冒险意识。

先秦典籍大量诠释民本思想。《尚书》载“惟天惠民”“民之所欲，天必从之”；《礼记》称“君以民存，亦以民亡”。孔子“仁者爱人”，就是设身处地为他人着想，统治者要“因民之所利而利之”，使人民得到实际恩惠。孔子不但把“己所不欲，勿施于人”视为“爱人”的一项重要内容，还把它当作与人相处的基本方法。这一思想，经孟子、荀子等人发展，形成较系统的民本思想。统治者对自己提出严格要求，“天生民而树之君”，在品质上要“宽厚”“公正”“勤勉”“诚敬”，在为政上要“以德立命”“敬天保民”“以德配天”，为庶民谋求最大福祉。民本价值观对后世开明君主影响很大。唐太宗经常和大臣讨论治国方略：“为君之道，必须先存百姓”，并屡引“水能载舟，亦能覆舟”警诫大臣和太子；他说自己“每日坐朝，欲出言，即思此一言于百姓有利益否，所以不能多言。”①

（三）经世致用

中国传统政治的出发点以人为本位，重视天人关系、人际关系的和谐。这种政治观念体现在教育方针上，便是“读书做官”或“学而优则仕”。由于国家选拔官吏的主要途径是科举考试，因此，读书求学不仅是传授和接受知识的需要，更成为走仕途、入宦海的必经之路。体现在学术上，则是道、学、治三位一体。体现在文学上，则是“文以载道”，强调文学为政治服务，淡化单纯欣赏价值的作品。文化的各个侧面都依附于政治、服从于政治。中国文化的强烈政治化倾向，既使其保持着生动的、富于社会责任感的“经世致用”传统，又造就不能提供自然科学得以发展的社会氛围。

（四）为政以德

习近平总书记指出：“中华民族历来重视家庭。正所谓‘天下之本在家’。

① 林甘泉：《从文明起源到现代化》，人民出版社，2002 年版，第 388 页。

尊老爱幼、妻贤夫安，母慈子孝、兄友弟恭，耕读传家、勤俭持家，知书达礼、遵纪守法，家和万事兴等中华民族传统家庭美德，铭记在中国人的心灵中，融入中国人的血脉中，是支撑中华民族生生不息、薪火相传的重要精神力量，是家庭文明建设的宝贵精神财富。”①

中国古代先贤以追求“圆融无憾的人生”为目标，具有鲜明的道德理想主义色彩。与希腊以“求真”为目标的“科学型”文化不同。科学型文化把宇宙观、认识论同道德问题区别开来，探求道德问题在于认识自然、征服自然；而作为“道德型”的中国文化，较少脱离伦理学说去讨论自然，往往把对宇宙论、认识论的探讨归结到道德问题，认为齐家、治国、平天下要以“修身为本”；尊者、长者尤其要讲究“身教”，“以身作则”为历代先贤所提倡。后世虽然相继颁布各类成文法，但社会对道德威力的看重仍胜过法律，孔子称：“道之以政，齐之以刑，民免而无耻；道之以德，齐之以礼，有耻且格”，这说明古代先贤更重视德治。

在宗法制度下产生的“道统”观念和“法古”意识，一直贯穿于社会生活中。政治上讲“正统”；思想学术上讲“道统”；文学上讲“文统”；艺术流派乃至手工业行帮也讲“家法”“师传”。“道统”观念的积极意义在于强化了中国历史和中国文化的延续力，进而成为世界上少有的未曾中断过的典范。消极作用则是造成国人向后看的积习和守旧倾向，容易丧失进取心，缺乏创新精神，成为社会变革最大的制约因素和惰性力量。“言必称尧舜”“言必称三代”，效仿古人，留恋往事，往往成为国人立论习惯；“法古”“尊先王”成为政治家的口头禅；即便锐意革新的志士，也往往打着“古代圣贤”“承袭道统”的旗帜，否则变法主张就难以推行。

中华民族自身独特的经济政治文化传统，形成富有特色的思想体系，彰显中国人数千年积累的知识智慧和理性思辨精神，并成为新时代文化自信之源，正如习近平总书记在哲学社会科学工作座谈会上的讲话中强调的：“站立在 960 万平方公里的广袤大地上，吸吮着中华民族漫长奋斗积累的文化养分，拥有 13 亿中国人民聚合的磅礴之力，我们走自己的路，具有无比广阔的舞台，具有无比深厚的历史底蕴，具有无比强大的前进定力，中国人民应该有这个信心，每一个中国人都应该有这个信心。”②

① 习近平：《习近平论治国理政（第二卷）》，外文出版社，2017 年版，第 353 页。
② 习近平：《在哲学社会科学工作座谈会上的讲话》，新华网，2016 年 5 月 18 日。

第三章　中国传统文化的发展沿革及近代转型

中国传统文化源远流长，绵延不绝。从总体上看，表现出明显的连贯性，但随着朝代的不断更替和社会变迁，也呈现出一定的阶段性特征。由此，我们大致将中国传统文化分为三个时期，即先秦——萌生定型时期；秦汉至隋唐——繁荣鼎盛和宋元明清——持续发展；鸦片战争至20世纪中期——近代转型。中国传统文化在5000多年的发展历程中，绝大部分时期都做出了重要贡献，正如习近平总书记2014年10月15日在文艺工作座谈会上的讲话中强调的：中华民族有着强大的文化创造力。每到重大历史关头，文化都能感国运之变化、立时代之潮头、发时代之先声。“中华文化既坚守本根又不断与时俱进，使中华民族保持了坚定的民族自信和强大的修复能力，培育了共同的情感和价值、共同的理想和精神。”①

习近平：一个国家、一个民族不能没有灵魂

第一节　中国传统文化的萌生定型

2020年9月，习近平总书记在文教体卫领域专家代表座谈会上的讲话中说：“要深入研究中华文明、中华文化的起源和特质，形成较为完整的中国文化基因的理念体系。”② 深入研究中国文化基因，不仅对于探究中华文明起源、梳理中国历史发展脉络有着重要的学术文化意义，更对于增强文化自信、提升国际话语权都有着不可替代的社会政治意义。

一、从三皇五帝到三代礼乐文明

中国文化起源很早。原始先民在改造自然的过程中，不断改进生产工具，以适应严峻的生存环境。在改造外部世界的过程中，原始部落组织逐渐从母系氏族

---

① 习近平：《坚定文化自信，建设社会主义文化强国》，求是，2019年第12期。

② 习近平：《在教育文化卫生体育领域专家代表座谈会上的讲话》，新华网，2020年9月22日。

社会过渡到父系氏族社会，从狩猎采集经济过渡到农牧生产经济。在此过程中，有关自然、宇宙、人文的神话传说得以衍生，如盘古开天辟地、女娲补天、夸父逐日、嫦娥奔月、精卫填海、大禹治水、愚公移山、仓颉造字等。

中华民族的人文始祖伏羲、炎帝和黄帝即为传说时代的人物。按照世系推断，伏羲生活的时代距今约6000年，炎帝生活的时代距今约5500年，而黄帝生活的时代距今约5000年。2019年，入选全国十大考古新发现的河南双槐树遗址，包括119万平方米的遗址面积，1万平方米的大城，三重城壕，中国最早的翁城和北斗九星等一系列重要文明标志。该遗址距今5300年前后，坐落在黄河南岸即伊洛河流入黄河的河洛镇，被考古学家命名为“河洛古国”。所处时代属于仰韶文化晚期，是中华文明起源的黄金时代。古史相传，中国历史从三皇五帝开始。三皇时代较早，名称众说不一，一般认为是伏羲、女娲和神农，神话色彩浓重。五帝的事迹较为具体。一般认为是黄帝、颛顼、帝喾、尧和舜等五位，居于五帝之首的黄帝，是黄河中上游一带的部落首领，他联合另一部落首领炎帝，形成炎黄部落联盟。五帝中最后两位尧、舜，是中原地区部落联盟首领。尧年老时，根据各部落首领的推举和考察，由舜继承王位。这种做法称为“禅礼”。

据唐司马贞《史记索隐》记载，伏羲创制了八卦、文字、婚姻制度，以及捕鱼用的罟和打猎用的网。文字产生的直接渊源之一是刻画符号。这些符号有一定意义和相对固定形状，但没有读音，是文字的前身。炎黄部落与中原各部落经过长期的冲突和融合，逐渐形成中华民族，炎黄成为共同的人文始祖：炎帝的最大功绩是发展原始农业与医药，故称神农氏；黄帝又叫轩辕氏，其所属部落发明最引人注目的是历数、音乐、文字、衣冠和若干社会制度的创设，使得古老中国在物质、制度和精神方面逐渐丰富和完善，对文化发展起到巨大的促进作用。

位于内蒙古中南部至东北西部的红山文化，起始于五六千年前，是华夏文明最早的文化痕迹之一。红山文化的彩陶和玉雕制作技术较高，赤峰市被称为“中华玉龙之龙”。尤其是位于辽宁西部的牛河梁文化属于红山文化晚期，发现了距今5000多年的大型祭坛、女神庙和积石冢群址，其布局和性质与北京天坛、太庙相似。该遗址出现种类丰富、玉器制作精致的贵族墓葬，表明当时社会已经出现贫富分化现象，存在着一个具有国家雏形的原始文明社会。2006年该遗址同大运河一起，列入重设的《世界遗产名录》，更将中华文明史由夏向前推进了一千多年。

位于安徽含山的凌家滩文化与辽宁红山文化、浙江良渚文化并称“中国史前三大玉文化中心”，把长江流域的文明史向前推进500多年。该文化遗址属于新石器时代晚期，有巢氏聚落的晚期，据今大约5500—5300年。作为史前文明的源头，凌家滩遗址已经出现大型祭坛和高等级的大型贵族墓葬、大面积红烧土建筑，以及功能多样、精妙绝伦的高等级礼制性玉石器。尤其是发现周长2公里，最宽达到30米，一般深度2米，个别地段深达6米的大型濠沟，这是一个超大型工程，凸显当时社会化复杂程度。

2019年7月，在第43届联合国教科文组织世界遗产委员会上，中国浙江杭州的良渚古城遗址获准列入《世界遗产名录》。至此，中国世界遗产总数达到55处，位居世界第一。该委员会给良渚古城遗址明确三个重点：代表中国5000多年伟大史前稻作文明的成就；杰出的城市文明代表；填补了世界遗产名录东亚地区新石器时代城市考古遗址的空缺。良渚文化在农业、纺织、制玉和制陶方面成就巨大。习近平在浙江工作时，就多次到良渚实地调研，曾表示："良渚遗址是实证中华五千年文明史的圣地，是不可多得的宝贵财富，我们必须把它保护好。"良渚古城遗址入遗，意味着它所代表的中华文明5000年历史在国际上得到广泛认同，更是中华文明呈现给世界的一张金色名片，意义重大而深远。

浙江杭州良渚博物馆内复原模型　新华社记者摄

2019年亚洲文明大会期间的文明展上，中国重点展示河南偃师二里头文化遗址出土的嵌绿松石兽面纹青铜牌饰，仰韶文化所属的地陕西临潼姜寨遗址出土的人面鱼纹彩陶盆，良渚文化所属的浙江杭州余杭瑶山出土的玉琮，龙山文化所属的山西襄汾陶寺遗址出土的彩绘陶盆，还有1963年陕西宝鸡东北郊贾村出土西周时期的铜何尊，器内底部出现最早的"中国"文字记载，等等。回溯这些中华古代文明印记的历史，既让我们深深感叹中华先祖的伟大，更重要的是它们代表了人类文明在亚洲的起源。

2001年开始、2016年完成第4期结项、2018年5月正式向社会公布的"中华文明探源工程"，是以考古调查发掘为获取相关资料的主要手段，以现代科学技术为支撑，采取多学科交叉研究中华文明起源与早期发展的重大科研项目，填补了中华文明起源和早期发展这段没有被文字直接记载的历史空白，展现了中华文明“多元一体、兼容并蓄、绵延不断”的总体特征：在距今5800年前后，黄河、长江中下游以及西辽河等区域出现了文明起源迹象；距今5300年前后，中华大地各地区陆续进入了文明阶段；距今3800年前后，中原地区形成了更为成熟的文明形态，并向四方辐射其文化影响力，成为中华文明总进程的核心与引领者。

现代考古资料表明，中国的粟和黍一万年前就传至西亚，距今6000多年前的新石器时代，仰韶彩陶也传至西域远至西亚地区，而西亚的小麦、绵羊、黄牛和冶金术也传入中国，山西襄汾陶寺遗址出土的铜铃、铜环等铜器，包括我国西北地区出土的早期小件铜工具、兵器和装饰品，与中亚和西亚的铜器从形制和种类上都别无二致。凸显不同地区的文化，不同肤色的民族，在彼此交流中呈现互鉴互学，分别创造了自己的辉煌文化。

陶寺遗址时期，已经进入早期国家阶段。公元前2100年前后，该地区已经扩建成长1800米、宽1500米，面积达280万平方米的巨城遗址。在大型墓附近发现一个平面呈大半圆形的特殊遗迹，很可能是观测天象和举行祭祀的场所。陶寺遗址规模巨大，城内功能分区明显，表明已出现阶层分化，城内统治集团已经掌握军事指挥权和祭祀权，成为凌驾于社会之上的主宰，具有“王”的雏形。

中国文化源远流长，但严格意义上的文化诞生于夏商周三代。器物建制上，三代文化已初具规模。夏人的天文历法知识与农业水利经验较为丰富，已开始用干支记日，夏历成为中国历史上最早的历法。大禹治水的成功，有力地促进了农业发展与社会安定，酿酒、制陶、铸铜等门类较多的手工业由此兴起。河南登封王城岗遗址和新密市东的新砦遗址非常符合“禹都阳城”等记载，相对于夏朝早中期。二里头文化遗址的发掘，有宫殿建筑基址、平民居住址、手工业作坊遗址、墓葬和窖穴等，出土器物有铜器、陶器、玉器、象牙器、骨器、漆器、石器等，发现我国最早的车辙遗迹、最早的宫城遗迹，可以确认是明确规划的都邑遗址。尤其是都城中部可确认为宫殿的建筑，正殿大多坐北朝南，东西两侧厢房对称，可见当时已经具有中轴线理念的雏形。该遗址很可能是夏文化后期遗存，为夏朝已具有比较发达的器物文明提供有力佐证，但至今尚未发现类似甲骨文、金文等史实资料。

与夏朝相比，商朝的农业、手工业与畜牧业更为发达，国家机构设置更为完整。从殷墟遗存来看，商朝人创造了相对成熟的文字，这些文字因被大量刻在龟甲或兽骨上而被称为甲骨文。中国有文字可考的历史就从商朝开始。周人也承认：“惟殷先人，有典有册。”2017年殷墟甲骨文入选《世界记忆名录》。商朝的天文、历法和医学知识达到较高水平。人们密切关注并有意识地记载农业收成与气候变化的关系，认识了很多星座，制定阴阳合历的历法，甲骨文中记有完整的干支表，还会使用一些医药和器具治病。商朝人还制造出石磬、编钟、铜铙等乐器，能演奏“九招”“六列”等乐章，达到较高水准。青铜器与骨玉石器的制造水平也较高，“后母戊方鼎”与“四羊方尊”等青铜器具有很高的艺术价值。

周克商以后，实行“授民授疆土”的分封制，建立以姬姓为中心的宗法制度，国家机构设置比商朝更加完备。实行井田制，随着生产工具的改进与农作物种类的增多，农产量达到“乃求千斯仓，乃求万斯箱”水平。以铸铜、制陶、琢玉为主的手工业也很发达，号称“百工”。“抱布贸丝”已成日常行为，凸显商业的发达。西周的甲骨文与铭文更为成熟，特别是《尚书》《易经》《诗经》等问世，显示周人先进的文化意识与人文理性。

从思想文化方面看，夏商周三代既表现出鲜明的连贯性，也存在一定差异，尤其是周朝，思想文化与精神领域发生质变，实现第一次“思想突破”，即由“畏帝（天）”“尊神（鬼）”到“敬德”“保民”的转变。

夏商周本来都相信天命，尤其是商代统治者，对天命笃信不疑。商代统治者相信自己是禀受天命而治，“天命玄鸟，降而生商”，商汤即以上帝天命名义讨伐夏，以“有夏多罪，天命殛之”“予畏上帝，不敢不正”为由而“致天之罚”，而商纣王直至败亡还顽固地认为“我生不有命在天”。由于认为国祚永固的天命来自“帝”，“上帝”之命就是天命，因而，商朝人将“帝”视为至高无上、无所不能的神而顶礼膜拜。《礼记·表记》说：“殷人尊神，率民以事神，先鬼而后礼。”统治者几乎事事占卜，向“帝”祈求，遵从“帝”的意旨。“帝”在商朝政治、军事、筑城、农业等活动中，具有主宰地位和绝对权威，“上帝”几乎垄断和宰制着殷人生活的全部。

作为殷之小邦的周，本来也笃信和敬畏天命，但克商以后，周人开始对绝对天命观产生怀疑。“不（丕）显文王，受天有（佑）大命。”周代商后，逐渐对殷人王权神授、天命不改观念产生怀疑，“天不可信”“天命靡常”观念逐渐流行，并且认识到人自身的作用，“弗永远念天威越我民，罔尤违，惟人。”（《尚书·君奭》）在一定程度上揭示天命的属人性，肯定“人”对天命的主导作用，从而对殷人的绝对天命观进行实质性改造和变革，表现出强烈的忧患意识与高度的政治觉悟。

基于殷亡周兴的历史反思，周代统治者已然察识到，要获得和保有天命，就必须重视“德”，施行德政德治，认识到“德”是获得天命、确保权位的首要因素。作为君王，只有认识到天命因“德”而转移，遵循“敬德”“明德”原则，才能领受和保有天命，从而协和天下。所谓“皇天无亲，惟德是辅。”

周初统治者所强调的德政德治，也包括刑罚的内容，所谓“有德唯刑”“明德慎罚”，即是说实行德政也必须辅之以刑罚，德与罚相互配合，相须为用，恩威并施，宽猛相济，才能使整个社会达致中和状态。周公旦还将这种德刑相合的精神贯彻到“制礼作乐”的国家治理过程中。周公建立典章制度，对巩固和发展周的统治起了关键性作用，对中国历史发展也产生了深远影响。周公的言论见之于《尚书》诸篇，他也被尊为儒学奠基人，是孔子最敬重的古代圣人之一。《论语》中说：“甚矣吾衰也！久矣吾不复梦见周公。”

在周初统治者看来，“敬德”应体现于“保民”之中。《易经》《尚书》里包含大量注重民意、关注民情、重视民生的“保民”思想。由于深刻认识到天意即民意，“天矜于民，民之所欲，天必从之”，“天视自我民视，天听自我民听”，因而，“怀保小民”的施政理念被反复强调。周公旦等人看到，以成汤为代表的殷“先哲王”也很注意“用康保民”，治理民众，保民安康。只是到了后来，特别是商纣王暴民虐民，百姓无奈之下只得哀告于天，上天哀怜百姓，故而将治理人世之命转交给周人。对此，周代统治者认为要以史为鉴，吸取夏殷败亡的历史教训，敬德保民以享天命。

总之，夏商周三代无论是从器物建制方面，还是从思想文化方面，都表现出一定的继承性与连贯性，后世将其统称为礼乐文明。“殷因于夏礼，所损益，可知也；周因于殷礼，所损益，可知也”，夏商周三代之礼相因相承、一以贯之。成为“国之干”的“礼”，承担着“经国家，定社稷，序民人，利后嗣”功能，即管理国家事务、规范社会秩序、谐和人际关系的功能，周礼扩展为吉、凶、军、宾、嘉等各种仪制。周代疑天惟人、敬德保民的思想观念，实现中国思想文化上的一次超越与突破，代表三代礼乐文明的最高成就，奠定中国文化的“母型”和发展方向。

二、春秋战国时期的“百家争鸣”

由于西周后期统治者加重剥削，社会矛盾激化，最终导致“国人暴动”与共和行政，“共伯和被推举为摄政”，进入中国历史上明确载史的阶段。公元前770年周平王东迁，西周结束，东周开始。史学界习惯上将东周分为春秋和战国两个时期。

春秋战国时期，随着铁制农具和牛耕的使用推广，井田制逐渐瓦解，赋税制度改革，变法主张盛行，私有财产日渐累积。各诸侯国争夺霸主地位，出现“春秋五霸”和“战国七雄”，周王的宗主地位摇摇欲坠。与此同时，各阶层代言人纷纷著书立说，议政乃至参政，思想文化领域发生翻天覆地的变化，出现儒、道、法、墨、兵等百家争鸣、文化多元的繁盛景象。

儒家学派创始人孔子，面对春秋末期礼崩乐坏、战患频仍的社会现实，为恢复西周礼乐制度奔走呼号，提出一套以“礼”为最高目标、“仁”为核心价值、“中庸”为言行准则的政治伦理学说，期望把个人修为与政治目标结合起来，实现内圣而外王的理想追求。孔子之后，“儒分为八”，孟子与荀子对后世影响最大。孟子继承发展孔子“仁学”思想，阐述以性善论为基础的王道主义，大力提倡“去利怀义”“舍生取义”，使儒家的道德观进一步完备。荀子则着重继承发展孔子的“礼学”思想，看到人性恶的一面，强调“化性起伪”与“积善成德”，主张通过后天努力而成就圣贤，倡言“隆礼重法”，从而实现“一天下”的目的，还提出“天人相分”，高扬“制天命而用之”的理性精神。

道家学派以老子、庄子为主要代表。老子强调“道”为世界之本，“道”兼具精神与物质特性，蕴含着本体论与宇宙论的意义。老子之“道”表现出相反相成的矛盾性和返本复初的循环性，所谓“反者道之动”。他还提出朴素辩证法思想，认为任何事物的生灭是对立统一因素相互转化的结果，主张以弱胜强、以柔克刚、知雄守雌。在政治上，主张“无为而治”，希望社会退回到“小国寡民”“老死不相往来”的原初状态。庄子把老子的辩证法思想推向极致，突出强调个体的精神自由与内在超越。从批判人生桎梏和人性异化出发，拒斥“丧己于物，失性于俗”的“倒置之民”，期望通过“齐物”“无已”而实现精神上的“逍遥游”，在世俗社会中达到“游心”与“游世”的统一，表现出相对主义倾向和强烈的批判精神。战国时期道家一派还与名家、法家相结合，发展成为黄老之学，为汉初统治者所推崇。

法家学派的先驱为春秋时期的管仲、子产，奠基人是战国时期的李悝、商鞅、申不害等人，战国末期的韩非子则为集大成者。韩非子以人皆“自为”、人各“利异”的人性论，“不务德而务法”的道德观，以及“世异则事异，事异则备变”的历史观为前提，系统阐述“法”“术”“势”相结合的完整法治理论。他斥责儒家“以文乱法”，墨家“以武犯禁”，主张“循名责实”“厚赏重罚”，保持冷静眼光与理智态度，精于利害计算，奉行冷酷无情的利己主义。以韩非子为代表的法家学说，实际上成为后世统治者维护集权统治的理论基石。

战国初年的墨翟创立墨家学派。出身于手工业者的墨子代表下层民众，提出“尚贤”“尚同”“兼爱”“非攻”“节用”“节葬”“非乐”“非命”“天志”“明鬼”等十大政治主张。从表面上看，墨子思想包含着非命尚利和尊天事鬼的矛盾，但深层次分析，墨子尊天事鬼的思想体现为“借天为说”的形上追求。在认识论上，墨子提出著名的“三表法”，认为立论当推究来历、详察实情和验证实用，从而成为中国历史上提出对人的认识进行检验及如何检验的第一人。墨子还探讨了义利问题，提出“万事莫贵于义”“义可以利人”，主张将“义”化为国家之利、天下之利，具有明显的功利主义倾向。《墨子》七十一篇中，《经上》《经下》《经说上》《经说下》及《大取》《小取》等六篇，专说名辩和时间、空间、物质结构、力学、光学、声学、代数、几何等内容，后人称其为《墨经》，代表战国时期中华科学发展的最高峰。墨子是一位教育家，在30岁之前创办人类历史上第一个设有文、理、军、工等科的综合性平民学校，培养了大批实用人才，史称“弟子弥丰，充满天下”。墨家精神还孕育了古代任侠精神，中国武侠文化与墨家大有关系，所谓“墨子之门多勇士”。《淮南子》载：“墨子服役者百八十人，皆可使赴火蹈刃，死不旋踵。”梁启超称：“墨学衍为游侠之风。”鲁迅也说：“孔子之徒为儒，墨子之徒为侠。”总体而言，墨子学说在认识论、逻辑学以及自然科学方面都做出很大贡献。

作为兵学鼻祖的孙武，基于“兵者，国之大事也，死生之地，存亡之道”的战略眼光与忧患意识，出于“必以全争于天下”“唯民是保”“视卒如爱子”的军事人道主义与军事功利主义，立足于“兵无常势”的战争领域，适应“胜敌而益强”的现实需要，顺应天人相分的时代潮流，以自然天论为前提，强调“不可取于鬼神”而“必取于人”，注重君主将帅的主观能动作用，既要重视制订“因敌而制胜”“应形于无穷”的灵活机动的军事策略，更要重视实施“修道而保法”的宽猛相济的德政法治，爱民而保民，练卒而保卒，从而实现“不战而屈人之兵”“自保而全胜”及“安国全军”的理想目标。孙子以道论政、以德论人，以利论兵、以变论战，疑天而取人、审时而度势、因敌而尚变、重德而保民、保民而全胜的军事哲学思想，在先秦时期可谓独树一帜。①

中国传统兵家兵学思想的发展沿革及基本精神

以惠施和公孙龙为代表的名家学派，着重讨论名实关系和概念同异、离合问题，探讨事物的同一性和差异性问题，对古代逻辑学发展做出较大贡献。以邹衍为代表的阴阳家提出“五德终始”论，用阴阳五行的生克流转模式来解释、论证和把握人生世事，并以此诠释历史变迁与王朝兴衰，“五德从所不胜，虞土、夏木、殷金、周火”。对后世中国政治和社会心理均产生广泛影响，明代就有“奉天承运皇帝”之说，所谓“承运”，即继承某一“德”运。此外，农家、纵横家、杂家等学派在当时都享有一定地位。

总之，在春秋战国时期，“诸子蜂起，百家争鸣”，各家各派在天道观、历史观、人生观、宇宙论、本体论、认识论、社会伦理、礼法制度、政治主张、军事战略诸层面上，都进行深入探讨，展开激烈论争，大大推动中国思想文化与学术的发展。

这一时期的史学、文艺、天文、医学以及科技领域也取得可观成就。《春秋左氏传》是第一部解释《春秋》的完整编年史。《国语》是中国最早的一部国别史。《战国策》则主要记录战国时期纵横家的言论。诸子百家的著作及以屈原《离骚》为代表的楚辞，青铜工艺品与编钟等乐器，都表现出很高的文学艺术价

① 陈二林：《论孙子兵法哲学思想之渊源》，滨州学院学报，2012年第5期。

值。而以《黄帝内经》为代表的医学，以《吕氏春秋》为代表的农学，以《礼记》为代表的教育学，以《考工记》为代表的手工艺，以及最早的指南仪器——司南的制造，都显示出很高的科技水平。

第二节　中国传统文化的兴盛延续

一、秦汉至隋唐——中国文化的繁荣期

（一）从经玄之变到儒佛之争

从公元前221年秦始皇统一中国，到公元960年北宋王朝建立，中国历史经历几次大的分合。总体上看，分裂的时间较短，统一的时间更长。秦始皇在中央创建皇帝制度，实行三公九卿制，管理国家事务，在地方上废除分封制，开始推行“郡县制”，把全国划分为三十六郡，郡下设县，从而创建首个多民族的中央集权国家，这为文化的繁荣发展提供相对安定的政治与社会环境。秦始皇统一货币、度量衡与文字等，由丞相李斯设计的小篆作为全国规范文字，之后在民间流行笔画更加简单的隶书，在全国统一使用外圆内方的“秦半两”铜钱，修建以都城咸阳为中心的驰道和通往九原郡（今包头）的直道，从而实现“车同轨，书同文，行同伦”，北击匈奴，南征百越，打通西南，修筑万里长城，修筑灵渠，沟通南北水系，奠定中国传统政治制度基本格局，并被明代思想家李贽誉为“千古一帝”，为中华民族几千年的思想文化发展奠定坚实基础。万里长城是世界历史上最伟大的建筑之一，是中华民族悠久文明的象征，被列入世界中古七大奇迹之一。然而秦始皇推行“严刑峻法”的法家学说，苛政虐民；“焚书坑儒”，扼杀民智。《史记·秦始皇本纪》记载，李斯向秦始皇建议：“臣请史官非秦记皆烧之。非博士官所职，天下敢有藏诗、书、百家语者，悉诣守、尉杂烧之。有敢偶语诗、书者弃市。以古非今者，族。吏见知不举者，与同罪。令下三十日不烧，黥为城旦。”公元前212年，秦始皇以方士卢生、侯生诽谤皇帝、妖言惑众为理由，牵连坑杀儒生四百六十多人，这两件事是中国文明史上一大浩劫。而其后统治者都推行以仁爱、中庸为核心的儒家学说，因此秦始皇常作为负面典型出现在史籍中，秦王朝的残暴统治使其二世而亡。

为了抚平秦末苛政与长期战乱给社会造成的巨大创伤，汉初统治者及时推行无为而治、休养生息政策举措，刘邦促战汉代雍容大度的文化基础，使四分五裂的中国真正统一，更逐渐把分崩离析的民心凝聚起来，对促进国家的统一强大、汉文化保护和汉民族形成做出重要贡献。道家黄老之学因而勃兴，涌现陆贾、刘安、扬雄、王充等一批具有道家思想倾向的政论家与思想家，产生了《淮南子》

《太玄》《论衡》等一批具有明显道家色彩的著述。《淮南子》一书虽然整体思想比较驳杂，但其宇宙论、人生论与政治观，都显示鲜明的道家风范。扬雄撰写的《太玄》将《易》《老》加以融合，持中以观玄，主张“反者道之动”。王充所著《论衡》则以自然元气论为立论根本，对阴阳家的学说，特别是天人感应说进行猛烈批判，秉承先秦儒家的务实精神与入世情怀。

随着社会经济恢复和军事实力的增长，黄老之学已不能满足汉朝强化中央集权的需要。为加强统治，汉武帝采纳董仲舒“罢黜百家，独尊儒术”和“兴太学”等建议，儒学由此复苏。以董仲舒为代表的经学家们，把儒家经典《春秋》与战国以来风行的阴阳五行学说，以及黄老道家思想整合在一起，构造出一个“天人感应”的目的论体系，从而将先秦以来的儒学改造为经学，使得儒学中关于树立纲常名教、确立宗法等级秩序、调节各种社会关系的理论重新崛起，更好地适应时势需要。他们着重章句推衍，以阐发微言大义，提倡大一统、尊君抑臣、正名分等思想，以求“通经致用”，对当时的思想文化及后世社会产生很大影响。而由汉章帝主使拟订、经班固整理草就的《白虎通义》，更把董仲舒的天人感应、君权神授思想与谶纬迷信糅合在一块，以宣扬三纲五常。汉代经学作为官方统一的意识形态，在稳固政权制度及推行思想教化上起了重要作用，且一直占据正统地位，但也产生限制思想创新、阻滞科技发展的负面影响。

迄至魏晋南北朝时期，由于政局纷乱、社会动荡，讲究等级秩序的门阀制度得以形成，兼综道儒特色、以挽救名教危机为己任的“玄学”，逐渐取代日趋烦琐僵化的两汉经学，而成为思想文化的主流。何晏、王弼、向秀、郭象等一批玄学家，以《老子》《庄子》《周易》即所谓“三玄”为研究对象，力倡得意妄言的学术方法，辨名析理思维方式，以“有无”为核心观念，探究世界本体，以解决名教与自然的关系问题。玄学家们祖述老庄，崇尚“自然”，采取抽象思辨形态，提出一系列新思想、新概念和新方法，以超凡脱俗乃至惊世骇俗的言行反叛传统，推动中国思想文化的解放。

由于社会纷扰多变，民众与士人心态紊乱复杂，玄学与宣扬生死轮回、因果报应的佛教遂合流一处。而上层社会为了巩固统治，包容甚至大力提倡佛教。佛教的传播与发展，客观上促进中国与印度等亚洲国家的文化交流。其绘画、雕塑、音乐、医药、音韵、哲学等通过译经流传开来，也在很大程度上丰富中国精神世界与历史文化。而葛洪、陶弘景、寇谦之等道教思想家则采撷老庄精华，融合道儒，提出一些颇含哲理的宗教思想。

进入隋唐时期，由于当政者采取“三教并用”政策，在重振儒家经学的同时，也扶植佛教、道教，最终促成儒释道三教鼎立的格局。但由于佛教盛行而造成寺院和僧侣势力恶性膨胀，加之佛教宣扬出世与虚无理论对儒家纲常构成很大威胁，韩愈等人奋力掀起一股反佛排佛之风，从而在一定程度上遏制佛教的迅猛势头。但随着佛教义理的精致化与世俗化，三教鼎立的局面并未大变，这从后来宋明理学积极回应和吸收佛理精华以及佛教在民间社会的传播接纳中可以显见。

（二）盛极一时的史学、文艺与科技

在史学方面，汉代著名史学家司马迁撰写的中国第一部纪传体通史《史记》，不仅成为史学巨著，还是一部优秀的文学作品，鲁迅先生赞其为“史家之绝唱，无韵之离骚”。班固等撰写中国第一部完整的纪传体断代史《汉书》，在体例上对司马迁的《史记》加以继承和改造，有其政治合理性，开启官修断代史之先河。魏晋南北朝时期，陈寿的《三国志》取材精致，文字简练，叙事真实，具有较高的史学价值。范晔的《后汉书》以及《魏书》《宋书》《南齐书》《梁书》《陈书》《北齐书》《周书》《隋书》《晋书》等史学著作相继问世，都具有重要的史料价值。而北魏郦道元的《水经注》，详记全国主要河流及周边地理情况及历史沿革，是一部文笔优美的历史地理专著。谢灵运的《游名山志》则专记全国各地的山水名胜，颇具价值。隋唐时期，刘知几撰著中国第一部系统的史学批评和史学理论专著《史通》，提出从客观形势出发评判历史人物、辨别史料真伪而不迷信古人，反对用宿命论观点撰写史书，以及优秀史学家须具备史才、史学、史识三长等观点，对后世史学产生深刻影响。而杜佑所撰《通典》则开创中国典章制度分类专史的先例，有很高的史料体例价值。

在文艺方面，汉代主要有散文、汉赋和乐府三种形式。汉赋是汉代最出色的文体，其源于楚辞而不同于楚辞，是一种讲求铺张、堆砌辞藻的文体。魏晋南北朝时期，以“三曹”为代表的建安诗人，弘扬汉代乐府民歌“缘事而发”的现实主义精神，开创文学史上的建安风格。陶渊明的田园诗风格清新而意境高远，凸显对官场黑暗的不满和对理想社会的追慕，具有高超的艺术性。徐陵、庾信、谢灵运代表的骈体文，讲求声律对偶，文风靡丽，流行一时。而葛洪的《神仙传》、干宝的《搜神记》、刘义庆的《世说新语》，对后代的神话小说与笔记文学颇有影响。民歌《敕勒歌》与《木兰辞》则具有刚健清新的艺术特色，是该时期的文学瑰宝。敦煌莫高窟、云冈石窟以及龙门石窟，皆具有不朽的艺术价值。蔡邕、钟繇、王羲之的书法艺术风格各异，达到炉火纯青的地步。唐代诗歌空前繁荣，以李白、杜甫、白居易为代表，名家辈出，灿若星河，内容广泛、形象丰富、体裁多样、艺术精湛，在古典诗歌中达到登峰造极的高度，在中国文学史上具有突出地位。而由韩愈和柳宗元等人发起的古文运动，主张弃骈用散，“文以明道”，对当时和后世文学创作也产生积极影响。这一时期还出现颜真卿、怀素、柳公权等书法名家。

在科技方面，汉代张衡发明能够测量地震方位的地动仪，张仲景、华佗等医学名家悬壶济世，医著《伤寒杂病论》流传至今。魏晋南北朝时期，祖冲之在数学、天文、历法及机械制造方面成就斐然，其所著《缀术》记有精密求取圆周率的方法、三次方程的解法和球体体积计算法，并制定出当时最先进的《大明历》。而贾思勰的《齐民要术》总结了黄河中下游一带农业生产经验。隋唐时期，僧一行用自制仪器测量恒星、北极高度及子午线长度，在当时世界上处于领先地位。巢元方撰写的《诸病源候论》成为世界上第一部探讨病源和鉴别疾病的巨著。孙思邈所撰《千金方》对医药学的发展产生深远影响。李春营建的赵州桥充分显示古代在桥梁建筑上对力学应用的卓越水平。雕版印刷术的发明也极大地促进了思想文化的传播。

二、宋元明清——中国文化的发展延续

（一）理学兴盛与思想启蒙

公元960年，赵匡胤发动陈桥兵变，并采取一系列削弱地方、集权中央的政策措施。此后，宋元明清几个朝代的统治者一直致力于从典章制度与思想文化上加强中央集权。

为了适应中央集权的需要，改变魏晋至隋唐时期三教并行、一尊未定局面，宋元明清之际的周敦颐、程颢、程颐、张载、朱熹、陆九渊、王阳明、王夫之、黄宗羲等理学大家，通过批判佛道而恢复儒学原有的主导地位，重建一个足以抗衡甚至取代佛道的新儒家思想形态；通过批判汉唐经学而把儒家经学从训诂之学导向义理之学，建立起以性理为本的儒家道德哲学，历史由此进入儒、释、道融为一体的理学时代。宋明理学是在更高意义上对先秦儒学的回归和建构。理学主要分为以张载为代表的气本体派，以“二程”、朱熹为代表的理本体派，以陆九渊、王阳明为代表的心本体派，他们着重从本体论、心性论、认识论等维度进行理学思想体系的建构，流派之间并无根本性分歧。理学在重建礼治秩序以巩固封建统治和推动中国思想文化向纵深发展方面发挥了重要作用。

明清之际，由于社会再次出现严重动荡，持续数百年的理学思潮也进入批判反思阶段。秉承李贽等人对正统儒家的批判精神，明末清初的黄宗羲、顾炎武、王夫之以及颜元、戴震等人，以批判继承态度，对程朱理学的“道统论”、天理人欲对立论以及所谓醇儒的理想人格等，都进行批判与反思，指出天理与人欲是相通的，积极倡导经世致用之学。黄宗羲以“人各有私”的人性论为前提，以“公天下”观念批判“家天下”的皇权专制政体，强调法治高于人治，提出“工商皆本”，集中阐发民主主义思想，具有鲜明的近代意识和启蒙意义。顾炎武较多继承和发展朱熹理学思想，批评王守仁的心学，并倡导“修己治人之实学”，提出“天下兴亡，匹夫有责”主张。王夫之则着重从理论上对宋明理学各派观点进行辨析、梳理、剖判，其总结性的理论成为近代启蒙思潮的重要渊源，尤其是“理势相成”的社会历史观，对后世产生积极影响。另外，强调“实事”“习行”的颜李学派，主张“质测即藏通几”的方以智，倡言就事论理、理存乎欲

的戴震等，都发挥了开启民智的积极作用。

（二）令人瞩目的史学、文艺与科技

宋元明清时期，伴随着理学的兴盛与思想的启蒙，在史学、文艺与科技方面也取得令人瞩目的成就。

在史学方面，司马光编纂的中国第一部编年体通史《资治通鉴》，以取材广泛、考证仔细、记事周详而著称。袁枢的《通鉴纪事本末》成为中国第一部纪事本末体的历史著作。明成祖敕令解缙组织编写了当时世界上最大的百科全书《永乐大典》。清朝纪昀等人编纂中国最大的一部丛书《四库全书》保存了许多珍贵文献。清代朴学兴起，出现了戴震、段玉裁、王念孙等考据名家，他们从训诂、校勘、音韵等方面考证经史古籍，对中国古典文献的整理留存做出贡献。

在文艺方面，韩愈、柳宗元、欧阳修、曾巩、王安石、苏洵、苏轼、苏辙的散文创作题材广泛、风格多样，号称“唐宋八大家”。词作为一种新体诗歌，在宋代达到鼎盛，出现了柳永、苏轼、李清照、辛弃疾等著名词人。为适应城市商品经济与市民文化娱乐生活的需求而发展起来的宋代话本，成为明清白话小说的先导。宋代米芾、张择端、赵佶等以书画著称于世。元曲则把音乐、舞蹈、宾白、武术、杂技等结合在一起，形成一门独特的综合艺术。关汉卿、马致远、郑光祖、白朴被称为“元曲四大家”，创作了一批思想性和艺术性俱佳的作品。以赵孟頫为代表的元代书画家，形成了挥洒淋漓、重视笔墨情趣、追求意境深远的写意派，把书法、文学、治印和绘画艺术融为一体，开拓新境界。明代在传奇小说发展的基础上，产生大量的以历史、神怪、公案、言情和市民生活为题材的长篇章回小说和短篇话本、拟话本，其中以《三国演义》《西游记》《金瓶梅词话》等影响最大。清代文学的最大成就是蒲松龄的《聊斋志异》、吴敬梓的《儒林外史》和曹雪芹的《红楼梦》。尤其是《红楼梦》，实现了思想性和艺术性的高度融合，在中国乃至世界文学史上树起一座丰碑。该时期还出现郑板桥等书画名家。

自然科技成就可圈可点。宋代毕昇发明活字印刷术，成为印刷事业上划时代的革新。沈括主持编修当时最精密的历法《奉元历》，其专著《梦溪笔谈》是不可多得的百科全书式科技文化著作。秦九韶的《数学九章》以算法完备见长。航海交通已普遍使用指南针，在采矿冶金以及战争中则广泛运用火药。卢沟桥在建筑学方面具有突出价值。元代郭守敬修成中国古代最精确的一部历法《授时历》。而算盘的运用和传播，使中国进入珠算时代。明代李时珍撰著的《本草纲目》号称“东方医药巨典”。徐光启的《农政全书》是一部内容丰富的综合性农学著作。宋应星的《天工开物》被誉为“中国17世纪的工艺百科全书”。《徐霞客游记》则成为地理学的上乘之作。明代建筑的突出代表是北京故宫，而苏州等地的园林造景也堪称一绝。清代的宫殿、园林、寺庙和陵墓建筑也显示很高的工艺水准。梅文鼎所著《中西数学通》达到中国古代数学研究的最高水准。

第三节　中国传统文化的近代转型

一、鸦片战争之后的文化论争

早在明清之际，中国传统文化与西方近代文化就开始接触和交流。利玛窦等耶稣会传教士，在传教的同时把西方先进的文化理念与科学知识一并传入中国，当然也带来一些错误观念。在从16世纪末到18世纪初的中西文化交锋中，中国学者内部围绕着天文学与数学等问题进行论争。以徐光启为代表的一派提出“会通以求超胜”[①] 主张，倾向于文化起源多元论；以黄宗羲为代表的一派虽然也主张向西方学习，但具有华夏中心主义的倾向；而王锡阐、梅文鼎等人则综合两派的文化主张，既发掘整理国故，又力图融合中西并超越西方。与徐光启等人学习并超越西方的主张相反，一些守旧的知识分子则反对西法，表现出强烈的盲目排外情绪。应该说，“明末清初的中西文化交流是在中国仍保持独立自主地位的情况下进行的。”[②]

实际上，在鸦片战争前几十年，清朝政府已是败絮其中、危机四伏。彼伏此起的农民起义严重动摇了清王朝的根基，而资本主义萌芽的出现又促使自然经济开始解体。随着甲午海战失败，洋务运动破产，《马关条约》签订后，帝国主义列强掀起瓜分中国的狂潮，国家民族面临着深重危机，由此引发戊戌变法运动。但由于清王朝的腐败与中国民族资产阶级的不成熟，变法也以失败告终。不过，维新运动所开启的新学与旧学、西学与中学、学校与科举的热烈争论，对封建顽固派与洋务派都是一次猛烈抨击，成为辛亥革命的先声，促使中国思想文化界进入反对改良、鼓吹革命的阶段。

如果说，明清之际的中西文化交流尚有平等互惠的特征，那么，鸦片战争之后的中西文化碰撞则是剧烈而痛苦的。西方的坚船利炮轰开古老中国的大门，西方文化大量涌入，中国传统文化被动应战、深陷泥泞。林则徐等“睁眼看世界”的中国知识分子已痛苦地意识到，中国传统文化并不优于西方近代文化，在很多方面还落后于“外夷”。魏源提出“师夷长技以制夷”口号，中国文化在物质及科学技术层面的近代化历程由此展开。虽然“师夷长技”尚停留在器物层面，但石破天惊地首次公开承认“完美无缺”的传统文化有其劣势，要学习西方文化，这是面对挑战的一个积极回应，推动人们从器物层面开始了解和学习西方文

---

① （明）徐光启：《陈奏历书总目表》，载王重民《徐光启集》，上海古籍出版社，1984年版。
② 张岱年，程宜山《中国文化论争》，中国人民大学出版社，2006版，第262页。

化，推进近代中西文化的交流融合。

为应对西方文化的挑战与冲击，以张之洞为代表的洋务派则提出“中学为体，西学为用”口号。这种主张既想保留中国传统文化的基本精神及理论要义，又想引进西方文明的技术知识充当制作器物的技艺原理，并以西方科学技术作为应事之术，借以强固儒家道统，从而建立一种既以中国文化为本位又能体现中西合璧的“新文化”。历经数十年而形成的“中体西用”说，是当时流行的一种思维模式，作为一种处理中西文化的方针，在中国传统文化现代化中起过积极作用。它打破了“华夷之辨”闭关自守的思维定式，努力探研合理对待中西文化关系问题，使人们在“中体西用”的旗帜下，从战战兢兢地旁骛“西学”逐步发展到公开学习西方科技知识，掘开封建文化的缺口，使“士人竞谈西学”成为一种时尚。[①] 正是在“中体西用”旗号的庇护下，先进的西方资本主义文化，才得以排除封建顽固势力的层层障碍，日渐渗透进来，客观上助推中国传统文化的改造与转型。但是我们更应看到，“中体西用”说本质上仍是保守的，将“体”“用”截然分离，就文化作为一个整体而言，是缺乏充足理据的；而力图在中西文化冲突中保持中国文化的本体或主导地位，凸显华夏中心主义的保守倾向。

与洋务派相比，作为维新派的康有为走得更远。为宣扬历史进化论思想，康有为重新解释汉代的“公羊三世说”。其据乱、升平、太平之“三世说”，被比附为从封建专制到君主立宪再到民主共和三个阶段，宣扬资产阶级君主立宪的历史必然性，为维新变法运动提供理论支撑，具有进步作用。从文化重建角度考察，康有为用“西学”对“中体”即儒家学说进行改造，这种“不中不西、既中既西”的文化，实际上体现近代资产阶级的思想和观念。与此同时，他们还用“托古改制”手段，借以改造封建制度和传统文化。康有为等人的变法思想与张之洞的“中体西用”说形似而神不似，具有质的差异。相比张之洞宣扬三纲五常的“中体”，想借此和“西体”相抗衡；康有为则高擎孔子的大旗，巧妙地将“中体”转换成近代资产阶级的思想主张。

二、新文化运动以后的文化发展历程

中国传统文化的现代化进程一旦进入制度、社会心理与思想观念转型的层面，“中体西用”论的保守落后性就凸显出来。20 世纪初，孙中山领导的辛亥革命推翻了清王朝的腐朽统治，创建了“中华民国”，制度变革取得突破性进展。但辛亥革命的不彻底性，又再次证明国民思想观念和社会心理层面转型的必要

① （清）张百熙，荣庆，张之洞：《奏请递减科举注重学堂片》，载舒新城编《近代中国教育史料》，第四册，第 121 页。

性。基于此，陈独秀、胡适、李大钊等人以1915年创刊的《新青年》为阵地，高举科学与民主的旗帜，发起以思想启蒙和改造国民性为宗旨的新文化运动。这是一次思想启蒙运动，是先进知识分子在思想文化领域进行图强救亡的尝试。陈独秀、鲁迅等启蒙思想家积极传播西方思想，尖锐批判封建专制伦常，使人们开始从专制文化尤其是封建礼教的束缚中挣脱出来，增强民主自由观念，鼓舞人们探索真理和革新进取；启蒙思想家们以前所未有的规模和声势介绍西方社会科学和自然科学，进一步拓展人们的视野，为马克思主义在中国的传播创造有利条件。新文化运动影响了“五四”一代及以后的几代中国人。陈独秀、李大钊等人以唤醒“国民之自觉”作为新文化运动的根本任务，旨在从伦理上最终改造旧文化，推动中国文化从制度层面向伦理和心理层面转型。但由于历史的局限，新文化运动也存在一定偏差。启蒙思想家们显然矫枉过正，不能正确处理中国优秀传统文化遗产和西方文化的关系，进而出现全盘否定中国文化和盲目崇拜西方文化的错误倾向。

五四运动之后，围绕着中西文化的关系，以及如何看待中国传统文化与西方近现代文化之地位与价值的问题，形成针锋相对的两大阵营：“中国文化本位”论与“全盘西化”论。由陈立夫筹划、陶希圣等人提出“中国文化本位”论，以中国现实需要为标准取舍中西文化，似乎超越“中”“西”“体”“用”之争，但实质上仍旧是“中体西用”论的翻版。以梁漱溟、张君劢为代表的“东方文化”派不满资本主义制度，看到西方文明病，主张以东方文化去改造世界。应该说，东方文化论者看到了东方文化的优长，东方文化也确实有补于西方文化，对西方社会弊病也不无救治之效。但这一派论者的错误在于，把资本主义制度的危机不恰当地夸大为西方文化的破产，以此反对新文化运动的科学与民主主张，更是宣传了东方文化中心主义。针对“中国文化本位”派的文化保守主义，胡适、陈序经、张东荪等人提出“全盘西化”主张。在主张物质文明和精神文明的不可分割性和内在统一性上，也不乏合理性。但“全盘西化”论者完全忽略文化发展的内在规律与文化交流的可选择性。西方文化本身也是精华与糟粕共存，更有着时代与国别的区分，不可能照单全收。现代中国人当然要学习西方文化，但这并不意味着要彻底斩断、抛弃自身文化传统，实际上不可能真正实现。

20世纪30年代，在“本位文化”与“全盘西化”的论争中，一种逐渐超越二者之上的新文化观逐渐形成，这就是先由鲁迅所倡导、后由毛泽东《新民主主义论》所概括的文化观——“民族的、科学的、大众的文化”①。民族性，既强调文化建设要为挽救民族危机和维护民族独立服务，更强调文化的民族特性和民族主体意识，这就与“全盘西化”论的完全照搬划清界限。科学性，包括内容

---

① 毛泽东：《新民主主义论》，《毛泽东选集》第2卷，人民出版社，1991年版，第708－709页。

的科学和方法的科学，前者反对封建思想，主张客观真理；后者反对割断历史，主张批判继承，这就与历史虚无主义和文化保守主义区别开来。大众性，强调新文化要为广大工农大众服务，使民众享有文化权并增强民主意识，避免文化成为少数精英分子的垄断品。比较而言，“东方文化”论与“中国本位文化”都是调和论，“民族的、科学的、大众的文化”则是辩证的综合论。

从洋务派的“中体西用”说、康有为的“三世说”，到“中国文化本位论”“东方文化”派、“全盘西化”论，再到毛泽东的“新民主主义文化”，西学东渐经历了整整一个世纪。中西文化的碰撞与交融，各种文化观念的争鸣与交锋，共同推动中国文化的近代化进程。大体而言，鸦片战争之后的中国新文化，在中西古今的激荡和整合之中，沿着民族的科学的大众的方向前进。当然，由于时代的原因，特别是20世纪上半叶复杂的战争环境，无论是毛泽东的新民主主义文化，还是胡适等人的资产阶级文化，都未能得到充分发展，更未达到预期目标。迄至20世纪后期，当全球化浪潮袭来时，国人再度面临中西文化冲突和中国文化转型等诸多无法回避且亟待解决的重大问题。[①] 能否积极妥善地解决好这些问题，事关新时代中国特色社会主义文化自觉的形成、文化自信的确立及文化强国的构建。

① 张岱年，程宜山：《中国文化论争》，中国人民大学出版社，2006年版。

第四章　儒家思想的发展历程及现代转型

2014年9月24日，习近平主席在纪念孔子诞辰2565周年国际学术研讨会暨国际儒学联合会第五届会员大会开幕会上的讲话中指出：“不忘历史才能开辟未来，善于继承才能善于创新。优秀传统文化是一个国家、一个民族传承和发展的根本，如果丢掉了，就割断了精神命脉。我们要善于把弘扬优秀传统文化和发展现实文化有机统一起来，紧密结合起来，在继承中发展，在发展中继承。”“中国优秀传统文化的丰富哲学思想、人文精神、教化思想、道德理念等，可以为人们认识和改造世界提供有益启迪，可以为治国理政提供有益启示，也可以为道德建设提供有益启发。对传统文化中适合于调理社会关系和鼓励人们向上向善的内容，我们要结合时代条件加以继承和发扬，赋予其新的涵义。”①

习近平在纪念孔子诞辰2565周年国际学术研讨会暨国际儒学联合会第五届会员大会开幕会上的讲话

在中国古代，没有任何一个学派的影响能超过儒家学派，儒家以及与儒家思想相关的许多文献均被奉为经典，最后发展为著名的十三经。在孔子的时代有所谓六经，即《诗》《书》《礼》《乐》《易》《春秋》。但战国时《乐》已失传，所以汉武帝时，只立五经博士。唐朝时先有“九经”，即《诗》《书》《易》《周礼》《仪礼》《礼记》《春秋公羊传》《春秋穀梁传》和《春秋左氏传》，唐文宗开成年间，再加上《论语》《孝经》《尔雅》共十二经刻石保存下来，所谓“开成石经”，刻成后立于唐长安城的国子监内，成为当时士人必读之书，被称为中国最早的“高考教材”，现珍藏于西安碑林博物馆内。宋朝将《孟子》加入其中，形成十三经。南宋朱熹将《礼记》的《大学》和《中庸》两篇与《论语》《孟子》合在一起，形成“四书”，以之作为中国传统文化的核心内容。朱熹还分别为这四部书做了注释，其中《大学》《中庸》的注释称为“章句”，《论语》《孟子》的注释因为引用他人的说法较多，所以称为“集注”。朱熹去世后，朝廷将他编定注释的《四书》审定为官书，从此盛行开来。

① 习近平：《在纪念孔子诞辰2565周年国际学术研讨会暨国际儒学联合会第五届会员大会开幕会上的讲话》，人民日报，2014年9月25日。

第一节　先秦儒家代表人物的思想体系

一、孔子的思想体系

孔子（约前551—前479年），名丘，字仲尼，春秋末年鲁国陬邑（今山东曲阜）人。孔子的祖先是宋国贵族，后因内乱，迁到鲁国。到其父亲叔梁纥时，已逐渐衰落。孔子幼年丧父，童年时代生活在贫困之中。鲁国是周公封地，周公是西周时期礼乐制度的主要制订者，鲁国成为礼乐制度贯彻最好的诸侯国，直到春秋末年，许多国家都已礼坏乐崩，而鲁国仍然保持得很好，被称为“礼乐之邦”。各国贵族来到鲁国，大为惊叹：“周礼尽在鲁矣。”鲁国的文化氛围对孔子影响极大，孔子自小就热衷于礼乐活动，《史记·孔子世家》载：“孔子为儿嬉戏，常陈俎豆，设礼容。”成年后孔子主要从事教育活动，先在鲁国招收门徒讲学，后到达齐国，但遭到一些士大夫反对，“齐大夫欲害孔子，孔子闻之。景公曰：‘吾老矣，弗能用也。’孔子遂行，反乎鲁”。孔子回到鲁国，“弟子弥众，至自远方，莫不受业焉”。中年开始步入仕途，被鲁定公任为中都宰，官至大司寇，但很快丢了官。孔子带着弟子周游列国，希望能有国君重用他，实施其政治主张，但前后辗转十余年，游历卫、曹、宋、郑、陈、蔡、楚等国，四处碰壁，“斥乎齐，逐乎宋、卫，困于陈、蔡之间”。

孔子给世人留下了许多弥足珍贵的思想。了解孔子思想的主要依据是《论语》。该书由孔子的弟子或再传弟子整理而成，记载孔子与其学生的言论和事迹，反映孔子的思想主张，主要记录孔子有关政治、伦理、礼乐、教育、文艺等方面的重要见解，是儒家经典著作之一，对中国思想界、教育界产生了深远影响。

（1）礼制观。孔子最大的政治理想是恢复西周的制度，尤其是礼制。对于春秋末年出现的僭越周礼的现象，孔子深恶痛绝，他认为夏商周三代历史一脉相承，虽有“损益”，但基本面没有变化，从而说明周王朝的礼制也将百世不绝地延续下去，所以孔子以恢复周礼为己任。要“正名”，使君臣父子各安其位，遵守各自的名分、职责，不逾越西周礼制的规范。孔子主张除“政”“刑”之外，更要借助“德”“礼”：“道之以政，齐之以刑，民免而无耻；道之以德，齐之以礼，有耻且格。”主张“非礼勿视，非礼勿听，非礼勿言，非礼勿动”。当政者应以道德治国，“为政以德，譬如北辰，居其所而众星共之。”

（2）道德观。在《论语》中，“道”与“德”有时相区别，有时合二为一。孔子对“道”的追求非常执着，曾说：“朝闻道，夕死可矣。”为人处世要讲道德，不要强求名利，“富与贵，是人之所欲也，不以其道得之，不处也。”在人与人的关系上不要过分霸道，他的弟子说："夫子之道，忠恕而已矣。"要恢复周礼，实现德治，就应注意自己的道德修养，培养道德意识，谨守道德原则，勤于道德实践："见贤思齐焉，见不贤而内自省也。"一个人要经常反省自己，自我检查，正像曾子所体会的："吾日三省吾身，为人谋而不忠乎？与朋友交而不信乎？传不习乎？"

（3）仁义观。在孔子心目中，不可一刻违背"仁"，"志士仁人，无求生以害仁，有杀身以成仁。"《论语》中提到"仁"的地方有105次，孔子从不同角度对"仁"进行诠释，其中"仁者爱人""克己复礼为仁"最著名。一个仁者，在消极方面要"己所不欲，勿施于人"；在积极方面要"己欲立而立人，己欲达而达人"。怎样才称得上仁人呢?"恭、宽、信、敏、惠。恭则不侮，宽则得众，信则人任焉，敏则有功，惠则足以使人。"还说："刚、毅、木、讷，近仁"，相反"巧言令色，鲜矣仁。"孔子认为对仁的追求是第一位的："当仁，不让于师。"

（4）"中庸"观。孔子说："中庸之为德也，其至矣乎！民鲜久矣。"孔子所认识的"德"的核心意义就是"中庸"。什么是"中庸"呢？孔子说："过犹不及。"朱熹解释说："中，无过无不及之名也；庸，平常也。""中庸"是一种不偏不倚、恰到好处的状态，表示适宜、恰好、不左不右，也就是处理问题主观不要脱离客观，恰如其分地把握好客观实际，发挥主观能动作用。

（5）天命观。孔子相信"天命"。"天"在他的心目中是有人格有意志的上帝，是自然界和人类社会的主宰，违反天命没有好下场，"获罪于天，无所祷也"！人的生死富贵、事业成败兴废都由上天安排，非人力所能及，即"生死由命，富贵在天"。孔子还把知天命的特权垄断在贵族统治者手中，他说："君子有三畏：畏天命，畏大人，畏圣人之言；小人不知天命而不畏也。"孔子相信天命，但是对鬼神则持怀疑态度，"子不语怪力乱神""敬鬼神而远之"。

（6）教育观。孔子在教育思想和教育方法上总结了一些宝贵经验。其一，在教学实践中，孔子兴办私学，主张"有教无类"，这对于打破贵族垄断教育，促进学术下移卓有贡献。其二，在教育理念上，孔子重视启发性教育，培养学习的主动性、自觉性："知之者不如好之者，好之者不如乐之者。"要求学生做到"举一反三"，强调实事求是的学习态度，"知之为知之，不知为不知，是知也。"孔子还说："三人行，必有我师焉，择其善者而从之，其不善者而改之。"其三，在教育方法上，他强调学与思的关系，认为"学而不思则罔，思而不学则殆"，"学而时习之""温故而知新"。孔子还善于"因材施教"，是一位"学而不厌，诲人不倦"的教育家，其学生称赞他"循循然善诱人"。为了教学需要，孔子以《诗经》《春秋》等作为教材，并经过他整理、删订或改编，成为体现孔子思想的重要著作，直到今天，仍是研究中国古代典章制度和社会政治、经济、文化的宝贵资料，为孔子的一大功绩。

孔子是中国古代伟大的思想家、教育家，他的思想及儒家学派对中国历史产生至深至远的影响。战国时期儒家分为子张、子思、颜氏、孟氏等八个学派，其中以孟子（属于子思的传人）和荀子两派影响最大。

二、孟子的思想体系

孟子（约前372—前289年），名轲，字子舆，战国时期邹（今山东邹城）人。影响力仅次于孔子，被后世奉为“亚圣”，被合称为“孔孟之道”。孟子以孔子继承人自居，认为“五百年必有王者兴，其间必有名世者……当今之世，舍我其谁也。”晚年，他专心著述，成《孟子》七篇传世，每篇又分为上、下两部分，故全书共分十四卷。孟子的言论和事迹大多保存在《孟子》一书去。

（1）性善论。孟子认为人的本性是善良的，所谓“孟子道性善，言必称尧舜。”性善论是孟子学说的基础，他说：“人性之善也，犹水之就下也；人无有不善，水无有不下。”孟子说：“人皆可以为尧舜”，但现实中人的表现为什么有善和不善呢？孟子认为是后天环境的影响，善性难以养成。为了不被外界所诱惑，就应加强自身的抵抗能力，筑起心理防线，“养浩然之气”，使这种“气”充塞于天地之间，便可回复和扩充人的善性。孟子以性善论作为推行其政治主张“仁政”的理论依据。

（2）历史观。孟子鼓吹效法先王，即尧舜禹汤、文武周公，实际上是托古改制，假托历史上贤明圣王，按照他的理想进行改造，设计出“仁政”“王道”的治理模式，反对当时的“暴政”和“霸道”。“王道”依靠道德仁义治理天下；“霸道”则是凭借武力控制天下。

（3）仁政观。首先，任用贤能者管理国家，“莫如贵德而尊士，贤者在位，能者在职。”其次，国君要“推恩”，“制民恒产”。孟子说：“无恒产而有恒心者，惟士为能。若民，则无恒产，因无恒心。”其三，反对国君过度征税，应“施仁政于民，省刑罚，薄税敛，深耕易耨。”其四，主张“民为贵，社稷次之，君为轻”，彰显“民本”思想。其五，实现“仁政”，必须重视“人和”：“天时不如地利，地利不如人和。”

（4）“天命”观。孟子的“天命”观比孔子进步。虽然仍将“天”视为有意志的人格神，但并不能主宰宇宙和人间的一切，已丧失了绝对权威。相反，“天命”服从“人心”。孟子说：“尽其心者，知其性也；知其性，则知天矣。存其心，养其性，所以事天也。”他虽然鼓吹君权天授、君权神授，但也提出君权民授。

三、荀子的主要观点

荀子（约前313—前238年），名况，字卿，战国时期赵国人。他总结了儒墨道诸家学说，但主要尊崇孔子的学说，著成《荀子》一书，内容涉及哲学、政治、经济、军事、教育等，是先秦时期的重要思想宝库。

（1）天人观。在荀子那里，“天”就是自然界，与传统的天人合一、天人感应观点相反，主张天人分开、人定胜天：“天行有常，不为尧存，不为桀亡。”否定了天即是有意志的主体神，并主宰宇宙及人类社会一切的思想。“天有其时，地有其财，人有其治。”天、地、人各有其独自的运动规律，人区别于天、地的特点在于人有其“治”，即有认识和改造自然界的能力，进而提出“制天命而用之”主张。

（2）性恶论。荀子认为，人性即人的自然禀赋，或者叫本能，这是与生俱有的、客观的，而后天主观学习形成的道德品质等则被称之为“伪”，伪即人为的、主观努力的。荀子说：“人之性恶，其善者伪也。”荀子认为，人性恶的本能是可以改变的。既要“隆礼”，通过礼仪训练，后天的道德教化，使人改恶从善；更要“重法”，用高压手段，迫使人改邪归正，也就是刚柔并济。

（3）王霸论。荀子既提倡“王道”，也不反对“霸道”，只不过有高低先后之分。荀子说：“故用国者，义立而王，信立而霸，权谋立而亡。”所谓“道”，是指国君用什么政治措施。以仁义治国就是“王道”，以信用治国就是“霸道”，还有一种“亡道”，以权谋治国就是“亡道”。荀子对“王道”“霸道”都不排斥，“王道”是其最高的政治理想，“霸道”虽有缺陷，但仍是德政，只是比“王道”层次低而已。其区别是“王道”可以“不战而胜，不攻而得，甲兵不劳而天下服”；“霸道”则是“明其不并之行，信其友敌之道，天下无王霸主，则常胜矣。”

（4）教育观。荀子对学习的效用、意义、目的、态度、方法等都有精辟论述。他的《劝学》篇至今仍是学习方面的光辉著作。荀子说：“学不可以已……木受绳则直，金就砺则利，君子博学而日参省乎己，则知明而行无过矣。”学习和道德修养都是一个不断积累的过程：“不积跬步，无以至千里；不积小流，无以成江海。”要有锲而不舍、持之以恒的坚韧精神：“锲而舍之，朽木不折；锲而不舍，金石可镂。”

第二节　儒学思想的发展沿革及近代式微

一、儒学在汉代的神圣化

秦始皇统一六国，也加强了思想文化的统一。以法家思想为唯一主导思想，其余各家学说都予以禁锢，制造“焚书坑儒”，儒学遭到浩劫。西汉建立之初，儒学虽逐渐复苏，但还没有显著地位，汉初崇尚道家思想，实行“黄老无为”。经过数十年的发展，国力渐强，武帝时。董仲舒、公孙弘等人建议“罢黜百家，独尊儒术”。董仲舒说：“诸不在六艺之科、孔子之术者，皆绝其道，勿使并进。

邪辟之说灭息，然后统纪可一而法度可明，民知所从矣。”董仲舒以儒家思想为基础，吸收阴阳五行、法家、道家等思想，加以糅合改造，形成适合汉武帝需要的“新儒学”。

董仲舒，广川（今河北枣强）人，代表作《春秋繁露》。其思想体系包括大一统论、天人感应论、君权神授论等。他极力推崇《春秋公羊传》中的“大一统”思想，正好迎合加强中央集权、打击诸侯王势力的要求，得到武帝的青睐，使儒家学说借助帝王权威登上统治地位。他主张天人感应论，认为人是天创造的，故天人同类、相互感应，将天和人牵强附会在一起，将人的形体、性格、好恶都与天联系起来，董仲舒仰仗天的权威对帝王进行牵制：“灾异以见天意，天意有欲也，有不欲也。”认为天通过灾异告诫帝王要实行仁德政治，不实行暴政，不然上天要警告甚至惩罚，这对抑制统治者的恣意妄为有积极意义。为了维护君权，他还构思“君权神授”论。在董仲舒那里，天是有意志有人格的神，有主宰宇宙和人类一切的权威，“天子受命于天”。但董仲舒也强调，天既可以赋予君主权力，也可剥夺其权力。上天赋予君主权力，目的是要他替民的利益着想，君主如果违背天意，天将代表民剥夺其权力。董仲舒“君权神授”理论是一柄双刃剑，既维护君主的权威，也制约君主的胡作非为。

董仲舒把王道社会看作理想社会，要求君主施仁德于民，但并不排斥刑罚。王道社会应是德主刑辅的社会。理想的王道盛世是轻徭薄赋、人民和睦。借助天的权威来维护“三纲五常”，为特权等级制度辩护。他认为：“君为臣纲，父为子纲，夫为妻纲。”这三种伦理关系是“王道之三纲”，是天的意志。仁、义、礼、智、信五常也同样来自天，并与木、金、火、水、土相对应。

儒家处世既重视原则，也重视灵活变通，董仲舒堪称其代表，坚守原则被称作经礼，灵活变通则成为变礼，二者结合就是一种辩证方法。汉代的新儒学实际成为广泛吸纳道、法诸家的儒家文化，讲究儒法兼采、王霸并用，成为后世专制集权政治的思想基石，选择出适合中国历史发展的官方哲学。董仲舒因治《春秋公羊传》而成为经学大师，汉武帝设五经博士，研究经学成为显学，并建立起一套以儒学为基本框架的完善的道德体系，并开弟子员（汉代对太学生的称谓），官吏越来越多地从中选举，所以专治儒学成为获取官禄的敲门砖，《汉书·孔光传》称：“成帝初即位……是时，博士选三科，高为尚书，次为刺史，其不通政事，以久次补诸侯太傅”。这又反过来刺激儒学影响的扩大，促成儒风大兴，奠定儒学的正统思想地位，并经久不衰。

二、宋明理学的兴盛

宋明理学作为一种影响广泛而久远的学说与思潮，其兴起、形成、发展与社会经济、政治体制乃至文化形态密切相关，是特定时代的产物。

首先，宋代的集权政治需要。宋王朝的建立，重新确立大一统的中央集权制。但是，长期的分裂和混乱，使得儒家传统的伦理规范遭到极大摧残和破坏，不利于大一统政治的稳定和巩固。为了加强与集权统治相适应的思想统治，宋统治者提倡重整伦理纲常、道德名教。如宋学的奠基人物欧阳修在《新五代史》中就将“三纲五常之道绝”“君君臣臣父父子子之道乖”当作社会衰败的主要原因。

其次，宋代经济、文化的发展基石。宋代社会的安定，生产迅速得到恢复发展。北宋初创的半个世纪中，耕地面积增加一倍，农业生产技术与效率不断提高。冶炼、煮盐、制茶、纺织、烧瓷及造船业，在当时世界上都是先进的。宋代科学文化的进步尤其引人注目，不仅出现活版印刷术、指南针、火药等重要发明，天文、历法及数学也相当发达。沈括著《梦溪笔谈》对当时许多自然科学成就加以总结。思想建构就以自然科学发展为基础，作为宋代思想核心的理学对自然及社会规律的思考，正是宋代经济文化发展的必然结果。

再次，与思想史自身进程密切相关。中国思想史在唐代中后期形成一个重要转折，韩愈倡儒学道统，力辟佛、道，打破三教并盛的局面。韩愈所倡的儒学道统成为宋朝承续的目标和对象。北宋是理学发展的初期，出现著名理学家周敦颐、邵雍、张载、程颢、程颐“北宋五子”；南宋则以朱熹为代表，将理学推进到一个高峰，奠定崇高地位，后世将他们的思想合称为“程朱理学”。由于理学家们认为其学说源头在孔子，由孔子传给子思再传给孟子，他们认为自己继承了孔孟的道统，即儒学的正统，所以又称为“道学”。

理学实际上是儒道释相融合的产物，以儒家思想为主要内容，通过对《易》《春秋》《老子》等注疏及探究来表达自己的思想。大讲“存天理，灭人欲”，维护三纲五常，进一步发展儒家的天命思想。周敦颐把老子的“无”及道家的“无极”、《周易》的“太极”以及阴阳五行思想融合在一起，留下《太极图说》《易通》《爱莲说》等著作，初步创立理学的思想体系。《太极图说》的基本概念就是“无极”，它是无形无象、寂寞不动的“无”，产生在天地之先，是宇宙万物的根源。“无中生有”“无极”生“太极”，“太极”是有形有象的实体，有时运动，有时静止，动静交替，动则生阳，静则生阴，吸收道家《老子》和佛教“非有非无”的思想，对于宇宙本原做了一定探究。《爱莲说》赞美莲花出淤泥而不染、濯清涟而不妖的品质，象征有高尚道德修养、高尚品质的人，淤泥象征着人的贪欲，这既有佛学因缘，又受儒家自我修养思想的影响，必须除去人的贪欲。气本体论创立者张载提出“太虚即气”基本思想。针对佛教讲“空”，道教讲“虚”“无”，张载则以“气”释“虚”，建立以“气”为本体的思想体系，这是对佛道挑战的另一种积极回应。

程颢、程颐兄弟被称作“二程”。其思想的一个重要内容就是“存天理，去人欲”，鼓吹“下顺乎上，阴顺乎阳”，把“三纲五常”视为“天理”，是最高的

“善性”，不仅为等级制度辩护，甚至把人所谓的“七情六欲”与其绝对对立起来，要彻底抹除。

朱熹，南宋时期最著名的理学大家，他的著作称为《朱子全书》，其语录被编为《朱子语类》。在朱熹的思想中，“理”是最高的范畴。主张“帝是理、是主”，理因此与天联系起来，理就是天、上帝，因此又称为“天理”。而且这些理存在于天地万物之先，是宇宙的本原、万物的主宰，也是一切社会伦理、道德规范的源泉。朱熹又把理引申到传统伦理道德之中，大肆宣扬“三纲五常”是天理，主张“未有君臣，已先有君臣之理，未有父子，已先有父子之理”。

朱熹认为：“性者，人之所受乎天者，其体则不过仁、义、礼、智之理而已。”但大多数人的人性中有恶的成分，这是欲望所致。怎样除去人性恶呢？就要穷尽天理、除去欲望。尤其是最高统治者，他们心术纯正、充满仁义、没有私欲，则天下太平，否则社会混乱、人欲横流。而对于一般人来说，必须听命于伦理纲常。朱熹的理学思想对后世产生巨大影响，其代表性著作《四书章句集注》《五经语类》《性理语类》被颁行天下，后世科举考试就以朱熹对四书所作的注为标准，成为士人们必读之书，其社会影响仅次于孔孟。朱熹所倡导的封建礼教，也成为束缚中国人的思想枷锁。

王阳明是明代理学家的代表，生活于明朝统治已出现严重危机的时期，其文章和言论被辑为《王文成公全集》，主要思想就是“致良知”“知行合一”和“破山中贼易，破心中贼难”。“致良知”是对孟子“良知”说的发挥，他认为“天理”与“良知”就在人的心中，“良知之在人心，无间于圣愚，天下古今之所同也”。“天理”就在人心之中，不能“外心以求理”，而应“求理于吾心”，认为“心外无物”“心外无事”“心外无理”“心外无学”，这与佛教禅宗的“明心见性”何其相似。王阳明认为，传统道德伦理观念就是人心中固有的“理”，即“良知”，要“致良知”，就是发挥心中的理性，达到高尚的思想境界，并施于实践，这就是“知行合一”。王阳明认为，知是行的主意，行是知的功夫，知是行之始，行是知之成。我们既不能“懵懵懂懂的任意去做，全不解思惟省察”，也不能“茫茫荡荡，悬空去思索，全不肯著实躬行”，真正的知和行是统一的。王阳明曾在朝廷为官多年，镇压农民起义，其立德、立功、立言，内圣外王，事功德行都近乎完美，充分验证了良知的可行性。王阳明认为打破山中的贼寇非常容易，但要击败心理阴暗面就非常困难。惟有舍弃那些盗取本心的杂念，人的心灵才能宁静从容。他感叹说：“破山中贼易，破心中贼难”。表明人人心中有良知，但同时也有心贼。对待良知要“赏识”，对待心贼要“喝退”。王阳明临终前对自己的哲学思想进行概括，即著名的“四句教”：无善无恶心之体，有善有恶意之动，知善知恶是良知，为善去恶是格物。王阳明的学说被称为“阳明学”，在中国、日本、朝鲜半岛及东南亚国家都有重要而深远影响。

三、中国传统儒学的近代变革

理学自宋代兴起后，在政治思想领域占有统治地位，封建礼教所鼓吹的“三纲五常”成为社会的基本规范，在科举考试中以朱熹的《四书章句集注》作为标准答案。士人为了获得功名，只能死记硬背，不能发挥，这种文化专制主义禁锢人们思想。可以说，随着明代以后资本主义萌芽和发展，儒家思想越来越不适应社会需要，相反被统治者用来作为摧残民主思想萌芽和阻止科学文化发展的思想利器。一些开明士子要求有所更化，明末清初出现一批要求改革时弊的思想家，其代表人物有顾炎武、黄宗羲、王夫之等。主张学以致用，通过考察古代典籍，利用汉代古文经学方法，重新解释儒家经书，附会民主理想，兴起考据学。但由于清政府实行文化专制，考据学走向误区，许多学者钻进故纸堆从事所谓纯学术研究，脱离社会现实。

清朝自嘉庆以后社会矛盾尖锐，封建统治已进入全面危机期，一批知识分子宣扬“通经致用”，要求把学术研究与解决社会问题结合起来。代表人物龚自珍、魏源等人通过对古代典籍的解释来批评时政，如龚自珍利用《公羊春秋》义理批判封建官僚制度，揭露时弊，高呼“我劝天公重抖擞，不拘一格降人才”，对策则是由魏源提出“师夷长技以制夷”。但一些官僚既羡慕西方“长技”，又抱着封建统治不放，提出折中方案，即“中体西用”主张，极力维护理学所宣扬的纲常礼教为统治思想，这不可能挽救封建危机。因此，以康有为为代表的资产阶级维新派登上历史舞台。他利用儒学今文经学派的思想方法和材料，托古改制，成为清末今文经学派的领袖。康有为通过著述《新学伪经考》和《孔子改制考》，假造出一个“真孔子”和真的“孔子之道”，修正传统的儒家思想。康有为提出汉代以来的儒家经典都是王莽时的刘歆假造的，因此湮灭孔子本身的思想。他认为本来的孔子是改革派，要建立民主政治。实际上是借孔子的影响力、借孔子的话语去表达自己的改革主张，实质上是借封建的“尸”来还资本主义的“魂”。康有为还借助《春秋公羊传》的三世说，重新解释其“通三统”“张三世”之说，其中“据乱世”为西方君主专制时代，“升平世”为君主立宪时代，“太平世”即民主共和时代。康有为认为中国当时正处于“据乱世”，必须通过变法维新而进入“升平世”。

第三节　现代新儒学的发展演变

现代新儒学是指“五四”以来在强烈的民族文化危机意识的刺激下，一部分知识分子力图恢复传统儒学的本体和主导地位，重建宋明理学的伦理精神和形象，并以此为基础来吸纳、融合、会通西学，建构起一种“继往开来”“中体西用”式的思想体系，以谋求中国传统文化的现实出路。

一、现代新儒学的衍生发展

现代新儒学萌生于20世纪20年代初，是对于“五四”激烈反传统的一种保守回应，也是对当时已在中国流传的科学主义思潮的一种反弹。在“五四”反孔教、反儒学运动达到高潮的时候，在一片“打倒孔家店”声浪中，梁漱溟首先站出来捍卫孔子学说，公开打出儒家旗帜。他在1922年出版《东西文化及其哲学》一书，成为现代新儒学的开山之作。梁漱溟第一次把中国文化纳入世界文化架构中平等地加以讨论，并且断言只有中国文化所表现的人生态度于现实最合理，可以拯救西方人在功利竞争中的精神烦恼，提出“世界未来文化就是中国文化的复兴”。梁漱溟一生都致力于儒家文化的复兴，被当作“最后的儒家”而载入史册。

1923年发生的“科学与玄学论战”在现代新儒学形成和发展史上有着重要意义。20世纪初从西方传入的科学主义思潮，过分夸大科学的功能，鼓吹“科学方法万能”。以张君劢为代表的“玄学派”则认为：“人生观问题之解决，决非科学所能为力，唯赖诸人类之自身而已。”[①] 成为现代新儒家的共同立场，即认为科学只在解释物理方面有效，至于更高层次的宇宙本体人生道德的真实，或所谓“玄学的真理”，仅依赖科学不能把握，只能靠认识主体的直觉解悟。

抗日战争时期，新儒学进入比较成熟阶段。民族危亡的严重局势，刺激了民族精神、复兴民族文化学说。加之经过较长时间的理论准备，包括对西学的学习、了解、消化和吸收，现代新儒家的代表人物已有可能创造出比较完整、系统的理论体系，明确提出自己的纲领和口号。例如，熊十力“新唯识论”的哲学体系，冯友兰创造了继承和发展程朱理学并融入西方新实在论的“新理学”体系，贺麟也力图创造一个以西方“苏格拉底、柏拉图、亚里士多德、康德、黑格尔之哲学，与中国孔孟程朱陆王之哲学会合融贯”的理想唯心论哲学体系[②]。贺麟1941年发表的《儒家思想的新开展》一文，成为中国现代新儒家的宣言。还明确提出“以儒家精神为体，以西洋文化为用”和“儒化西洋文化”口号[③]，说明现代儒家既区别于盲目崇洋的“全盘西化”派，也区别于抱残守缺的“国粹派”，但最终还是返归“中体西用”的老路。

现代新儒学的开创之功应归于梁漱溟和熊十力、冯友兰、贺麟等第一代新儒家。由于面对着政治强权与文化霸权，面对着人类的无根状态，他们主要着力点

---

① 张君劢，丁文江：《科学与人生观》，山东人民出版社，1997年版，第38页。
② 贺麟：《文化与人生》，商务印书馆，1988年版，第8页。
③ 贺麟：《儒家思想的新展开》，思想与时代杂志，1941年8月第1期。

在于发掘传统价值、重建道德传统、为人类建立一个最好的意义世界和精神家园。他们不仅在方向与着力点上具有共同性，在思想建构上也有相似性，即以传统儒家的基本道德原则为源头，以对人的生命与生活的肯定（“性善”）为其本。在他们看来，西方的种种自然形而上学，皆与人的生命与生活缺乏直接关联，其重点皆在客观之天道而非自觉肯定自身之人道，人道只是天道的延伸，隶属于天道，就有以天道杀人的种种可能。只有在儒学这里，主张天人合一，道德理想的境界即是现实生活的境界，理想和现实才真正统一起来。由此，第一代新儒家就在“性善”之本中，通过重建宋儒以来的道德形而上学，建立合天人、通内外的体用不二之学，完成一种圆满的道德形而上学，承继传统儒家的“道统”，并发掘其内在核心价值。

20 世纪 50 年代以后，新儒学在我国港台地区继续传播和发展，并在特殊的文化氛围中掀起一个新高潮。1958 年初，现代新儒家的老将张君劢和熊门弟子唐君毅、牟宗三、徐复观等人，在香港地区的相关杂志上联名发表《为中国文化敬告世界人士宣言》，系统阐述他们对中国文化的过去、现在和未来，以及中西文化关系等问题的基本观点和立场，提出“返本开新”的思想纲领。他们强调中国文化为一活的精神生命存在，儒家的道德理想和宗教精神对人类社会具有普遍意义。它与现代主流价值观不但不矛盾，而且科学与民主正是中国文化中道德精神自身发展的必然要求，也就是所谓由“内圣”开出新“外王”。

第二代新儒家承继了第一代新儒家对心性之学的坚守和体认，进一步阐释了中国文化精神之所以作为常道而存在的理由，认为中国文化以心性之学为一切价值的根源，更加凸显心性之学在中国文化中的地位。他们能正视中国历史文化在外王上的缺陷。“宣言”承认中国文化中缺乏西方近代民主制与科学技术，也过分重视道德实践，在“正德”和“利用厚生”之间缺少一个理论科学作中间环节。第二代新儒家的重点是开新，追求价值层面与现实层面之间的打通。唐君毅的“心灵九境”，牟宗三的道统、学统、政统三统并建说，徐复观对知识分子性格与民主政治的思索，张君劢的国家社会主义等，本质上都是在“返本”基础上在不同层面所作的“开新”。

20 世纪 80 年代以降，港台地区和海外新儒学仍流传不衰，进一步向世界发展，成为一种带有国际性的学术思潮，并且深刻影响国内的文化讨论。这主要缘于 70 年代以来，包括我国台湾地区、香港特别行政区在内的亚洲“四小龙”在经济上的起飞，东亚“儒家资本主义”的快速发展，欧美在现代化进程中遇到严重问题，以及后现代思潮在世界范围内的兴起，都启示人们去重新思考传统儒家思想和现代工业文明的关系。同时西方学界对中国传统文化的认识和评价也有所转变，并和克服西方现代文明的弊端联系在一起，使一些人似乎看到重振儒学的希望，他们从“文化多元论”“第三种工业文明”出发，进而提出“儒家资本主义”概念，使处境艰难的新儒学又受到国际社会关注，为新生代新儒家的崛起创造了机遇。

第三代新儒家以杜维明、成中英、余英时、刘述先为代表人物。将他们的事业定位为一种“学”，“内圣外王”仍然可以提倡，但不是就个体实践层面由内而外、由道德而事功的含义讲，而在较为宽泛的意义。就历史发展的过程而言，第三代新儒家退守于学与生活世界的结果，使其失去儒者特质的一部分，即秉着成己之心，而成人的要求被消解，圣贤与君子消失，儒学更趋向平面化、世俗化、相对化了。尽管在学术上有所成就，却是新儒学的倒退。

二、现代新儒学的主要特征

总体而言，现代新儒学体现出以下特征①：

传统儒学和宋明理学的辩证回归。现代新儒学具有尊孔崇儒、以儒家学说为中国文化的正统和主干，以继承儒家“道统”、弘扬儒家学术为己任。主要继承和发扬宋明理学精神，以儒家心性之学为其“源头活水”，强调以“内圣”驭“外王”，表现出明显的泛道德主义倾向，但又体现“现代”特征，即“援西学入儒”，走融合中西、“返本开新”道路。

坚守民族本位的文化立场。现代新儒学思潮是深刻的民族文化危机意识的产物，强烈要求“寻根”，强调文化的民族性和继承性，并且用民族文化主体性去对抗“全盘西化”和贬低、否定中国文化的倾向。其代表人物都有强烈的使命感，民族文化危机越严重，维护传统和民族自尊心的决心越强烈。

秉持中体西用的基本态度。现代新儒家生活在 20 世纪的中国，深切地感受到中国面临迫切的现代化问题，意识到民主和科学成为不可抗拒的潮流，因而对西学并非采取绝对排斥，而是有选择地吸收、改造，“儒化西洋文化”成为现代新儒学的显著特色。然而，他们的中西融合，是以中为主，强调“以儒家精神为体，以西洋文化为用”，已预设中国文化优于西方，为了连接传统和现代，自觉提出“返本开新”口号。这个“本”就是传统儒学，就是“中体”，所开之“新”是指科学和民主，也就是“西用”。

谨守道德形上的哲学追求。将天道与人性统一起来的道德形上追求，是现代新儒家的主要致思路向。他们格外注重研究儒家特别是宋儒的心性理论，认为道德主体性学说，即所谓“内圣”之学。只有建立道德主体，才能由“内圣”通“外王”，由此道德主体转为知性主体、政治主体、审美主体，借以开拓出科学、民主等“外王”事业来。

推崇直觉领悟的思维方式。这是中国哲学的一大特色，儒、道、佛三家概莫能

① 方克立：《现代新儒学的产生、发展及其基本特征》，实事求是，1988 年第 6 期。

外。现代新儒家继承这一思维传统，但也受到西方20世纪以来非理性主义思潮影响，把哲学视为是一种体悟心性本体、培养圣贤人格的学问。这必然要求思维向内用力，因为只有直觉玄思才是达到形上本体、实现天道与人性合一的唯一途径。

2014年9月24日，纪念孔子诞辰2565周年国际学术研讨会暨国际儒学联合会第五届会员大会在北京人民大会堂开幕，国家主席习近平出席开幕会并发表重要讲话。中新社发

针对以儒学为代表的中国传统文化，习近平主席在纪念孔子诞辰2565周年国际学术研讨会暨国际儒学联合会第五届会员大会开幕会上强调："传统文化在其形成和发展过程中，不可避免会受到当时人们的认识水平、时代条件、社会制度的局限性的制约和影响，因而也不可避免会存在陈旧过时或已成为糟粕性的东西。这就要求人们在学习、研究、应用传统文化时坚持古为今用、推陈出新，结合新的实践和时代要求进行正确取舍，而不能一股脑儿都拿到今天来照套照用。要坚持古为今用、以古鉴今，坚持有鉴别的对待、有扬弃的继承，而不能搞厚古薄今、以古非今，努力实现传统文化的创造性转化、创新性发展，使之与现实文化相融相通，共同服务以文化人的时代任务。"①

① 习近平：《在纪念孔子诞辰2565周年国际学术研讨会暨国际儒学联合会第五届会员大会开幕会上的讲话》，人民日报，2014年9月25日。

第五章　道家道教思想的发展及现代启示

2016 年 4 月 22 日，习近平在全国宗教工作会议上强调："宗教问题始终是我们党治国理政必须处理好的重大问题，宗教工作在党和国家工作全局中具有特殊重要性，关系中国特色社会主义事业发展，关系党同人民群众的血肉联系，关系社会和谐、民族团结，关系国家安全和祖国统一。"①

习近平出席全国宗教工作会议并发表重要讲话

道家道教思想是中国传统文化的主要组成部分之一，道家道教在历史上虽然不像儒家那样拥有长期"独尊"的显赫地位，但以其抽象思辨哲学的人文魅力，逍遥洒脱人生的精神资源，在传统文化中独树一帜，并对中华民族的心理状态、民族性格、思维方式和精神风貌，都产生过深刻影响。

第一节　道家道教的产生与发展

一、先秦道家思想

道家学说以老子之道论为基础。老子"道"的思想即宇宙演化论虽是老子学说的基础和前提，但其主旨却在于探讨天地万物共存共荣的普遍规律。

（一）道家产生的历史背景

道家思想的产生可追溯到远古时代。由于女性在母系氏族社会发展中的贡献和权力，使女性崇拜意识成为远古文化的重要内容。由于女性孕育人的生命，又由于生殖崇拜所凸显出的生命意识，原始人类对于宇宙万物包括宇宙本身都具有生命意识，由人类生命的起源进而思考宇宙万物生命的本源问题。

道家的"贵阴尚柔""知雄守雌"等思想，反映女性崇拜的文化意识；"道"为天下之母、"道生万物"等思想，反映重生主义。由于女性的柔弱与水有相同

① 《习近平出席全国宗教工作会议并发表重要讲话》，新华社，2016 年 4 月 23 日

的特点，人的生命孕育离不开水，生命与水有着紧密联系。柔弱莫过于水，无物不育化于水，无坚不摧也莫过于水，讲究“水德”在道家思想体系中占有重要位置。

道家思想体系的真正形成是在春秋战国时期。面对“礼崩乐坏”的动荡局面，社会各阶级阶层都以不同方式表达自己的政治主张，如儒家主张“礼治”，法家主张“法治”。道家主张“无为而治”，即遵循朴素纯真、无欲不争、“无为而无不为”的自然天道来重建世道人心，最终实现天下大治。

（二）老子的思想体系

老子姓李，名耳，字聃，道家创始人，约生于公元前571年，春秋时期楚国苦县厉乡曲仁里（今安徽亳州市境内）人，和孔子处在同一时期而稍早，担任过周王朝的史官。孔子到周王室所在地洛阳，曾经向老子请教过礼。《史记·老子韩非列传》记载，老子告诉孔子说：“良贾深藏若虚，君子胜德容貌若愚。去子之骄气与多欲，态色与淫志，是皆无益于子之身”。老子看到周室日渐衰微，于是就离开周。将要出关的时候，守关的官员令尹曰：“子将隐矣，强为我著书。”于是老子就写了一本书，分为上下篇，内容是“道”和“德”，故称《道德经》，又称《老子》，是道家的第一部经典著作，为道家学派奠定理论基础。该书5000余字，内容博大精深，与《周易》《论语》一起，成为中国在世界上影响最大的三部古代文化典籍。该书凸显以下思想：

道本体论。老子哲学思想的核心是“道”，即形而上的道本体论。老子认为，“道”是宇宙的本原、世界的本体，而难以言表。这克服了过去以有形之物为宇宙本原的局限性，是对中国哲学思维发展的突出贡献。

“道法自然”的哲学观。老子崇尚“无为而无不为”的法则：“人法地，地法天，天法道，道法自然。”强调一切要合乎自然、顺从万物的自然本性，不要恣意妄为，以人为造作歪曲事物本性。

朴素辩证法思想。老子经过对自然和社会现象的观察，不仅发现了矛盾的普遍性与客观性，还提出了一系列矛盾范畴，体察到量变与质变的内在关系，提出“合抱之木，生于毫末；九层之台，起于累土；千里之行，始于足下”。老子认为，“大曰逝，逝曰远，远曰反”，揭示了道的循环往复性；“弱者道之用”“柔弱胜刚强”，提倡守柔处弱的处世之方；“生而不有，为而不恃，长而不宰”之“玄德”，恰恰是顺乎自然之“上德”。这些独到见解，为历来政治家所重视，对后世社会产生深刻影响。

“无为而治”的政治观。老子说：“道恒无名，侯王若能守之，万物将自化”“我无为，而民自化；我好静，而民自正；我无事，而民自富；我无欲，而民自朴”。他认为政治混乱、人民贫困，都是由于统治者干涉过多、贪欲太甚引起的。在他看来，“无为而治”的政治主张，最适合于“小国寡民”的理想社会。老子展现的是以原始氏族社会为蓝本的理想方案，反映在社会大变动时期，他既不满于现状又企图躲避现实的矛盾心理。

淡泊明志的人生观。老子把现实社会的动乱和不安都归咎为儒家的仁义礼智，认为只有“绝仁弃义”，摒弃名利思想，才符合“道”的基本法则。人生在世，应握有“三宝”，即“一曰慈，二曰俭，三曰不敢为天下先”，才能达到“见素抱朴，少私寡欲”的理想境界。

（三）庄子的主要思想

庄子（约前369—前286年），名周，战国时期宋国蒙（今安徽蒙城县）人。庄子出身贫寒，只当过管理漆园的小职员。在乱世，他忧感天下无道、人世浑浊，曾经拒绝楚威王的高位之聘，转而寻求精神上的解脱隐遁之路，反映其思想的《庄子》，成为道家学派最重要的经典著作之一。共33篇，十余万言，其文章多采用寓言故事抒发哲理，想象力极为丰富，语言文字诙谐睿智，在中国哲学和文学领域占有重要地位。

庄子的天道自然观继承老子“道”的思想。他说：“夫道，有情有信，无为无形；可传而不可受，可得而不可见；自本自根，未有天地，自古以固存”。认为“道”是第一性的超感知的精神本体，没有任何质的规定性，是纯属想象出来的抽象玄奥的主观意识，它先天地万物而生，自满自足，周流不殆，永生长存。

庄子把老子的辩证法思想发展为相对主义认识论，提出“齐万物”观点。庄子说：“彼亦一是非，此亦一是非，果且有彼是乎哉？”在庄子看来，彼与此、是与非都是相对的，如同天地万物循环往复的变化一样是无穷的，没有绝对分明的区别，人没有必要去计较，不如任其自然。

绝对自由的人生观。庄子“逍遥”的核心是人生具有超脱豪迈、个性张扬的特点。庄子力倡人应该恬淡无为，顺乎自然，臻于超脱与逍遥，追求精神上的绝对自由。他还提出一套具体方法，如“去成心”“心斋”“坐忘”等，借此感悟到绝对的“道”，从而达到精神自由与心态平衡。

超然生死观。庄子认为：“人生天地之间，若白驹之过隙，忽然而已。……纷乎宛乎，魂魄将往，乃身从之。乃大归乎！”。视死亡为归化自然，返归道体，这也是“视死如归”成语的渊源。庄子妻死，箕踞鼓盆而歌；庄子将死，欲“以天地为棺椁，以日月为连璧，星辰为珠玑，万物为赍送”。庄子以自身言行向世人展示生死观的超然之境。

二、道家思想的延续发展与演变历程

（一）汉初黄老之学

黄老之学是战国时期兴起的尊黄帝和老子的政治思想流派。战国后期，随着社会愈益明显的统一趋势，诸子百家试图以自己的学说统一思想，其中齐国稷下道家假托黄帝之名，以老庄的“道”为思想核心，包容各家思想，形成道家黄老学派，并在西汉时期得以盛行。

汉初黄老之学主要以老子的“无为”思想为基础，又吸收法家和儒家观点，强调在顺应自然的前提下，发挥人的主观能动性，从而达到“无为而治”的目标，实际上是一种以道家自然哲学为根底的政治哲学或经世之学。在治国主张上，吸收《老子》中“清静”“无为”和崇俭禁奢等思想，主张节省有度，以利于生财富民，适应稳定社会统治秩序的需要。黄老之学的经典是《黄帝书》和《老子》。1973 年长沙马王堆三号汉墓出土的帛书《经法》《十六经》《称》《道原》等古佚书，合称《黄帝四经》，以及汉初“黄老之治”时期淮南王刘安编写的《淮南子》、史学家司马谈的《论六家要旨》，对黄老之学在理论上进行系统总结，都是重要著作。汉初，社会经济凋零，“民失作业而大饥馑”，黄老之学适应时势而生。其主要代表有曹参、盖公、陆贾、司马谈、刘安等人。曹参曾为齐相和汉相国，并拜黄老学者盖公为师，其主要思想是清静无为，主张“贵清净而民自定”，“载其清净，民以宁一”。司马迁《史记·曹相国世家》载：“参为汉相国，清静极言合道。然百姓离秦之酷后，参与休息无为，故天下俱称其美矣”。陆贾在所著《新语》中总结秦王朝灭亡的教训时，向统治者提出“无为而治”的治国思想，刘邦读后称道不已并予以采纳。汉初实行黄老政策，使得经济逐渐恢复、社会趋于稳定，最终出现“文景之治”的繁荣景象，为后世王朝树立一个典范。

（二）魏晋玄学

玄学是魏晋时期一股新的文化思潮。由于佛教的传入和道教的发展，儒学独尊地位被打破，出现玄学与儒、道、佛并存相争的局面，它们既自成体系，又相互吸收和兼容，促进多元文化的发展，使民族文化充满生机和活力。

“玄”的概念，最早出现于《老子》第一章：“玄之又玄，众妙之门。”魏晋时期，士大夫把道家经典《老子》《庄子》和《周易》合称为“三玄”，由此而建立的理论体系亦被称为“玄学”。魏晋玄学以老庄道家思想为本，“祖述老庄立论”，以口谈玄虚、清淡评议为阐述和表现形式，用道家的自然无为学说、老子的虚无哲学来解释世界本体，通过自然与名教之辨，以调和儒、道两家思想，实际上是糅合儒、道的一种新思想体系。

玄学的主要代表人物有何晏、王弼、阮籍、嵇康、裴頠、郭象等人，思想各具特色，内容异彩纷呈。何晏、王弼是玄学理论的奠基人，是“贵无”派的代表人物。王弼“幼而察慧，年十余，好老氏，通辩能言”。二人观点基本一致，共同发展老庄的“道”的观点，主张以“无”为本，认为“名教”亦出于“自然”。阮籍、嵇康为玄学“旷达”派的代表人物，也是“竹林七贤”中最著名者。阮籍早年“好诗书”，著作有《达庄论》等。嵇康风姿俊逸，博学多通，崇尚老庄，向往旷达玄远。裴頠、郭象为玄学中具有“唯物论”思想倾向的代表人物。郭象少有才理，好老庄，善清言，言语“如悬河泻水，注而不竭”，他集玄学之大成，著有《庄子注》等。

玄学的产生是两汉到魏晋思想的一个显著变化。当时士大夫阶层虽仍坚持儒家价值观的存在意义，但占主导地位的却是道家的个性自由，在生活上追求清淡，在学术思想领域则推崇比经学更精致简约且富有思辨色彩的理论体系即玄学。以何晏、王弼为代表的玄学家皆祖述老庄，提倡以无为本的本体论哲学，重点研讨有无、本末、动静、名教与自然等哲理问题，以探寻理想人格为宗旨，以超越有限达到无限为根本，不仅显著提升传统哲学的思辨能力，为其注入新的元素，更在生活中引导人们崇尚自然，反对矫揉造作，成为传统美学的灵魂。

玄学产生之初，与儒学发生过较为剧烈的矛盾冲突。玄学之士通常“以老、庄为宗而黜六经”，儒学之士谴责玄学家“好谈老庄，排弃世务，崇尚放达，轻蔑礼法”。但是玄、儒二学虽然相互排斥，却也有相互吸收的一面。王弼就以老子思想来注释《周易》和《论语》，将儒道融合起来；郭象则提出名教即自然主张，反对“越名教而任自然”，显现儒道糅合的趋向。玄学家们期望缓解人性自然与礼教的内在紧张，并为调和儒道思想的冲突做出努力。

汉代至魏晋以降，佛教逐渐渗入中国人的文化生活，尤其是东晋以后，老庄玄学逐步与印度大乘般若学相会合，论玄之士通常以玄学诠释佛学，到唐代发展至鼎盛阶段。后随佛学渐盛，玄学逐渐衰微。

三、道教的兴起与发展沿革

（一）道教的兴起

中国道教与佛教、基督教、伊斯兰教有所不同，它既非一人所创，也非一时所起，而是经过长时期发展演变而成形。它起源于原始社会的巫鬼道和春秋战国时期燕、齐一带的方仙道。在远古时期，人类对阴阳四时、风云雨雪、山崩地震以及生死祸福等难以解释，感到冥冥中有一种超自然、超人类的力量在支配，于是产生鬼神崇拜。他们把天地山河、日月星辰、死去的部落首领、传说中的英雄以及自己的祖先等都奉为神灵，进行祭祀和祈祷，希望得到其护佑和指引。后来，逐渐产生一种专门以祭祀和祈祷为职业的人，声称可以测吉凶，定成败，这就是巫觋和巫祝。

春秋战国之际，在燕、齐沿海一带出现一批鼓吹长生成仙之术的方士，他们利用邹衍的阴阳五行说解释自然界和人类社会现象。到魏晋时，这类方士摇身一变，成为主张修炼、追求长生的“神仙”道士。

黄老道也是道教的一个渊源。战国时，在齐国的稷下学宫出现一派学者，他们把道家创始人老子同中华文明始祖黄帝撮合到一起，主张清静养生、无为而治，被称为稷下黄老学派。西汉初年，曹参以黄老清静之术治天下，收到社会稳定、生产发展之效。从此历经文景直至武帝初年，汉朝实行黄老政治达六、七十年之久，致使黄老学说深入人心。其中有一些神仙方士将黄老学说与方仙道结合，逐步将黄帝、老子神化，形成尊奉黄帝、老子的黄老道。

东汉顺帝永和六年（公元141年），张道陵正式创立道教。他自称老子自天而降，于是奉老子为教主，以《道德经》为主要经典。由于当时疾疫流行，治病成为一个社会问题。他们以给人治病为名进行宗教活动，凡是被治好的人出五斗米作为活动经费，因此称为五斗米道。公元191年，张道陵之孙张鲁发动起义，攻占汉中，建立政教合一的农民政权。后来张鲁归附曹操，五斗米道得以合法传播，影响扩大。道徒们尊张道陵为天师，故五斗米道又被称为天师道。

东汉末年，冀州巨鹿（今河北平乡）人张角自称大贤良师，利用《太平清领书》传教，人称太平道。又说此道乃黄帝、老子所创，故而称黄老道。他发动一场全国规模的农民起义。起义者以黄巾为标志，历史上称为黄巾起义。起义被镇压后，太平道也销声匿迹，但五斗米道继续在民间流传。

（二）道教流变

西晋初年，五斗米道在四川一带得到恢复与发展。陈瑞自称天师，在川中传播五斗米道。东晋时，天师道在南京得到迅速发展，不少有名士族，包括王羲之、谢安等也信奉天师道。东晋葛洪继承并改造早期道教理论，在《抱朴子内篇》中，系统总结晋以前的炼丹成就，成为一位著名炼丹家和早期化学家。

北魏道士寇谦之入嵩山修道七载，得到重臣崔浩的帮助，建立新天师道场。太武帝封他为国师，并将年号改为“太平真君”，采取兴道灭佛政策。天师道在北方得以广泛传播，被称为北天师道。继寇谦之之后，南朝也出现著名道士陆修静，曾在云梦山、庐山隐居修道。经他改造过的天师道，后世称为南天师道。唐宋之后，南北天师道合流，元朝后多数归于正一道。

从东晋中叶到唐宋时期，南北天师道还曾分化出若干大小派别。魏晋时上清派成为道教大宗。陶弘景乃此派第九代宗师，也是南朝齐梁之际的著名道教学者、炼丹家、医药学家。他继承老庄哲学和葛洪的仙学思想，主张道、儒、佛三教合一，编写《真灵位业图》，构建一个等级森严的神仙世界，对此后道教的发展影响深远。茅山宗的创始人就是陶弘景，被奉为祖师，到唐朝时成为道教的主流派，受到皇室的尊崇。紫阳派以浙江天台山为传道中心，融会儒家“穷理尽性”和佛教“顿悟圆通”论，主张内丹修炼、性命双修，后来成为全真道的南宗，张伯端被奉为南宗五祖之首，号称紫阳真人。

全真道是兴起于金代的北方最大道教宗派，创始人为陕西咸阳人王喆。他云游山东，先后收纳马钰、谭处端、刘处玄、丘处机等七大弟子，这就是著名的北七真。王喆主张三教合一，以老子《道德经》、儒家《孝经》、佛教《般若心经》为主要经典。丘处机曾先后被金朝廷召至中都（今北京）传道，名声大振。丘处机还向成吉思汗宣传“敬天爱民为本”“清心寡欲为要”，给成吉思汗施政以较大影响。成吉思汗尊丘处机为“神仙”，命他掌管天下道教，从此全真道进入全盛时期。元明清时，全真道与正一道（即天师道）成为驰名天下的两大道派。

（三）道教生死观

生死问题是古今中外都十分关心的问题，也是诸多思想家、哲学家反复探讨的问题。老子在《道德经》中就曾提出“道大，天大，地大，人亦大”的主张，认为人与天、地、道同等重要。《太平经》则说，生命只有一次，“人最善者，莫若常欲乐生”。《太平御览》强调：“生为天地之大德，德莫过于长生。”更有后世学者评价：“道教的特色是长生不死，是面对死亡的主体性抗争。”①

道教主张贵生、养生、长生不老，与中医学的主旨相通。道教医学与中医学有着密切关系，同样以道家经典《老子》、儒家经典《易经》以及阴阳五行学说为思想基础。中国古代医学经典《黄帝内经》就是一部重要的道家著作。道教医学中的存思、吐纳、导引乃至服食等方法也多为中医学所吸收。道教医学与中医学相辅相成，在为人们治病疗伤、健体延年上发挥了重要作用。道教认为我命在我，不属天地。为此，陶弘景专门编写《养性延命录》，提出“人生而命有长短者，非自然也，皆由将身不谨，饮食过差，淫佚无度，忤逆阴阳，魂神不守，精竭命衰，百病萌生，故不终其寿。”因此道教主张人们不应听天由命，而应发挥自身能动性。

第二节　道家道教思想对中国文化格局的影响

道家道教思想作为中国文化深层结构的一部分，由于具有悠久的历史、丰富的内容、独特的风格和鲜明的个性，对中国文化发展延续产生过深远影响。

一、道家道教思想对中国古代哲学的影响

（一）开启自然哲学研究

以老庄为代表的道家文化，其哲学思想最大的特点是崇尚自然、反对造作，从而为中国自然哲学的发展奠定了思想基础。最早提出“天道自然”观点的是道家创始人老子，他描写“道”时说：“有物混成，先天地生。寂兮寥兮，独立不改，周行而不殆，可以为天地母。吾不知其名，强字之曰‘道’”。“道”所代

① 李刚：《劝善成仙——道教生命伦理》，四川人民出版社，1994年版。

表的自然，是天、地、人这些自然之物的“混成”和总称，是高度的哲学抽象范畴，是对万物普遍法则的说明。老子还提出因为天、地、人来源于“道”，而“道”是自然的，“道法自然”成为中国古代哲学自然观的出发点。庄子发展老子的自然哲学，用“庖丁解牛”的故事做比喻，用“依乎天理”“因其固然”对其进行哲学概括。从某种意义上说，哲学思辨水平既是民族文化的精华，又是民族文化的核心和灵魂，一个民族哲学思维水平的高低直接关系到民族文化的内涵。

（二）构架中国辩证思维

老子认为，事物运动变化过程是由简到繁、由易入难、由低至高的，“图难乎其易也，为大乎其细也。天下之难做于易，天下之大做于细”。这揭示了事物由量变到质变的发展规律。老子说，“曲则全，枉则直，洼则盈，敝则新，少则得，多则惑”，表达对处理人事关系的辩证思考；“将欲废之，必固兴之，将欲夺之，必固与之”，揭示处理个人与他人利益关系的行为准则；“信言不美，美言不信”，提出判断人们诺言真伪的基本方法。在《老子》一书中，类似言论非常多，对于人们在社会生活中树立良好的道德观念有一定的引导作用。庄子继承并发展老子直觉思维思想，提出用“心斋”“坐忘”方法保持心境的虚静纯一，使心灵空寂达到极点，以便直接与“道”契合；主张“唯道集虚”“同于大通”的超理性直觉，进而达到“难以言喻”的境界。人处于一种超越逻辑、祛除言诠、精神内敛、默然返照的思维状态之中，就能得到“众里寻他千百度，蓦然回首，那人却在灯火阑珊处”的洞悉与感悟。

二、道家思想与理想人格构建

两千多年来，道家道教思想的伦理观、人生道德观和修养理论不同程度地被其他学派所接纳，被不同阶层的人所实践，从而深深地融入中华民族的血液之中。英国学者李约瑟说：“中国如果没有道家，就像大树没有根一样。中国文化就像一棵参天大树，而这棵参天大树的根在道家。”① 章太炎称：“中国头一个发明哲理的算是老子。”②

（一）开启中国思想的道学传统

孔子曾经向老子问过礼，而且也碰到过不少隐者，并与他们有一定的思想交往。在《庄子》一书中，我们可以看到更多的孔子及其弟子与隐者相遇并发生思想交往的事例。从现存的儒家文献中，我们也可以看出道学对于儒家思想的影响。主要表现在以下方面。第一，明哲保身思想。儒家虽然倡导杀身成仁、舍生

① （英）李约瑟：《中国古代科学思想史》第三章，《道家与道教·结论》。

② 张勇：《章太炎学术文化随笔》，中国青年出版社，1991 年版，第 11－12 页。

取义，但也主张“邦有道则见，无道则隐”，讲“道之不行，乘桴浮于海”。儒家入世行道而不得则隐的思想，与道家的退隐思想异曲同工。第二，人性本善思想。道家讲返璞归真，从思想倾向上持性善说。思孟学派强调人性本善，认为人有先天的善良本心，这实质上也是一种复归本性的说法，与道家如出一辙。第三，无为而治的政治伦理。儒家提倡德政，利民、富民、道之以德、正己而正人，但儒家最理想的政治并非治理得最好的政治，而是《论语》中所的像尧舜那样的“唯天为大”“无为而治”，即不以治为治的道家政治理念。第四，寡欲养气的道德修养。儒家强调理想品格的修养，都竭力提倡寡欲，孟子还讲守存精气、养浩然之气，并加上“配义与道”，明显与道家守气、养气思想密切关联。第五，内圣外王的理想人格。儒家的理想人格虽然是以其仁义理论为依托，与道家的以道、自然为依托的理想人格不同，但是两家都认为拥有至上的理想人格者应该成为人群的首领；也就是说通过道德的修养，先追求内圣，再达到外王，才有资格做君王。

诚然，以上几个方面，未必都是儒家受道家的影响，也可能是道家受了儒家影响所致，但必须承认道学与儒学在内涵上有很大的相通之处。魏晋时期，在学术思想领域发生的“名教与自然之争”，是儒学与道学首次发生全面接触。经玄学之士的讨论和论证，儒家所设立的一套纲常伦理，被看成是以自然为内在精神和根本原则的社会规范体系。尤其到郭象那里，儒家提出的伦理纲常完全被“自然”化。在他看来，儒家之名教与道家之道本来就是一个东西。以道学伦理观来改造儒学伦理，成为该时期伦理思想的特点。宋明理学是中国古代伦理学发展的高峰，正是承继了中国历史上相关伦理学说的精粹得以构建。其最高范畴——理，在理论形式上也就是道学之“道”的化身；其“存天理、灭人欲”，主静及静坐等修养方式，都具有浓厚的道学气息。理学的另一个名称叫“道学”，更凸显理学与道学的密切联系。

（二）道家思想与“三教合一”格局的形成

中国士人的主体人生理想是儒家的人格追求，“修身、齐家、治国、平天下”成为其毕生追寻的目标，但是积极入世有时会带来巨大困惑，一旦他们发现以自身的力量无法救赎这个世界时，必然会陷入巨大的精神危机之中。当然，孔子说过“道不行，乘桴浮于海”，而佛教传入中土之后也为人们预留了一个可以通过修行或顿悟而到达的彼岸世界，但“出世”所要求的清净寂灭毕竟与现实的七情六欲格格不入。于是，当无法完成儒家理想人格的构筑时，道家的超世主义特别是以庄子思想为基础就成为中国文人追逐精神家园的另一个依归。《逍遥游》所谓“神人无功”，就是说作为理想人格的“神人”，应该顺应自然。儒家主张内圣外王，既要有仁者之心，更要有所作为，要“博施于民而能济众”，从而建功立业。庄子主张理想人格要顺应自然的变化。可以说，儒家的理想人格与道家的理想人格互为补充，使人进退自如。

宋明理学的形成正是宋明大儒融汇儒道释三教的产物。理学与道教之间存在着相互影响、相互借鉴吸收的复杂关系。全真道的内丹修炼学说继承道教内丹学传统，主张修道者的道功与德行，乃是互相依赖、缺一不可的两个组成部分。在中国哲学和伦理发展史上，具有里程碑意义的阳明心学中“知行合一”论，在很大程度上借鉴、改造和吸收全真道“真功—真行”思想的认识论结构。“知行合一”论的出现，成为中国古代哲学最后一次整合的标志，完成从隋唐以来儒道释三教思想融合、超越和升华的历史使命，助推理学体系达到顶峰。

先秦儒家强调自我修养，但注重的并不是从修养中自家体验而得的“知”，而是要求人们以先圣之教为蓝本进行仿效。孔子十分重视“学知”的致知活动，要人们学会“从”圣人而获得知识，使学习知识的过程转变为自我修养的过程。道家则强调“修道”即主体自我修养的认识论意义，引导人们走上自身体验和科学实践之途。道家所主张的修道活动不仅具有直接的认识价值，而且具有改造主客观世界的意义，正所谓“不出于户，以知天下；不窥于牖，以知天道”。此中之要在于以“道”修身：“修之于身，其德乃真；修之于家，其德乃余；修之于乡，其德乃长；修之于邦，其德乃丰；修之于天下，其德乃普”。道教进一步宣称修身不仅可以致知，更修得最大的“知”，进入人生最高的理想状态即神仙境界。

宋明以降，中国思想领域形成了“三教合一”的大趋势，而且传统认识论体系终于倒向了彻底的道德绝对主义。“吾心便是宇宙，宇宙便是吾心”的思维逻辑，把主体心性修养的认识论拔高到无以复加的地位。王阳明的学说不仅继承了儒家思想传统，还同化、改造、吸收道教、佛教思想，在结构和内容上无不彰显中国思想文化的整合精神。

三、道家道教思想对中国传统文化的影响

道家之学自古号称“杂而多端”，上自哲学思想、自然规律、宗教信仰、治国用兵之道；中有经世权谋、人生经验、养生之道、医药健身、修炼方技；下至民俗、祭祀、音乐、绘画、宫观、星命、占验等术数，成为一个包罗万象的文化体系，涉及哲学、政治、科技、养生、军事、文化诸方面，常以奇思妙想、洞观本根而备受称颂，其丰富的辩证思想、治国安邦方略和贵生养生理论更为后世所推崇。

（一）道家与中国文化格局

儒道两家一开始就是不同风格、对立而又相互补充的学派。孔子重社会而老子重自然；孔子从人道主义出发强调人与人之间的和谐，而老子则从自然主义出发强调人与自然的和谐，讲究“天人合一”；孔子具有贤人作风，老子具有智者

形象。中国古代有两个影响最大的哲学家，一个是孔子，一个是老子。孔子善言人道，奠定中国伦理思想的基础；老子善言天道，开创中国古代本体论学说。

孔子哲学的路径是由求真而达到美，最后达到真、善、美的统一；而老子侧从“道”的自然特征出发，认为只有达到一种更高的与道同体，才是真、善、美的统一。可以说，孔子追求的真、善、美的统一是世俗境界，而老子追求的真、善、美的统一是超世俗境界。儒家和道家所表现的互补性为入世与出世之互补，刚毅与阴柔的互补，对生命价值的不同理解和互补等。而儒道之间的深层互补则是哲学理论思维层面，主要表现为儒家对道家哲学的吸纳。儒道互补从整体上影响了中国文化，使其内涵厚重、绵延不断，构架与西方不同的人文主义传统，凸显人群之和与自然之谐。

在博大精深的中国传统文化中，儒道佛是其三大支柱。道家为中国思想文化史上的重要一极，与儒家和佛教鼎足而立。它们既相互排斥，又相辅相成，共同筑就中华传统文化的主体精神。儒家思想对中国传统政治、社会和人伦关系的影响大于道家，而道家与佛家对中国传统理论思维、哲学科学、文学艺术的影响则超过儒家。儒家、佛家、道家思想互鉴互补，汇成东方智慧的不竭源泉。

（二）道教与传统文学

道教发端、生长于中国社会之中，必然吸收其精神养分，其中包括文学艺术。同时，道教作为一种特殊的信仰形态一旦被社会所接受，并享有较高地位时，反过来也会影响文学艺术。老子和庄子提出中国美学的基本范畴和境界，如“道”“气”“逍遥”“坐忘”等，成为中国文学的特有精神内容。道教保留了大量的神话故事和民间传说，本身也创造了许多神仙故事，这些都为中国文学中的神话传说增添色彩。而道教独具特色的诗词，也深刻地影响了中国文学：道教描述神仙轻举飞升或与仙同游的“游仙诗”，描写神仙生活的“神仙诗”，一些阐发修道理论的诗文，都给中国诗词宝库增添了新奇内容；李白、李贺、李商隐等著名诗人都深受道教影响，他们的诗作散发出浓厚的道味，李白诗歌中有 100 多首和神仙道教有关。正因为道教对于李白精神品质的直接影响，才造就中国文学史上浪漫主义的巅峰诗歌作品。道教对小说创作的影响也很大，明清时期大量出现的描写神妖相斗的长篇章回小说，如《封神演义》《三遂平妖传》等，都是以道家和道教思想为主旨，而以历史演义为主题的作品，如《水浒传》《三国演义》等也都带有浓厚的道教色彩。《西游记》是典型的神怪小说，书中的神仙世界主要为道教神仙体系。

（三）道教与传统国画

中国画坛把以道教题材和以佛教题材为内容的绘画合称为“道释画”。有人认为中国画始于“道释画”，其影响毋庸置疑。这种影响不仅在技法上，更重要的是在精神境界上。道教所追求的“恬淡”“静泊”，对山水画家影响较大。

道家思想对发展期的中国诗论、画论、书论都有直接作用。中国诗歌、书画理论的发展期集中于魏晋南北朝到唐代。而这一时期也是道家思想在哲学与社会生活领域大行其道之时。就传统的中国画论来说，道家“观于天地”的思想，开启了中国画坛“澄怀观道”“心师造化”的传统。道家的“见素抱朴”、淡泊质朴为尚的人生哲学，融进中国画里，形成以水墨为主、色彩为辅的绘画风格。中国山水画以“造化”为师，上乘之作无不“画中有诗”，空间变化表现出时间的流动性，灵动飘逸，这正是宇宙无限、生机永存的奥秘所在。

（四）道教与传统民俗

中国民俗范围极为广泛，所谓“十里不同风，百里不同俗”。内容涉及衣食住行、婚丧嫁娶、娱乐节庆等层面。一般来说，道教主要与民间信仰习俗关系密切，通过与信仰习俗的联系，进而影响到岁时习俗、娱乐习俗等。有的风俗延续至今，像敬灶神、贴门神、挂桃符、燃炮仗等都涉及道教。

道教对中国少数民族的影响同样不可忽视。道教之所以能够广泛地传播于众多的少数民族之中，并产生巨大影响，源于道教是一个多神崇拜的宗教。道教能够平等对待不同民族，也是道教能对少数民族产生广泛影响的一个要因。

总之，道家思想是中国主流文化的组成部分。它对中国传统文化的影响和渗透，见之于哲学、宗教、政治、艺术等方方面面。正因为其影响巨大，鲁迅才会说“中国根柢全在道教”①。道教对古代中国上至朝廷王府、下至市井家庭的影响，如水银泻地、无孔不入，在当今社会也随处可见。

第三节 道家伦理思想的现代启示

道家思想是中国思想史上一派“玄之又玄”的思辨哲学，也是一门很实际的协调人际关系、达求福乐人生的伦理学。道家以尊道重德为理论框架、以崇尚自由人生为特点的伦理体系，成为中国传统文化的宝贵财富。

一、道家伦理思想的基本内容

（一）尊道重德的信仰体系

道家以“道”为天地万物的本原和人类观念形成的总法则而著称于世。道教修行者既要修道，还要积德，故“道”和“德”同为道教教理、教义的基本准则。道家之道具有一元性和统贯性，又包含着多样性和丰富性。道家伦理思想以尊道重德为要义，把道和德作为其伦理学说的最高范畴，成为人类道德的根本

① 《鲁迅书信集》上卷，1918年8月20日致许寿裳，人民文学出版社，1976年版。

要求和内在价值目标。道家所建立的人类道德是以道为本源，道家的伦理学是一种大伦理学或宇宙伦理学，立意更为深远、蕴涵更为丰富。道家尊道贵德的价值含义，实际上涉及净化道德动机、摆正道德意向和只问耕耘、不问收获等问题，以独创方式提出“追求而不占有”“贡献而不索取”等提高人类道德境界的命题和思想，对于清除功利主义局限、建构一种更净化的伦理思想体系具有重要价值，成为人类精神文明的珍贵遗产。

（二）身重于物的伦理思想

道家对身物关系进行科学探究，提出了身重于物的价值学说。老子说：“名与身孰亲？身与货孰多？得与亡孰病？甚爱必大费，多藏必厚亡”。老子倡言，人生在世，应爱惜身体，重视生命，不要过分追求名利。人生的目的是效法天地自然之道，循依本性而生存。在庄子看来，知悉“道”的人一定通晓事理，才能随机应变，就不会让外物来伤害自己，此即“无以人灭天，无以故灭命，无以得殉名”。从道家“身重于物”的伦理观中，能够悟出许多人生真谛，比如淡泊名利，注重生活宁静和安稳，培养超然脱俗的处世态度等。

（三）超凡脱俗的理想人格

道家在审思宇宙和人生时，其伦理思想体现出为人处世的历史睿智。道家伦理思想因淡泊功名利禄而带有一定的超凡脱俗色彩，并非简单的出世、超世或避世。如有学者认为：“道家的精神境界，从本质上讲，是出世中的入世。一方面，它是因入世不得志而出世的；另一方面，他们在外表上虽然讲出世，然而在根本旨趣与精神指向上却是入世。”① 总之，道家是向往和崇尚“出淤泥而不染”的正人君子，主张在世俗生活中养成自身的理想人格。

（四）弱胜于强的社会智慧

老子以超群的智慧，深刻地揭示“柔弱胜刚强”的人生真谛。从自然界看，“人之生也柔弱，其死也坚强；草木之生也柔脆，其死也枯槁”；“弱之胜强，柔之胜刚”。“天下莫柔弱于水，而攻坚强者莫之能胜”。老子总结出三条重要路径：一曰“不敢为天下先”，二曰“不争之德”，三曰“知雄守雌”。

（五）少私寡欲的处世态度

老子反对纵欲，也反对禁欲，主张“圣人欲不欲，不贵难得之货”。所谓“欲不欲”，就是要“少私寡欲”。在老子看来，欲壑难填，无止境地追逐名利财货并无好处。老子提出了四条重要的处世之道：“治人事天莫若啬”“知足不辱，知止不殆”“功遂身退”“君子之交淡如水”。老庄道家成为中国人立身处世、待人接物的重要内容，影响深远。在当今社会，发扬谦虚谨慎、戒骄戒躁的精神，讲求“自知不自见，自爱不自贵”的处世之道，仍有意义。

① 樊浩：《中国伦理精神的历史建构》，江苏人民出版社，1992年版，第141页。

（六）“不以兵强天下”的和平主张

以“无为而治”为核心，道家提出系统而深刻的政治伦理主张，其中包括与民休息的为政方略，众皆平等的价值意识，“不以兵强天下”的和平主张等。老庄道家反对战争，向往和平，推崇以道治天下，睦邻友好。在老子看来，人类能否和平共处，实系大国的态度。老子有感于当时各国诸侯能力相尚，妄动干戈，因而呼吁国与国之间当谦虚并容，从而实现和平共处。道家“不以兵强天下”的和平主张，是优秀的伦理传统之一，体现中华民族热爱和平、协和万邦的伦理精神。

二、道家伦理思想的应用价值

道家的伦理思想不仅追寻生命的本质，探究治政的要旨，求索养生的意义，而且沉思宇宙的构造和处世的哲理，以视阈高超的伦理智慧彪炳于世。并通过政治伦理、生命伦理、个人伦理、生态伦理等表现出来。

（一）道家政治伦理

无为而治是道家政治伦理思想的核心。老子说：“为无为，则无不治”。提出“无为”观念，要求统治者顺其自然，并减少对人民生活的诸多强制与干预。老子的“无为”并非什么都不做，而是因任自然、不恣意妄为，是“为无为”。道家无为而治的思想，反映到国家政治生活中则是与民休息的治国方略。必须省刑罚、轻赋税、去礼文、宽政务。道家政治伦理思想是弱者的精神安慰剂，又是维护强者占据资源优势的特殊堤防，故道家政治伦理思想具有明显的二重性。

（二）道家生命伦理

生命伦理学产生于20世纪，但生命伦理思想却源远流长。道家及道教对生命伦理展开深入而又颇富成效的研究。如果说现代生命伦理学主要关心的是遗传工程、生育控制、器官移植、安乐死、试管婴儿等形而下问题，那么道家及道教的生命伦理思想则对人的生命表现出终极关怀，关注生命获得拯救而永保长存等形而上问题。道家及道教养生之道涉及中医、气功、起居饮食、炼丹术等多方面内容，但构成其生命伦理思想的主体则是保身尽年的生命意识、少私寡欲的调适之道、行善积德的自我充实、静待死亡的达观人生；它们是中国古代生命伦理思想的重要组成部分，至今仍不失其活性基元，对当代人们更好地充实和丰富人生意蕴、提高生命质量、拓展生命的物质因素和精神空间，具有重要意义。

（三）道家个人伦理

《老子》《庄子》与《周易》虽被称为“三玄”，看起来与现实的人生和个人的安身立命无关，但实际上，老庄对宇宙万物的玄妙思索就是为了把握人生真谛，为普罗众生提供修身处世的伦理智慧。道家教诲人的许多处世经验能够超越世俗名利的桎梏，求得一种化沉重为轻松的精神释放，从而找回生命之根，自然地看待现实人生。可以说，道家的个人伦理是一股流动的清泉，当代人汲泉而饮，大可缓解心灵疲乏，获得精神慰藉。道家伦理自知知人的生命觉悟，多付出少索取的立身原则，宠辱不惊的超然境界，恬淡如水的交友之道，堪称中华伦理文化的精华，值得在新时代继承弘扬。

（四）道家生态伦理

生态伦理学诞生于20世纪。在中国，老庄道家及道教学者早就致力于人与自然关系的思考，并提出一系列热爱自然、尊重自然和保护自然的思想，主张道法自然，倡导与自然为友，欣赏和珍爱大自然，钟情青山绿水、花草深林、鸟兽虫鱼，并留下许多讴歌自然景色、抒发田园情感的诗文名篇，如陶渊明的“采菊东篱下，悠然见南山”。

道家的生态伦理思想幽深博大。最能体现道家生态伦理精神旨趣的包括物我为一的整体观念：“天得一以清，地得一以宁，神得一以灵，谷得一以盈；万物得一以生，侯王得一以为天下贞”；知静守常的平衡思想：“夫物芸芸，各复归其根，归根曰静，静曰复命，复命曰常，知常曰明，不知常，妄作凶”；知止知足的开发原则：“夫亦将知止，知止可以不殆”；以及热爱自然的伦理情趣，道家把人与自然的关系看成是鱼水关系、“母子关系”，一旦科技应用异化于自然，无异于“竭泽而渔”“杀父弑母”之罪过等，这些集中凸显道家生态伦理所特有的东方神韵，表现道家生态伦理的博大智慧。

总之，人类不需要太多的道士，但人类需要“为而弗恃，功成而弗居”的尊道贵德之士。当代市场经济的发展呼唤“既以为人己愈有，既以与人己愈多”的价值理念，呼唤“万物与我为一”“知足不辱，知止不殆”的环境伦理，更呼唤“以百姓之心为心”的治国理政方略。道家伦理思想并没有远离我们，当今对道家伦理思想的需要程度丝毫不亚于历史上任何一个时代。只要我们运用科学方法，秉持正确原则，坚持创造性转化和创新性发展，就能够使道家伦理思想有益于世道人生。

2014年3月27日，习近平主席在巴黎联合国教科文组织总部的演讲中说：“中华民族的先人们早就向往人们的物质生活充实无忧、道德境界充分升华的大同世界。中华文明历来把人的精神生活纳入人生和社会理想之中。所以，实现中国梦，是物质文明和精神文明比翼双飞的发展过程。随着中国经济社会不断发展，中华文明也必将顺应时代发展焕发出更加蓬勃的生命力。”①

① 习近平：《文明交流互鉴是推动人类文明进步和世界和平发展的重要动力》，求是，2019年第9期。

第六章　佛教在中国的发展嬗变及其深远影响

在世界诸宗教中，佛教经籍最为丰富，教义最为庞大，哲学意味最浓，并通过自力修心而获得精神解脱为主旨。正是佛教追求解脱人生痛苦的理想目标、睿智而深刻的哲理构建、生动有效的教学方式及直感诱人的禅悟体验，使之能够不断地向世界各地传播和发展，最终成为一个世界性的宗教。

习近平主席在 2014 年 3 月 27 日巴黎联合国教科文组织总部的演讲中说："佛教产生于古代印度，但传入中国后，经过长期演化，佛教同中国儒家文化和道家文化融合发展，最终形成了具有中国特色的佛教文化，给中国人的宗教信仰、哲学观念、文学艺术、礼仪习俗等留下了深刻影响。"[①] 佛教禅宗是最具中国本土特色的宗派，从思想、制度、生活各方面，都实现彻底的中国化。它推动中国佛教发展达到顶峰，对中国哲学、文学艺术、民风民俗，乃至民众的人生态度和生活情趣，都产生深远影响。

深化文明交流互鉴
共建亚洲命运共同体：
习近平在亚洲文明对话
大会开幕式上的主旨演讲

第一节　佛教的产生及在中国的发展历程

一、佛教的产生

佛教源于古印度，是世界三大宗教之一。其创始人乔答摩·悉达多，又称释迦牟尼[②]，是迦毗罗卫国王位继承人。释迦牟尼是一个有着强烈的终极关怀精

---

① 习近平：《文明交流互鉴是推动人类文明进步和世界和平发展的重要动力》，求是，2019 年第 9 期。

② 乔答摩是姓，又译作瞿昙氏，意为甘蔗种，别称日种；悉达多是名，意为一切义成，即一切所应做的事皆已成就。释迦是氏族名，系甘蔗种之分支，义译曰能，即能者有能力之意；牟尼，意为寂然静默、离欲脱俗、仁爱智慧。乔答摩·悉达多是佛陀在家的姓名，释迦牟尼是人们对佛陀出家证道后具有高尚品德和高度智慧的敬称，有时又称"释尊"，意为释迦族的圣人。

神、敏感善思、意志坚强且富有同情心的人，他对现实社会人生的异化与缺憾保持着极其冷静清醒的理性态度，而非一般人因畏惧和无奈所采取的回避、忘却、麻木之态度。正是出于彻底解脱人生痛苦的强烈信仰追求，释迦牟尼放弃了令人企慕的王族生活，踏上艰苦卓绝的求道生涯。

在释迦牟尼看来，他只是发现真理的人，而非创造真理的人。他认为，任何人都可以按照他给予的说明、方法去实际验证真理并解脱生死。因此，悟道后，他创立了最初的佛教比丘僧团。释迦牟尼因觉悟而彻底摆脱痛苦被称为“佛”，而他的宣传和劝导活动也就被称作“佛教”（觉悟之人的教导）。此后，释迦牟尼开始到印度各地弘法。80 岁时，他在拘尸那羯罗城附近的娑罗园中最后一次讲法，随即入灭。释迦牟尼在世时，佛教主要弘传于印度中部、东部和北部，尤以恒河中下游地区为核心地带。

从佛教的产生过程来看，作为终极关怀式的信仰追求，佛教教育目标与一般世俗教育截然不同。佛教主要思索和探讨人生痛苦产生的最终根源，及如何彻底解脱人生痛苦为正鹄，而非关注社会人生痛苦产生的一般性原因及解决的暂时性办法。与此同时，作为具体的信仰形式，佛教与其他宗教教育目标也有明显差异。它认为，人生痛苦产生与消除的依据，是一种不以任何人意志为转移的客观真理，而非有意志的人格神；另一方面，人生痛苦是人自己造作，亦须自己才能消除，他人只能提供辅助性的指导和帮助。因此，每个人只有借助佛所说之法，亲自去认识和验证客观真理，并依托认识和验证客观真理所获得的智慧去调整自己的身心行为，才可能真正获得解脱。一言以蔽之，佛教的特质在于教育，而佛教的目标，就是让人获得智慧以解脱生死。

二、佛教在世界各地的传播

释迦牟尼入灭后，佛教在印度全境不断传播。约在公元前 4 世纪后期至公元前 3 世纪早期，佛教开始向印度境外传播。公元前四世纪后期，马其顿亚力山大王的领土扩张活动，不仅使古希腊文化传播到了东方，也使西方人接触到佛教，佛教由此开始向域外传播。公元前 4 世纪末 3 世纪初，印度孔雀王朝的建立和日渐强大，特别是阿育王对佛教的极力支持和弘扬，促使佛教迅速外传。

在南传方面，最迟至公元四五世纪，缅甸、泰国及苏门答腊、爪哇等地已有佛教盛行。此后，又逐渐播至柬埔寨、老挝等地。而当时附属于中国的交趾等地（即今越南河内一带），早在公元 3 世纪左右，佛教已很发达，亦应是由斯里兰卡或印度东南沿海等地传来。

在北传方面，公元前 3 世纪，阿育王曾派末阐提到罽宾（今克什米尔）和犍陀罗地区（包括今白沙瓦等地）传教。约于前 2 世纪上半叶，佛教又传入希腊人建立的大夏王国。至公元前 2 世纪中叶，自中国边疆的大月氏人征服大夏，并逐渐占据了犍陀罗和罽宾在内的广大地区，月氏人亦由此而接受佛教。约在前1世纪时，佛教已由罽宾向东越过葱岭传入于阗（即中国新疆和田一带）。据《后汉书·光武十王列传》及《西域传》等载，最迟在东汉初，佛教已进入中国内地，并开始传播。除大月氏所属的犍陀罗和罽宾外，佛教亦从安息（在大月氏以西）、康居（在安息以北）等地向中国传播，时间相对较晚一些。汉传佛教是北传佛教中极其重要的一支，主要以大乘佛教中的显宗为主。此外，约在公元7世纪时，佛教又分别从尼泊尔、缅甸等地传入中国西藏和云南。其中，传入云南的以佛教小乘上座部为主，传入西藏的则以密教①为主。

佛教传入中国后，与儒、道等本土文化不断碰撞融合，渐成中国传统文化重要成分。之后，佛教在印度本土弊端渐生，12世纪时，在回教军的扫荡排斥下，佛教在印度基本绝迹。自此，中国成为佛教的第二故乡。习近平主席在2014年3月27日巴黎联合国教科文组织总部的演讲中说："中国人根据中华文化发展了佛教思想，形成了独特的佛教理论，而且使佛教从中国传播到了日本、朝鲜、东南亚等地。"② 约在公元4世纪上半叶，佛教从中国传入朝鲜半岛，后又经朝鲜半岛传入日本。隋唐时期，汉传大乘各宗派又纷纷向东传入朝鲜半岛和日本。

13世纪时，元朝的大规模领土扩展活动再次使西方世界了解有关佛教信息，如《马可波罗游记》中的相关记载。马可波罗作为基督教徒和往来东西方的文化使者，曾把佛教当作东方流行最广的非凡宗教介绍到西方世界，在欧洲产生较大影响。工业革命以后，随着西方列强对亚洲各地的不断殖民侵略活动，西方人对佛教的认识也日渐深入，并对西方的哲学思想发生影响。到19世纪，随着亚洲移民的涌入，佛教开始在西方世界生根发芽。斯里兰卡等地的南传佛教、汉传大乘佛教诸宗、日本的汉传佛教诸宗纷纷西传，俄、英、法、德、美、加等欧美主要国家及拉丁美洲、大洋洲、非洲等地区都有佛教在传播和发展。

三、佛教在中国的发展过程

（一）东汉佛教的初传

据《三国志》裴松注所载："昔汉哀帝元寿元年，博士弟子景庐受大月氏王使伊存口授《浮屠经》。"目前，学界及教界基本认同该论点，即以大月氏使节伊存口授佛经予博士弟子景庐为中国佛教之始。作为一种外来文化，佛教经历两汉之际到东汉末年的200年初传期，其过程反复、曲折，最终在中国特定的社会条件和文化背景下定居下来。

---

① 一种杂合印度教、佛教等宗教思想而产生的新型宗教，传入西藏后，又吸纳并改造了当地苯教的内容，教法中包含大量气功、咒术等内容，非纯粹佛教，俗称喇嘛教。

② 习近平：《文明交流互鉴是推动人类文明进步和世界和平发展的重要动力》，求是，2019年第9期。

佛教以苦人生、信来世、求解脱为主要追求，而汉文化在汉武帝后发展日益成熟，重现世、崇人伦、爱生命的入世特质愈发凸显，当中印文化发生碰撞和融合时，时人很难接纳其出世解脱信仰。不过，佛教主张持戒布施的修福思想，并肯定来生进步，这适应了汉人的宗教心理需求，所以很自然地被人们接受，并被认为是"贵尚无为、好生恶杀、省欲去奢"的清虚之道或类似于追求长生的道教仙术。

佛教义理深邃严密、实践体系次第复杂的特点，使东汉佛教传播呈现阶段性特征。东汉初，即有佛教经典翻译，早期传播以经典传译为主。而此时因传译方兴，译经数量较少，且集中于桓、灵二帝之后。这一时期的传译重点是禅数之学，即侧重五蕴功能分析，而论证蕴空关系的般若经典译出尤少。到汉末，般若经越来越受重视。不过，禅数之学与般若之学虽有传译，仍属义理传播，尚未进入实践阶段。

（二）魏晋南北朝佛教的融适

魏晋南北朝可谓佛教在中国快速发展期，也是印度佛教日益与中国传统文化冲突、调和、逐渐中国化的时期。魏晋玄学实质是借用老庄道家的哲学理论对儒家伦常思想进行反思和论证的一场运动，其产生却与佛教早期般若学关系密切。一方面，般若学关怀人生、追求境界的处世态度，契合魏晋时期忧患意识下士族阶层的心理。另一方面，般若学崇尚智慧、尊重理性的思想风尚，高度抽象思辨的论理形式，唤起中国思想界抽象思辨兴趣。早期般若学在概念命题、理论体系上启发了玄学贵无派，使之能够有意识地从哲学高度去解决本体论、认识论和社会政治的一系列现实问题。玄谈名士们无不以"般若性空"充实其学，或增清谈之资，佛教亦得以借士大夫阶层而迅速传播。

玄学的盛行为般若学的传播提供学术思想环境。初期般若经典的翻译，借助玄学和道家的哲学名词和概念来解释佛教的名相，并从义理上对佛教和儒道学说进行融会。当时的研习者对般若经"空"义的理解，往往受玄学影响而见解各异，以至于形成"六家七宗"① 的局面。

随着经典的进一步传播流行，魏晋时期经论讲习之风大盛。鸠摩罗什在长安、慧远在庐山分别建立南北两大讲学中心，在译经中习学经典，探究佛理，培养了大批佛教人才。北方鸠摩罗什译经习惯讲解经论之义，参加译事的助手也成为听受义理的弟子，门人号称三千，义学沙门云集长安，多趋于其门下。慧远的教育活动对南方佛教的传播和发展起了重要推动，他曾派弟子法净、法领西行求经，并热心于经典的传译事业，使中观、戒律、禅、教诸典及关中胜义得以流播

① "六家"即本无宗、即色宗、识含宗、幻化宗、心无宗、缘会宗。六家加本无宗的分派本异宗为七宗。各家学说都未能尽符印度般若学的本义，直到鸠摩罗什翻译阐释后，般若正义方昭显于世。

南地。

除了佛教自身努力，各朝代政权的大力扶持，也为佛教流传提供有利环境。魏晋南北朝时期，佛教得以在更大范围、更多层次的人群中得以传播，并深刻影响社会习俗、价值观、思维方式和生活方式。

（三）隋唐时期佛教的兴盛

隋唐时期，由于佛典的大量翻译，佛教研究成果的长期积累，以及佛教人才的普遍成长，中国佛教的创造力空前高涨。顺应思想文化的大一统趋势，佛教学者在统一南北学风的基础上，通过判释佛说经教之“判教”，相继形成许多各具独特教义、教规和修持方法的中国化佛教宗派，最著名的有八大宗派——华严宗、天台宗、唯识宗、律宗、净土宗、禅宗、三论宗、密宗。八宗中，禅宗发扬中国本土主流文化重现实人生及伦理实践、究性命根源的人文主义，适应了偏好简易务实修养之道的民族文化心理，得到广泛传播。中唐时，禅宗成为中国佛教的主流，甚至成为世俗教育的一部分。上至达官贵族，下至农夫村妇，都能谈禅说悟。

玄奘法师西行求法是唐代佛教的一件大事。玄奘去印度先后 17 年，在那烂陀寺历时五载，主要向戒贤法师学习《瑜伽师地论》。玄奘在那烂陀寺时擅长讲学辩论，以论述精微、说理晓畅而闻名。回国后主要从事法相唯识类经典的翻译，并在讲学过程中阐扬“理佛性”和“五种姓”之说，为慈恩宗的创立奠定基础。玄奘在 20 年间共译经论 75 部、1335 卷，完成中国佛教史上的一项壮举，为中国佛教发展做出重要贡献。

唐代佛教以译场讲学、专宗教育等多种形式开展，使中国佛教进入全盛期。其时，八宗竞秀，高僧如林，理论成熟。唐代颂诗“长安三千金世界，终南百万玉楼台；一片白云遮不住，满山红叶尽为僧”，可谓当时佛法鼎盛的真实写照。佛教开始呈辐射状向周边国家传播，先后有很多日本和新罗等国僧人入唐求学佛法。学成回国后，依照中国的佛教宗派创立相同宗派继续弘传。中国佛教在异域传播，加强了中国与这些国家的文化交流。

唐代统治者重视文治，儒释道三教都予扶植，虽然唐王朝自认为是道教始祖李耳的后裔，但大都采取佛道两教并重的方针，这也是佛教在唐兴盛发展的要因之一。“安史之乱”爆发后，佛教遭到破坏。唐武宗时，因崇道排佛，发动大规模“灭佛”运动。此后，又因五代战乱，佛教诸宗多呈衰绝景象，唯最具中国特色的禅宗独盛，净土宗次之。

（四）宋元明清佛教的渐次沉寂

宋元之后至清末年间，中国佛教虽绵延不绝，并时有发展复兴之势，却难再见隋唐盛况。总的来说，北宋佛教复兴较盛，南宋以迄明代世宗时期，则为平淡晦暗之期。明末至清代，佛教再度兴盛一时，然因积弱过久，仍不及北宋兴盛。

宋元以后的中国佛教强调诸宗圆融、三教融合，在融合不同宗派义理研究与实践方法的同时，还特别重视发展自身的世俗教化功能。在此过程中，佛教也日益向中国社会深层渗透，成为中国文化不可缺少的一部分。

其间，佛教专宗教育经历不断发展变化的过程，并最终呈现禅、净、教、戒融合的局面。华严、天台、唯识、三论等宗派日趋衰微。而唐末至宋，禅宗不仅子嗣繁盛，一花开五叶①，繁衍不绝，而且深施其影响于佛教诸宗。华严宗自五祖宗密，以教解禅，依禅说教，行归禅宗。天台宗的教观也多融归于禅、净。宋代以后，唯仗自力解脱、以明心见性为宗旨的禅宗渐趋式微；与此同时，仰仗佛力、简单易行的净土宗，则因深契时机、人机，日益兴盛，最终成为禅、教、律诸宗之归趣。就禅净关系来看，宋代禅师永明延寿所作禅净“四料简”，奠定禅净关系的基本模式，对后世影响颇大。明清时期，禅宗、净土宗已然成为中国佛教的两大主要教育模式。

从儒释道三教关系来看，由于文化内在的共通性，三教总体上呈现融合趋势。宋代以后，三教合流渐成趋势。明太祖朱元璋开国后，确立儒学为基本统治思想，佛道二教辅助的“三教并举”治国方针。绵延上千年之久的“三教合一”思潮，在明末达到高潮。

就儒佛关系而言，唐代佛教的兴盛对儒学思想产生积极影响，宋儒援佛入儒，大量吸取佛教心性论，将孔孟的心性修养工夫提升到宇宙论、本体论层次，进而建立宋明新儒学体系。对于佛教来说，协调儒释关系始终是佛教立足社会、处理三教关系的要旨。宋代儒释融合呼声甚高，其基本立足点是调和思想、消解矛盾以求共存，在一定程度上表现出以佛附儒来获得儒家认同。明末佛教更加注重儒释之间的会通，并以积极、主动姿态迎合儒学，显示出在儒佛关系理论上的成熟性。此后，儒释融合遂成为中国佛教思想发展之纲要。

就佛道关系来说，在佛教传入初期，道教曾一度与其产生激烈冲突。在后来三教融合的路程中，道教对佛教从初始的对抗逐渐走向对话乃至接纳，并不断吸收佛教思辨方法及其因果报应、六道轮回等基本理论，借以提升义理水平、充实理论体系。道教后期的主流内丹学派在理论和修行实践上都受到禅宗影响，促成宋元新道教的产生。唐末吕洞宾最早将内丹与禅结合起来，建立内丹学的性命双修理论。明末全真内丹家更在“三教合一”思潮中，援佛入道，着意和会禅与内丹，以佛理讲解内丹术，以内丹术诠释佛理，造成佛道混融、佛道混滥现象，佛教内部由此滋生出佛道不分、僧务外学现象。明清佛教界为显正辨误，消除佛门流弊，更注重彰显佛教主旨以严分佛道界限。以莲池祩宏为代表的明末佛教，侧重严辨佛道在理论基础、修行方法、名词概念及最终境界上的不同。并一直延

① 六祖慧能门下分为临济、曹洞、云门、法眼、沩仰五宗。

续至清乃至民国，彰显佛道关系上佛教维护自身宗旨与内涵的基本立场。

清中叶后，中国佛教日渐衰落，至清末而衰甚。其时，内忧外患并发，预示近代佛教困境中的复兴之路。清末以来，龚自珍、魏源、康有为、谭嗣同、梁启超、章太炎、梁漱溟等一批进步思想家都从佛学中吸收营养，希望能找到一条救国兴国之路。“文革”十年动乱中，中国内地佛教受到严重打压，20 世纪 80 年代以后开始恢复。在文化复兴与重建中，多元文化共存、互补、竞争，已成必然之势。政府也提倡继承发扬传统文化精华，复兴民族精神。佛学乘传统文化热而逐渐兴起。

第二节　佛教思想核心观点介绍

一、佛教的基本教义

佛教核心教义主要有三法印、四谛、八正道、十二因缘等内容。

（一）三法印

三法印指诸行无常、诸法无我及涅槃寂静，如同国王玺印一般权威，能印证辨别真伪，故称之为法印。诸行无常，就是一切事物与现象皆藉条件而产生，亦终归会因条件消失而灭亡，没有永存的物质和精神现象。诸法无我，指任一物质和精神现象都没有独立实有的自性，所以并不存在真实永恒的主体自我。涅槃寂静，指通过戒定慧的修学，使构成主体自我的物质和精神现象（即色、受、想、行、识等五蕴）无法现行，实际即是消除主体自我产生的前提条件。因为构成主体自我的物质和精神现象没有条件产生，所以以主体自我为中心的生死轮回及造作不安等种种痛苦悉皆停息，唯余无形无色、非物质非精神、不执自我、不造作生灭、寂静永恒的本体安然独存，谓之涅槃。分别来看，诸行无常侧重观察外境无常生灭的客观规律，使人减轻或放弃对外境的贪著；诸法无我侧重观察主体自我的虚妄不实，减轻或消除人生痛苦产生的内在心理根源；涅槃寂静则侧重描述彻底消除痛苦产生的内外认识根源后，达到寂静安乐的解脱状态。

（二）四谛

意谓佛教解脱者所证悟的客观真理，具体则包括苦谛、集谛、灭谛和道谛。苦谛，即有关痛苦的真理性认识。人生多苦的关键，就在于人有身心，而身心又有生老病死、生住异灭现象，受无常规律的支配。集谛，即有关身心痛苦不断产生原因的真理性认识。身心现象的不断产生，主要是由于有“我见”和“爱著”。所谓“我见”，自我确认和自我执取，认为自我是一种真实有自性的存在；所谓“爱著”，以自我确认和自我执取为基础，而形成对内外境界贪爱味著的行为和心理习惯。灭谛，指“我见”和“爱著”是身心现象不断产生和轮回生死的根本原因，所以佛教认为，只要破除“我见”，并彻底清除“爱著”习惯，就可进入永恒寂静安乐的涅槃状态。道谛，指为获得涅槃解脱境界而应遵循的方法和途径，具体包括八正道。

（三）八正道

“正”即不邪，道即道路、途径之意。八正道指八种能够通向涅槃解脱的修行方法，具体指：正见，正思维（正志），正语，正业，正命，正方便（正精进），正念，正定。

（四）十二因缘

十二因缘是集谛的展开，主要是解释一切现象（尤指痛苦与解脱）产生的原因及其过程。其中，生死轮转产生的原因和过程，称为“流转门”；而超越生死、解脱痛苦的原因和过程，则称为“还灭门”。就流转门来看，“缘起”主要有十二支，即无明缘行、行缘识、识缘名色、名色缘六入、六入缘触、触缘受、受缘爱、爱缘取、取缘有、有缘生、生缘老死。“缘”，在这里作“为……前提条件”解。从缘起“流转门”来看，无明与爱，是十二支中最重要的两个环节。因有无明，才有对五蕴的自我确认和自我执取；因自我确认和自我执取，才有对感受的味著和贪爱；因味著和贪爱，才有种种造作言行熏习本识形成后有种子，从而不断轮回生死受苦。因此，要想从根本上解脱人生痛苦，就必须破除自我确认的错误认知及贪爱执取的严重习气，也就是缘起“还灭门”，而破除无明知见又是最关键的。

二、佛教核心观点

（一）佛教宇宙观

佛教以追求人生究竟解脱为目标，所以佛教哲学的重心是人生论，但佛教亦有宇宙论。佛教宇宙论是对宇宙时空的总认识，涉及世界的生成坏灭，及众生和诸佛所居国土的性状与相互关系等多个方面的内容。

与其他学说相比，佛教宇宙观特色鲜明：第一，理性主义精神。佛教以缘起、因缘的法则来建构宇宙观，认为无有上帝、神或造物主创世。缘起的基本内容是“此有故彼有，此生故彼生。此无故彼无，此灭则彼灭”，意为依一定条件才能生起，亦依条件的变灭而变灭。宇宙间纷纭万象，是各种条件、关系由相互联系和因果关系交织组合而成的因缘之网，无一现象能孤立独存。第二，宇宙观的开阔性。在三千大千世界的宇宙观中，佛教向人们展示了一幅波澜壮阔、多层次、多结构的宇宙图式。其对宇宙全景、生命现象论述的广度、深度、明晰度，可谓独树一帜。“三千大千世界”的宇宙结构图，与现代天文学观察到的星系、超星系、总星系的结构较为相近。第三，人与自然、人与众生的一体关系。在一般人眼里，飞禽走兽、矿产树木与人类三者有本质的区别，然在终极层面，动物、植物、矿物等却是一体无二。佛教依正不二的理念认为，外部自然环境和人文环境（依报）与大众身心（正报）是同构对应的，所谓“依报随着正报转”。因此，大众应注重心灵的环保，“心净则土净，心秽则土秽。”在对待自然万物方面，应以大平等心、大慈悲心，与一切生物发展友善共存的和谐关系。佛教这种“众生平等”“同体大悲、无缘大慈”的基本精神，与儒家“天人合一”及道家“天地与我同根，万物与我同体”观念殊途同归。

（二）佛教人生观

三世因果、业报轮回是佛教的基本理论。按照缘起法则，万法流转，生灭无常，有情众生有生老病死，器世间有生住异灭。支配宇宙万象生灭变异的基本原则就是万有因果律。佛教以因果法则建立了三世的人生观，还联系业报轮回，建立了善恶因果通于三世的伦理思想。

佛教因缘与业报的基本思想，谓业因必然生起相应的果报，这被视为法界本有的客观规律，称“因果律”。佛教因果律包括四条法则：第一，善恶业因必生同类果报。指善业必得善报，恶业必得恶报，无记业不受报，“因果报应，丝毫不爽”。第二，自作自受，不由于他。指业因所生果报，必由造业者自己或自己的延续来承受，不能由他人替代。每个人现在承受的业报，必是自己以前乃至前生的业力所感。第三，果依众缘，报通三世。业因虽必生果，但果报的成熟，须具备条件，若条件不备，时机未熟，尚不受报。报应未必报在今生现世，也可能报在来生，乃至极为遥远的后世。第四，业由心造，因果可由心回转。业力虽大，但不及心力之大。自心有自主性，而且业性本空，故可由心造作善因、无漏因而得善、无漏果报。已造恶业之报亦可由修道修善，或别造强因遮止，暂不受报，或由观心、发愿、念佛、持咒、忏悔等消灭不受。

如何净化人的意识，创造未来的生命环境，是人生努力的目标。从善恶因果、业报轮回的立场来看，人生意义应是过好物质的、伦理的、精神的生活，敦伦尽份，为他人、为社会服务奉献，如实认识自心，净化自心，完善人格，获得现前、后世、究竟的安乐。可以看出，佛教的人生观指引人们鉴因知果，避恶趋善，净化生命，最大限度地实现人生价值。

（三）修行实践观

佛教修持次第俨然包括戒学、定学、慧学三个阶段。《楞严经》云：“因戒生定，因定生慧”，意谓闻思慧为指导，在持戒的基础上修禅定，在禅定中修观而获得“修慧”。唯此修慧，才堪断烦恼而入涅槃。戒定慧又彼此互摄、圆融无碍，佛教一切法门皆由三学而展开。如律宗，以持戒为中心而含摄定慧；天台宗的止观修法，实是以持戒为基的定慧修持；禅宗之禅，更是定慧一体，顿入顿证，净土宗持名念佛，求愿往生西方极乐世界。一句弥陀佛号，“赅罗八教，圆摄五宗”，实为戒定慧三学的真实受持。

佛教修持之道极具人生启迪作用。就个体而言，如撇开究竟意义上的解脱内涵，戒定慧实是因机施设、应病与药，具有调整净化心灵世界的良好效用，也是个人圆满实现自身价值的必由之路。

戒学是对治恶业的良药，可以持戒来约束心。佛教戒律虽多，皆以五戒十善为核心内容，以“诸恶莫做，众善奉行”为实质。从心理健康视角看，持戒是以合理的规范来约束人们的语言、行为，不仅能锻炼心的自主能力，使心不被有害于自他的烦恼所牵，从而避免恶言恶行，也能起到督促受持者力行诸善、敦笃伦常、利乐大众的积极作用。有戒的人行端表正，则必心安理得，俯仰无愧，清凉自在。当遵守戒律、实施道德不再是一种外在的强加于人的约束，而成为每个人自觉自愿的需求时，也就意味着个体给予社会一种积极的回报。

定学是对治散乱的良药，可以禅定来锻炼心。禅定之“心安一境”，是心高度专注而不散乱的状态。在日常生活中，种种心躁易怒、欲望难羁、用心不专、见异思迁、精神分散等不良心理和精神状态的产生与存在，实际上都是心神散乱、缺乏定力的表现。佛教禅定是一种内证体验，虽不乏神秘意味，其实是一种高级心理学。通过习禅、念佛、止观等禅定修习，不仅可以提高个体专注一境的能力，也是从情操、意志、情绪、自制力、忍耐力等多方面来锻炼和治疗心灵。长时间的修习，身心也会随之产生诸多良性变化，如降伏烦恼、治病健身、益智延年、开发潜能、享受禅悦，等等。客观地说，定心不仅是成就一切世间、出世间事业之必须，也可消减个人烦恼，增添人生快乐，进而减少社会冲突，改善社会秩序。

慧学是对治愚痴的良药，可以智慧来观心、明心。佛教慧学既是持戒习禅的理性基础，又是守戒习禅的理性结果，是对宇宙真谛、社会事理、人生本相的参透和悟彻。以戒定修持为基础的智慧观照，就是以正见观照自心，深入观析、体察心念生灭无常、烦恼痛苦空无自性，从而熄灭烦恼妄念、截断意识之流。在日常生活中，如能常常观照，历事炼心，不仅能提高待人接物的智慧，更会产生把握自心的超常力量，常常保持安乐明净的心境。如此心理的良性循环，不仅能使人的心理素质全面、高度优化，还会使整个心理结构产生一种良性质变，实现从多烦恼、不自主、低层次的凡夫型向智慧、安详、慈悲的圣人型的渐次提升。[①] 这种心灵自我净化与进化的过程，实际上类似于西方人本主义心理学家马斯洛所称“自我实现”的过程。

通过戒定慧的修持，个体的自由快乐、福德智慧得以成就。而由每一个体生命组织起来的家庭、社会乃至国家，也随之变得越来越安定、清净和祥和。

---

① 陈兵：《佛法在世间》，中国时代经济出版社，2008 年版，第 273 页。

第三节　禅宗形成及对中国文化的深远影响

在佛教诸宗中，禅宗是最具中国本土特色的宗派，从思想、制度、生活诸层面都实现彻底的中国化。它推动中国佛教发展到顶峰，并对中国哲学、文学艺术、民风民俗乃至民众的人生态度和生活情趣都产生了深远影响。

一、禅宗的形成与核心观点

（一）禅宗的形成发展

相传释迦牟尼在灵山会上拈花示众，当时大众皆默默不得要领，唯弟子摩诃迦叶微笑。世尊说："吾有正法眼藏，涅槃妙心，实相无相，微妙法门，不立文字，教外别传，付嘱摩诃迦叶。"[①] 此即禅宗所传的"拈花微笑"公案，亦即释迦与迦叶之间的心法授受。

南朝梁中叶时，印度禅宗二十八代传人菩提达摩泛舟西来，后入嵩山少林寺，面壁九年修习禅定，倡"二入""四行"之禅修，以《楞伽经》授徒，后世以达摩为中国禅宗初祖。从达摩到二祖慧可、三祖僧璨，社会影响不大。至四祖道信、五祖弘忍师徒，聚徒传授禅法，渐成全国禅法中心。弘忍门下神秀、慧能二人分立为北宗渐门与南宗顿门，时称"南能北秀"。北宗在理论上缺少实质性发展，主张"拂尘看净"的渐修，数传后即为南宗取代。六祖慧能南宗禅法，力倡"顿见真如本性""见性成佛"，更能适应中国人尚直觉、重简易实用的文化心理，又与老庄之道相近而更见超脱空灵，很快风靡于中唐社会，形成"妇人孺子抵掌嬉笑，争谈禅悦"[②] 局面。慧能门下又有南岳怀让、青原行思二支，为唐末以降禅宗的主流。南岳门下出沩仰宗、临济宗；青原门下分曹洞宗、云门宗、法眼宗，合为五家。以后的禅学发展，大抵不出这五家的范围。临济门下又分黄龙派、杨岐派，合称七宗。于是，五家七宗各立门户，各有家风。宋朝以后，唯临济、曹洞二宗盛行于世。

（二）禅宗的思想特质

（1）顿悟心法。传统佛教强调学经看教而断惑证真的修证，强调"断一分烦恼，证一分法身"的渐修，而禅宗之悟则是当下一念顿悟自性本来是佛。慧能还提到自己亲身的体验："我于忍和尚处，一闻言下大悟，顿见真如本性。"[③]。

---

① 释普济：《五灯会元》第一卷。

② （北宋）苏轼：《楞伽经序》。

③ 慧能：《坛经・般若品》。

可见，此种顿悟是在刹那间完成的，所谓“灵光独耀，迥脱根尘”。顿悟的方法，慧能提出“无念为宗”“无相无体”“无住为本”的思想。无念，就是“于诸境心不染”，此非百物不思，亦非心中一片死寂，而是“心不染境”，念念之中遣除一切杂念妄想。无相，并非指无诸法事相，因诸法性空本无实体，故对诸法不应起执着相。无住，即不执着于法而念念不住，从系缚中解脱出来而随缘应物、任游无碍。无念、无相、无住都是围绕禅宗的根本宗旨“明心见性”而展开的，它们既是顿悟的方法，也是实现顿悟的要求，目的都是为了开发自性的无尽宝藏。

（2）生活化的禅。中国禅宗的解脱方式也别有特色，不主张单一的静坐参禅，而强调修禅要与生活打成一片。慧能说：“佛法在世间，不离世间觉；离世觅菩提，犹如觅兔角。”禅宗的这种解脱方式清新活泼，完全是一种生活化的修行方式。慧能倡导人们在现实中感悟佛法，禅无处不在，无时不在，无事不在，穿衣、吃饭、担水、砍柴，皆为修禅。禅宗提介的自由任运的生活方式，促使禅宗生活的平民化、世俗化。禅宗之所以在中唐之后能迅速传播、广泛发展，正在于它契合平民百姓的心理和生活需求，源于生活而又活泼地用于生活。

（3）禅法的传授之道。禅宗之禅本无定法，初期禅门师徒之间的传授是以心印心，即指导弟子按佛言祖语指示的法则调心，顿契真如，当下见到佛言祖语所指归的心性，而弟子往往因师父点拨的“一言半语”而悟道。“教外别传、以心传心、不立文字”，成了慧能南禅教法的特色。宋代以后，因为人根渐劣，以心印心的教授方法难以启用，禅师们教授弟子直指见性的方法遂不断发展衍化，主要有重止和重观两种不同倾向。重止一路，重在坐禅中细致调心而入无分别止。重观一路，强调向内“参究”而悟，禅宗修禅因此被称为“参禅”。参究，也叫“观心”，即向内反究、觅求心性，虽然未必用逻辑思辨推析，却是在意识深层进行思察内究，以期彻见“父母未生前本来面目”。总的来说，禅法虽异，原则皆为慧能所说的“随方解缚”，即针对学人分别妄心，用适宜的方法为其剥落知见，令其反照内心，放舍名言思虑，体认本心。

（4）棒喝的施教方式。禅宗的施教方式不拘一格、生动活泼、深沉奇妙。佛教诸宗虽特色各异，但诸宗同源、皆归心海，门庭施设不同而已。再者，所谓机锋公案、棒喝直指、扬眉瞬目、拳打脚踢、斩蛇杀猫等，看似粗鲁之举，实则用心良苦。其目的在于截断学人思路之执着，体悟诸法实相，正所谓“道贵无心，禅绝明理。”禅宗正是借助这些看似奇特神秘的教学方法，依据开悟的心理学原理，随方解缚，达到师徒交流启发禅悟的目的。所以，禅宗各派的差异，并不在教理本身，而在于调心见性的方法不同，教学风格上的差异。

二、禅宗对中国传统文化格局的多重影响

从文化角度看，禅宗不仅是宗教，更是一种生活的态度和智慧；不仅是一种

信仰，也是一种独特的思维方式和生活方式。在历史的发展过程中，禅宗的影响已远远超出宗教范畴，渗透到哲学、文学、艺术等众多领域以及现实生活的方方面面。

（一）禅宗对中国哲学的影响

唐代禅宗的兴盛，在三教融合的思潮中起了推波助澜作用，在中国哲学思想上也有着重要的影响，特别是助推宋明新儒学、宋元新道教的形成。

1. 禅宗对宋明理学的影响

儒学在魏晋、隋唐经历一段相对沉寂期。宋明儒家学者大都出入于儒佛之间，吸取佛教思想，最终又归本于孔孟之学。他们援佛入儒，大量吸取佛教心性论和道教宇宙论，将孔孟的心性修养工夫，提升到宇宙论、本体论层次，建立新儒学体系。宋明新儒学对禅宗思想的吸收，主要体现在心性论和教育方式两个层面。

心性论思想的吸收。禅宗以“心即真如”为本体论，“顿悟成佛”为方法论。理学和心学所述的“性”与“本心”在哲学内涵上，表现出与禅宗的“佛性”“真如”的一致性：佛性、真心是宇宙本源，是世出世间物质和精神一切现象的本质，也是众生本来具有的成佛的依据和主体。“性”和“本心”也是精神的本原，是先天的、不变的、本然的、没有受到物欲蒙蔽的本体。禅宗说“真心”广大无边，返本还源，清净本心。而宋明儒学家也说性、本心不可言说、超越语言概念，也不可以用思维意识想象，只能通过个体反观内省的方式去体验这个本然状态。在性善论的发挥上，宋明心学亦受到佛教佛性论的影响。宋明儒学家都认为“人人皆可成尧舜”。王阳明高唱“满街都是圣人”，而内在依据就是人的天赋良知。王阳明所说的“良知”实际上隐然“佛性”“如来藏”的代名词。佛教说真如佛性可以在一念之中证悟，他也认为良知可以在刹那间得到体认。

教育方式的吸收。宋明儒学在讲学风格和人格教育方面也受到禅宗丛林制度的影响。宋明大儒在教学过程中，采取的静坐、讲学、实践等方法，效仿禅宗丛林的教育制度。他们大多参究禅宗，借鉴禅宗的静坐方法。王阳明受禅学熏习最深，他从禅学的主体性学说中找到了精神力量。在龙场的一次静坐中，大悟格物致知之旨，体会到所谓的圣人之道本性自足，不须外求。这就是中国哲学史上著名的“龙场大悟”。禅宗修行的宗旨是“明心见性”，亲见自己的本来面目。宋明诸儒不但同样以静坐来调心，更在静中求“明心”。王阳明强调学者必须先有明心功夫，方法就是“格物”。就是教人在日常待人接物之中，去做去恶从善的工夫。这种格物是一种道德上的反省，与禅宗之禅旨在超出世间而得解脱自在的性质不同，但他主张的时时在念头上做工夫，无疑吸取了禅宗的思想。

2. 禅宗对宋元新道教的影响

禅宗对内丹南宗的影响。南宗祖师张伯端研究道教丹经数十年，后来又参究禅宗，经历由内丹归禅的思想历程。他非常推崇禅宗，在其著作《悟真篇》中把禅说成是“无上至真妙觉之道”，而把道教内丹修命养生之术作为渐次引导钝根世人的手段。所以《佛祖统纪》里也说“张平叔（伯端）明佛性”。南宗后学，也都依照祖师的路子，先修命后修性，从传统的内丹入手，达到炼神还虚的阶段，还需要参究禅宗，以透彻禅关为究竟。

禅宗对内丹北宗的影响。王重阳创立的全真道，在教义、修行目的、修行实践、教规建制方面都大量吸取禅宗做法。其一，在教义上，道教虽有承负说的因果观，但并没有六道轮回的理论。王重阳吸取了佛教的因果和六道轮回理论，将人间比喻为苦海和火宅，劝人们看破世间的虚幻，出家修道。其二，在修行目的上，道教传统内丹修炼以长生成仙为目的，受佛教涅槃说的影响，王重阳否定道教传统的肉体成仙说法，转而注重精神的解脱。他认为“真性”“本性”就是金丹，“本来真性”才是超出生死之本，只有了达真性才能无去无来。其三，在修行实践上，全真道参照禅宗的“无心”“无念”“无住”，提倡“内外清净”，内心不起杂念、不受外尘的污染，并模仿禅宗的参禅方法，顿悟而见性。其四，在教制教规上，全真道也多效仿禅宗。王重阳立教之初，不仅出家住庵修行居住条件俭朴，并仿效佛教倡修苦行，其七大弟子皆以头陀式苦行著称。其制度和规诫大多仿效佛教，制度之完善和实行之严格，在道教诸派中首屈一指。

（二）禅宗对中国古代文学、艺术的影响

禅宗思想中的“自性论”“顿悟说”以及语言观，开拓了文学家的视野，升华了思想境界，并直接影响到思维方式和创作方法。唐宋时期，很多文学大家醉心于佛学，演绎佛化人生，他们的诗词均散发着空灵高远、隽永无穷的禅味。被称为“一代诗佛”的王维以禅语入诗，以禅趣入诗，以禅法入诗，其作品“诗中有画，画中有诗”，颇具禅味。苏东坡对禅宗情有独钟，禅宗对他影响深远，历久弥坚。他的诗词智慧豪迈，处处凸显禅机、仙境，有些作品甚至被许多禅师视为悟后境界的作品，如“横看成岭侧成峰，远近高低各不同；不认庐山真面目，只缘身在此山中”。在这些兴味无穷的作品中，诗词创作的灵感来源于禅宗所说的“自性”与“顿悟”，追求只可意会而不可言传的审美境界，与禅宗所追求的直观直觉、纯然任运的最高解脱境界自有共通之处。惟其如此，中国古代一直有“学诗浑似学参禅”的说法。

中国艺术承禅宗思想的恩泽。禅的目标是见自心佛性、究尽《诸法实相》之理，并将其融入日常生活和人格理想境界的建构之中。这不仅促成书法家、画家形而上的哲思，更使其作品透脱着深深的禅味。就书法艺术而言，禅宗思想影响着士人的审美情趣，他们在书法上纷纷追求“禅的境界”，并视为最高审美境界。讲究运禅于中，下笔恰到好处，怡然自适，物我两忘。中国画的名家也受益于禅家精神，其作品重在凸显幽远的禅境。唐宋山水画的蓬勃兴盛就与禅的思维密不可分。在山水画中，画家总是追求禅宗所强调的与山水浑然一体，赏之有味、百看不厌的意境，他们透过笔墨表达哲思，禅的高远和洒脱在画中表现得淋漓尽致，显示出一种“禅悟”意境。在此，山水画中的各种物象成为秉承佛性的美感。这种超越自我、升华生命的品质显然受禅理启发。可以说，在中国绘画艺术中，画即是禅，禅在画中。因而欣赏画，便有了参禅的意韵。欠缺禅的工夫，纵便名画也无法领悟，难以欣赏。

三、禅宗思想的当代价值

禅宗为中国文化带来生机和活力，在当代依然有着现实意义。

（1）文化反思。二十世纪以来，带着东方恬静达观精神的禅宗走向西方世界。两次世界大战的浩劫，促使一批东西方文化精英对西方科技文明逐物不返、征服自然的弊端进行反思，在“西方文明已趋没落”的失望中，对注重精神生活、主张天人合一的东方文化深加赞赏。1960 年以后，这种文化反思在西方更加深入，在对崇拜科技而忽略情感意志生命的抗议声中，佛教禅宗更加受到西方人的关注。1980 年以后，随着对过度物质化、工业化的反省深入到生态环境保护、终极关怀等层次，颇具人文主义精神的中国佛教禅宗思想尤受推崇。在英国伦敦大不列颠国家图书馆广场上，矗立着世界十大思想家的塑像，其中就有代表东方思想的先哲孔子、老子和慧能，被称为“东方三圣人”。在未来多元文化竞争与中国文化复兴与重建的过程中，最能代表中国佛教特质的禅宗势将担当历史重任，实现人与自然、人与社会、人与自身的高度和谐。

（2）信仰回归。科技、经济的飞速发展，使人类的生活方式和思维方式发生巨大变革，社会急剧转型期的当代中国，信仰危机、价值失范、精神空虚、心理失衡已成为普遍存在的社会问题。经济增长、物质享受并不能最终安顿人的心灵，精神家园的荒芜、人生航向的迷失，成为现代人充实忙碌背后的痛苦所在。在信仰回归、道德重建的渴望和呼声中，禅宗提供了超越宗教的高度文明自觉和智慧的文化资源。近几十年来的“禅学热”，也说明国人对禅的需求不断增长。禅宗的根本宗旨在于明佛性，昭示极深沉的终极关怀，呼唤着人类的本性自觉和精神回归。人们需要禅的智慧确立安身立命之本，激活心灵深处的道德自律，张扬人的自主性和尊严性，增强人的生命价值感和神圣感。禅宗立意高深悠远，指向人生的审美境界。人们需要禅的意境，以其卓越智慧与无限想象，超越现实而不离现实，使生命历程富有旨趣而渐趋圆满。

（3）心灵重建。过于畸重物质文明，荒废精神家园，失去安身立命的信仰，人的心灵自然退化、脆弱化、庸俗化。当今社会，在生活节奏越来越快，生存竞争越来越激烈的外在压力下，心理疾病、精神病态屡见不鲜。禅宗思想是研究心灵的智慧学说，对于现代人格的重塑、心灵世界的重建具有重要价值。禅宗的智慧可以促进对事物本性和自心的了知，帮助人们找寻精神家园，理性地对待尘世的喧嚣和功利。还可以开发自身潜能，创造安乐祥和、洒脱自在、富有价值的人生。同时，禅的具体修习也为现代人提供了一种抚慰心灵、平复情绪的方法。六祖慧能弟子、唐代著名禅宗大师青原行思提出参禅的三重境界："参禅之初，看山是山，看水是水；禅有悟时，看山不是山，看水不是水；禅中彻悟，看山仍是山，看水仍是水。"通过禅修，可以消解尘俗的热心烦渴，品味禅的清凉甘露，还能从多方面锻炼心灵，摆脱痛苦、愤怒、沮丧、忌妒等负面情绪，改变易怒、暴躁、仇视社会等不良品性，保持良好的心态坦然面对生活，并享受久已失去的宁静安详，掌握多种认识自心、调控自心、净化自心的技巧。

（4）禅化人生。禅宗打破出世与入世的隔阂，为大众提供了简易圆顿、既世俗生活而超越尘世的方便法门。禅与生活的融合赋予生活别样的内涵。禅不离生活，是生活中的修习。高远的人生终极追求并不意味着抛弃世俗的伦理生活，相反，举凡生活中的行住坐卧皆变成修行与证悟，世间生活的当下就是转凡为圣的契机。禅以如实知见智慧为先导，正所谓"无智不禅"，有了无上智慧的生活，它的意义便截然不同。黄檗希运禅师说："但终日吃饭，未曾咬著一粒米。终日行，未曾踏著一片地。与么时，无人无我等相。终日不离一切事，不被诸境惑，方名自在人。"① 可见，无念、无相、无住为前提的行住坐卧、穿衣吃饭，虽为平常人同样所做之事，却"过水而脚不湿"，历事而不沾滞，不为凡事所累。这样的生活才是有禅味的生活；如此行事的人更是真正自在的人。现实生活中，禅化的生活是佛法"化生活"和"生活化"的结合，在生活中品尝禅味，在禅悦中享受生活，使生命得以轻装前行，人生更加圆满自在。

① 禅僧赜藏：《古尊宿语录》卷二。

第七章　传统法家法文化思想的发展演变及基本精神

法文化，是指一个民族在长期共同生活过程中所认同、相对稳定、与法和法律现象有关的制度、意识和传统学说的总体，包括法律意识、法律制度和法律实践，是法的制度、法的实施、法律教育和法学研究等活动中所积累起来的经验、智慧和知识，是人们从事各种法律活动的行为模式、传统、习惯。

2014 年 10 月 23 日，习近平总书记在中共十八届四中全会第二次全体会议上指出："我国古代法制蕴含着十分丰富的智慧和资源，中华法系在世界几大法系中独树一帜。要注意研究我国古代法制传统和成败得失，挖掘和传承中华法律文化精华，汲取营养、择善而用。"[①] 应该说，蕴含在中国古代法制传统中的合理因素，诸如重惜民命的民本主义法律观念；注重教化、综合为治的法治传统；法、理、情相统一的法律环境；引礼入法，法律与道德相互支撑，等等，都是跨越时空、具有强大的生命力、并能为现代法治提供历史借鉴[②]。

习近平主持中央政治局
第 37 次集体学习

第一节　中国法家法文化的缘起及早期发展

一、中国法文化的缘起

大约五千年前，黄河流域开始进入父系氏族社会，相当于古史传说中的炎黄时期，是中国法律起源期。当时的黄河流域按不同方位分布众多的氏族部落，相互冲突乃至于诉诸战争，结果是不同的氏族部落相互融合。

蚩尤部落是传说中最早有"法"的部落。蚩尤整肃社会秩序，制定新的行

① 习近平：《习近平谈治国理政（第二卷）》，外文出版社，2017 年版，第 118 页。
② 张晋藩：《中国传统法文化论纲》，光明日报，2005 年 7 月 12 日。

为规则，施及辖区内的各类部族，他将各种坏的行为总括为五种类型，以此制约民众。蚩尤的嫡系九黎积极施行，但未能奏效，蚩尤便命令他们用刑法加以惩治，这种惩罚手段同五种坏行为相对应，于是产生了五种刑罚，称为“法”。原先只运用杀戮这种手段，后恐诛及无辜，才增加了割鼻、割耳、宫、刺面等四种刑罚。

随着蚩尤部落的发展，人口规模不断扩大，结构复杂，公共事务增多，逐渐形成公共行为标准规范，这就是公德。超出公德底线的行为就要受到惩罚，即为刑法。涿鹿之战，蚩尤被杀，但他所创造的法文化仍得到发扬光大。黄帝融合更多的氏族部落，结成部落联盟，法律更成为不可或缺的工具。

黄帝之后，唐尧和虞舜相继担任黄河流域部落联盟首领，法得到进一步发展，人们对法的认识有了深化，刑法种类增多。舜时曾“流共工于幽州，放驩兜于崇山，窜三苗于三危。”流放成了一种普遍的惩罚方式，将违反行为规范的人赶出宗族，宣布为不受欢迎、不受保护的恶人，死后也不得葬于祖先墓地。它成为虽不见刀光剑影却足以让人既忧其生又惧其死的惩罚。舜任皋陶为大法官，皋陶发明了象刑，用“画衣冠异章服”的办法代替肉刑和死刑，象刑是侮辱、惩罚犯罪者的一种象征性刑法制度。皋陶与尧舜禹齐名为“上古四圣”，被奉为中国司法鼻祖，后来成为狱官或狱神的代称，其后裔被封于英、六一带，六安因而被称为皋城。

在中国法文化的起源史上，广泛流行着法源于礼、礼源于祭祀习俗的说法。礼在甲骨文中是像用器皿盛放食物的形状。古人在举行祭祀活动向鬼神致意祈福时，有一定的顺序规矩，最初只是一种习惯，完全凭内心的虔诚自觉遵守。但后来就有了“别贵贱，序尊卑”功能。在进入阶级社会过程中，统治者对礼加以改造，赋予新的内容，变成强制性规范。不同场合有相应规范，并固定为一种制度，这就是礼制，已具备后来法的性质。

二、商周时期的神灵崇拜与道德教化

商代巩固统治地位的政治理念是上帝——祖先崇拜。早在原始社会末期，产生对自然和祖先的崇拜，但那时主要对于许多自然现象，如山川、日月、巨石、怪树等多神崇拜。到了商代，当王权出现时，众神也有了高低之分，出现高居于众神之上的主神，或者说至上神，呼之为天，多神崇拜渐渐变为一神崇拜，即对主神天的崇拜。主神有着至高无上的权威，主宰宇宙万物和人间一切，《礼记·表记》云：“殷人尊神，率民以事神。”商王是天的儿子，呼为天子。天子受命于天，代表上天在人间行使权力，王权因此被蒙上神秘色彩。人间一切事物都要向上天请命，占卜就是沟通天地的桥梁，巫卜、贞人是通天地的使者，掌握最高祭祀权，也就是神权。

在商代宗教观念下，神性至上，缺乏人性。人殉和人祭制度较为盛行，法律特别严苛。统治者宣称人间的刑法惩罚是主神意志的体现，是“天之罚”。司法实践具有浓厚的“天罚”“神判”色彩。商代刑法称为“汤刑”，残酷而繁密，据说有“刑三百”。商代刑法已成体系，存在墨、劓、刖、宫、大辟五种惩罚方式，处死方式多样而残酷：殷纣王就曾“醢九侯”“脯鄂侯”“剖比干”，并发明“炮烙之刑”。

周初，基本上继承商代的统治思想，视上帝为至高无上的主宰者，而呼之为天，周王被称为天子，承受天命统治万民，国王即周天子成为天下土地和臣民的最高所有者，所谓“溥天之下，莫非王土；率土之滨，莫非王臣。”但是周取代商，变革了“天命”，使人感到“天命靡常”。于是周统治者在不动摇“天命”前提下，也强调民的重要性，提出“顺乎天而应乎人”的思想。还说“天视自我民视，天听自我民听”“天惟时求民主”。随着民的地位上升，神的地位下降，表现对民的敬重。“敬天”“保民”“明德”“慎刑”相互联系，成为西周政治思想的主要内容。

西周统治者认识到必须将消极惩罚和积极引导结合起来，统治才更有效，因此更加重视宗法血缘关系。西周初年在周公领导下，开展大规模的制礼作乐活动，对社会各方面进行规范，发挥重要调节作用。周礼具有国家政治法律规范性质，成为调节社会各种关系的重要规范，并起到预防犯罪作用。礼刑结合，互为表里，西周的法律制度已成体系：（1）对老弱愚违法犯罪可以赦免。《礼记》规定：“八十、九十曰耄，七年曰悼。悼与耄，虽有罪，不加刑焉。”（2）对疑罪从轻处罚甚至赦免。《尚书·吕刑》载：“五刑之疑有赦，五罚之疑有赦，其审克之。”（3）对惯犯从重处罚、过失偶犯从轻处罚，区别对待。《尚书·康诰》载：“人有小罪，非眚，乃惟终自作不典；式尔，有厥罪小，乃不可不杀。乃有大罪，非终，乃惟眚灾：适尔，既道极厥辜，时乃不可杀。”即指人有小罪，就改掉它，不需按制度办；继续犯小错，就不得不处罚；有大错误不改，就要加大处罚力度。（4）要求司法人员依法公平办案，严禁司法人员徇私枉法。《尚书·吕刑》载：“哀敬折狱，明启刑书胥占，咸庶中正。其刑其罚，其审克之。”审理案件要慎重，应依据刑书斟酌权衡，决狱量刑务必允当。（5）法律维护父权和夫权，凸显男尊女卑的特征，特别是在家庭生活和婚姻生活中。《礼记·郊特性》规定“男帅女，女从男”的夫主妻从关系，妇女必须有“三从”之德：“妇人，从人者也；幼从父兄，嫁从夫，夫死从子。”（6）维护贵族特权，表现出同罪异罚特征。贵族犯法可以从轻处罚甚至免去处罚，《周礼·秋官·小司寇》载有“以八辟丽邦法，附刑罚”。即亲、故、贤、能、功、贵、勤、宾八种特权人物犯罪，不按法律规定量刑。总之，西周时期族权、神权和政权相结合，给中国法文化打上了特殊烙印。

三、春秋战国时期改革变法的盛行

春秋时期王室衰微，诸侯强大。战国时期，各国任用法家，改革变法，并产生了自成体系的法典，成为法文化繁荣时代。

（一）制定成文法成为潮流

由于一向受人敬畏的天受到怀疑和诅咒，已丧失从前的权威，人间一切休咎祸福均自天降的传统观念受到前所未有的挑战。郑子产说得更透彻："天道远，人道迩，非所及也。"主张天道与人道分开，力求摆脱天的羁绊，否定过去的"天罚""神判"的神秘传统。各国纷纷制定成文法并向社会公布。最早是楚国"作仆区之法"惩治逃亡者。郑国"铸刑书于鼎，以为国之常法。"晋国"以铸刑鼎，著范宣子所为刑书。"为使民众知法守法，法家人物多次开展普法宣传活动，如商鞅"徒木赏千金"就很有轰动效应。商鞅指出："为法，必使之明白易知。"战国时期各国都制定和颁布成文法，如楚《宪令》、赵《国律》、韩《刑符》、魏《魏宪》和《法经》、秦《秦律》等"皆罪名之制"。尤其是李悝编集的《法经》，分为盗、赋、囚、捕、杂、具六篇，是我国历史上第一部成文法典，对后世成文法典的编纂影响较大。成文法的制定和公布意义重大，将法律内容固定，既保证法律的稳定性和权威性，也打破贵族专擅垄断法律的特权，结束法律的秘密状态，在一定意义上推动其走向公平、公正、公开，是中国法制史的一大进步。

（二）刑罚制度获得理论支持

儒家倡导人性善，主张用礼来规范行为，推行"德治""仁政"。荀子承认人性"恶"，需要以道德教化加以改造，使人们趋于善。韩非子认为人情有好恶，因此要用强权和刑罚来控制人们行为："凡治天下，必因人情。人情有好恶，故赏罚可用，故禁令可立，而治道具矣。"国君不养恩爱之心而增威严之势，因为人的天性是恶，国君只有用严刑峻法加权术和威势，才能纠正人性恶的一面，才能统治好国家。《韩非子》中的"自相矛盾""守株待兔""讳疾忌医""滥竽充数""老马识途"等生动的寓言故事，蕴含着深刻的哲理。既体现思想性和艺术性的完美结合，更给当代人以有益启迪。

（三）法文化理论日臻成熟

先秦法家，商鞅言"法"，申不害讲"术"，慎到重"势"。韩非吸收商鞅等人的理论成果，又指出其不足，进而构建起完整的理论体系。他主张法、术结合："君无术，则弊于上，臣无法，则乱于下，此不可一无，皆帝王之具也。"如果没有统一的法令就不能治民防奸，如果只有法而君王不掌握驾驭臣下的术，大臣们就会发展个人势力，从而危及君王的权力、地位。因此君主要牢牢掌握大权，就必须严厉地控制臣民，对百姓要用刑罚，对大臣要有"御臣之术"。韩非进一步指出，法、术必须以权力、地位为前提，他把慎到“势”的概念整合进来。韩非认为，慎到所谓的“势”，国君实行起来之所以有治有乱，原因在于缺乏必要的“术”。“势”的运用一定要和“术”相结合。概而言之，为了推行统治阶级的政治主张，必须变法，实行法治；推行法治必须掌握政治上的权势，因此统治者要有势；有法有势而无术，则会大权旁落，人君得不到利益，所以必须有术。法、术、势结合的思想体系成为后世建立中央集权的基石。

（四）主张任贤，量刑平等

墨家的代表人物墨子主张兼爱、非攻，人们之间互相爱护协助，共同取得利益，反对掠夺战争。墨子提出尚贤、尚同主张，认为管理国家的人由选举产生，要任人唯贤，反对任人唯亲：“不党父兄，不偏富贵，不嬖颜色；贤者举而上之，富而贵之，以为官长；不肖者抑而废之，贫而贱之，以为徒役。”只要是贤能的人，“虽在农与工肆之人，有能则举之”，使“官无常贵，民无终贱。”墨子尤其反对贵族世袭特权，要求在法律面前人人平等，赏罚分明：“赏当贤，罚当暴，不杀不辜，不失有罪。”法家也力主“君臣上下贵贱皆从法。”同时对法的内涵有了精辟认识，正如管子说：“尺寸也，绳墨也，规矩也，衡石也，斗斛也，角量也，谓之法。”法具有客观性的规则，而不能因人而异或任人解释。商鞅也认为“刑无等级”，主张“自卿相、将军以至大夫、庶人，有不从王令、犯国禁、乱上制者，罪死不赦。”反对等级特权，提倡定罪量刑一视同仁。

第二节　中国传统法家法文化的延革及近代转型

一、秦汉时期：中国传统法文化的基本定型

秦始皇统一六国，建立秦朝，但实行严酷的法治暴政，二世而亡。秦是中国历史上唯一以法家思想作为政治理念的朝代，留下丰富的经验和深刻的教训。秦朝的法文化应追溯到商鞅变法，秦朝的法律基本继承商鞅变法的内容，基本精神一致：

以法为本，法网密织。秦朝建立后，对社会生活的各个方面都制定原则规范，《史记·秦始皇本纪》载：“治道运行，诸产得宜，皆有法式。”后世形容“秦法繁于秋荼，而网密于凝脂。”在法律实践中，无论何种地位身份的人，无论什么事务，皆以事实为根据，以法律为准绳，执法必严，对事不对人，均断于法。

严刑峻法，罪名繁多。法家主张用重刑来威慑犯罪，商鞅说：“禁奸止过，莫若重刑。”秦始皇采纳了一套完整的法家理论，并在全国普遍应用。“以法为

教”“以吏为师”，实行重刑。使用刑罚极其残酷，处死方式无所不用其极。

家庭平等，淡化亲情。商周以来，维护父权、夫权，男尊女卑，但秦朝反其道而行之，在父母子女关系方面，家长无权任意处置子女，夫妻关系上妻子有与丈夫相对平等的地位，丈夫侵害妻子的人身权利，必须承担法律责任。

律令课式，形式多样。秦朝的法律形式主要有律、令、法律答问、廷行事、封诊式等。律是秦朝法律的主体，具有稳定性、规范性和普遍适应性，如《盗律》《贼律》《田律》《仓律》等。令是皇帝对具体事务所下的命令，秦始皇规定其“命为‘制’，令为‘诏’，天子自称曰‘朕’。”“朕即国家”“朕即法律”，皇帝有绝对权威，其命令就是法律形式。

秦朝历史虽然短暂，却给后世以诸多启发。法家理论在秦统一六国过程中无疑起了积极作用。但在统一后，仍然以法家政治理念为唯一指导思想，强化对人民的严酷统治和残暴的压迫剥削，激化了社会矛盾和阶级矛盾，加速秦朝灭亡。

两汉时期的法律无论在指导思想、内容、形式、司法实践等方面都有了很大变化。在政治思想上，汉初尚黄老无为、轻徭薄赋、约法省禁。文帝下令以徒刑、笞刑和死刑代替肉刑。废除肉刑，减轻刑罚，具有划时代意义，保全了犯法者的身体和劳动能力，是人性的进一步觉醒，被称为“千古之仁政”。至武帝时期，吸收儒家思想，外儒而内法，实质上效法秦始皇。昭宣之后，儒家思想才逐渐处于主导地位，并吸收法家、阴阳家、道家等思想成果，出现“德主刑辅”局面，将儒家的道德教化与法家刑罚惩治结合起来，刚柔并济，较好地维护社会统治，并对后世产生巨大影响，成为中国传统社会的正统法律思想。

第一，提倡恤刑。汉代施行仁政，法律规定承担刑事责任年龄的最低和最高年限，惠帝、宣帝、成帝时都有明确规定。汉景帝曾诏令：“年八十以上，八岁以下，及孕者未乳、师、侏儒当鞠系者，颂系之。”即在有罪监禁期间，给予不戴刑具的优待。在司法审判活动中，建立疑狱谳报和录囚制度。所谓疑狱谳报就是地方官自下而上将疑难案件逐级上报，直至最高司法机关，连廷尉都不能决断的疑难案件，则奏请皇上召集大臣集体议决；录囚就是上级司法机关自上而下地检查下级机关的在押囚犯有无冤屈，下级机关司法活动是否合法的制度。这都表现了慎刑的态度，有利于提高办案质量。

第二，提倡亲亲。汉代法律允许“亲亲得相首匿”，即直系三代血亲和夫妻之间，除了犯谋反、大逆等罪行，相互包庇隐瞒，不得向官府告发，法律允许这种行为，不追究刑事责任。汉文帝废除秦朝时实行的“连坐法”，避免许多家庭的无辜被灭，是制度人性化的进步。

第三，提倡尊尊。汉代司法规定中，有一种特别制度，叫“上请”或“有罪先请”。一定范围内的贵族、官僚犯罪，不由一般司法机关处理，而有一套特别程序或由特别机关处理，甚至奏请皇帝直接裁决。

第四，提倡变通。儒家在为人处世方面主张通权达变，这种“权变”思想对西汉董仲舒为首的春秋公羊学派影响很大。主张官吏不必墨守一时成规，而应依据具体情况灵活处理，提倡变通。法律条文中没有规定，法官可以借助儒家经义为判案根据，儒家经典都可以援引判案。董仲舒等人提倡以春秋大义为判案的指导思想，修正法家仅以客观行为的结果作为定罪依据，同时重视行为人的主观动机。东汉继承这一传统并有所发展，用儒家经义来注释法律，使量刑更加儒学化，当然也影响法律的稳定性和客观性。两汉的法律制度对后世影响甚为深远。

二、魏晋隋唐时期：中国传统法文化的成熟

（一）魏晋南北朝不同法文化的碰撞

魏晋南北朝是一个政权林立、更替频繁时期，也是民族大融合加速期，各种文化相互碰撞交融，法文化也是如此。少数民族入主中原，非常注意学习汉族先进的立法技术和法文化，摒弃本民族一些落后的习惯法，走向法律建设的文明道路。这一时期法律概念日趋明确，形式日趋规范，体系日趋完善。

第一，法律理论提高。立法技术上不断改进，曹魏明帝《新律》将《刑名》列为第一，突出法典总则的性质和地位，为体例上的一大创新。晋《泰始律》沿袭该体例，新增《法例》为第二，后《北齐律》将其合并为《名例律》，使中国古代法典规范化，开创律疏注释的新体例。晋刑颁行后，因律文简约，易生歧义，立法者又对律条进行系统诠释，与正律条文具有同等效应。法律概念也更加明确，对各种罪名的内涵外延明确区别。这一时期还提出“罪名法定”理念，成为法律理论的一大进步。

第二，新五刑制度形成。魏晋南北朝时期以劳役刑与死刑为主体的五刑制度形成，曹魏《新律》首倡死、髡、完、作、赎、罚金、杂抵罪七种刑名，完刑、作刑合并于髡刑，五刑已具雏形，晋《泰始律》明确化。而北齐规定了杖、鞭、劳役、流、死刑，北周加以巩固，新五刑制度逐渐形成，隋朝以迄唐、宋、明、清都基本沿用。

第三，儒化倾向加深。魏晋南北朝时期，儒学的法制化及法律解释的经学化成为一种思潮，儒家倡导的仁义、等级、伦理尤其是“三纲五常”思想在立法、司法活动中都有明显体现。如晋《泰始律》确立“峻礼教之防，准五服以制罪”原则，根据血缘亲疏将亲属定为五等，称为“五服”，根据五服远近亲疏与尊卑定罪量刑。服制愈近，对以尊犯卑者的处刑愈轻，而对以卑犯尊者的处罚愈重。还确定“重罪十条”，将危害君权、父权、夫权的行为，概括为十大罪名，予以严厉制裁，都是儒化表现。

第四，贵族特权强化。魏晋南北朝时期法律制度中，规定“八议”“官当”“九品中正”“品官占田荫客”等制度，旨在维护官僚贵族的政治、经济特权，

宽宥其犯罪。“八议”，即亲、故、贤、能、功、贵、勤、宾八种人物犯罪，不按一般法律规定量刑，需上报皇帝议决，一般都能宽宥赦免，享有司法特权，其后各朝代均有程度不同的延续。“官当”指官僚贵族犯罪后以官职和爵位抵罪折当刑罚，并作出明确规定。“九品中正”和“品官占田荫客”制更具体规定官僚贵族的政治经济特权。魏晋南北朝时期盛行刑讯逼供酷法，彰显司法制度的腐朽黑暗，是中国法制文明的倒退。

（二）隋唐时期法文化的兴盛

隋文帝开国之初，大力恢复汉文化，继承德主刑辅的法律思想，施行仁政，废除苛法，改重为轻，形成《开皇律》。炀帝继位，颁布酷刑，施行暴政，大兴土木，二世而亡。

唐朝法文化极其兴盛。唐初统治者以隋为鉴，重视法律作用，立法成果颇丰，著名的有《唐律疏议》《唐六典》等，其法文化特点是：崇尚儒学，维护“三纲五常”，也强调宽仁慎刑；维护贵族特权，也重视公平合理；继承传统，不乏创新。儒家思想成为唐朝法律的灵魂，唐朝以儒家的纲常礼教作为指导思想，把危害君权、父权、夫权的行为归结到十种最大的犯罪之中，不予宽免，称为“十恶不赦”。在家庭生活中，确认男女不平等，男性有婚姻决定权，夫妻相殴，加重妻子惩罚。对于一般犯罪，用刑“务在宽简”，唐律有“疑罪从无”的明文规定，较前代用刑慎重。在数罪并罚的适用原则上，采取“重罪吸收轻罪”做法，即一人犯数罪，同时被官府查知者，以重罪处罚，数罪相等者，以一罪处罚等。

为了维护贵族特权，唐律采取议、请、减、赎、官当等手段，体现法律的不平等；但也呈现比前代公平之处，特别是唐太宗倡导“以天下为公，无私于物”和“人有所犯，一一于法”。强调依法断罪量刑，对违法者，不分贵贱，一律惩处。唐律继承传统法文化的成功之处，也有其独创，如在涉外案件处理上，就表现其独创性。唐代的京城长安是国际大都市，有大量外国人，难免发生涉外纠纷，在处理这类案件时区别对待，同一国家的人发生纠纷，以其母国法律为准；不同国家的外国人发生纠纷，或外国人与中国人发生纠纷时，适用中国法律。

三、宋元明清：中国传统法文化的延续发展

宋朝维护封建专政集权，立法繁苛，刑法严酷。宋统治者利用法律工具调整社会关系，重在加强中央集权。如将唐朝中期以来一直威胁中央集权的藩镇节度使所统领的州郡直属中央，使其成为无执掌的虚衔，而由朝廷直接派官管理；为加强中央对州的进一步牵制，在州另设通判一职，牵制并监督知州的行动；将精锐兵力选拔归中央禁军，地方只保留一些没有多少战斗力的厢军；中央禁军的高级将领以文臣充任，定期调换，使“兵无常帅，帅无常师”，避免高级将领拥兵

自重等。所以宋朝在加强专制中央集权的立法思想指导下，对新出现的社会关系均及时做出反应，以法律形式规定调整，故宋朝立法活动频繁，条文繁杂，可谓法网严密，“摇手举足，辄有法禁”；“上下内外，一事之小，一罪之微，皆先有法以待之。”[①] 对于危害其统治的行为，在适用刑罚上非常残酷，使用刺配、凌迟等酷刑。

宋朝恩荫机会多，官品越高，通过恩荫进入仕途的子孙越多，造成严重的冗官冗费。宋朝在司法制度上也有一些新成果，如鞫谳分司的审判制度、翻异别勘的复审制度、检查勘验制度等。鞫谳分司是宋朝审判制度的特色，从州到大理寺等司法机构都实行审判分离的做法，譬如在州府，设司理院，由司理参军负责审讯人犯、传集证人、调查事实等审理事务；设司法参军，根据已经认定的事实，检索有关的法律条文，定罪量刑，然后由知州决断，一定程度上保证司法公正。翻异别勘就是犯人若提出申诉，案件必须重新审理，但不能由原审机关再审，而应由同级另一司法机关复审，官吏在别勘时发现冤屈会受到奖赏。检查勘验是指法律规定有些案件必须检验，依法组成检验人员，必须遵守规定的程序，并做笔录等。因此在宋代出现许多检验学方面的著作，最为著名的就是宋慈的《洗冤集录》，是世界上第一部法医学专著，是中华民族对世界法文化的贡献。

元朝基本立法指导思想是“附会汉法”和“祖述变通”相结合。元朝法律体现落后及野蛮性的特点：刑法体系严酷，笞刑杖刑比前代更重，徒刑附加杖刑，凌迟成为惩治严重犯罪的常刑，肉刑在元朝大有恢复之势，实际司法活动中有劓鼻、割舌、断手足、剥皮、抽筋等；元朝法律将人分成四等：第一等蒙古人，第二等色目人，第三等汉人，第四等南人。由于四种人等级不同，法律地位相异，刑法适用不同，实行同罪异罚：元朝法律规定蒙古人打了汉人，汉人不能还手，如果汉人还手，则被严刑处罪；有些规定只适用于汉人，对蒙古人则没有约束，如汉人盗窃将被刺字，而蒙古人不在此列。宗教僧侣有法律特权，元以喇嘛教为国教，喇嘛僧侣享有各种特权，僧侣一般犯罪不受法律制裁。元朝的司法制度，体现民族歧视和压迫特质，法律的平等性、权威性、稳定性都受到挑战。

明朝是专制统治的典型。建立之初，鉴于复杂的环境，遵循“重典治国”原则，加重对危害统治行为的惩罚力度，将“谋反”“谋大逆”称为“罪大恶极”，用凌迟酷刑处死，并株连极广；对渎职和贪赃官吏以严刑制裁。朱元璋创立“剥皮实草”之刑，凡赃满六十两以上的官吏，都捉到所在的府、州、县、卫衙门左边的土地庙（皮场庙）剥皮，皮剥下后填牧草，然后摆在官府公堂旁边，使后继者保持高度警戒。明朝的刑法残酷，在法定的刑罚之外，还有挑筋、断脊、枭首等酷刑。

---

① （南宋）叶适：《叶适集·水心别集》。

在司法制度方面，明朝有三司会审与圆审、朝审、大审、热审等制度，所谓三司会审与圆审是指重大疑难案件，均由刑部、大理寺和都察院长官共同审理，最后由皇帝裁决。对于特别重大案件，或经反复审判而人犯仍翻异不服的案件，则由皇帝、三法司长官会同除刑部以外的五部尚书和通政司等九卿会审，称为圆审。这些制度有利于皇帝对司法活动的监督，尽量避免或纠正冤假错案。

明朝司法制度的突出特色为厂卫干预司法。明朝设有东厂、西厂、内行厂等特务机关，专由太监组成；还有锦衣卫等皇帝亲军组织。这些组织虽非司法机关，但在皇帝直接操纵下，涉足司法活动的各个环节，实际上控制了最高司法权。厂卫从事侦缉、监视等活动，用特务手段、残酷方式任意处置，使明朝的司法充满黑暗，严重干扰司法活动的正常进行。

清朝前期法律的基本指导思想是“参汉酌金”，即吸收明及其以前法文化为主要内容，并充分参考满族已有的传统情况和当时的社会实际，构架制定法律制度。因此，清朝建立包括刑事、民事、行政、诉讼、狱政等内容在内的法律体系，针对多民族国家实际，还制定相应的专门法；司法制度上程序完备、审级严格，会审和死刑复核制度进一步规范。

清朝法律规定的十恶不赦之罪中，将“谋反”“谋大逆”放在首位，同时严格控制人民的思想，把不利于清朝统治的思想及书籍视为异端并定为“妖言罪”大加伐鞑，多次掀起“文字狱”。在号称清朝盛世的乾隆朝，“文字狱”也最为兴盛，深文周纳，锻炼成狱，一旦罪名成立，严加诛伐，把思想文化界搞得血雨腥风。清朝法律极力维护家长父权，在婚姻嫁娶中，主婚权属于尊长，《大清律例》规定：“嫁娶皆由祖父母、父母主婚。”在家庭中，确认丈夫对妻子的监护权，夫妻地位不平等，家长在家庭中拥有绝对权威，享有对家庭财产的支配权和对子孙的监护惩罚权。

清朝的司法活动中，重视调解息讼。其中有一种民间调解，在乡里宗族之内发生的民事纠纷和轻微刑事案件，由德高望重的族长或有威信的乡邻出面组织和解。还有一种突出的现象就是幕吏主导司法。通过科举考试选拔各级长官，由于以八股取士，所任官长缺乏实际才干，因此很多事务就由通晓法律的书吏或聘用通晓刑名律例的下级士绅为顾问幕友具体处理。这些幕友书吏往往把持司法，上下其手，作弊营私，导致司法腐败。

四、鸦片战争以降：中国传统法文化的近代转型

1840 年鸦片战争以后，中国由封建社会逐渐沦为半殖民地半封建社会。西方文化纷至沓来，其法律文化也涌进中国，开议院、定宪法、行三权分立为内容的宪政思想，开始传入中国，使古老中国出现新生机。在新的社会力量推动下，政治法律观念制度均呈现巨大变化，从而导致清末大规模的修律活动，建立法律馆，翻译外国法律、派员出国考察，聘请外国专家为顾问，成为法制近代化的重要标志，从而对历史产生深刻影响。其主要变化是：第一，法律精神的变化。采纳借鉴西方的法律原理和原则，如罪刑法定、法律面前人人平等、审判公开、辩护等，极大地冲击了封建法文化。第二，法律体例的变化。修律中制定许多独立的法典和单行法规，改变了诸法合体、民刑不分、实体法与程序法不分的传统。第三，诉讼审判制度的变化。建立了公诉制度、陪审制度和律师制度。

1912 年元旦“中华民国”成立到 1949 年 10 月中华人民共和国成立，其间政治纷扰、头绪繁多，大体上经历南京临时政府、民国北京政府、南京国民政府时期。此时，中国资产阶级的民主法制在曲折中得到一定发展，法律文件逐渐完善，但资产阶级的民主法制没有很好地执行，相反封建专制主义的浊流暗涌。

1912 年南京临时政府时期，是中国民主法制的开端，但仅仅存在 3 个月，仅属观念上的。北京政府时期，进步与倒退进行激烈较量，民主法制蹒跚而行，修订许多法律，从文字反映的内容来看，极具民主精神，如 1913 年的《天坛宪草》、1924 年的《中华民国宪法》。《中华民国宪法》从条文上是北京政府时期最民主的一部宪法，是在《天坛宪草》的基础上，经过法律专家十年的研讨和修订而成，相当成熟。但实际上被大小军阀所利用，成其实现自身利益的工具，虽是好法但不能执行，一纸空文而已。

从 1928 年到 1937 年，南京国民政府大体上实行近代化的立法体系，但 1928 年 10 月，国民党中央常务执行委员会制定了《训政纲领》，实行一党专政。“中华民国”时期，大小军阀利用军法审判干涉司法，也是一大特征。民国北京政府时期，大小军阀把持了从中央到地方的各级政府。南京国民政府时期也广泛采用军法审判、特务司法，其中“军统”就是代表。而司法党化也是一个重要特征，要求司法机关以国民党的三民主义为指导思想，以三民主义的立法原则和法理作为论证依据，对重大案件以国民党指示操作司法，还要求司法人员全体加入国民党。司法中立、司法独立根本不可能实现，实际上成为国民党专制的工具。

中国共产党领导的革命根据地法律制度则呈现新气象。在立法思想上发扬新民主主义，如 1931 年 11 月的《中华苏维埃宪法大纲》第 2 条规定：“中华苏维埃所建立的是工人和农民的民主专政国家。”1941 年 11 月通过的《陕甘宁边区施政纲领》第一条规定发扬民主，团结边区内部各社会阶层、各抗日党派，发挥一切人力、物力、财力、智力，为保卫边区、保卫中国、驱逐日本帝国主义而战。在各抗日根据地政权组织上实行“三三制”，保障一切抗日民众的人权。革命根据地各个时期均重视婚姻立法，都确认婚姻自由、男女平等、一夫一妻。在司法制度上，创建马锡五审判方式和人民调解制度。这是马锡五在担任陕甘宁边区陇东专员期间创立的一种审判方式，摒弃坐堂问案，而采取巡回方式深入群众，照顾群众生活习惯，审判方法为座谈式，审理案件不敷衍拖延，并在各抗日根据地得以推广，推动人民司法的民主化。还创立人民调解制度，调解方式有民间调解、群众团体调解、政府调解、司法调解等，人民调解成为司法审判的重要补充。

第三节　中国传统法家法文化的基本精神

一、中国传统法文化的主要特点

（1）德主刑辅。西周统治者从殷“不敬厥德，乃早坠厥命”的结局中，确立了“明德慎罚”方略。至汉代该观念趋于成熟，形成“德主刑辅”的法制模式，得到后世统治者的高度认同。仁爱忠恕观念始终决定着中国传统文化的走势，作为中国文化重要组成部分的法文化也在不同层面表现出重教化、慎刑罚的人文关怀。明德旨在将人们的犯罪意图消灭在萌芽状态，而慎罚则有助于发挥法律禁民为非的教化功能。荀子说：“明礼义以化之，起法正以治之，重刑罚以禁之。”德与刑的终极目的都是为了建设尚德明法的和谐社会，以维持国家长治久安。

（2）缘法断罪。中国古代很早就以明确语言表达依法治国的理念。缘法断罪就凸显统治者对于法律治世之具的重视，借以提高法律权威，严肃法官责任，维护法律秩序和社会相对稳定。但在专制主义体制下当然有很大的局限性，与近代体现民主与法治精神的罪刑法定在性质上是不同的。

（3）无讼是求。中国古代在相当长的时期内以儒家理论作为指导思想，儒家提倡和为贵，因此把无讼视为理想境界，为了减少诉讼，既提倡明德教化，又推行调处息争，特别是民事和轻微的刑事案件。宗法血缘关系的联结和地缘关系的相对稳定，使民间发生的诉讼有可能经过调处达到和解。而诉讼所造成的讼累也使民畏讼，而乐于调处息争。

（4）诸法合体。中国从公元前 5 世纪一直沿袭诸法合体、民刑不分的法典编纂体例，在代表性的法典中，以刑法为主，涵盖民事、行政、经济、司法等各个部门法。中华法系在发展过程中，形成独树一帜、特色鲜明的传统，而与世界其他法系相区别。这种特殊性，也正是中华法系的典型性。①

二、中国传统法文化的基本精神

中国古代法文化，具有独特的内容和范式，特征鲜明，主要体现在以下三个

① 张晋藩：《中国法制史》（第五版），中国政法大学出版社，2016 年版，第 1－3 页。

方面。

（1）引礼入法，法律道德化。礼与法相互渗透、结合，和中国古代宗法伦理的社会特性分不开，可以有效地维系国家机器运转，从而构成中华法系最本质的特征和特有的法制文明。荀子说："治之经，礼与刑"，清楚地表达了礼刑二柄在治国中的作用。汉以前，礼更多从正面规定国家生活的许多方面，并使之制度化，而刑则是对侵犯礼行为的一种惩罚。礼以"别"为本，以差等著称；刑以"齐"为本，以公平闻世。正因为目的一致，才有可能引礼入法。汉儒家通过说经解律，开辟引礼入法的重要途径。至西晋确立"竣礼教之防，准五服以制罪"的量刑原则，标志着引礼入法的重要阶段。此后，礼作为制度性建设的作用逐渐减弱，而作为精神性建设地位得到发展，成为一种道德体系。引礼入法，使法律道德化，法由止恶而兼劝善；以法附礼，使道德法律化，违反礼教亦需受到法律制裁，道德与法律相互支撑，正所谓"德礼为政教之本，刑罚为政教之用，犹昏晓阳秋相须而成者也"①。正如习近平总书记2016年12月在十八届中央政治局第三十七次集体学习时讲话中强调的："法律是成文的道德，道德是内心的法律。法律和道德都是规范社会行为、调节社会关系、维护社会秩序的作用，在国家治理中都有其地位和功能。法安天下，德润人心。"②

（2）家法、国法一体化。中国古代社会以家庭为本位。法律一贯维持家庭本位的社会结构，这不仅是国家稳定的基础，也是自然经济延续的基石。在中国法律体系中，调整家庭关系的伦理立法是重要组成部分，也起着调整伦理关系与族属成员权利义务关系的作用，二者具有一致性。家国一体的宗法社会形态对法文化的突出影响，就是法律义务与伦常义务的交融。家以宗法血缘为基础，国以政治伦理来强化。规范血缘关系的是家法（家族法），规范政治伦理的是国法。两者相通并行，凡属违反国法的行为必为家法所严禁，而违反家法的行为也必为国法所不容。如果说国法侧重于治国平天下，家法则侧重于修身齐家。对家的义务，重在孝，所谓"亲亲父为首""百善孝为先"，这既是一般伦常义务，也是法律义务，子孙违反孝道，要处以很严重的刑罚；而对国的义务，则在忠，所谓"尊尊君为首""臣事君以忠"。在"朕即国家"的专制社会里，对国家的义务又转化为对国君的义务。法律制度与伦常纲纪都作为"治世之具"被君父运用操控。这两者的相交融合成为中国传统法文化与世界其他地区最大的区别。

（3）法、理、情相统一。理，主要指以纲常为核心的政治伦理和体现世俗规则的事理。经过汉儒董仲舒的论证，又将纲常之理奉为天理。从此，国法也多循三纲之理而制定，并以维护三纲为使命，体现了中国古代独特的"天人合一"

① （唐）长孙无忌：《唐律疏议·名例律》序疏。

② 习近平：《习近平谈治国理政（第二卷）》，外文出版社，2017年版，第133页。

观念。至于情，主要指社会中人与人相处的规范，即所谓人情、世情、社情。儒家不仅从社会政治学的角度沟通理、法、情三者的界限，还从天人感应出发，将天理、国法、人情三者联系起来，使三者协调统一，以确保社会有序，国家稳定。循理定法，法合于理，使法可信，增强了法的权威；法顺民情，又使法可行，还赋予法律某种亲和感，使法律贴近生活，凸现古代法律“仁”的基调。法与情、理三元合一，不仅加强了法的权威性，也加强了社会渗透力。因此历代圣君贤相都力求做到奉理、执法、原情，并将三者的和谐统一视为强国之本、固国之基。它不仅成为中华法文化积淀中的重要传统，也对儒家文化圈的东方各国产生重要影响。①

2016 年 12 月，习近平总书记在就中国历史上的法治和德治进行的中共中央第十八届政治局第三十七次集体学习时强调：“法律是准绳，任何时候都必须遵循；道德是基石，任何时候都不可忽视。在新的历史条件下，我们都把依法治国基本方略、依法执政基本方式落实好，把法治中国建设好，必须坚持依法治国和以德治国相结合，使法治和德治在国家治理中相互补充、相互促进、相得益彰，推动国家治理体系和治理能力现代化。”②

① 张晋藩：《中国传统法文化论纲》，光明日报，2005 年 7 月 12 日。

② 习近平：《习近平谈治国理政（第二卷）》，外文出版社，2016 年版，第 133 页。

第八章　中国传统制度文化发展沿革与基本特征

2014 年 10 月 13 日，习近平总书记在第十八届中共中央政治局第十八次集体学习中国历史上的国家治理时强调："治理国家和社会，今天遇到的很多事情都可以在历史上找到影子，历史上发生过的很多事情也都可以作为今天的镜鉴。中国的今天是从中国的昨天和前天发展而来的。要治理好今天的中国，需要对我国历史和传统文化有深入了解，也需要对我国古代治国理政的探索和智慧进行积极总结。"① 中国五千年的文明发展进程中，在政治制度、经济制度、文化教育等方面逐步形成了非常系统完善的制度体系。这些完备且发挥实效的制度架构是我国古代文明领先于世界的标志之一，也是数千年来政治经济文化得以不断推展的动力来源。

习近平：牢记历史经验教训
为国家治理提供借鉴

第一节　中国传统政治制度构架

中国古代政治制度延续时间之悠久，发展之完备，在世界上绝无仅有。厘清中国古代政治制度及行政机构设置的脉络，对于认识中国古代社会与文化有着十分重要的意义。中国古代政治制度主要由文官制度、宰相制度、监察制度等构成。

一、文官制度

（一）文官选拔制度

完善的文官选拔制度是整个政治制度良好运转的基础。中国古代的文官选拔制度不断探索与革新，推动中华文明的发展。在我国历史上，周朝是世卿世禄制，实际上是世袭制，即父子相传。其后主要延续了以下几种文官选拔制度：

① 《中共中央政治局就我国历史上的国家治理进行第十八次集体学习》，人民日报，2014 年 10 月 14 日。

1. 察举征辟制

所谓察举，就是经过考察后进行举荐。具体由三公九卿、地方郡守等各级官员以“贤良”“孝廉”“秀才”等名目，把有名望和德行的士子推荐上去，经过考核，授以官职。汉文帝时，下诏要求“举贤良方正能直言极谏者”。汉武帝时，察举制度正式确立。汉代察举科目繁多，大体分为两大类：一类是经常举行的科目，称常科（岁科）；另一类是不定期举行的科目，是皇帝根据需要临时指定的特别选举科目，称特科或特举。常科包括孝廉、茂才（秀才）、察廉（廉吏）、光禄四行；特科则包含贤良方正、贤良文学、明经、明法、至孝、有道、敦厚等数十种。察举制兴盛于两汉，衰落于南北朝，其后历朝仍不同程度存在。察举制超越世卿世禄制的一次巨大进步，它脱离了阶级特性，所有平民都有资格被察举，从而废除了贵族特权。

另一种文官选拔的征辟制分为征召和辟除两种。征召是指皇帝特征、聘召社会贤士参政的制度。辟除则为中央或地方官府长官聘任幕僚属员的一种制度。征辟是汉代统治者为搜罗人才以加强统治而采取的特别措施。它是一种自上而下的选官制度，弥补察举制自下而上选官制度之不足，二者共同构成汉代选官制度的主体。

2. 九品中正制

东汉末年，察举征辟制已暴露出严重弊端，甚至沦为各级官僚培植集团派系势力的工具，形成“台阁失选用于上，州郡轻贡举于下”局面。三国时期，魏文帝曹丕于220年采纳尚书令陈群“制九品官人之法”建议，正式实行九品中正制的选官制度。具体是在各郡、州设置专担评议之责的中正。中正对人物的道德、才能只做概括性的评语，称为“状”；根据家世、才德的评论，对人物做出高下的品定，称为“品”，并分为九等，即上上、上中、上下、中上、中中、中下、下上、下中、下下。中正评议结果上交司徒府复核批准，然后送吏部作为选官根据。曹魏初期，多数中正尚能遵循“贤有识鉴”标准，但后来逐渐被世家大族所控制。至晋代，九品中正制流变为士族把持政权的工具，出现“上品无寒门，下品无士族”及“公门有公，卿门有卿”现象，寒门士族只能依附于豪门士族。注重家族出身背景的“郡望”流行于魏晋南北朝乃至于隋唐时期。

3. 科举制

科举是我国古代通过考试方法选拔官吏的主要制度，始于隋，盛行于唐，宋明清不断发展完善。606年，隋炀帝定制以十科取士，其中“文才秀美科”（即后来的进士科）为常设科目，宣告科学制的诞生。至唐代，科举制不断完善，分为常科与制科两类。常科每年举行，科目分为秀才、明经、进士、明法、明字、明算等，但以明经、进士两科录取人数最多。制科则依据形势需要，由皇帝临时设置的科目，平民子弟和官吏都可应试。唐朝进士科的应试者往往在礼部考试之前，把自己的文学作品编成卷轴，投献给主考官及有地位的名流，争取他们的推荐，也是为了克服“以一试定去留”的局限，从而形成投卷和荐举制度。宋代，基本因袭唐制，更加严格，范围和规模有所扩大。宋代为了防止作弊，科举考试实行“糊名”“誊录”制度，还有把主考官封闭起来的“锁院”制度，宋太祖时正式建立由皇帝亲自主持的殿试制度。宋神宗时罢诸科，只保留进士科。明清时期，科举制进入鼎盛阶段，制度流程更趋于严格，其科考程序分为童试、乡试、会试、殿试。殿试分为三甲，一甲只有三人，称为状元、榜眼、探花，赐进士及第；二甲若干名，赐进士出身；余下者皆为三甲，赐同进士出身。鸦片战争后，科举制日益沦为阻碍西学传播乃至影响现代教育体制确立的落后制度。1905 年，科举制被清政府正式下诏废止。

（二）文官任用制度

汉代，中央和地方主要官员由皇帝或中央的主管机关任命。官吏初任有一年试用期，其间称为“守”；暂时代理或兼理某职称“假”；以本官兼领他职者称“领”；一人兼任两职者称“兼”；官阙未补由他官暂代的称“行”，以本官而平决尚书事者称“平”；被征召而未正式任用者称“待诏”；由中央派员督导地方者称“督”。隋唐时期，九品以上官吏咸归中央任免。五品以上由皇帝亲自任免，五品以下则由吏部铨选。唐代任官的主要途径是科举。常举考试及第的进士，再经过吏部的考试，称为“关试”，又称为“释褐试”，考试合格方能正式授官。制科考试合格者就不必经吏部复试，可以直接授官；凡外戚、宦官、侍从学士则由皇帝直接任命，不必经过考试。宋代，进士及第、制举合格以及太学中的上舍生都具备做官资格，由朝廷授予一定官职。还实行恩荫制度，皇族宗室和官僚子弟、亲属、姻亲甚至门客都可由恩荫授官。宋代任官有“官”“职”“差遣”之分。“官”仅表示等级，与俸禄联系；“职”是一种加官，即馆职和贴职；“差遣”是实际履行某职务，如无差遣，其所任之官便成为闲职。明代，吏部文选司掌铨选。官吏选授对象除进士、举人、贡生外，尚有官生、恩生、监生、儒士以及官吏、知印、书算、译字、通事等杂流。京官中，六部主事、中书、行人、评事、太常、国子博士，外官中知州、推官、知县一般从进士出身中选任，但也有从举人和贡生中选任外官、推官、知县和学官的。清代文官任用多出自以下八种出身：进士、举人、贡生、荫生、监生、生员、官学生、吏员。铨任方式有初班（即初次任命）、补班（即补缺）、转班（品级相同而转职）、改班（改换其他职务）、调班（任期届满而调换）、升班（职务升迁）等。在任官形式上，凡由皇帝直接任命称为“特简”；由大臣互推称为“会推”；外官推荐有才之士任官称为“明保”；如推举保荐特殊人才破格录用，则称为“密保”。清代还创立“官缺制”，分为满官缺、蒙古官缺、汉军官缺和汉官缺四种。其中，满官缺多为掌握军政钱粮的要职。

（三）文官考课制度

考课也称考绩、考核、考查，是对在职官吏政绩和功过的考核，成为文官管理制度中的重要环节。考课不仅是政府对官吏实施奖惩、升降、俸禄的主要依据，也是激励向上、整顿吏治的有效举措。

早在战国时期，便初步建立考课官吏的“上计”制度。秦统一后，考课制度仍以上计为主，有时还由中央直接派员案行考课，并制定《为吏之道》作为考核法律，具体规定须遵守“五善”和须防止“五失”，成为考课制度确立的重要标志。西汉把上计制度具体化，考课由丞相和御史大夫两府主管，根据考课结果实行升降与赏罚，分为迁、降、转、徙等，从而将考课制度与奖惩制度结合起来。魏晋南北朝时期，考课对象逐步由地方官吏扩大到中央官，并出现专门负责考课的机构如吏部考功司。这一时期，考课等级逐渐明确，而且有法可循。如魏有七十二课法，晋有五条，北魏有三等黜陟法，北周有考课六条。至唐朝，考课制度已相当完备。“考课令”作为《唐令》的第一编颁布执行，尚书省中的吏部成为负责考课的中央机关。考课制度也形成统一的内容、标准和相应的赏罚规定，基本标准为“四善”“二十七最”。四善者：一德义有闻，二清慎明著，三公平可称，四恪勤匪懈。宋朝，考课官由审官院与考课院负责。考课标准沿袭唐朝的“四善”，但减“二十七最”为“四最”，即狱讼无冤、赋税不扰为治事之最；农桑垦殖、水利兴修为劝课之最；屏除盗贼、民获安居为镇防之最；赈恤困穷、不改流移为抚养之最。宋代称考课为“磨勘”，考课方式是建立考状，即“历纸”，审官院和考课院根据上报的考核材料进行审定。但宋朝考课不重实绩，只重年资，考课流于形式，造成机构臃肿、冗员丛生。明朝考课制度更为详细。考课分文武两个系统进行，吏部负责文官考课，主要方式是“考满和考察，两者相辅进行”。内外文官任职满三年一考，六年再考，九年通考，每一阶段考绩完成称作“考满”，按“称职”“平常”“不称职”三等决定升贬。至于考察，京官六年一次叫“京察”，外官三年一次叫“外察”。考察官吏按为政操守、为政才能、为政态度及身体条件等“四格”和贪、酷、不谨、浮躁、疲软、人才不及、年老、有疾等“八法”进行。清朝的考课制度，京官谓之“京察”，外官谓之“大计”，具体制度与标准沿袭明制。

二、宰相制度

在我国古代政治体制中，宰相制度居于核心地位，是连接政治制度各部分的中心环节。它对历代皇朝专制主义中央集权的加强和统一多民族国家的发展都有深远影响。宰相制度起源甚早，其演变分为以下几个阶段。

（一）从三公到三省制

黄帝至西周时期，已有关于“相”“百揆”“宰”的记载。这些职位实际已有辅助君王处理政务的职责，但尚未作为正式官称。春秋战国时期，中国社会发生重大变革，以国君为核心的中央集权开始萌生；以官僚体制为主、世卿世禄为辅的政治体制开始形成。于是，各诸侯国普遍设立“相”职，专事辅助君王处理国政。韩、赵、魏、燕、齐等称之为相或相国，楚称之为令尹，秦称之为丞相或相国、国相。各国招贤纳士，选贤用能，一批贤相应运而生，成为宰相制度的前身。

秦始皇统一六国后，设丞相、御史大夫、太尉三公，同为宰相职位，宰相“掌丞天子，助理万机”，为正式官制，成熟的宰相制度正式创立，成为后世沿袭传承的定制。西汉承继秦朝的宰相制度，仍设置“三公”，但在权力机制上有所改革，推行丞相负责制，并建立以丞相为首的朝官集团。汉武帝时，为防止臣下专权，将政务中枢从三公府移入内廷，设置尚书台，成为皇帝的机要秘书处。尚书令则成为直接对皇帝负责、总揽一切政令的长官，是实际上的宰相。东汉以太尉、司徒、司空为三公，但此时的三公已无宰相之实，以至“政不任下，虽置三公，事归台阁。自此以来，三公之职，备员而已。”曹魏时，尚书台将办事机构迁到宫外，由内朝官转变成外朝官，尚书台成为独立的中央政务机构，成为“朝政之本”，而三公仅是“论道之官”。可见，尚书台的长官尚书令和左右仆射已是名副其实的宰相了。随着尚书台外迁，“三公”相继演化为门下、尚书、中书三省，三省长官都称宰相。魏晋南北朝时期，朝政基本上由世家大族和权臣把持，宰相所拥有的权力变化不定，往往出现权随人移现象。总的来说，三省长官交互辅政，三省制雏形已成。

（二）三省制的正式确立与演变

1. 隋唐三省制

隋唐时期，三省制逐步确立并发展完备。隋代设尚书、门下、内史三省，三省长官同为宰相。这时的三省职权划分并不清晰，总的看来，三省虽同时运转，但其权力核心却在尚书省。唐初的三省制度组织严密，机构齐备，职权分明。三省长官中书令、门下侍中、尚书令（后改左、右仆射）均是宰相。三省关系平等，内亲外重，各有司属，分工明确。中书省是最高决策机关，“中书令之职，掌军国之政令……盖以佐天子而执大政者也。”门下省是最高核审机关，“掌出纳帝命，佐天子而统大权者。”中书省起草的诏召制敕，要经门下省审议，门下省有权驳还或封还诏书。尚书省是最高执行机关，“总领百官，凡庶务皆会而决之”，下设吏、户、礼、兵、刑、工六部，每部下设四司，共二十四司，分管全国行政、财政、文教、军事、司法及屯田水利等事务。

2. 宋代二府三司制

北宋初期，鉴于“方镇太重，君弱臣强”，建立二府三司制，将门下、尚书两省闲置于外朝，尚书令和侍中没有特诏不预政事。另置中书省于禁中，设政事堂为宰相办公处，下设副宰相称“参知政事”，从而分散相权。同时，把军权从宰相的权限中分离出去，设枢密院统领全国军务，政事堂和枢密院合称“二府”。后又设三司使（盐铁、度支、户部）合称“三司”，分离宰相的财权，从而形成“中书主民，枢密院主兵，三司主财，各不相知”的格局。宋神宗改制，废除二府三司制，恢复三省制，以左右仆射为宰相，左仆射兼门下侍郎，右仆射兼中书侍郎。南宋初，左右仆射加同平章事，为正宰相，不再兼任。孝宗以后，正宰相为左右丞相，副宰相仍复参知政事。

3. 元代一省制

元代实行一省制，即只设中书省为政务中枢，原属尚书省的六部改归中书省，“凡军国重事，无不由之。”以中书令为长官，由皇太子兼领，实为虚衔，以下设左、右丞相，成为实际宰相。为了分散相权，又另设平章政事、左右丞、参知政事为副相，与宰相共同参议政务。设枢密院掌管军事，枢密使例由皇太子兼领，实际事务由知院掌管。

（三）宰相制度的衰落与内阁设置

明初沿袭元制，设中书省左右丞相。后因右丞相胡惟庸被杀，遂罢中书省，废宰相。原先的六部直接隶属皇帝，向皇帝一人负责，皇帝事实上兼任宰相职责。之后，朱元璋“仿宋制，置华盖殿、武英殿、文渊殿，东阁诸大学士……备顾而已，”成为内阁制的萌芽。明成祖朱棣在位时正式设立内阁，以内阁大学士协助皇帝处理政务。仁宗后，内阁地位和作用进一步提高，且统率六部，于是“阁权之重，偃然汉、唐宰辅”。在内阁大学士中，分为首辅、次辅、群辅，如李贤、严嵩、徐阶、高拱、张居正皆为首辅。内阁对呈奏皇帝的奏章、文书具有拟旨权，即“票拟”，所拟建议供皇帝参考。

清代仿照明朝内阁制，确立内三院（国史院、秘书院、弘文院）居六部之首，行使中央政府职权。大学士兼六部尚书头衔，担任“票拟”工作。后取消内三院，改为内阁，另设翰林院。大学士加殿阁名衔，定制为三殿（保和、文华、武英）、三阁（文渊、体仁、东阁）大学士。同时，还存在由满洲贵族组成的议政王大臣会议，军国大政均由其裁定，交内阁六部执行。大学士的职能“仅票拟承旨，非如古所谓秉钧执政之宰相也。”雍正时期，设军机处，无定员，多时达六七人，称为军机大臣。重要刑事案件、官吏任免等机密要事均由军机处决定，其职责主要是拟旨、出纳和整理皇帝的口授谕旨或是章疏。此时的内阁宰辅仅“名存而已”，军机大臣成为事实上的宰相。

纵观明清两代，内阁大臣的权力大小完全取决于皇帝的信任度，内阁不过是皇帝的辅佐、顾问而已。内阁制的出现，凸显我国封建社会后期皇权的高度强化及宰相制度的式微。随着清王朝的覆灭，中国的宰相制度也走到尽头。

三、监察制度

中国古代建立了较为完整、体系化且极具特色的监察制度，主要包括御史监察制度和言谏制度，两者互为补充、相互配合，成为强化君权的重要工具。

（一）御史监察制度

御史制度是中国古代监察制度最主要的组成部分。先秦时期各国虽设有御史，但仅相当于君王的机要秘书。秦代在中央设御史大夫，辅佐丞相治理天下，同时负责监督各级官吏，其官署为御史大夫府。秦始皇还在地方设置监察官员——监郡御史，不仅管监察，而且向上级长官推荐人才。御史系统在监督行政、典正法度、察举非法等方面发挥重要作用，故“秦开创了中国古代监察制度的先河”①。汉承秦制，御史大夫“内承本朝之风化，外佐丞相统理天下，”既任监察之职，又掌行政大权。下设御史丞和御史中丞。中丞在殿中兰台“掌图籍秘书”，“受公卿奏事，举劾案章”“察举非法也”。汉代还制定了我国最早的地方监察法规《监御史九条》和《六条察郡之法》，推动监察工作走上正轨。魏晋南北朝之后，御史制度逐渐走向成熟。御史台成为皇帝直接掌握的独立机构（南朝称南司，北魏称御史中尉，北周称宪司），其长官为御史中丞，职责是“从皇太子以下无所不纠。”进入唐代，中央监察机构是御史台，也称宪台，与尚书中台、谒者外台，合称“三台”。宋代也在中央设御史台，但御史大夫向无实任，以御史中丞为实际长官，下设台院、殿院、察院，以“纠察官邪，肃正纲纪。大事则廷辩，小事则奏弹。”明代时，设都察院取代御史台，其主要工作人员是御史，主官是左、右都御史各一人，其下有左、右副都御史各一人，佥都御史各两人。② 还创设具有独立监察权的“六科”，即在吏、部、礼、兵、刑、工六部，设置独立的监察组织，以直接监督各部违失。清袭明制，中央监察机构仍是都察院与六科机构分置，而都察院的监察职能进一步加强。清代还制定了最完整的监察法典《钦定台规》。至此，我国古代监察系统达到高度统一。

（二）言谏制度

言谏制度，或称谏官制度、言官制度，是中国古代监察制度的重要组成部分，并与御史监察制度共同构成监察制度的两翼。

言谏制度比御史制度更早。西周时期，在地官司徒之下设保氏“掌谏王恶”。春秋时期，齐国设大谏，赵国设左右司过以掌谏议。秦汉时期言谏制度初具规模。秦置谏议大夫，数人至数十人不等，属郎中令，以“匡正君主，谏诤得失”。西汉初年另设太中大夫，掌议论之制。武帝元狩五年初置谏大夫，东汉时更名为谏议大夫，有权驳议御诏中的失误，可面见君王并对失法大节提出面谏。唐代，言谏体系趋于完备，主要有左右谏议大夫、左右拾遗、左右补阙、左右散骑常侍等。这些谏官右隶中书省、左隶门下省，分职劝谏皇帝，其职责是“掌供

① 张晋藩：《中国法制通史》（第2卷），法律出版社，1999年版，第87页。

② 韦庆远：《中国政治制度史》，中国人民大学出版社，1989年版，第390-391页。

奉讽谏，扈从乘舆。凡发令举事，有不便于时，不合于道，大则廷议，小则上封。”自唐代始，谏官具有封驳权，认为皇帝诏书因不合时宜而不便下达时，可将诏书封还加以驳正。唐代重谏官而轻御史。以唐太宗为代表，虚心纳谏，推动言谏制度的发展。北宋明道元年七月，宋仁宗诏令：“以门下省为谏院，徙旧省于右掖门之西。”谏院的设置，使谏官从中书省与门下省中独立出来，与御史合称台谏。范仲淹、欧阳修、司马光、苏辙等都曾任职谏官，范仲淹就有“宁鸣而死，不默而生”的著名誓言。元代重监察，轻言谏，谏官职能归御史台，御史也兼谏官职能，御史与谏官制度至此完全合一。[①] 明朝谏官的职能由六科给事中取代，即在六部中各置都给事中一人，左右给事中各一人，“掌侍从、规谏、补阙、拾遗、稽察六部百司之事。”六科有封驳权，内廷拟旨交由六科，六科认为不合理者，给事中可加以驳正缴回，称为“科参”。清代有都察院御史和六科给事中两套人马。清雍正年间，“以六科内升外转，始隶都察院。”从而取消了六科给事中执掌的封驳权，中国古代的言谏制度至此走到终点。

（三）中国古代监察制度特点

1. 监察机构相对独立

中国古代监察制度自成一体、垂直领导，听命于皇帝，对内外百官进行监督。汉武帝时期，中国历史上形成第一个相对独立的监督机构——兰台寺。自魏晋御史台脱离少府后，中央监察主体机构与行政机关分离，组成独立的监察机关并直接对皇帝负责，不受其他行政部门的约束和羁绊。地方稽查机构也不隶属于所在衙门。地方监察官如西汉的刺史、唐朝的十道巡按、宋朝的监司、元朝的行台和肃政廉访司等均由中央御史台管理；明清的巡按御史均隶属于都察院，同级或上级行政长官无权对其发号施令，因而监察官吏相对独立，行使监察权就有了制度保证。

2. 监察官吏位卑权重

自隋朝设立监察御史开始，品位都较低，隋为从八品，唐为正八品上，宋为从七品，元为正七品，明为正七品，清为从五品。如此安排，使得监察官员可以较少顾忌、不畏权贵，敢于行使监察、惩处大权。正如白居易在担任左拾遗后的奏疏中所言：“大凡人之情，位高则惜其位，身贵则爱其身；惜位则偷合而不言，爱身则苟容而不谏，此必然之理也。故拾遗之置，所以卑其秩者，使位未足惜，身未足爱也；所以重其选者，使下不忍负心，上不忍负恩也。夫位不足惜，恩不忍负，然后能有阙必规，有违必谏。朝廷得失无不察，天下利病无不言。”[②] 正是因为位卑，可以因弹劾之功获得厚赏，可以越级擢升，并且空间极大。“厚

① 贾玉英等：《中国古代监察制度发展史》，人民出版社，2004 年版，第 144 页。
② 《旧唐书·列传·白居易传》。

赏”成为对监察官的现实激励，促使其竭诚尽忠于本职工作。

3. 监察程序制度化

监察官吏作为“治官之官”，历代统治者十分重视选用、考核，并逐步形成一套行之有效的制度。监察官吏选任制度至唐代时已较为成熟，元代之后更趋完善。元世祖时，每年终由御史台“考其功效”，考核标准为：凡“使一道镇静，谙知大体，所察得实，民无冤滞为称职；苛细生事，暗于大体，所察不实，民多冤滞为不称职。”①

古代监察官吏行使监督权，有具体的制度及措施。秦初，湖北云梦睡虎地秦简《语书》中就规定了辨察良吏和恶吏的细则，作为监察执法的依据。汉初制定《监御史九条》是我国古代第一部专门监察法规，成为法规制度的蓝本。汉武帝时制定的《刺史六条》被称为“百代不易之良法”。元代的《宪台格例》是相对规整的中央制定的监察法规。清朝的《钦定台规》是最为严整的监察法典。上述法规的颁布和实行，推动古代监察程序运转的制度化。

第二节　中国传统经济及教育制度

一、中国古代经济制度

中国古代经济结构中，农业经济占据主导地位，农业收成关系国家兴衰和人民生计，成为历代制定经济制度的重点，古代经济制度主要由土地制度与赋役制度构成。

（一）古代土地制度

土地作为一种自然资源和社会财富，是人类赖以生存繁衍的重要载体和生活资料。在我国古代，先后有以下几种土地制度：

1. 井田制

西周时期，形成了通过土地分封制度维系的统治结构。在土地生产方式上，则出现土地制度立法，即“井田制”，即所谓：“方里而井，井九百亩，其中为公田。八家皆私百亩，同养公田。公事毕，然后敢治私事。”。井田制是公有土地（国有土地）出现的最早形态。春秋以后，随着生产力的不断发展，井田制度已无法激励生产积极性，“民不肯尽力于公田”，“无田甫田，维莠骄骄”的局面时有发生，土地国有开始向私有过渡，井田制也随之趋于没落。

---

① 《元典章·台纲二·体察》。

2. 名田制

公元前216年，秦始皇颁布“使黔首自实田”令，把名田制推广到全国，标志着以法律形式确立土地私有权。所谓名田制，就是以二十等爵为基础授予田、宅。有关名田制的法律条文，张家山汉简《二年律令》中记载：“未受田宅者，乡部以其为户先后次次编之，久为右。久等，以爵先后。有籍县官田宅，上其廷，令辄以次行之。”名田制对魏晋以后的土地制度产生深远影响，其突出特征是既按户籍计口授田，又按军功大小分封不同爵位和不同数量的土地。国家授出的土地即成为私人占有，可以买卖。按户籍授田实现国家通过土地对农民的严格控制，也让人民得以休养生息，既稳定了国家税赋基石，更促进了生产发展。

3. 屯田制

东汉末年，北方地区的农业生产遭到严重破坏。曹操下令在许昌一带开垦土地，实行屯田，以解决粮食生产问题。屯田包括两种形式，最早是民屯，规定“奴婢各五十人为一屯”。之后，又增添了军屯，生产者主要是现役军人在督将率领下，五里置一营，每营六十人，且耕且守，所收粮谷全部交由度支系统官吏保管分配。[①] 屯田制在一定时期内为恢复粮食生产起到积极作用，但随着曹魏社会经济的恢复和发展，自耕农经济的复兴，屯田日益失去存在意义。魏末晋初，民屯制被废除，但在军屯方面，西晋继承曹魏制度，规模有所扩展。屯田制在唐、宋、明、清等断续在局部地区推行。明代还出现了“商屯”，亦称“盐屯”，即盐商为便于在边境地区纳粮换盐而办的屯垦。历代屯田制度的推行依赖于特定的政治、经济及军事条件，并非古代土地制度的主体。

4. 均田制

魏晋南北朝时期，长期战乱引发社会动荡，急需发展农业生产，解决国家粮食和租调收入问题。北魏孝文帝于太和九年下令实行均田制。均田制的土地类别有露田、桑田、麻田、公田（俸田）。露田为国有土地，男子年十五岁以上受露田40亩，妇女20亩。如有轮种，露田加倍或加两倍授给。露田不得买卖，年老免课及身死还田。男子每人给桑田20亩，可终身不还，桑田必须按规定种植一定数量的桑树、榆树和枣树。桑田属私有财产，可进行买卖。产麻地区授给麻田，男子10亩，妇女5亩，还授办法与露田相同。公田主要是分给官吏的土地，根据不同级别分与相应数量的土地。隋唐时期，均田制得到进一步完善和发展。广大农民得到一定数量的土地，并拥有部分使用权。但是，随着土地兼并日益严重，均田制遭到破坏。至唐建中元年两税法颁行时，均田制宣告结束。

5. 永佃制

宋王朝建立后，即宣布“田制不立”，允许民间私人购买土地成为田主，国

① 马植杰：《三国史》，人民出版社，1994年版。

家对土地买卖活动采取“不抑兼并”、自由放任的态度。广大自耕农在土地兼并浪潮的冲击下，纷纷陷于贫困破产境地，失去土地的农民只有租种地主的土地，形成租佃制的土地经营形式。到了南宋时期，佃农有权永久性耕种地主土地的永佃制开始萌芽，元代进一步发展。到了明朝，很多地方都出现永佃制。由于永佃制下土地合约的长期稳定性，佃农的生产积极性提高，促使其增加投入，改善生产条件，推动农业生产发展，对中国当代农地制度创新也有借鉴价值。

（二）古代赋役制度的演变

赋役制度是封建国家机器赖以生存和运转的经济支柱。早在夏商周时期，就实行贡赋制度。春秋时期，鲁国开始实行“初税亩”。秦汉时，推行课税及租赋制。东汉末年，曹魏实行按户征调赋役的户调制，两晋及南北朝均实行租调制。隋至唐前期，实行租庸调制，即以人口为基数的直接税。此后，我国的赋役制度又历经三次较大变化：

1. 两税法

唐朝前期实行的租庸调制是建立在均田制基础上。随着时间的推移，人口增多，而农民可受的田地越来越少，加上农民两极分化，土地被大地主所吞并，国家控制的户口锐减，出现了所谓“唐调之征愈增，则户口之数愈减”现象。建中元年正月，唐德宗采纳受宰相杨炎“凡百役之费，一钱之敛，先度其数，而赋于人，量出以制入”建议，下令正式实施两税法。

“两税法”的主要内容。取消租庸调及各项杂税，只保留户税和地税；量出制入，政府先预算全年开支，以确定赋税总额分摊于各州；户税以户等高低征钱，依据财产的多少分为九等，户等高的出钱多，户等低的出钱少；地税按亩征收谷物，无田不征；无论户税、地税，都按夏秋两季征收，夏税以六月为限，秋税以十一月为期；对不定居的商人按资产征税三十分之一，后改为十分之一。两税法“唯以资产为宗，不以丁身为本，资产少者则其税少，资产多者则其税多。”相对改变贫富不均现象，在一定程度上减轻无地少地农民的负担。“两税法”标志着长期以人丁为本的赋役制度开始向土地、资产转移，成为中国古代社会赋役制度演变的转折点，具有重要意义。

2. 一条鞭法

明代中期，随着社会经济的恢复发展，贵族、官僚和地主加紧掠夺土地，造成土地高度集中。“豪民有田不赋，贫民曲输为累，民穷逃亡，故额顿减”，农民起义不断爆发。为缓和社会矛盾，解决财政困难，在内阁首辅张居正主持下，于万历九年通令全国实行“一条鞭法”：第一，以府、州或县为单位计算赋役数目，以原有税额为标准，不得减少。把原有税额按一定比例分摊到田地和人口上。第二，统一役法，并部分地摊丁入地。把原来的“里甲”“均瑶”“杂泛”合并为一，不再区分银差、力役，一律征银，由政府雇人应役，一般百姓不再亲自出力役。役银也不再按户、丁征收，而是按丁数和田粮来出，即把丁役摊到土地里征收。丁和粮的比例，各地并不一致：有的丁六粮七，有的丁一粮三，有的丁粮各半。第三，田赋征银。除在苏、松、杭、嘉、湖地区征收本色漕粮以供皇室、官僚食用外，其余一律征折色银。第四，赋役银由地方官直接征收和运送国库。

“一条鞭法”是中国古代赋役制度的重大改革。它简化了征收手续，“赋”与“役”两者合而为一，促进了生产力的发展。“盖自条鞭之法行，而民始知有生之乐”，“一条鞭法”的推行，免去了普通农民的其他课税，使其得以休养生息，保证国家财政收入，加强中央集权。而规定以银两征赋，客观上也有利于商品经济的发展。

3. 摊丁入亩

清初，随着土地的日益集中和人口的不断增长，无地、少地的农民或迁徙流亡，或隐匿户口，不但使政府征收丁税失去保证，还导致无法掌握人口实数，更加剧社会动荡。康熙五十一年宣布：以康熙五十年全国的丁银额为准，以后新增人丁不再加赋，即“盛世滋生人丁，永不加赋。”① 之后，康熙皇帝采纳御史董之燧“统计丁粮，按亩均摊”建议，并在广东、四川两省先行，将定额丁银摊入地亩征收。雍正元年，将已试行的摊丁入亩法向推广全国，把康熙五十年固定下来的丁银额全部摊入地亩，与田赋一体征收。摊丁入亩又称地丁合一，或称地丁制。历经康熙、雍正、乾隆、嘉庆四朝百余年的推行，除留都盛京外，全国各地基本实施完成。

“摊丁入亩”是中国赋役制度的一次重大改革。将丁银按比例摊入土地，从此“民纳地丁之外，别无徭役矣。”② 同时，“摊丁入亩”削弱了封建国家对农民的人身控制，行之两千年的徭役就此退出历史舞台。而取消几千年来一直存在的人头税，客观上导致人口数量的急剧增长。

二、中国古代的教育制度

（一）中国古代学校教育制度概述

1. 古代学校教育制度沿革

早在五千年前，华夏先祖就开始有组织的教育活动。传说中的伏羲、神农、黄帝甚至更早时代就出现“教民熟食”“教民畋猎”“教民巢居”“教民耕种”等记载。迄至尧舜时期，出现“敬敷王教”和“典乐”的人伦教育和音乐诗歌教育。相传在尧和舜时期担任士师和大理官的皋陶“明于五刑，以弼五教”，主

① 《清朝文献通考》卷19《户口一》。
② 《清史稿·食货志》。

张五刑处于辅助地位，应先晓之以理，不听教化，再绳之以法。“五教”是指父义、母慈、兄友、弟恭、子孝。

夏朝开始出现“庠”“校”“序”三种教育形式，是学校的雏形。据孟子所解释：“庠者，养也；校者，教也；序者，射也。”商代产生正式的学校，又增设“学”和“瞽宗”等。“学”的诞生标志着中国古代教育已走上有形轨道。西周时期，学校分为“国学”和“乡学”两种。“国学”设在周王朝和诸侯国都城，供大贵族子弟就读；“乡学”设立在地方，供普通贵族子弟就读。周代的学校教育形式被称为“官学”，意即官方开办的学校，也就是公立学校的前身。

春秋战国时期，“治教无二，官师合一”的官学教育制度趋于瓦解，私学教育应运而生，并逐步成为学校教育的主体。这时兴办私学的代表人物是孔子，他广收弟子、传道布经，创立儒家学派。

秦灭六国，统一天下，实行“以吏为师”制度，一度造成学校教育的倒退。汉武帝时期，经济发展步入繁荣阶段。董仲舒提出：“古之王者……南面而治天下，莫不以教化为大务。立太学以教于国；设庠序以化于邑；渐民以仁，摩民以谊，节民以礼，故其刑法甚轻而禁不犯者，教化行而习俗美也。”① 在他建议下，武帝元朔五年正式设置太学，制定博士弟子员制度，以造就治术人才。这是中国传统社会以传授知识、研究学问为主旨的最高学府之开端。太学是汉代官学的最高学府，设于京城长安。太学教师聘任学优德劭者担任，称博士，首席为仆射。太学生的来源有三种：一是由主管太常选择 18 岁以上仪表端正的贵族子弟；二是由于其父辈所任职位而得以直接入学的弟子；三是地方官吏挑选的有德行而好文学者。武帝时博士弟子限额五十人，宣帝时达千人，成帝时增至三千人。东汉时太学规模更大，学生达数万人，还有远道而来的匈奴弟子，盛况空前。

魏晋南北朝时期，由于长期割据战争和复杂的民族矛盾，教育处于时兴时废状态。尽管如此，学校教育制度还有一些新发展。如学校类别增加，分科教育制度开始出现。

隋唐时期，学校教育制度日趋完善。隋开皇初年，规定国子寺辖国子学、太学、四门学、书学、算学。开皇十三年，国子寺不再隶属太常，成为独立的教育管理机构，复名国子学。唐承隋制，于武德元年设国子学。贞观元年将国子学改称国子监，下设六学，包括国子学 300 人，收三品以上官员子弟；太学 500 人，收五品以上官员子弟；四门学 1300 人，收七品以上官员子弟及庶人之俊异者；书学 30 人，以石经、《说文解字》《字林》为专业，学习文字、书法；算学 30 人，学习《九章算术》《周髀算经》等；律学 50 人，学习法律条令。前三学是儒经学校，属大学性质；后三学乃专科学校性质，凡八品以下官员子弟及庶人均

① 《汉书·董仲舒传》。

可入学。还设置皇室的高等教育机构——弘文馆和崇文馆。当时地方上的公立学校主要根据地方行政单位划分，分为府学、州学、县学等，入围学生均免费享受政府提供的伙食。由于上述政策的实施，唐代在校生人数相当可观，“国学之盛，近古未有”，崇文重教氛围浓厚。

宋代基本沿用唐制。中央设有国子学、太学、四门学、广文馆、算学、律学、书学、医学等；地方官学则主要设在州（府、军、监）和县两级地方政府所在地。值得一提的是，唐末宋初，以研究学术和讲学为中心内容的书院逐渐兴起，丰富了学校教育制度，使其更为系统化。

元代，地方学校设立较为普遍，在路、府、州、县四级均有相应学校。同时设诸路医学、蒙古字学、阴阳学等专门性质的学校，又在农村设立“社学”。据《文献通考》记载：至元二十五年，有学校二万四千四百余所。

明代，鉴于“治国以教化为先，教化以学校为本”，明太祖朱元璋下诏要求“首建太学，招徕师儒。”他还明令“郡县皆立学，礼延师儒教授生徒，以讲论圣道，使人日渐月化，以复先王之旧。”在府、州、县、卫和各都司普遍设立学校。中央官学有南京国子监和北京国子监、太学、皇宗学、武学、医学、阴阳学等。国子监的学生曾达到九千九百多人，物质待遇十分优厚，为历代所不及。清代基本沿袭明制，依其地方区划设有府学、州学、县学，并于乡间置社学，同时设立商学、卫学以及土司学等特殊性质的学校。

2. 中国古代学校教育的功能

学校教育是中国古代文化赖以延续和发展的基础，是其不断创新的动力。在中国历史的长河中，学校教育制度的形成和发展曾经发挥过重要作用。

推动传统文化的延续和发展。作为教育体系的主体，学校教育与社会教育、家庭教育共同成为文化薪火相传、继往开来的保证。劳动人民在长期的生产实践和生活实践中，创造了丰富、灿烂的文化，并通过学校得以集中、升华、形成理论，编纂成书，又通过学校教育把它传播开来和延续下去。学校往往成为知识产生地与学术研究中心。如春秋战国时期形成的儒家、墨家、法家、道家、兵家、纵横家等学派；宋朝理学形成的濂、洛、关、闽四大派；明朝王阳明和湛若水形成的王学与湛学两大“心学”学派；以及清朝形成的“性理”学派和“汉学”学派，等等，都以学校为中心发展起来，对文化学术的发展起到重要作用。

促进政权巩固及社会文化繁荣。在中国历史上，以教育发展促进社会政治经济进步的事例屡见不鲜。例如西汉时期，汉武帝采纳董仲舒兴办学校、发展教育的建议。至东汉时，统治者进一步认识到教育的重要性。汉光武帝恢复儒学，兴办太学。汉明帝亲自祭祀先圣先师孔子，并登坛讲学，推动全国重文兴教之风的兴起。两汉时期经济文化大发展，与重教育、育人才的政策大有关联。唐太宗即位之初，就大力兴办学校，把太学校舍增加了四百多间，并广招生员，然后从学校择优选拔人才，使唐初统治集团人才济济。当时周边的少数民族和相关国家纷纷派出留学生到长安学习，在国学内听讲的学生达万人，盛况空前。唐初政治清明、经济发达、文化昌盛，与重视发展教育的决策密不可分。

培养专门人才。中国古代的各级官吏大都通过学校培养出来。从隋朝创立科举制度开始，官员一般都通过科举考试录取后任命；而参加科举考试的知识分子，也大多由学校培养出来。学校教育也培养了不少天文、历算、数学、医学、书法、绘画等专门人才。我国古代科学技术发展及文化艺术水平长期居于世界领先地位，与学校教育的发展有着密切关系。但过于重视儒家学说的传授，相对忽视科学技术知识的教育，又对科技进步带来消极影响。

教化民众，改良风俗。《礼记·学记》有曰："君子如欲化民成俗，其必由学乎？"汉代思想家董仲舒也曾提及："故养士之大者，莫大乎太学。太学者，贤士之所关也，教化之本原也。"我国古代十分重视思想品德教育，并要求学生将所学道德理论升华为行动准绳，知识与道德得以传播，风俗和习惯得以改良，由此促进正直、爱国等民族美德的养成。

（二）古代书院制度

唐宋以后，出现一种新的教育机构——书院，成为传统社会特有的教育组织形式，一直持续到清代末期，历时千余年，其管理体制与教学方式和官学教育有很大不同，在文化教育史上产生重要影响。

1. 古代书院的兴盛与衰落

书院始于唐代，分官私两类。开元十一年，设丽正书院。开元十三年改为集贤殿书院。当时书院多为官方修书、校书或皇帝讲经之场所，尚不具备聚徒讲学功能。除官办之外，唐代书院还有不少为私人设置，作为读书人私人隐居读书之地，著名的有张九宗书院、李宽中书院、张建封书院等，但都不是真正的教育机构。五代十国时期，社会动荡不安，战乱不断，官学被废，反而给私学书院创造生存空间。在较为安定的南唐区域出现庐山国学，即之后白鹿洞书院的前身。

北宋初年，国家统一，经济复苏，文风日兴，广大士子纷纷要求就学读书。但国家尚没有充足力量兴办学校，私人书院应运而生，并发展为完备的书院制度。江西庐山白鹿洞书院、河南商丘应天府书院、湖南衡阳石鼓书院和长沙岳麓书院号称"天下四大书院"。进入南宋，书院制度步入成熟与繁荣时期。张栻、朱熹、陆九渊等理学大师重新修复书院，作为本学派的活动基地和讲学场所，书院得以蓬勃发展。南宋苏州、徽州、绍兴、南京等地都有知名书院，书院数量之多，规模之大，组织之严密和制度之完善堪称空前。

元代，政府虽然积极扶持书院发展，但也逐步对其加强控制，书院教育逐渐官学化。书院的山长（即主持者）由政府委派，并授予官衔，领取官俸。书院教授、学正、学录、直学等任命、提升也多由政府批准，借以强化对书院教学内容和教学方式的控制。

明初，政府对中央和地方官立学校十分重视，提倡科举，书院教育发展缓慢。明成化年间之后，书院才得以复兴。至嘉靖年间达到极盛，数量与规模都远超前代，书院教育进入全面普及的大众化时代。无锡东林书院成为明末影响最大者，不仅是当地教育和学术中心，更是思想舆论和政治活动中心。

清初，统治者抑制书院发展，使之官学化。顺治九年明令禁止私创书院。直到雍正十一年，才令各省会设书院，属官办性质。乾隆时期，在朝廷的提倡下，不仅省会书院第次开设，府州县也纷纷效法，或由士绅捐资，或由地方拨公款设立。康熙、雍正、乾隆三朝皇帝多次为各地书院御书匾额，颁赐书籍，书院发展进入兴盛阶段。但多数的书院经费、教学内容、教学人员、生徒等都要经官府审批，已和官学无大区别。清末，施行新政。1901 年 8 月，光绪帝诏令："著各省所有书院，于省城均改设大学堂，各府及直隶州均设中学堂，各州县均设小学堂，并多设蒙养学堂。"各地书院纷纷改为学堂，古代书院遂成为历史陈迹。

2. 古代书院的办学特色

组织管理体制独具一格。书院初创时，组织机构比较简单，主持人既是组织管理的负责者，又是日常教学工作的承担者。随着书院的发展，组织机构也随着扩大，分工更细，责任更明确。书院主持者有多种名称，如山长、洞主、堂长、教授、院长等，不同地区、不同历史阶段，使用不同名称。下设副山长、副讲、助教等职，协助山长处理书院有关事务。据《白鹿洞志》记载，书院管理人员除洞主（主持人）之外，有副讲、堂长、管干、典谒、经长、学者、引赞、伙夫、采樵、门斗十一类，分工负责书院日常的教学、管理、生活服务等各项事务。学生参与书院的管理乃至教学工作，则成为书院管理制度的一大特色。清代所修的《白鹿洞志》规定："管干一人，副管干二人……即于洞中择有才而诚实者为之，不称职则更易。典谒二人……择洞中言貌娴雅者充之，按季更易。"可见在书院中，选择优秀学生作为管理人员已经成为正式规定。

采取开放教学方式。书院教学一般以学生个人读书钻研为主，注重培养其自学和独立研究能力。书院虽也强调教师的主体地位，但教师讲授既在于阐发经义，更重视对学生的指导、启发。朱熹在白鹿洞书院讲学时，常常亲自向学生质疑问难，学生提出疑难问题，他则反复释难，答疑解惑。吕祖谦在丽泽书院讲学时，提出求学贵在创造，倡导自我钻研，各辟门径。书院教学采取"百家争鸣""门户开放"方针，不拘泥于一家之言，允许不同学派进行辩鸣，并逐渐形成"讲会"制度。该制度产生于南宋，明代中期达到全盛。吕祖谦邀请不同学派的陆九渊和朱熹在鹅湖进行辩论，开启不同学派论争的范例。此后学术争论的场地转入书院，进而成为各派学术大家宣传各自学说的重要阵地。"讲会"制度带来自由讲学、各抒己见、互相辩难、共同探讨的精神，创造有利的学习环境和气氛，推动良好学术风气的形成及学派的传承和发展。

书院教育注重培养学生人格与德行。《四书》《五经》等儒家经典是基本教材。宋代书院的主持者多数是理学家，各书院不同流派的理学家对《四书》《五经》的研究有所侧重，其研究心得通过注疏、讲义或谈话语录的形式出现，这些著作也成为书院的重要读物。南宋教育家张栻提出书院伦理道德模式：学生要有修齐治平之大志，致君、泽民的人生目标，为天下献身之精神，亲民、爱民之本质。著名的《白鹿洞书院学规》则由朱熹亲自制定，是我国书院发展史上第一个比较完整的纲领性学规。他明确提出书院的教育方针是实施“五教”，即“父子有亲，君臣有义，夫妇有别，长幼有序，朋友有信”。历代书院的学儒们强调“为己之学”“躬行践履”，以达“男子千年志，吾生未有涯”的精神境界，努力培养士子们的崇高理想人格，推动书院成为塑造高尚道德人格的场所。

第三节　中国传统制度文化的基本特征

习近平总书记指出：“坚定文化自信，离不开对中华民族历史的认知和运用。历史是一面镜子，从历史中，我们能够更好看清世界、参透生活、认识自己；历史也是一位智者，同历史对话，我们能够更好认识过去、把握当下、面向未来。”① 学习历史上的政治、经济与文化教育制度，是为了汲取历史经验，为当今的治国理政服务，推动国家治理体系和治理能力现代化。

一、中国古代政治制度特点

（一）中央集权不断强化

中国君主专制制度萌芽于战国时期，秦灭六国后在地方确立郡县制，在思想文化上焚书坑儒，初步建立起中央集权制度。西汉武帝“罢黜百家，独尊儒术”，确立儒家思想的统治地位。隋唐时期是中央集权制度的完善时期，开创三省六部制和集体宰相制度，政治中枢机构一分为三，相互制约。宋太祖解除中央和地方大将的兵权，避免地方分裂再现，在政治上出现稳定局面。元朝统一后，为有效治理广阔的国土，实行行省制以加强军事控制。明清是中央集权制度的空前强化期。明朝统治者在中央废丞相，在地方废除行省制，设三司。清朝统治者继续加强君主权威，军机处的设立标志着中央集权制度达到顶峰。

中央集权体现在政治制度发展的各个方面。从官吏的选任来看，隋唐之后，科举制成为定制，沿用千余年。科举制虽有层层考试筛选，但任用之权却在中

---

① 习近平：《坚定文化自信，建设社会主义文化强国》，求是，2019 年第 12 期。

央。在加强皇权的诸项制度下，最具代表性的莫过于监察制度。起初，监察还是行政部门的一项职能，秦汉时的御史大夫尚在三公之列，并属丞相管辖。随着皇权的日益强化，监察机构作为政府职能部门的地位逐渐减退，沦为直接为皇权服务的独立系统。

（二）血缘宗法关系贯穿政治

中国古代政治制度的基石是血缘宗法关系的延伸。“古代天子诸侯间之关系，实多宗族之关系。”① 实际上，这种血缘关系是中国古代政治制度基本特征，贯穿于西周之后的所有时期。在宗法家族式政治体系中，血缘关系与政治关系合而为一，君臣关系实质上是放大的父子关系。君主拥有绝对权力，高居臣子之上，为所欲为，而臣子则只有绝对附从，在君主面前没有任何实质性权利地位。

以宰相制度为例，历朝宰相大多从皇帝身边侍从、秘书转变而来，因其服侍于皇帝身边而被授予“国之大家”的重权。《新唐书·百官志》有言：“宰相之职，佐天子，总百官，治万事。”百官只对皇帝负责，宰相机构和其他中央政府机构都是如此。宗法家族式政治制度，血缘关系是其主要特征，因此专制集权是其必然结果。除皇帝和官僚以外，几乎没有任何个人或团体可以染指政治权力。一部中国古代政治制度史，俨然成为一部皇帝与官僚的政治权力分配史。宗法血缘关系之下的专制集权制度可称为“家国同构”，国成为一个扩大版的家，国家政治制度的建构形同家族结构。

（三）政治制度官僚化

中国古代官僚制度始于商鞅变法时实行的职官任命制和俸禄制。秦汉时期，由于统一“家天下”帝国的建立，皇帝必须依靠官僚集团协助其统治和管理辽阔的疆域，这正是中国古代官僚制度形成发展的一个要因。

为更好地发挥官僚系统的作用，从战国时起便建立了选官、俸禄、上计、玺印等相关制度。对官吏的任免铨选、考课奖惩、监察弹劾、致仕休假等措施逐渐制度化，并有相应的行政法令加以确认。中国古代调整国家机关的组织与职官制度的行政法律日益增多，自唐朝起便已自成系统，其体系完整，规范详密，制度完备，沿革清晰，居于同时期世界各国前列。中国封建社会之所以能延续两千多年之久，与这种完备而又规范的官僚政治制度的构建有密切关系。该制度的主要特点：首先，整个官僚系统是按照严格等级制度结成的政府职能系统，“明主治吏不治民”是封建政治统治的重要经验。其次，君主依据既定的考课制度和课业程式来限制官僚的政治行为。最后，各级官僚作为君主专制的政治工具，结成一个封闭的官僚系统。文吏和儒生是官僚队伍的主要类型，外儒内法是官僚行政的基本特色。而在官僚系统内部，为攫取和扩大权力而结成的各种政治派系，大搞

① 吕思勉：《中国制度史》，上海人民出版社，1985年版，第373页。

朋党间的权力斗争，如东汉的“党锢之祸”，唐朝的“牛李党争”，等等。

（四）人治重于法治

在专制集权政治制度中，统治者以国之大家长自居，皇帝为国君、国父，各级地方官为“父母官”，他们手中掌握了国家权力，地位高居于法律之上。《管子·丛法》主张：“生法者，君也；守法者，臣也；法于法者，民也。”又如《荀子·君道》有言：“有乱君，无乱国；有治人，无治法。”无不凸显中国古代政治中的人治思想。

由于强调人治而轻法治，历代的政治制度，虽然在政府组织的安排上，皇权会受到宰相和御史大夫等高级官吏的一定制衡，但实际决定权仍掌握在皇帝手中。官员升降多取决于皇帝的好恶与统治阶级内部斗争情况，因而显得十分随意、无制可循。虽然不断经历改朝换代，可是代表封建制度的皇权及宗法观念不但没有消失，有时反而得到强化。究其原因，实是人治观念所致。

二、中国古代经济制度特点

（一）农业是制定经济制度的基石

在中国古代社会，赋税的基本组成是地租，也是保证国家机器正常运转的基石。因此，农业始终是历代统治者制定经济制度的重点。

对于农业的重视体现为“重农抑商”政策的形成与延续。最早提出重农抑商政策的商鞅把农业视为立国之本，是实现“富”“治”“强”“王”的根本途径，即“国待农战而安，主待农战而尊”。从商鞅变法规定的奖励耕战，到汉朝的重农措施，直到各朝代初恢复经济的调整，都是重农抑商政策的体现。

围绕农业的土地制度和赋税制度构成经济制度的基本框架。如在户籍方面，加强管理，严格限制人口自由流动，将农民捆绑在土地上；在土地问题上，采取抑制兼并政策，防止土地大量流失导致生产遭受破坏，等等。以农业为中心，维护了传统社会的经济基础，并成为国家机器运转的基石，促进了经济繁荣。但在封建社会后期，继续推行重农抑商政策，甚至把农业和商业对立起来，却阻碍资本主义萌芽的成长，违反经济规律，最终导致近代中国的落伍。

（二）以户籍为经济制度依据

户籍制度的发展完备与政治控制能力的提高和国家形态的完善有着密切关系，它是维持专制王朝统治的根本性制度，也是中国古代制定经济制度的依据。

户籍制度是国家土地制度的基础。《大学》中有“有人此有土、有土此有财、有财此有用”的表述，是否清楚掌握控制下的国土面积和农民数量的多寡，成为国家盛衰的晴雨表。君王正是通过户籍制度实现对土地、臣民拥有无上的统治权。如在《史记·商君列传》中，就有“集小都乡邑聚为县”“民有二男以上不分异者，倍其赋”“令民父子兄弟同室内息者为禁”等规定，即通过户籍手段强制分户，鼓励以自耕农小家庭为社会单位组织生产活动，既便于户口登记统计，也利于封建经济的发展。

户籍制度是赋役制度得以实施的保证。一方面，通过制定缜密的户籍制度来配合征收赋税。汉代实行的“编户齐民”制度，直接把户口与土地、赋税、徭役联系起来，将大量人口与劳动力纳入国家政权控制之下。这项政策一直被后世王朝所效仿。自唐后期实行两税法、户籍与地籍分离后，为保证赋役来源，户籍制度也更加周密和严格。到了清雍正年间，实行“摊丁入亩”制，最终结束人丁地亩的双重征税标准，使赋役一元化，户籍管理与征调赋税彻底分开。另一方面，户籍制度是徭役征发的重要参考。《周礼》中有“乃会万民之卒伍而用之”的记载，即按照军队的编制编组万民，以备有事之用。传统社会徭役征发形式发生较大变化，秦国士兵主要征自农民。《史记》记载：始皇十六年“初令男子书年”，规定男子不论成丁与否一律登记年龄，以备征伐。南北朝时，实行军户制度。隋初将北魏的府兵制进行重大改革，军户编入民户，改归州县管理，府兵可依均田令请授田亩，将“兵农分离”变为“兵农合一”，国家既掌握较为准确的户口资料，又便于收缴税额；既减轻财政压力又完善军队管理，更加强对农民的控制。

（三）农地关系决定政策方向

经济制度制定的宗旨是将农民束缚在土地上。春秋前期，管仲在齐国实行户籍改革措施，将居民按职业分为士、农、工、商四民，“不迁不移、恒业不变”，遂成为两千多年中国户籍管理从严调控迁移的重要理论根据。从秦朝的“什伍连坐”到汉朝的“案比”，都实行互相监督、互相检举的连坐制度，出现“脱籍”，不仅本人要治罪，而且亲属乡邻以及执掌户籍的官吏都要治罪，以此将农民强制束缚在土地上。

土地兼并始终成为历朝极力抑制却无法阻止的现象。在“井田制”时期，土地无法进行买卖。“名田制”的颁布开创了土地私有之先河，土地兼并开始出现。兼并与反兼并便在中国土地制度史上开始了长达两千年的此起彼落、此消彼长的拉锯式斗争。土地兼并的发展必然与国家争抢资源，日益增强的地方势力因而与中央集权构成矛盾。统治者为了增强实力，都会实行抑制土地兼并的政策，如均田制、限田制的出台等。但由于传统经济制度的根本属性，历史上的种种改革均难以从根本上杜绝土地兼并现象，大量出现无耕种土地的流民只能寻找新的生存之路，导致历代土地制度的新生都以农民起义为直接原因。可以说，历代的经济制度既制约土地兼并的加剧，又受制于土地兼并本身。

三、中国古代教育制度特点

（一）政教合一

政治和教育在古代社会的一致性。教育为政治服务，从来没有脱离政治的教育思想。孔子把教育作为治国三要素之一（庶、富、教），他指出："道之以政，齐之以刑，民免而无耻；道之以德，齐之以礼，有耻且格。"从这个意义上，教育本身就是一种政治。孟子也强调"善政不如善教之得民也。善政，民畏之，善教，民爱之。善政得民财，善教得民心"，即要求统治者通过教育使天下之民"明人伦"，自我约束言行，以达到国泰民安的政治目的。再如"圣人之治，藏于民，不藏于府库，务修其教，不治城郭。""夫受绳墨者，无枉剞之木，染道训者，无邪僻之人。饰治之述，莫良乎学。"① 可见，无论儒法道杂各家都把教育视为政治的一部分。汉代起"独尊儒术"，而"儒家者流，盖出于司徒之官，助人君，顺阴阳，明教化者也"②，更把教育视为治国之本。

中国教育制度最明显的特征就是教育与选拔人才相结合。学校教育目标、教学内容、教学方法无不受到科举影响，学校成为科举的预备机构和附庸。在人才培养目标方面，较少考虑不同类型、不同层次的人才需要，而是用"内圣外王"的统一标准来选才，为统治者培养出所需要的"君子"与"士"。在教学内容上，表现为相对单一性的特征，从汉武帝"罢黜百家，独尊儒术"开始，中国开始实行独尊儒学的文化政策，影响教育制度和教学内容达两千年之久。

（二）官学私学并立

自汉以降，学校教育分为"官学"和"私学"两大类。"官学"又分为"中央官学"和"地方官学"。西周有"学在官府"之说，但由朝廷设立中央官学正式创始于汉朝。魏晋南北朝时期政局纷乱，官学时兴时废。及至唐朝，中央官学制度日渐完备，发展到顶峰。南宋以后，中央官学逐渐衰败，成为科举制度的附庸。清末，中央官学完全被西式学堂和学校教育所取代。作为"官学"的另一组成部分，地方官学自西汉景帝时文翁在蜀郡设学宫开始，历代一般由各级地方政府举办，主要有府学、州学、县学等。

"私学"是中国传统教育体制的重要组成部分。春秋战国时期，随着经济政治的变更而发生剧烈变化，即由"学在官府"变为"学在四夷"，私学应运而生，出现学派林立与诸子争鸣的局面。秦统一后，采纳丞相李斯的建议颁"禁私学令"，违背历史发展规律。汉武帝罢黜百家、独尊儒术，以今文经学为官学，但并不禁私学，东汉末年私学已取得压倒官学的地位，马融、郑玄等经学大师的私学生多达千人以上。魏晋南北朝时期，官学衰颓，私学繁荣，名儒聚徒讲学占据重要地位，学生数百人甚至达千人屡见不鲜，教学内容也突破传统儒学，还包括玄学、佛学、道教以及科学技术等。唐代以后，既有书院制度的产生和发展，成为私学的重要形式；更有私人设立的学塾、村学和蒙学，启蒙教材有《百家

① 《抱朴子·外篇·崇教》。

② 《汉书·艺文志》。

姓》《三字经》《千家诗》《千字文》等。明清两代，学塾教育有坐馆（或教馆）、家塾（或私塾）、义学（或义塾）等形式。

（三）注重道德教育

重视伦理道德及人格培养。中华先贤从氏族公社末期就将“孝”作为道德教育内容，夏朝重视人伦道德教育，商朝把“孝”作为教育内容的中心，西周则从小就注重德行教育。春秋时期，以孔子为代表，主张自觉修身养性，以“礼”为道德规范，以“仁”为最高准则。战国时期，百家争鸣，强调道德教育并注重经学研习，并出现代表性的教育论著《礼记》。汉代奉德教为立政之本，以“三纲五常”为核心。魏晋南北朝时期玄学盛行，主张顺应自然的道德教育论。隋唐时期崇儒兴学，将其作为政治指导思想，科举考试主考明经科。宋代确立“兴文教，抑武事”国策，重视程朱理学。明清时期，儒家经术的崇尚进一步发展。儒学经典本就强调道德教育，教育制度自然偏重伦理道德教育及人格培养。

强调修身正己和忠孝仁义。从古代伦理道德教育内容来看，“修身正己”成为教育的第一要义。孔子指出：“其身正，不令而行；其身不正，虽令不行。”儒家还把修身正己看作齐家治国平天下的根本。对修身正己的重视，必然导致对于学习、教育的重视，甚至被提到“人格”“君子”高度，导致教育向伦理方向倾斜。相应的，“忠孝仁义”成为德育教育的重要内容。从西周“六艺”教育中的“礼乐”开始，忠孝仁义就占据重要地位：“故学之为父子焉，学之为君臣焉，学之为长幼焉。父子君臣长幼之道得而国治。”忠孝仁义道德的出发点是“礼”的规定，即伦理教育的关键就是行为准则。对于伦理道德教育及人格培养的重视，养成中华民族坚持正义、崇尚气节等优秀品质，但也造成等级贵贱、讲求名分的思想观念。

第九章　中国传统史学文化的发展脉络及基本精神

2015 年 8 月，习近平主席在致第二十二届国际历史科学大会的贺信中说：“重视历史、研究史罗、借鉴历史，可以给人类带来很多了解昨天、把握今天、开创明天的智慧。中国人民正在为实现中华民族伟大复兴的中国梦而奋斗，需要从历史中汲取智慧，需要博采各国文明之长。”① 2019 年 1 月，习近平总书记在致中国社会科学院中国历史研究院成立的贺信中指出：“新时代坚持和发展中国特色社会主义，更加需要系统研究中国历史和文化，更加需要深刻把握人类发展历史规律，在对历史的深入思考中汲取智慧、走向未来。”②

中国史学文化源远流长，丰厚而博大。在长期的历史发展过程中，史家如云，史籍如林，史观多样，史体完备，连绵数千年而不衰，在世界历史文化园林中堪称一朵辉煌而璀璨的奇葩。新时代应该更好地发挥史学传承文明、启迪未来，知古鉴今、资政育人的作用。梁启超曾评价说：“中国于各种学问中，惟史学为最发达；史学在世界各国中，惟中国为最发达。”总体而言，中国史学文化包括史学思想、史学方法、史料运用及史学编纂制度等内容。

习近平致信祝贺
中国社会科学院
中国历史研究院成立

第一节　中国传统史学文化的形成发展

在中国远古时代，有许多关于英雄神的传说，在文字尚未发明以前，通常以口耳相传方式传承历史，被称为传说时代。传说黄帝时就有著名史官仓颉造字的说法。中国神话材料极其丰富，在较早的文献中有相当多的存在，如《尚书》《诗经》《春秋》《左传》《国语》《战国策》等。尤其是《穆天子传》和《山海

① 《实现中国梦需要从历史中汲取智慧》，光明日报，2015 年 8 月 24 日。

② 《习近平致中国社会科学院中国历史研究院成立的贺信》，新华网，2019 年 1 月 3 日。

经》是两部专门的神话书籍。这些英雄基本上都是氏族首领，如轩辕氏（黄帝）、烈山氏（炎帝）、陶唐氏（尧）、有虞氏（舜）、夏后氏（禹）、有穷氏（后羿）以及后来的契与稷等。他们是原始社会末期人类迈进文明的门槛时出现的英雄，称为“英雄时代”。其形象在人们心目中得到放大，成为高大全式的人物，所谓“众善所归”。当然还有一部分危害社会的人物，成为反面典型，人们在传播他们的事情时，根据当时的道德进行评判，予以舆论谴责，其恶行也被越来越放大，最后是“众恶所归”。这可以视为史学行为的萌芽，已表现出史学的褒贬功能，彰显抑恶扬善的作用。

一、商周时期

中国真正有文字的历史从殷墟甲骨文开始，从此进入信史时代。1977 年在陕西周原周人宫殿遗址中，发现镌刻着同样文字的甲骨 17000 多片。从甲骨文反映的情况看，商代已有“史”的名称了，但职能尚未专门化，主要从事宗教神学活动，表明史学已经萌芽。西周建立后，史学已经从神学附庸中独立出来，史官系统得到发展，出现许多带有“史”字的官员，如“左史”“右史”“太史”“内史”“外史”和“小史”等。史官的任务就是“掌官书以赞治”[①]。在统治者身边记录与评价历史事件、保管文件，帮助统治者治理国家，史学由此进入正式发展的初期。

西周给后世留下了弥足珍贵的历史记载。考古发掘的西周青铜器很多都有铭文，又称为金文，大多有具体的时间、人物、地点等记录，后世所谓记叙文的要素已基本具备。这些记载虽不完全出于史官之手，但可视为历史记载的起始。内容主要是王臣颂扬功业庆赏之作，记载了封赐、祭祀、宴享、征伐、俘获、诉讼等事实。反映西周历史的传世材料也很丰富，主要有《尚书》《逸周书》《诗经》等。《尚书》是中国现存最早的文献材料汇编，保存至今的《今文尚书》28 篇，大多是当时史官所记录并加以收藏的文件，记载了武王伐纣、周公东征、营建东都、册封诸侯等重大历史事件。《诗经》是我国最早的一部诗歌总集，分为风、雅、颂三类，其中雅又分为大雅、小雅。雅、颂的价值在于史料，反映周人创业到西周建立等历史，堪称“史诗”。

二、春秋战国时期

春秋战国时期思想活跃，也是史学意识自觉的时代，各国都设立专门史官，地位有所提高，国君的言论、行动都有专门史官记录，所谓“君举必书。”[②] 史

① 《周礼·天官·宰夫》。
② 《左传·庄公二十二年》。

官不畏权贵、秉笔直书的风骨为后人所称道。知名的史学家有老子、孔子、左丘明和公羊高、穀梁赤等人。史著的体例几乎囊括后来历史编纂学所提出的编年、纪传（世家）、纪事本末、典志、记言、方志、表谱、图像和地图等所有方法，且兼有通史与断代史形式，史学思想比以前更为丰富。

《春秋》和《左传》。《春秋》是中国著作史上第一部有著者署名的作品，相传为孔丘编著。记史的基本特征是“据鲁，亲周，故殷”，即以鲁国纪年为线索，旁及东周王室与各诸侯国的交往，接受殷商的政治传统。记事方法是在每年下分列春、夏、秋、冬四季，每季下再列月份与日期，然后简要地记下历史事件，成为一本精简的编年体史书。分述了242年的史事，事件原委没有具体叙述，仅属大纲性质。但是通过用字遣词的感情色彩，彰显明确的褒贬和爱憎分明的政治立场，所谓“微言大义”，体现了西周王朝礼乐制度的正统精神，凸显作者的道德标准和政治理想。《左传》是《春秋左氏传》的简称，相传为左丘明所作，是《春秋》的配套注释。《左传》不仅记载鲁国，还涉及当时几个主要诸侯国的历史，并保存一些春秋以前的史事和传说。《左传》记史的体例突破“编年”的基本框架，具有纪事本末性质。兼有历史智慧与文学风采，强调人对历史发展的作用，民心向背决定战争胜负和国家兴衰；颂扬史官秉笔直书的精神，开创了“君子曰”正面论史的形式；在描写复杂多变的战争风云和折冲樽俎的外交辞令上，凸显人物个性和行为细节。

《国语》和《战国策》。《国语》是中国现存已知的第一部国别史，有《周语》《鲁语》《齐语》《晋语》《郑语》《楚语》《吴语》和《越语》共21卷，以记载各国政治活动的言论为主。出自左丘明之手，其分工是《左传》记事，《国语》记言。《战国策》是战国时期游说之士策谋和言论的汇编，为国别史。文字精彩，竭尽纵横捭阖、锋发韵流之能事。1973年12月，长沙马王堆3号汉墓出土大量帛书，整理出一批与《战国策》同时代的史料。有11章见于《战国策》和《史记》；另有16章的内容是久已失传的新史料，不但可以补充传世资料的不足，还能修正原有的讹误。1976年已定名为《战国纵横家书》面世。

《山海经》和《天问》。《山海经》是中国第一部地理学著作，对古代诸多山川、道里、民族、物产、药物、巫医乃至祭祀等都有涉及。对研究古代历史、地理、交通、文化、矿产以及神话大有裨益。《天问》是屈原所作的一首史诗，反映战国时代士人对社会和自然的思考，其眼界和深度同西方世界一些对物质世界有较早探索的“先知”们旗鼓相当，被誉为“千古万古至奇之作”。《山海经》和《天问》一向被视为奇书奇文，近于荒诞，实际上是思想先驱们在研究现实的同时，大胆驰骋遐想之作，成为文化内涵丰富的标志。

三、秦汉时期

秦朝因为暴政，短命而亡，但其史官制度基本上延续未断。两汉书禁大开，史学局面日趋活跃，论史、撰史、整理前代史料，成果可观。主要史家有司马迁、陆贾、贾谊、刘向、班固等人，主要史著有《楚汉春秋》《史记》《汉书》等。陆贾和贾谊的史论从前代的“附论”走上“专论”的道路，都以秦国灭亡为论据，提出在新的历史时期怎样吸取前朝失败的教训、设计成功的治国方略。后来每个新王朝初建，都认真地为前朝修史，便由此发轫。班固因为在家修史受到检举，不料所用史笔的正统性质反而受到明帝赏识，因此飞黄腾达，统治阶级所盼望的一种封建正史框架也从此树立起来。《史记》《汉书》都出自具备高度文学素养的作者之手，前者曾被鲁迅誉为“史家之绝唱，无韵之离骚”；苏轼则七次手抄《汉书》，接受其典雅风格的熏陶。

《史记》。西汉司马迁撰。全书52万余字，共130篇，其中本纪12篇，记载从黄帝到汉武帝时的历史，是全书的纲；“世家”记王侯卿相；“列传”记历史重要人物；“表”记述关键人物和事件变迁；“书”记载主要领域的制度和情况；最后用“太史公曰”进行史料补充或评论。全书采取纵横交叉、点线面结合方法，连接成一段段立体的历史网络，形象而生动地记叙约3000年的历史。《史记》是中国第一部体例完整的纪传体通史。作为全书后跋的《太史公自序》，揭示了作者撰写此书的动机、目标和理想：“究天人之际，通古今之变，成一家之言。”司马迁成功地论载了一批明主贤君、忠臣死义之士，塑造了一批激荡时代风云的英雄豪杰和慷慨悲歌的市井奇人；在史学观上开放、求实，为项羽立本纪，列孔子、陈涉入世家；直斥汉武帝的奢侈迷信和酷吏政策，非一般人所敢为。《史记》这一名称起始于魏晋间，实际上是《太史公记》的略称。

《汉书》。东汉班彪、班固、班昭和马续等先后合著，班固为主要著者，是中国第一部规范的纪传体断代史。在体例上继承与改造司马迁的《史记》，人物传保留“本纪”与“列传”，放弃“封邦建国”时代特点的“世家”；把作为社会史的“书”改为“志”，内容进行调整，特别是《食货志》完善了王朝经济史的记录，《地理志》《刑法志》和《艺文志》则开创国家行政区划、法制措施和文化传播状况记录的先例。《汉书》十志最大的特色就是间或突破西汉时间的上限，兼容一些前代有关史料。在“表”的设置上也增加了《百官公卿表》和《古今人表》。最重要的是将“通史”改为“断代史”，这并非形式上的变化。班固认为，把一个伟大王朝的开国帝王，与前代亡国暴君排列在一起是大逆不道的。事实上，每个王朝的历史，如果独立起来，它的开国帝王自然就高居首位。这种断代写史的方法，无论从政治需要还是从合理结构视角，都为后代修史者承继，奠定《汉书》在中国历代官修断代史的创始地位。但《汉书》宣扬天人感应、君权神授，强调等级制度不可逾越，为其不足之处。

四、魏晋南北朝时期

魏晋南北朝是大分裂时代，但史学却获得很大发展。其一，多支边疆民族进入中原，各霸一方，王旗变幻，互争正统；汉族势力，整体南移，军阀争强，胜者为帝，全国先后建立30多个政权。每一个政权都要谋求现实的政治地位，以“正统”自居，扩大历史影响，就要给自己写书立传。其二，中央政权瓦解，官修国史制度瘫痪，有写史能力者出于各种需求纷纷执笔，私修史书频频出现。其三，传统的学术权威失去独占地位，社会开放，个性解放。史籍著述宏富、类型多样，地位日显。史学名著主要有《古史考》《三国志》《华阳国志》《后汉纪》《三国志注》《后汉书》《十六国春秋》《魏书》《宋书》《南齐书》《水经注》《文心雕龙·史传》等。

《三国志》。西晋陈寿撰。陈寿原在蜀国担任观阁令史，入晋后官至治书侍御史。该书采用纪传断代体例，框架为国别史，因尊魏为正统，所以《魏书》用“本纪”，蜀主与吴主都用“主”“传”，但其结构仍与“本纪”同。时人赞扬作者善于叙事，有良史之才。出于撰者复杂的主客观原因，《蜀书》材料显得单薄；《魏书》后部涉及司马氏家族的事件，多有“回护”不实之词。

《后汉书》。南朝宋范晔撰。与《史记》《汉书》《三国志》并称“廿四史”的“前四史”，史笔与文笔兼长。该书记事上起新朝地皇四年，下至东汉献帝延康元年，为纪传体断代史。

《水经注》。北魏郦道元注，是一部以记述水道的历史地理专著。三国时代流传《水经》一书，记载河道137条，内容简略。郦道元以该书为基础，通过实地考察与旁征博引，将河道增加到1252条，并联系其两岸的建制沿革、土地物产、聚落兴衰、文物遗迹和遗闻逸事，以20倍的篇幅，加以充实，成为一部史料价值极高的著作。该书叙述流畅、文采斐然，也是著名的散文作品。

《文心雕龙·史传》。南朝齐梁时代刘勰撰。该书为中国第一部文学理论与批评专著。当时文史尚未分途，所以书内列入史著专章，是中国古代第一篇兼具史学史和史学评论的专论。该文上起《尚书》《春秋》，下迄东晋，线索清晰，观点明确。主张秉笔直书，垂鉴后世；提倡拟定条例，讲究兼容。用骈俪文写成，在开辟系统论史的体例上，被视为唐代《史通》的先驱。

《竹书纪年》。西晋初年，盗墓贼不准（fǒu biāo），在今天河南汲县掘开一座古墓，发现十余万言的竹片，被后世称为“汲冢书”，后经卫恒、束皙等人整理加工考证，编为《竹书纪年》。新考证本《纪年》起于夏禹，是目前发现的最古老的编年体著作。史学界把《竹书纪年》与汉武帝时发现于孔子旧宅的古文《尚书》《论语》等，殷墟甲骨文，敦煌藏经洞，共誉为中国文化史上的四大发现。《纪年》是春秋时期晋国和战国时期魏国史官所作，上下记载89位帝王、1847年的历史，是中国古代唯一留存的未经秦火的编年通史，对研究先秦史有很高的史料价值。宋代之后散佚，原本已经丢失。

第二节　中国传统史学文化的繁荣赓续

一、隋唐五代时期

唐代隋政，英明智慧、深谙历史经验与现实政治密切关系的李世民，特别重视汲取前代兴亡成败的教训，大规模组织优秀人才进入史馆，厘定制度，明确责任，提高史官地位，改善待遇，乃至亲自动笔为《晋书》写“纪赞”与“传论”。一时重臣长孙无忌、魏征和李延寿等都进入修史行列，先后修成《梁书》《陈书》《北齐书》《周书》《隋书》《晋书》等纪传体正史；《南史》与《北史》完成于唐高宗时，以后又继续编修了大量的“起居注”“实录”和“国史”。唐代开史书体例新局者，首推史学理论与史学批评，其代表作为刘知几的《史通》；其次是中唐时期杜佑首创的“典志体”史书《通典》；再次是晚唐的“会典”“会要”“本朝编年”“民族史”与“历史笔记”等。

唐代史学家们对史学作品社会作用的理解以及自身的责任感都在迅速提高。唐太宗李世民很早就大声疾呼：“大矣哉，盖史籍之为用也!”《通典》作者杜佑直接在《自序》中宣示：“所纂《通典》，实采群言，征诸人事，将施有政”，明确地亮出“经世致用”观点。对于史笔的褒贬标准，唐宪宗时史馆修撰李翱认为，史家必须“取天下公是公非以为本”。唐朝不愧为一个宽宏博大的时代，史学风气同样激昂慷慨。

《史通》。刘知几纂，中国第一部系列研究历史编纂理论的专著。《内篇》论述史籍的源流、体例和编纂方法；《外篇》论述史官建制沿革和史籍编写得失，文体使用骈俪。刘知几认为历史是进化的，史家应该“考时俗之不同，察古今之有异。”他敢于对既往权威典籍提出怀疑和批判，主张“夫论成败者，固当以人事为主，必推命而言，则其理悖矣。”① 表现出对传统“天命论”的排斥。他进一步发挥历史编纂的“垂鉴”理论，强调“史之为务，申以劝诫，树之风声”，旨在“劝善惩恶”“激扬名教”。他给“良史”设立的标准有二：一是以“实录直书”为贵，以“简要”为主；二是具备“三长”：史才、史学、史识。《史通》不愧是中国史学史上的一座里程碑。

《通典》。杜佑纂，中国第一部专记历代典章制度沿革的通史，全书200卷。将“食货”列为第一，在“食货”中又将“田制”列为第一，可见其对经济的重视和对国计民生的关怀，更与其长期担任理财高官的经历有关。该书

① 《史通》卷十六《杂说》上。

取材宏富，上起黄帝、尧舜，下迄唐玄宗天宝末年，并在“附注”中涉及肃宗、代宗和德宗时的改革制度；收载范围宽广，从群经、诸子、正史到杂书，有关制度记载搜罗殆尽。其用功之勤、用心之深，彰显很高的史料和体例价值。

二、宋元时期

两宋是中国史学发展的繁荣期。主要有几个特点：一是继承了唐朝成熟的官方修史制度和可观的史学遗产；二是统治者重文轻武，科举兴盛，士子地位较高，思维与写作能力特别活跃；三是边境少数民族频繁崛起，并始终与宋朝长期对峙，民族危机的威胁与压抑促使全社会进行更多的历史思考；四是政权本身种种矛盾，也不断引起留意社会问题的政治家和思想家从历史中寻求经验和智慧；五是活字印刷术的发明与使用，给史籍传播与保存提供了空前优越的条件。两宋时，在官修史籍加快发展的同时，私修风气也逐渐冲破官方的藩篱而盛行。史家队伍阵容强大，史著数量大增，著作体例多样，质量突出，形成空前鼎盛局面。一流史家有欧阳修、司马光、宋祁、范祖禹、朱熹、马端临和胡三省等，他们继承、发展纪传体断代史的多种内涵、编年体通史的崭新形式、纪事本末体的通史与断代史全新体例，以及“纲目”“通考”“长编”“要录”“略”“人物传记”“杂记”“考异”“纠谬”之类丰富多彩的样式。知名史著有《旧五代史》《资治通鉴》《新唐书》《新五代史》《续资治通鉴长编》《通志》《通鉴纪事本末》《资治通鉴纲目》《文献通考》和《东京梦华录》等。其史学思想以“会”“通”“变”“断”为主流，研究领域突破传统，较多地扩展到学术史、民族史、外国史、社会史、科技史乃至目录学、金石考古学等。

元朝进入中原之前，曾用蒙文写成《脱必赤颜》一书，其中记载成吉思汗祖先的谱系、蒙古各氏族部落的源流、铁木真的生平事迹等，并由察罕译成汉文，名《圣武开天记》；后又陆续出现《元朝秘史》《元秘史》和《蒙古秘史》等名称，是了解蒙古族早期历史的珍贵史料。元世祖忽必烈对吸收汉族文化充满政治热情，即位初始，就建立起国史院等一整套编修历史的机构，先后修成《辽史》《金史》和《宋史》。

《新唐书》。北宋欧阳修奉诏主修，负责“本纪”“志”“表”，宋祁参修“列传”。该书编纂特点：事增于前，文省于旧。欧阳修以文笔简练著称，文章缜密博赡，很受好评；新创“表”“志”，内容充实。《宰相表》和《方镇表》紧扣社会实际，反映政治势力的消长；《选举志》和《兵志》详述选官制度和军事制度的沿革变化，有独到之处。

《资治通鉴》《续资治通鉴长编》《通鉴记事本末》《资治通鉴纲目》。“鉴于往事，有资于治道”是宋神宗看完司马光所著《历代君臣事迹》后的赞语，并赐予该书《资治通鉴》的正式名称。该书是中国第一部编年体通史，与纪传体通史《史记》遥遥相对，形成中国史学史上的两座顶峰。记事上起公元前403年，下迄公元959年，长达1362年。全书294卷，又《目录》与《考异》各30卷。司马光制定了严密的编修程序：首先编写“丛目”，然后扩大为“长编”，最后斟酌定稿，亲自把关，保证全书虽经数人之手，而义例一贯、文风统一、醇深渊博。书中又以“臣光曰”形式，撰写“史论”118篇，阐述主编的政治立场与原则，从封建正统角度严肃评判一些关键性历史事件的是非，与《史记》的“太史公曰”有异曲同工之妙。司马光编写《通鉴》虽然很谨慎，未敢涉足当代，但却引导与刺激了一批南宋史学家步其后尘，用编年、长编、本末和纲目等体例续写或诠释《通鉴》。如李焘竭40年之精力，编成《续资治通鉴长编》，记载北宋九朝168年历史。袁枢采用“因事命篇，不为常格”方法，彻底改编司马光的《通鉴》，编写《通鉴纪事本末》。全书一事一篇，上起《三家分晋》，下迄《周世宗征淮南》。此例一开，中国史籍遂从以时为纲的“编年”，到以人为纲的“纪传”，再到以制度为纲的“典志”，最后出现以事为纲的“本末”，基本历史表述方法达到完备。南宋大理学家朱熹编纂《资治通鉴纲目》，直追《春秋》“经”与“传”相配形式，以纲带目，为编年体例设计出一种新的形式。用大字顶格书写“纲”，用小字低格书写“目”；“表岁以首先，而因年以著统；大书以提要，而分注以备言。”不只在形式上模仿“经”“传”关系，在思想上也追求正统的儒学体系。

《宋史》。元中书右丞相脱脱等修，纪传体断代史。两宋史事，一书包容，篇幅为廿四史之冠。在使用资料方面尚能充分吸取前人经验，使全书可供后人参照的内容不少，如《食货志》对两宋经济发展的状况与水平有较为完备的叙述，反映了真实历史。

《金史》。元中书右丞相脱脱等修，纪传体断代史。叙事文笔较好，在体例上有所创新：“本纪”最后增加了一卷“世纪补”，记载3个身份仅仅是大臣的皇帝父亲的历史，语气不卑不亢，安排恰当，为后世王朝所沿用；另列有“交聘表”，用表格形式记载金与宋、西夏、高丽等国和、战、庆、吊往来诸事，条理清晰，阅读甚便。

《文献通考》。宋元之际马端临纂，典志体通史。内容并列24考，有田赋、钱币、户口、职役、征榷、市籴、土贡、国用、选举、学校、职官、郊社、宗庙、王礼、乐、兵、刑、舆地、四裔、经籍、帝系、封建、象纬和物异等；前19考基本承袭《通典》等书的传统名目，后5考则为首创。其经世致用之意，治国安民之想，集20多年努力如一日，思想、热情和毅力，值得称道。

《梦溪笔谈》。北宋沈括撰，26卷，另附“补笔谈”3卷、“续笔谈”1卷。体例属科技、艺术等杂史笔记，内容包括故事、辩证、乐律、象数、人事、官政、权智、艺文、书画、技艺、器用、神奇、异事、谬误、讥谑、杂志和乐议等17项；记录作者长期研究各种自然和社会科学的成果，涉及面广，叙述详尽，价值极高。

三、明清时期

明太祖朱元璋立国伊始，即令攻进大都的前线统帅把元宫的历史档案运回南京，组织修史。于是大明官修的《元史》就此开编。但编修用时不足一年，是廿四史中编写最草率的一部。列朝《实录》"止书美而不书刺，书利而不书弊，书朝而不书野，书显而不书微"，形成"实录不实"的窘状①。明成祖朱棣即位，敕宠臣解缙开始编著《永乐大典》，该书规模宏大，五年成书；辑入图书七八千种，约3.7亿字，装订10095册，是当时世界上卷帙最多的"百科全书"，其显著特点是照录原文，未作删改。明英宗正统以后，政权控制力削弱，私人修史渐成风气，形成"明季野史，不下千家"② 的兴盛局面，包括典章制度、人物纪传、编年、纪事本末、各种社会杂史和史考、史论等。明朝后期私人撰史有三大弊端：挟隙而多诬；轻听而多舛；好怪而多诞。潮流汹涌，难免泥沙俱下，但这轮私人撰史高潮，正是历史发展的必然。

明清之际，城市商品经济发展，西学东渐，民主精神渗入历史批判、学术研究和社会革新等领域，其代表人物顾炎武、黄宗羲和王夫之成为思想界先驱。顾炎武学识渊博，著作等身，力行不倦；通过经学、史学、金石学和地理学钻研，寻求治国安邦、经世致用之术。黄宗羲著述丰富，着力学术史研究和对封建制度的批判。王夫之研究领域更加广阔，天文、地理、历法、数学均有涉及，其在史论方面对汉族政权演变史的系统检讨与论述，发人深省。这三位思想家的共同特点：精研学术，在自己涉足领域都有空前、独特的创著；身体力行，积极投身政治和军事活动，都曾参加武装反清，彰显民族气节。

清承明制，定都伊始，立即设馆编修《明史》。但清统治者钳制汉族知识分子的文化自由，思想敏感，大兴文字狱。把几千年的中华文化来一个彻底的检查，毁其不满，编其可存。除系统的《实录》和《清史列传》等例行史籍外，《古今图书集成》《四库全书》《廿四史》《六通》《会典》以及20多种宣示朝廷武功的《方略》先后编成。在这种大规模编书潮流推动下，同时在"文字狱"高压下，一个专门以考据古籍——注释、校勘、考订、辨伪、补正、辑佚、改作为事的学术活动迅速展开于乾隆、嘉庆时代，被称为"乾嘉学派"。其中史籍考据称为"乾嘉史学"，涌现了王鸣盛、赵翼和钱大昕等才智之士。更有时代骄

① （明）李建泰：《名山藏序》。
② 谢国帧：《增订晚明史籍考·自序》。

子、自诩“吾于史学，盖有天授，自信发凡起例，多为后世开山”的理论大家、《文史通义》的作者章学诚破壁而出。他批判“宋学”（理学）的空疏和“汉学”（考据）的无益，强调“经世致用”“六经皆史”，创“史意”，倡“史德”，探索“新史体”，策划“方志学”，成为中国古代史学队伍的最后一员健将和近代史学的首位“拓荒者”。

《元史》。明宋濂等纂，纪传体断代史。该书“本纪”资料主要来自元代13朝“实录”，而“志”书收集范围广阔。

《明史》。清张廷玉等纂，纪传体断代史。该书断续编写3次，先后有两三百人参加纂修，实际编纂时间达74年。该书史料丰富，取舍慎重，凡难下结论处则存疑，对明代原始资料有回护不实的地方则据实修改，恢复应有原貌。

《藏书》和《续藏书》。明李贽纂，同属“纪传体”史书。前者论载了战国到元末的800位历史人物；后者论载明太祖到明神宗时期的400位人物。“富国名臣”一类提高了对发展社会经济有卓越贡献人物的历史地位；高度评价“知兵之将”对国家安危的重要性，鄙视空谈误国的文臣。

《天下郡国利病书》。明末清初顾炎武撰，以研究社会经济、政治为主的地理学著作。其资料杂取“廿一史”（廿一史不包括旧唐书和旧五代史，明史是廿二史，清乾隆时期才有二十三史和二十四史的提法），以及全国府、州、县志、历朝奏疏文集和明代“实录”，然后分类辑录有关民生利害部分，详细论述各地地理形势、水利、粮额、盐政、屯田、设官、边防、关隘乃至农民起义、少数民族及海外各国情况，着重介绍经济和军事概况。该书是明末清初推动学术经世致用、为反清复明服务的代表性名著。

《明儒学案》。明末清初黄宗羲撰，中国学术思想史的开山之作。该书将明代学者200余人，按学术渊源概括为19个学案、3个时期和4个部分。初期以程朱之学为主，陆象山派次之；中期专述王（守仁）学；末期立东林、蕺山两学案，东林以顾宪成、高攀龙为首，蕺山派仅刘宗周一人。中期与末期之间另立一诸儒学案，收录各学派之外的学者。

《廿二史考异》《十七史商榷》和《廿二史札记》。这是出现在“乾嘉史学”活跃时期的“三大考史名著”，但其研究的角度和趋向又有别于“乾嘉”精神。《廿二史考异》为清钱大昕撰，指《廿四史》中除《旧五代史》和《明史》以外的部分。《十七史商榷》为清王鸣盛撰写的考史名著。作者穷毕生之力，对《史记》《汉书》《后汉书》《三国志》等17部史籍不仅校勘文字、考订典章制度，而且评论史书体例的得失、作者的品格和才能以及若干历史人物和事件，其论点往往有独到之处，史学研究价值很高，非一般考据所能比拟。《廿二史札记》是清赵翼撰著的史论著作。评论范围涉及史书的体例特点、编纂方法、史料来源、内外矛盾、人物善恶、事件是非，乃至编修者的品格倾向、文笔风采，经常采用分类归纳和前后比较方式，深入浅出，排乱解纷，引导读者难中见易，小中见大，既科学又有趣，具备高水平“史学入门”著作的标准。

第三节　中国传统史学文化的基本精神

中华文明诞生于农耕文化，其核心主流从来都是现实主义而非理想主义。故更多注重历史而不是宗教。中华民族是一个酷爱历史的民族，史学传统构成中华民族精神心理结构的核心要素，史学文化也成为中华民族之道德、文化及国运、族脉所托命的根本。中国传统史学精神具有以下突出特征：

第一，人文主义传统。历史乃中国精神世界之根基，也是古人的一种代表性的理解，所谓“六经皆史”。周期的“顺天应人”原则既是思想革命，也开创了天人合一的思想传统，以及以历史为本的人文传统。孔子认为历史发展是由“天”与人双重动力促成的，天命隐藏在人事之中。中国传统史学虽然没有弃绝天命神意，也没有过分强调弃绝天命或漠视人事，而是维持天人合一，但人的历史主体性则始终彰显不辍，撰述的核心是世俗人事，天意往往是社会公意的昭示。以历史为本的精神世界才是严格意义上的人文主义。中国史学中存在着一以贯之的人文主义传统，如司马迁对人死重于泰山或轻于鸿毛的探讨、龚自珍良史之忧的质疑都是人文精神的自然流露；《二十四史》宏幅巨制的主干以描述人事为主，其他内容也围绕人事展开；就连对中国历史抱有偏见的黑格尔也不得不承认：“中国‘历史作家’层出不穷，继续不断，实在是世界上任何民族所比不上的。”①

第二，经世致用传统。观今宜鉴古，无古不成今。历史可以惩恶劝善，即善可为师，恶可为戒；历史可以鉴往知来，即不知来则视诸往，所谓前事不忘，后事之师。统治者最看重的是历史鉴往知来的政治垂鉴功能。表现在历史编纂上就是“着眼当代，详今略古”传统。经世不仅是史学研究的目的，也体现了一种关注时代需要的精神。史学思想中的借鉴意识、述往思来的意识和忧患意识即为其体现。左丘明作《左氏春秋》的宗旨是原始察终，见盛知衰，惩恶扬善，拨乱反正。杜佑在《通典》自序中明确表达其撰史宗旨：“征诸人事，将施有政。”突出表现在“资治”上，司马光著史“专取关国家盛衰，系民生休戚，善可为法，恶可为戒者为编年一书”，以实现“穷探治乱之迹，上助圣明之鉴”② 之崇旨。史家以道自任，“史以载道”“激扬名教”的伦理主义旨趣是实用理性的自

① ［德］黑格尔：《历史哲学》，三联书店，1956 年版，第 16 页。

② （北宋）司马光：《谢赐资治通鉴序表》，《温国文正公集》卷 57。

觉显现。这种政治伦理倾向决定了史学积极的干预现实和参与政治的品格，也决定了直笔书史不仅是事实之真，更是政治道德之真。其弊端在于容易使历史学沦为政治运作的手段或工具，进而失去作为独立学科赖以存在的求真基础，甚至使史家行为角色走入误区。

第三，直书实录传统。直书实录精神关涉史学功能的彰显。如果记载的历史不真实，无法使人相信，史学就会失去其存在价值。为此，必须保证史官能如实记载历史，使行世者必为信史。因此，必须给予史官以独立地位，使之可以独立执掌史职，不受任何权势干涉。但这只是理论上的设定，在现实中史官独立能否忠实履行史职、做到直书实录史事，在很大程度上取决于史官自身的人格品德高下。历史上优秀的历史著作常被人称为“实录”。求真的思想体现在历史编纂上就是直笔传统，体现了史家对历史记载真实性的责任感，实录精神则是社会对史家的崇高评价。春秋时晋国史官董狐秉笔直书的事迹，实开我国史学直笔传统的先河。司马迁就是史家实录的楷模：“自刘向、扬雄博极群书，皆称迁有良史之材，服其善序事理，辨而不华，质而不俚，其文直，其事核，不虚美，不隐恶，故谓之实录。”①

第四，通古今之变的传统。在以历史为根本的精神世界里，历史虽然有限，却是一切存在具有精神意义的根据。我国的历史记载之所以能持续不断，主要原因就是史家把史学看作“名山”事业的优良传统。司马迁在《报任少卿书》中称自己写史是“藏之名山，传之其人，通邑大都，则仆偿前辱之责，虽万被戮，岂有悔哉”！把写史当作不朽之业，为此可以生命为代价。司马迁把《史记》看作是自身人生价值的实现，看作是对过去修史传统的继承，看作是自己存活于世间的目的所在，看作是可以流芳百世的凭证。正是这种深刻的主体担当、自觉的史学意识和对历史撰述的责任感，促成我国修史传统的形成，而那些丰富生动的史籍就成为保存民族文化的重要载体。这种著述传统既是个人不朽的事业，更是对中华民族繁衍发展历程的自觉记述。中国史学一开始就带有寻根溯源的深厚历史感，《春秋》记载242年的历史，《史记》叙述近3000年的历史，《资治通鉴》时间跨度达1362年。历史眼光的深邃，彰显史家对现实认识的深刻，如司马迁倡导的“究天人之际，通古今之变”，能超越时代局限，批判地考察现存事物。在历史形而上学之中，青史得以与青山并存，于是，历史并不仅仅是历史，也是哲学和信仰，兼有思想世界和精神世界双重维度，即天道与人道双重合一的性质。

第五，德才学识结合的传统。从刘知几到章学诚，总体建构了我国古代史家修养的理论。唐代史学家刘知几在《史通》中，首倡治史要具备三种能力：才、

① 《汉书·司马迁传》。

学、识。才，即搜集、鉴别、组织、驾驭史料，并用优美的文笔阐释历史事实的能力。对史著文字审美要求，集中体现在《左传》《史记》《汉书》《资治通鉴》等名著中。特别是《史记》把历史学和艺术性的表述巧妙结合起来，开创了纪传体史学和传记文学。学，即积累和掌握丰富的史料和各种历史知识的能力，对史料搜集和考信，既注重博览群书、引经据典，也注重社会实践。不仅注重史事、史料的鉴别取舍，更注重历史与现实问题的观察和思考。识，指分析和论断要有新意，并且用尊重历史的态度博览群书、博古通今，在撰述能力上，讲究对材料的组织编排和文字表达艺术。章学诚在《文史通义·史德》篇中明确倡导"史德"，即"著书者之心术也"，强调史家不以个人好恶影响历史客观性。既要唯义是求，体现在"取鉴资治""彰善瘅恶""藏往知来"，又要锲而不舍，以强烈的使命感、事业心，将史学与国家、民族命运相系相因，提出深刻见解。

2014 年 10 月 13 日，习近平总书记在第十八届中共中央政治局第十八次集体学习"历史上的国家治理"时的讲话中说："在漫长的历史进程中，中华民族创造了独树一帜的灿烂文化，积累了丰富的治国理政经验，其中既包括升平之世社会发展进步的成功经验，也有衰乱之世社会动荡的深刻教训。" 中国的今天是从中国的昨天和前天发展而来的。要治理好今天的中国，需要对我国历史和传统文化有深入了解，也需要对我国古代治国理政的探索和智慧进行积极总结。"① 习近平高度重视学习，多次强调："历史是最好的教科书。" 指出历史、现实、未来是相通的。历史是过去的现实，现实是未来的历史。习近平总书记的历史借鉴观是中华优秀传统文化在当代的传承，是发展新时代中国特色社会主义的需要，也是他关于历史和现实之间紧密相连的深邃思考。

① 习近平：《牢记历史经验历史教训历史警示为国家治理能力现代化提供有益借鉴》，人民日报，2014 年 10 月 14 日。

第十章　中国古代文学的辉煌成就及基本精神

我国古代文学作品如日月惊天，万古长新；似江河奔腾，源远流长。由于中华先民的世界观和人生观都极具审美观照的意味，所以当他们创造自己的灿烂文化时，文学就始终是一个极为重要的组成部分。

习近平总书记2016年11月在中国文联十大、中国作协九大开幕式上的讲话中强调：“古往今来，世界各民族无一例外受到其在各个历史发展阶段上产生的文艺精品和文艺巨匠的深刻影响。中华民族精神，既体现在中国人民的奋斗历程和奋斗业绩中，体现在中国人民的精神生活和精神世界中，也反映在几千年来中华民族产生的一切优秀作品中，反映在我国一切文学家、艺术家的杰出创造活动中。”“在每一个历史时期，中华民族都留下了无数不朽作品。从诗经、楚辞、汉赋，到唐诗、宋词、元曲、明清小说等，共同铸就了灿烂的中国文艺历史星河。中华民族文艺创造力是如此强大、创造的成就是如此辉煌，中华民族素有文化自信的气度，我们应该为此感到无比自豪，也应该为此感到无比自信。”①

习近平：在中国文联十大、中国作协九大开幕式上的讲话

第一节　中国古代文学的发展历程

一、古代文化典籍比重最大

早在商代的甲骨卜辞中，就已经出现了富有诗意的词句：《卜辞通纂》中称：“今日雨，其自西来雨？其自东来雨？其自北来雨？其自南来雨？”至于在《易经》的卦爻辞中，描写古代生活的优美歌谣屡见不鲜，如“屯如邅如，乘马班如。”春秋时期，诸侯贵族在会盟、聘问等外交活动及祭祀宴飨等国事活动中都把“赋诗”作为重要政治手段。而以孔子为代表的原始儒家，更把“诗教”

① 习近平：《坚定文化自信，建设社会主义文化强国》，求是，2019年第12期。

视为最重要的政教活动。凸显即使在文学尚未取得独立地位的上古时期就已经占有很大比重。到了文学自觉的魏晋时代，更被曹丕在《典论·论文》中视为“经国之大业，不朽之盛事。”文学在文化中的地位就越来越重要。魏晋以后的士大夫几乎无人不写文学作品。在某些文学特别发达的时代（例如唐代），作家人数之多、作品数量之繁为世界文化史上所罕见，比如《全唐诗》收录唐诗近五万首，陆游诗作流传至今的就有九千多首。如果将诗、词、曲、赋、散文、小说、戏剧都放在一起加以统观，更是难以计数。在传统文化的主要载体——古代典籍中，文学作品所占比重首屈一指。古代集部图书远远超过经、史、子各类。可以说，在文、史、哲所构筑的文化体系里，文学是重要的组成部分。

二、中国古代文学的演进因素

推动中国文学演进的因素，既有外部的，又有内部的。外部因素是指社会经济、政治、文化，民族矛盾，以及地理环境的影响，等等。春秋战国之际，社会经济政治的大变革带来百家争鸣，与之相适应，文学也出现了繁荣局面。汉代大一统的政治背景以及汉武帝“罢黜百家，独尊儒术”政策，对汉赋出现和汉代散文的特点有直接影响。汉末的黄巾起义及军阀混战，影响了建安时期一代人的思想观念，造就建安文学的新局面。南北朝的对峙造成南北文风的不同，隋唐的统一以及唐代广泛的对外文化交流又推动唐代文学的繁荣。宋代理学兴起，士人入仕机会增多，以及印刷术的发展，对宋代文学产生了重要影响。元代士人地位低下，他们走向市井，直接推动元杂剧的发展。明代中叶以后，商业经济繁荣，市民阶层壮大，为反映和适应这种新的社会状况，文学发生了划时代变化。清朝初年民族矛盾突出，在文学创作上也有反映。1840 年鸦片战争之后，中国沦为半封建半殖民地社会，更引起文学的重大变化。

中国文学演进的内部因素。由于中国历史悠久、幅员辽阔，文学发展演进的过程凸显不平衡特征。第一，文体发展不平衡。一方面，各种文体形成和成熟的时代不同。诗歌和散文是最早形成的两种文体，早在商周时代就有了用文字记载的诗文；小说到了魏晋南北朝才初具规模，唐代中期走向成熟；戏剧是以宋金两代出现的宋杂剧和金院本为标志，散曲到元代才形成。中国文学的各种体裁，其形成时间相差数百年甚至一两千年，足见其不平衡状况十分突出。另一方面，各种文体从萌芽到发展成熟经历的过程长短也有不同。例如，赋的形成和成熟几乎同步，而小说从萌芽时期的远古神话到成熟的唐传奇则经历漫长过程。第二，朝代发展不平衡。不同朝代延续时间各不相同，其总体文学成就也不一样，有些朝代相对繁荣蔚兴，有的则相对萧条平庸。而且各个朝代各有其相对发达的文体，中国古代文学正如焦循《易余籥录》中所说：“一代有一代之所盛”，例如汉赋、唐诗、宋词、元曲、明清小说。这并不是说对应朝代的其他文体不值得注意，例如宋诗、清诗、清词也都很重要，但作为朝代典型性文体还是这些。第三，地域发展不平衡。在不同的朝代，各地文学的发展有盛衰的变化，呈现此盛彼衰、此衰彼盛的状况。建安文学集中于邺都；梁陈文学集中于金陵；河南、山西两地在唐朝涌现的词人比较多，而明清两朝则比较少；江西在宋朝涌现的诗人特别多，此前和此后都比较少；江苏、浙江两地在明清两朝文风最盛、作家最多；岭南文学在近代特别值得注意。不同地域有相应的文体孕育环境，从而使一些文体带有不同的地方特色，至少在形成后相当长一段时期内是如此。例如，《楚辞》带有明显的楚地特色，五代词带有鲜明的江南特色，杂剧带有强烈的北方特色，南戏带有突出的南方特色。

中国文学在演进过程中的互动作用。第一，俗雅之间相互影响与转变。《诗经》中的“国风”本是民歌，经过孔子整理，到汉代被儒家奉为经典并加以诠释成雅文学。词在唐代是民间通俗的曲子词，在发展过程中逐渐雅化。在文学的俗与雅之间，主要是俗对雅的影响与推动。俗雅之间的互动，使得文学长河能够汲取新鲜活水的补充与激荡，从而保持其长清。第二，各种文体相互渗透与融合。各种文体有其独特的体制与功能，这构成文体间的界限。曹丕早在《典论·论文》里就说：“奏议宜雅，书论宜理，铭诔尚实，诗赋欲丽。”后来各种文体越来越多，彼此之间的融合就成为文学发展的大问题。本来“诗者缘情，赋者体物；诗不忌简，赋不厌繁”，两者有着显著差别，但魏晋以后赋汲取诗歌特点，抒情小赋开始兴盛，而在唐初，诗又反过来汲取赋的优长，出现诗的赋化现象。可以说文体间的渗透与融合是文学演进发展的重要途径。第三，文学复古与革新的交替和碰撞。这是文学体裁内部的互动，主要表现在诗文领域。魏晋以后文学走上自觉道路，文学创作不断自觉或半自觉地进行革新。刘勰在《文心雕龙·通变》中专门就文学的通与变也就是因与革、继承与创新问题进行阐述。唐代韩愈、柳宗元等人倡导文学复古运动，实则打着复古旗号进行革新，借以反对六朝以来盛行的骈文，从而建立一种与“道”合一的新文学语言和文体，使得唐代散文发展到极致，形成“辞人咳唾，皆成珠玉”的局势。韩、柳之后古文曾一度衰落，直到宋代以欧阳修为魁，他荐拔和指导王安石、曾巩、苏洵、苏轼、苏辙等散文家，对他们的散文创作产生很大影响。

三、中国古代文学的发展历程

中国古代神话故事产生于文学的初始阶段，成为中国文学的源头，对后世发展产生重要影响。古代神话从盘古开天地开始，给人们绘制出一幅幅精彩壁画，如精卫填海、女娲补天、后羿射日、嫦娥奔月、大禹治水、女娲造人、愚公移山、神农尝百草等。古代神话以其内容丰富、想象奇特、乐观精神、烂漫风格哺育着中国文学，后世文学中的诗歌、散文、小说等经典文学形式及文学创作中的烂漫主义和乐观精神与古代神话故事有着直接渊源，从神话故事中汲取丰富养分，神话故事对文学发展功不可没。

从有文字记载的历史来看，中国古代文学走过三千多年的历程，高峰迭起，瑰丽璀璨，堪称人类文化史上仅有的奇观。“诗文随世运，无日不趋新。”下面从诗、词、散文和叙事文学四个层面通览其发展历程。

诗歌是中国文学中产生最早的艺术形式之一。《诗经》是最早的一部诗歌总集，其诗篇产生于西周初年，最晚产生于春秋中叶。紧接着，又兴起一种新的诗体——楚辞，楚辞的光辉代表是伟大诗人屈原。《诗经》中的“国风”和以《离骚》为代表的楚辞，是中国古代诗歌的两大典范。以创作方法而言，《诗经》和《离骚》分别开创了中国文学现实主义和浪漫主义的诗歌传统。汉魏六朝出现带有民间文学刚健清新风格的新诗体——乐府，强烈的现实感是其重要标志。《孔雀东南飞》《木兰辞》都是中国古代长篇叙事诗中的瑰宝。“孔雀东南飞，五里一徘徊”，诗中记载的故事，发生于东汉南帝年间庐江郡，也就是今天的安徽怀宁、潜山一带。花木兰是中国古代中国英雄，其代父从军击败入侵民族而流传千古，被唐代皇帝追封为“孝烈将军”。在乐府诗的发展过程中，五言、七言的句式日渐引人注目，到汉末出现了《古诗十九首》。五言诗体基本成熟，七言诗的产生晚于五言诗，其广泛流行在晋宋之际。经过齐梁间以沈约为代表的“永明体”诗歌在声律方面的充分准备，唐代近体诗进入鼎盛时期，古体诗和近体诗全面发展，出现李白、杜甫、白居易等伟大诗人。中国诗歌同音乐有着非常密切的联系，两者的关系发展变化经历“乐府从诗”“采诗入乐”和“倚声填词”三个阶段。“倚声填词”是诗与乐各自经过长期发展演变，在新的历史条件下重新进行的一种更为高级的形态组合。

词是一种音乐化的文学样式，起源于民间，盛唐以后，文人雅士填词渐成风气。五代时，中国第一部文人词总集《花间集》问世。宋代，词的现实内容和表现形式达到完美统一，成为可与唐诗并列的另一座高峰，出现苏轼等一大批杰出的词作家。南宋后期，词逐渐失去其和乐的搭配能力。而以“胡乐”结合北方民间“俚曲”通过通俗化语言而形成新的诗歌样式——散曲，引起了人们新的兴趣。由于散曲大量吸收民间方言俚语，彰显浓厚的通俗文学色彩，并且具有以往诗歌中少见的诙谐和幽默，给诗坛注入了一股清新空气。散曲在元代得到迅速发展，成为中国诗歌史上最兴盛的体裁之一。同时，传统体诗歌仍创作大量作品，宋、元、明、清各代均数量巨大且有自身特色，但总成就都没有超越唐代。

在中国传统文学观念中，与诗词并列的文学正宗是散文。中国文学史上第一部记叙文和议论文的集子是《尚书》，它是上古历史文献和部分追述古代事迹著作的汇编，虽然文字较为深奥，但已略能叙事，初具文学特质。战国时代，群雄争霸，战争频仍，士人纷纷献计献策、著书立说，形成百家争鸣局面，散文得以迅速发展，主要是历史散文和诸子散文。历史散文以《左传》《国语》《战国策》为代表，诸子散文以《论语》《孟子》《庄子》《荀子》《韩非子》为代表。儒、道是中国思想史上的两大流派，两家代表作《论语》《孟子》《老子》《庄子》在文学史上影响巨大。这时期的散文感情激越、论辩性强；辞藻华美、结构严谨；多用寓言、善使比喻，散文基本形式已经确定。汉代散文更讲究文采，对偶句增多，有辞赋化倾向。司马迁的《史记》问世，规模宏大又结构严谨，无论写景状物，还是刻画人物性格、抒情议论，都获得极大成功。《史记》不仅为史书杰作，也是中国传记文学的典范。秦汉以后，散文在形式上发展为古文和骈文两大类。前者以散行单句为主，后者以骈偶对句为主。骈文兴盛之后，古体散文式微。直到唐代韩愈、柳宗元大力提倡“古文运动”，反对过于矫饰、渐趋空洞的骈文，散文才恢复其生机与地位。唐宋古文直承秦汉传统，尤以游记散文清新俊逸、生动活泼，后世纯文学散文一直沿着这条轨道前进。明清小品文则是纯文学散文的一种重要样式，吸收唐代散文的精髓，融入魏晋南北朝笔记文的谐趣和隽永，具有独特艺术魅力。

中国叙事文学的源头可上溯至远古神话和史传作品，但真正的文学创作则始于魏晋小说，有志怪小说和志人小说两大类。它们对后代的笔记小说有深远影响，直到清代蒲松龄的《聊斋志异》，仍可视为其流风余韵。唐代传奇小说奇峰突起，作家们开始有意识地虚构作品，在情节结构、人物描写等方面已达到很高成就。而民间的说话艺术也开始发展，到宋代就产生成熟的话本小说。至明清时期，出现众多优秀的长篇章回小说，《三国演义》《水浒传》《西游记》《聊斋志异》《儒林外史》《红楼梦》等都是不朽之作，标志着古典小说达到高峰。叙事文学的另一门类是戏曲，它萌芽于汉代百戏，经过唐戏和宋金杂剧阶段，到元杂剧臻于成熟，涌现出关汉卿、王实甫等戏剧大师，进一步演变为明清传奇与近代戏曲，代表作如《窦娥冤》《西厢记》《牡丹亭》《桃花扇》等，都是流芳百世的文学珍品。

第二节　中国古代文学的辉煌成就

一、诗经与楚辞

《诗经》是我国最早的一部诗歌总集，原名《诗》，或称《诗三百》，它至迟在孔子出生以前就已基本编定。编者可能是周王朝的乐官太师，孔子也整理过《诗经》，并作为重要教材。汉代正式确立为六部儒家经典之一，故称为《诗经》。主要收集西周初至春秋中叶五百多年间的作品，共有305篇。《诗经》在内容上分为风、雅、颂三部分。风乃风土之音，采集民间歌谣，共有十五国风，160篇；“雅”即正，指正统朝廷音乐，大多是宫廷宴饮的乐歌，分为《大雅》《小雅》，共105篇；颂主要是宗庙祭祀祖先时演唱的祭歌，分为《周颂》《鲁颂》《商颂》，共40篇，分别为西周王室和春秋前期鲁国、宋国用于宗庙祭祀的乐歌。

《诗经》内容十分广博，深刻反映了殷周时期尤其是西周初至春秋中叶社会生活的各个方面。依内容而言，《诗经》可分为五类：一是反映周部族由始祖后稷到公刘、古公亶父直至文王、武王不断发展壮大的历史颂诗，这类诗歌多保存在大雅与“三颂”中，如《生民》《公刘》《绵》《皇矣》《大明》等五篇作品，赞颂后稷、公刘、太王、王季、文王、武王的业绩，反映西周开国的历史。二是大量反映丧乱、针砭时政的怨刺诗，主要产生于王室衰微、政治昏乱的西周末东周初，所谓“变风”“变雅”就是此类。如《大雅》中的《民劳》《板》《荡》《召旻》《瞻印》等；《小雅》中的《北山》《正月》《十月之交》《雨无正》《巷伯》以及《国风》中的《魏风·伐檀》《邶风·新台》《秦风·黄鸟》等。三是以爱情、婚姻、家庭为主体，反映该时期婚恋观念、情感体验以及家庭、婚姻生活状况的婚恋诗和爱情诗，凸显当时男女爱情生活的幸福欢乐与挫折痛苦，充满坦诚、真挚的情感，如《周南·关雎》《郑风·子衿》《郑风·出其东门》等。四是直接描写农业生产生活与相关政治、宗教活动的农事诗，以古代田猎、畜牧与农业生产情景为描写对象，如《周颂》中的《臣工》《噫嘻》《丰年》《载芟》《良耜》等，以祭歌形式反映周人农业生活与重农意识。五是反映周代社会生活中战争与徭役的征役诗。战争诗主要描写天子、诸侯的武功，表现强烈的自豪感与乐观精神，例如《大雅》中的《江汉》《常武》和《小雅》中的《六月》《采芑》等，徭役诗则多表达征夫厌战思乡和思妇闺怨愤慨之情，如《卫风·伯兮》《唐风·鸨羽》《王风·君子于役》等。总之，《诗经》整体上关注现实，抒发现实生活中的真情实感，体现“饥者歌其食，劳者歌其事”的写实倾向，彰显社会批判意识（即所谓“美刺”）。诗者的目光对准国家和人民的命运，对民生疾苦等社会现实尤为关切。

《诗经》的艺术表现手法值得关注，概括为“赋”“比”“兴”三类。“赋”指铺陈直叙，叙事描写、议论抒情都在其内。“比”是比喻或比拟。“兴”就是托物起兴，是用诗歌从意义、声音等方面的类比关系来引发下文的一种手法。“赋”“比”“兴”手法对后代诗歌产生深远的影响。

《楚辞》是中国古代著名的诗歌总集。“楚辞”本是指战国时期以屈原为代表的楚国人创造的一种新诗体。它是在楚文化的氛围中和楚地音乐、民歌基础上形成的极具地域特色的诗歌样式。汉代亦有不少作家模仿此类诗歌进行创作，后经刘向、王逸等学者收集整理，编成《楚辞》，成为该类作品的通称。《楚辞》的主要作者屈原是楚国的贵族，曾官居要职，参与内政外交活动，后来被谗、放逐，因报国无门而自沉于汨罗江。屈原的作品共有25篇，《离骚》是其代表作，全诗长达373行、共有2490字，是我国古典文学中最长的浪漫主义抒情诗。它以深刻的思想内蕴和独特的艺术成就，成为中国古典诗歌史上的一座丰碑。《离骚》凸显屈原遭遇忧患，却始终保持"虽九死其犹未悔"的爱国情操，是用生命融铸成的伟大作品，瑰丽的语言与奇特的想象碰撞出巨大艺术魅力，强烈的爱国情怀与执着的人生追求，融汇成激越的精神力量，参差不齐的句式与"芳草美人"的比兴手法都对后代诗歌产生深远影响。

《诗经》是现实主义源头，《离骚》开浪漫主义先河，二者被后世文人合称为"风骚"，成为中国古代诗歌的两大源头，在中国乃至世界都享有很高声誉，两千多年来，"风骚"传统一直被后世文人所效法。

二、先秦散文与汉赋

先秦散文是中国散文的发轫，包括以叙事为主的历史散文和以说理为主的诸子散文。我国古代史官文化十分发达，《汉书·艺文志》中称："左史记言，右史记事"，以叙事为主的历史散文首先出现。先秦史书内容丰富，形式多样，主要有编年体的《左传》，国别体的《国语》《战国策》，专记个人言行的《晏子春秋》等。《左传》是"春秋三传"中文学价值最高的一种，《左传》叙事，往往注重完整地叙述事件过程和因果关系，善于条理井然地叙述头绪纷繁、错综复杂的战争，其中城濮之战、崤之战、邲之战、鄢陵之战等写得尤其出色。《左传》也善于刻画人物，尤其是在具体事件的叙述中展开人物形象与性格，书中如郑伯、重耳、楚灵王、蹇叔、子产等人物都个性鲜明。《左传》刻画了一批有血有肉的历史人物形象，均以其历史描述的真实性、思想倾向的鲜明性、行为特点的典型性入列传记文学的人物画廊。

诸子散文随着春秋末期社会急剧变动而逐渐兴起。这一时期"士"阶层逐渐兴起、壮大，成为最活跃的社会力量，他们针对当时的社会变革，提出各自政治主张，展开论辩，形成百家争鸣局面，于是产生以论说为主的诸子散文。其发展分为三个阶段：第一阶段是春秋末年至战国初期，此时主要是语录体，代表著作有《论语》《老子》《墨子》。第二阶段是战国中叶，由语录体向对话体、论辩体过渡，代表作是《孟子》《庄子》。《孟子》是孟轲及其门人所作，其中心内容是宣扬儒家"仁政"说，抨击暴政，主张"民贵君轻"，语言上以对话为主，富于雄辩、议论酣畅。《庄子》一书文笔纵横恣肆，想象丰富奇特，大量运用寓言，具有浪漫主义色彩，《秋水》和《逍遥游》为其代表作。第三阶段是战国后期，发展成专题论著，代表作是《荀子》《韩非子》。二者都是较为严谨的学术论文集，条理清晰，逻辑严密，论证充分，具有很强的说服力。《荀子》条分缕析、巧妙设喻，反复论证，务求理尽义达。《韩非子》则行文犀利峻拔，剖析入微，寓言生动精辟，具有较强的文学意蕴。

赋是中国特有的文学样式，兼具散文和韵文性质，主要特点是铺采摛文，卒章显志，不歌而诵。赋的形成和发展经历很长时间，它产生于战国后期，兼收战国纵横之文的铺张恣肆之风与先秦诸子散文的相关因子，至汉代达到鼎盛阶段。汉以后，赋之文体有所发展，先后有六朝骈赋、唐代律赋和宋代以后的文赋，而且代有作者，不乏名篇，但总体而言汉赋成就最高。

汉赋按题材取向可分为两大类。一类是抒情述志的短赋，如汉初贾谊的《吊屈原赋》《鹏鸟赋》，东汉张衡的《归田赋》，汉末赵壹的《刺世疾邪赋》等。贾谊是作品传至今世的首位汉赋作家，《汉书·艺文志》载有他的赋 7 篇。另一类是以铺陈排比为主的“体物大赋”，是汉赋的主流。主要作品有司马相如的《子虚赋》《上林赋》，扬雄的《长杨赋》《羽猎赋》，班固的《两都赋》，张衡的《东京赋》《西京赋》等。司马相如是汉大赋的集大成者，以华丽辞藻、夸饰手法、韵散结合的语言和设为问答形式，大肆铺陈宫苑的壮丽和帝王生活的豪华，充分凸显汉大赋的典型特点，从而确定一种铺张扬厉的大赋体制和所谓“劝百讽一”的传统。大赋的另一位重要作家是西汉末年的扬雄，其作品在题材、结构写法和思想倾向上都与司马相如的大赋很相似，不同的是赋中的讽谏成分有所增加，铺陈描写也更加沉博艳丽。扬雄与司马相如并称“扬马”，成为后人心目中大赋的典范作家。

汉赋整体富丽堂皇，气势磅礴，反映大一统的汉帝国的声威和上升时期的风貌。其恢宏气度正是积极乐观的时代精神和自强不息的民族性格的艺术体现。汉赋对汉帝国的国土之广阔、宫苑建筑之壮丽、京城都邑之繁华、水陆物产之丰盛以及文治武功之隆盛进行全面描述和歌颂，展现出中华民族对自身力量的高度自信，对所创造的物质文明和精神文明的充分肯定，也体现了对现实世界的挚爱。汉赋铺陈文采的表现形式虽有呆滞堆砌的缺点，但那种关注客观世界的整体性、重视审美对象的对称性的特征，彰显了中华民族对艺术世界进行整体把握的思维特征。

三、唐诗宋词

中国诗歌产生于文字发明之前。《诗经》《楚辞》分别是中国诗歌的现实主义和浪漫主义源头。自汉魏以来，五言诗、七言诗经过长期发展，在题材走向、格律形式、艺术手段、风格倾向等方面逐渐走向成熟。随着强盛繁荣的唐代到来，中国诗歌也步入巅峰，产生了古代文学中最为光辉的唐诗。唐诗代表着唐代文学的最高成就，其篇什繁富，名家辈出，流传至今的作品有 55000 多首，家喻户晓的名篇数以千计，堪称古代诗歌的宝库，也是人类文化史上的奇观。唐诗的发展过程大致可分初唐、盛唐、中唐、晚唐四期。

最初的 90 年是唐诗繁盛来临的准备阶段。就情思格调而言，北朝文学的清刚劲健与南朝文学的清新明媚逐渐融合，走向既有风骨又开朗明丽的境界；就涉猎领域而言，逐渐从宫廷台阁走向关山塞外，作者群体也从宫廷官吏扩大到寒门士子；就表现形式而言，在永明体诗歌基础上创造了新的诗歌体式——律诗，这些都为诗歌繁荣的到来准备了充分条件。

盛唐开元、天宝期间的50年，由于国家繁荣，社会安定，唐诗呈现出全面繁荣态势。这一时期的诗人借助多种途径实现人生追求。有以侠少面目现世，成为热情的进取者，希望通过从军立功等道路施展抱负；有以隐士面目出现，成为恬静的退守者，希望幽居山林以获得生活与心境的宁静；也有一些诗人身兼上述两种身份，或因时而变。这两种人生态度是盛唐诗题材取向的基础，形成以王维、孟浩然为首的山水田园诗派和以高适、岑参为首的边塞诗派。王维、孟浩然把山水田园的静谧秀美表现得让人心驰神往。其作品以清新秀丽的语言，描绘幽美的山水景色和宁静的田园生活，诗人的心灵沉浸在美丽自然的怀抱之中，滤去现实生活中的功名杂念，达至静穆空灵的境界。王维诗中的辋川田园，孟浩然诗中的襄阳山水，实际上已升华为一种审美意境，是中华民族热爱自然、重视人与自然和谐关系民族心理的艺术积淀。高适、岑参把边塞生活写得豪情慷慨、瑰奇壮伟，展现塞外大漠的奇异风光，塑造边关健儿的英雄形象，彰显建立功勋、保卫祖国的人生理想。盛唐边塞诗的情感内蕴与思想倾向都比较复杂，诗人们既歌颂反对侵略的自卫战争，又谴责意在拓疆扩土的开边战争，同时还控诉战争对人民和平生活的干扰与破坏。边塞诗交织着慷慨激昂的豪气与婉转缠绵的柔情，交织着儿女衷肠与英雄气概。相对而言，边塞诗更鲜明地体现盛唐积极进取的时代精神，更凸显中华民族反对侵略、热爱和平、不畏强暴的优秀品格。

盛唐气象是诗歌中所展现出来的富于浪漫气息和理想色彩的精神面貌，而最杰出的代表首推李白。李白独特的艺术个性、非凡气魄及其生命激情在诗歌中得以充分体现，被后世誉为“诗仙”。他以丰富的情感、复杂的思想和多样的人生追求，涵盖田园与边塞两大诗派的内容取向，又以惊人的天才资质，融汇超越二者的艺术造诣，从而成为盛唐诗坛上最耀眼的明星。李白的思想体现儒、道、侠三者兼综特点，儒家的忧患意识与用世济时的思想及其人生价值，始终影响着李白，而道家超尘出世、追求精神自由的人格精神及道教的神仙世界，又始终浸染着李白的思想与性格。李白诗中还渗透着游侠与纵横家的侠义精神和人格理想，他热情讴歌现实世界中一切美好的事物，对其中不合理现象则毫无顾忌地投之以轻蔑。这种追求解放与自由虽屡受现实制约，却一心要征服现实的态度，乃是中华民族反抗黑暗势力与庸俗风习的一股强大精神力量。与李白齐名的伟大诗人杜甫，在青年时代也受盛唐诗坛浪漫氛围的深刻影响，但他很快从浪漫主义诗人群体中游离出来。“诗圣”杜甫主要受到儒家影响，儒家的民本与仁政思想、忧患精神和伦理道德成为其诗歌创作的思想基础。以积极的入世精神和敏锐的洞察力，在诗歌中深刻而全面地反映现实生活。杜诗为安史之乱前后唐帝国由盛转衰时代提供了形象生动的历史画轴，对“朱门酒肉臭，路有冻死骨”的社会现实进行入木三分的揭露和批判，被后人誉为“诗史”。杜诗中充溢忧国忧民的忧患意识和热爱天地万物的仁爱精神，是儒家思想核心精神的艺术表现，也是中华民族文化性格的形象凸现。在艺术风格上，李白诗飘逸奔放，杜甫诗沉郁顿挫，既各具鲜明个性特征，又皆备丰富内涵，对后代诗歌的审美趣向产生深远影响。

中唐诗坛有两个主要流派。一个流派是倡导新乐府运动的“元白诗派”，它以白居易为首，元稹、王建、张籍、李绅等人为羽翼。他们发起新乐府运动，强调诗歌的惩恶扬善、补察时政功能，在艺术上则倡导使用通俗流畅的语言。另一个流派是以韩愈为首，孟郊、卢仝、贾岛、李贺等人为羽翼，主要继承杜甫在艺术上勇于创造、刻意求新的精神，致力于在杜诗中稍露端倪却尚未开拓的艺术境界。韩派诗人善于刻画平凡、琐屑乃至苦涩的生活和雄奇险怪乃至幽僻阴森的景象，艺术特征是语言戛戛独造，风格或雄奇，或幽艳，或怪诞。就诗人艺术个性的独特性和诗歌风格的多样性而言，中唐诗坛呈现出百花齐放格局。

晚唐多数诗人以模仿前人为本事，气度不足，艺术成就不高，主要诗人有杜牧、李商隐、温庭筠等。

词这种特殊的诗体产生于初盛唐，到晚唐五代时已取得相当高的成就，出现温庭筠、韦庄、李煜、冯延巳等著名词人，但尚未能与五言诗、七言诗相抗衡。真正成为一代文学之圣，并在古代诗歌史上堪与唐诗交相辉映的是宋词。宋词可谓“一代之文学”的标志，就全部词史而言，宋词创作无疑已臻顶巅，名家辈出，佳作如林，流派纷呈，风格各异。在题材、手法、风格演变上经历了一个发展过程。

北宋前期主要词人有晏殊、欧阳修、范仲淹、柳永等。晏殊、欧阳修拉开有宋一代词作序幕。其词作乃是五代特别是南唐柔软绮丽词风的延续，又有局部拓展，多以小令抒写男女情事，娴雅清旷，秀丽精巧。范仲淹则突破晏、欧婉约之格局，另树旗帜，其边塞词苍凉开阔，豪放悲壮，下开东坡之词风。此期词坛成就最大、贡献最力者当推柳永。柳永自创新调，以长词慢调取代先前的小令，扩展了词的容量；以清新俚俗的市井风情取代先前精致典雅的贵族格调，开拓了词的领域；讲究铺叙，喜用白描，丰富了词的艺术表现手法。这些创造性贡献使柳永成为词史上一个里程碑式的人物。

北宋中期的主要代表人是苏轼与晏几道。宋词至柳永一变，至苏轼而再变。苏轼以诗为词，“一洗绮罗香泽之态，摆脱绸缪宛转之度”，打破词体题材内容的限制，拓展了词的意境；冲破词为艳科的藩篱，在婉约词家之外立豪放一派；提高了词的品位，使词在一定程度上突破音律束缚，成为独立新诗体。苏轼全面改革词坛传统风尚，给词史发展指出了“向上一路”，南宋爱国词派和辛派词人为其嗣响。另一位重要词人晏几道则兼融晏殊、欧阳修的词风，在回环曲折的笔致中透露出哀怨感伤的情调，温婉蕴蓄，真挚动人。

北宋后期主要词人有秦观、黄庭坚、贺铸、周邦彦等。秦观词一向被认为是婉约派的正宗，多写男女情爱的悲苦与失志文士的幽怨，情韵兼胜，词境凄婉，自成一家。周邦彦被推崇为北宋词的“集大成者”，注重音律法度，风格淳雅浑厚，章法缜密圆熟，语言典丽精工，成为格律词派先锋。

南宋前期主要词人有张元幹、张孝祥、朱敦儒、李清照等。这些作家大都由北入南，在神州陆沉、国难当头之际，他们继承苏轼的豪放词风，开始突破以往吟风月弄花草的婉丽流转，给词作注入鲜明的时代性和强烈的战斗性，词风慷慨悲壮、沉郁苍凉，为中期爱国词高潮的到来奏响先声。此期词坛成就最高、卓然自立的是女词人李清照，她主张词“别是一家”，进一步确立了词体的独立地位。其词化俗为雅，清宛疏淡，语言功力深湛，既自然清新又精美雅洁，号称“易安体”，与秦观等一起被推为“当行本色”的婉约正宗。

南宋中后期主要词人有辛弃疾、陈亮、刘过、姜夔等。辛弃疾横世杰出，奏响爱国词的最强音；他以文为词，空前地解放词体，增强了词的艺术表现力；辛词题材广泛，内容丰富，以抒写报国之志与失意之悲为主调；词风不拘一格，多方式、多类型，沉郁、明快，悲壮、妩媚，兼而有之，但以豪放雄健为主。辛弃疾凭其独创的“稼轩体”在两宋词坛“屹然别立一宗”。陈亮、刘过都属辛氏同调，风格之激越雄壮与辛词相近。姜夔精通音律，能自度曲，格律谨严，词风清空峭拔，词境虚灵幽冷，语言瘦劲疏淡，在辛派词人之外另标一格，他上承周邦彦之精工，下开吴文英、张炎之风雅，被奉为雅词之典范。

宋词名家辈出，流派众多，后人往往把宋词划分为婉约词与豪放词两大流派，但事实上这两种词风在宋代并非始终平分秋色。从晚唐温庭筠以来，词在题材走向和风格倾向上都形成了自己的独特传统，因而被称为“艳科”。词的主要功用是在宴乐场合供伶工歌女歌唱，是一种音乐歌词，其题材主要描写妇女容貌、心理、生活情景，尤以男女爱情为主。伴随着这种题材走向和轻柔靡曼的音乐，其风格倾向也自然以婉约为主。宋代统治者推行优待官僚士大夫政策，加上社会经济发展与城市的高度繁荣，为士大夫寄情声色、歌舞宴乐提供了优裕的物质条件，具有上述传统的词获得长足发展。宋词虽不如西方爱情诗那样热情奔放，但自有深情缅邈、低回往复的特殊魅力，因为那是一代词人心灵深处的沉吟。

中国古诗词有一种特有的美感，读起来让人沉醉。中国古诗词之美体现在境界之美、音韵之美、结构之美和诗句之美。中国古典诗词是优秀传统文化的精品，是中华民族伟大精神的凝结体。它自觉地承担起传承中华文明、弘扬民族精神、推动社会进步的历史责任。

四、元杂剧

元杂剧又称北杂剧、北曲、元曲。它是在金院本和诸宫调基础上孕育发展而成。元杂剧最繁盛是13世纪后半期，其兴起和繁荣有诸多因素：首先，都市经济繁荣、通俗文艺发展、市民阶层的娱乐需求以及戏剧演出的商业化和社会化，为元杂剧繁盛提供了必要的群众基础和物质条件。其次，元代以前的歌舞伎艺，尤其是宋、金以来戏剧事业本身的发展，为元杂剧的产生与发展提供了丰富的艺术实践。其三，最高统治者对歌舞戏曲的爱好与提倡，客观上推动了元杂剧的发展。最后，大批具有较高文化修养的文人沦落为书会才人，这些创作主体对剧本创作的直接介入，迅速提高了元杂剧的艺术品位，这是元杂剧得以兴盛的根本保证；而创作者与演出者、剧本创作与舞台演出关系更为紧密，相得益彰，共同推动了元杂剧迅速发展成独立的艺术样式。

元杂剧催生了韵文和散文相结合的结构完整的文学剧本。剧本结构通常由四折组成，有的外加一个楔子；在剧末正戏结束之后，有“题目正名”，用来概括剧情、标示剧名；剧本用语韵散结合，每折均由曲词、宾白、科范组成。[①] 杂剧一折戏只能唱同一宫调的一套曲子，并且一本戏只能由主角独唱，正末主唱为末本，正旦主唱为旦本，其他角色只有宾白。元杂剧的角色大致可分为末（正面男角）、旦（正面女角）、净（戏剧角色或反面人物）、杂（其他角色的统称）四类，其表演呈现程式化和虚拟化倾向。杂剧舞台表演融合了歌唱、舞蹈、说白、杂技等多种艺术形式，在不足百年时间内，有姓名可考的杂剧作家有200多人，见于记载的剧目有700多种，涌现被后人称为“元曲四大家”的关汉卿、马致远、白朴、郑光祖和以《西厢记》“天下夺魁”的王实甫等著名剧作家。

元杂剧内容极为丰富，反映广阔的社会生活，依题材大致可分为五类：第一，历史剧，主要表现历史上重大的民族斗争和政治斗争，谴责乱臣贼子，歌颂忠臣义士，批判异族侵略者和卖国贼，表彰民族英雄。这些历史剧都有借古讽今的含义，曲折地表达元代人民的政治、道德观念，代表作有纪君祥的《赵氏孤儿》、马致远的《汉宫秋》、关汉卿的《单刀会》等。第二，爱情剧，主要描写青年男女对爱情与婚姻的自主追求，体现反对封建制度及传统道德规范的倾向，代表作有白朴的《墙头马上》、王实甫的《西厢记》等。有些杂剧用人神恋爱的故事来影射现实，如尚仲贤的《柳毅传书》、李好古的《张生煮海》也属此类。第三，公案剧，一般通过刑事案件的审判，揭露贪官污吏贪赃枉法、草菅人命的罪恶，歌颂人民群众的斗争精神，同时也表彰廉洁公正的清官（主要是包公），代表作有关汉卿的《窦娥冤》《鲁斋郎》及无名氏的《陈州粜米》等。第四，水

---

① 杂剧以唱为主，说白称为“宾白”；演员的动作、表情等称为“科范”。

浒剧，主要描写梁山英雄除暴安良、解民倒悬的侠义行动，代表作有康进之的《李逵负荆》等。第五，世情剧，主要揭露社会上形形色色的丑恶现象，代表作有秦简夫的《东堂老》、关汉卿的《救风尘》、郑廷玉的《看钱奴》等。元杂剧创作取得辉煌的艺术成就，塑造出形象鲜明、面目各异的舞台形象。它善于组织矛盾冲突，场面紧凑，高潮迭起。语言大多浑朴自然，带有浓郁的市井生活气息。元杂剧的文化意义体现在以下三个方面。

首先，元杂剧褒贬分明，剧中人物的美恶忠奸判若泾渭，体现多数人意志的价值判断，具有民主倾向和进步意义。例如《赵氏孤儿》写春秋时晋国奸臣屠岸贾诬陷忠臣赵盾，将赵门300余人斩尽杀绝，还千方百计搜杀赵氏孤儿以斩草除根。为此，一批仁人志士想方设法保护孤儿。当屠岸贾为诛杀赵氏孤儿下令将晋国所有的同龄婴儿全部杀戮时，程婴赵氏、公孙杵臼二人合谋定计，分别以舍子、献身的壮举制止了这场浩劫，从而保全孤儿，最后复仇除奸，伸张正义。《赵氏孤儿》彰显震慑人心的道德力量，程婴等人之所以能见义勇为乃至舍生取义，支撑他们的正是坚定的道德信念。由于这种信念完全契合助善惩恶、抗暴除奸的价值判断，历来受到人民的喜爱。《赵氏孤儿》在18世纪后多次在西方上演，产生巨大影响。西方观众为之倾倒的正是该剧所彰显的中国文化精神的道德光辉。

其次，元杂剧歌颂不畏强暴、反抗压迫、争取自由的叛逆形象，高扬反抗精神，抨击黑暗势力、落后观念与丑陋风习。例如《西厢记》中的张珙（字君瑞，礼部尚书之子，父母双亡）和崔莺莺，他们是出身于封建官宦家庭的青年男女，在追求爱情自由过程中不得不面对门阀观念、礼教规范和功名意识等种种封建思想的无形桎梏，但是他们最终以坚韧的斗争冲破重重束缚，勇敢地实现自由恋爱。红娘虽是崔家身份卑微的侍女，但她坚决同情、支持崔张爱情，不仅热心地出谋划策，而且面对崔母的拷打威胁也毫不气馁，据理力争。勇敢机智的性格和强烈的正义感使红娘形象光彩夺人。《西厢记》把恋爱双方之外的红娘写成主要人物，闪现民主思想的光辉。再如《窦娥冤》描述窦娥身为无依无靠的弱女子，在惨遭恶霸地痞横行、高利贷盘剥、贪官污吏枉法的重重迫害后含冤被杀。但剧中窦娥并没有逆来顺受，而是与强大的邪恶势力进行不屈斗争，直到走上刑场后还指天斥地，诅咒日月鬼神，用最后的力量对黑暗势力控诉和批判。虽然弱女子窦娥不足以战胜黑暗社会，剧中也只能用幻想方式为她死后申冤，但正因为是在力量悬殊情形下进行的坚决抗争，才更具震慑人心的力量。

第三，元杂剧彰显以理想化的方式处理现实主义题材的特征。这种处理方式在艺术上受人诟病，它使元杂剧往往以“大团圆”的局面结束，落成俗套，严重削弱了剧本的思想意义。例如杨显之《潇湘雨》中的张翠鸾虽遭丈夫遗弃、谋害，但最后却仍与他复婚、妥协。这种方式也反映出中国人“善有善报、恶有恶报”的信念，体现幸福普降人间、正义战胜邪恶的美好愿望。所以元杂剧中的正面人物往往被赋予大智大勇品格，并常常取得斗争胜利，例如公案剧中的包公，不但明察秋毫，断案如神，而且总能严惩作恶多端的权豪势要，这显然并非社会现实的真实反映，而是对人民愿望的艺术满足。

在中国文学史上，元杂剧有着划时代的意义。在此之前，以抒情为主的诗歌、散文占据文坛统治地位，而元杂剧以叙事为主，这就使得文学更贴近民众生活，更广泛地反映社会现实，更直接地表现民众的喜怒哀乐。元杂剧的成功，宣告以叙事为主的戏剧、小说等通俗文学开始成为文坛主流。元杂剧作者多为沦落下层的文人士子，观众则遍及社会各阶层，其兴盛意味着文学在编创与接受两个方面都进一步民间化。

五、明清小说

中国古典小说在经历先唐笔记、唐传奇和宋元话本三个发展阶段后，到明清时代臻于极盛，涌现出《三国志通俗演义》《水浒传》《西游记》《金瓶梅》和《儒林外史》《红楼梦》等六部著名长篇小说。前四部被誉为明代“四大奇书”，后两部则是清代长篇小说中的双璧。

《三国志通俗演义》是我国章回小说的开山之作，也是历史演义小说的重要里程碑。它塑造了一系列独具神采的人物形象，创造出数以百计的栩栩如生的人物画廊，如雄才大略、奸诈残暴的曹操，宽仁爱民、知人善任的刘备，忠义凛然、勇武刚强的关羽，疾恶如仇、勇猛粗犷的张飞，足智多谋、忠贞谅直的诸葛亮，以及不堪造就的刘禅，气量狭小的周瑜等皆已成为家喻户晓的人物典型。《三国志通俗演义》描写错综复杂的军事、外交、政治斗争时特别崇尚智谋，客观上把统治阶级的各种斗争手腕、谋略向民间普及，成为一部形象化的军事、政治教科书，包含着十分深厚的传统文化内蕴。

《水浒传》是完成于明初的英雄传奇小说，其成书过程所摄取的材料相当繁杂，既有农民革命思想的闪光，也有市民阶层情感的渗透。作者在编定成书时，又用传统的忠义思想进行加工改造，成书后经过不同思想倾向的文人润色和修改，全书思想内涵丰富复杂，其主题思想也呈现多元融合趋势。北宋末年宋江等人聚义梁山反抗官府，这个故事在民间广为传布，在宋元话本和元杂剧里皆有反映，《水浒传》基于这些传说进行创作，深刻揭示了“官逼民反”的道理。其描写的108位好汉出身各异，既有贫苦的农民、猎户、渔民、小市民，也有军官、小吏和地主，他们都因不堪忍受统治者的压迫和剥削而奋起反抗。《水浒传》塑造了宋江、鲁智深、武松、林冲、李逵等性格各异的典型人物，它所描写的造反是以“忠义”为行为准则的反抗。“忠义”作为一种伦理道德具有浓厚的封建色彩，但也不乏牺牲个体利益以维护正义的献身精神。《水浒传》彰显传统文化精神的两面性，宣扬忠义与歌颂反抗的并行不悖。

《西游记》是明代成就最高的神魔小说，把浪漫主义的创作方法提升到了新的历史高度。唐代高僧玄奘赴天竺（印度）取经的故事在民间流传过程中不断增饰，《西游记》在此基础上进行艺术加工。整体风格上，《西游记》洋溢着浓厚的幻想色彩，构筑了一个变幻瑰奇而又生动真实的神话世界；形象塑造上，它将人性、物性与神性有机地糅合在一起，使“神魔皆有人情，精魅亦通世故”（鲁迅《中国小说史略》）；艺术结构上，全书泾渭分明，严谨整饬，由大闹三界、取经缘起、西天取经三大部分构成，既是有机联系的艺术整体，又各具相对独立性，每个部分都由起讫相对独立的若干小故事构成；艺术格调上，继承寓庄于谐的优秀传统，“戏墨寓至理，幻笔抒奇思”，亦谐亦谑，寓嘲寓讽，轻松活泼，妙趣横生，使作品产生浓烈的喜剧效果。

《金瓶梅》是出现于明代后期的第一部由文人独立创作的长篇世情小说，作者署名“兰陵笑笑生”。全书旨在暴露人情世态，其主要人物里没有一个值得肯定的形象。《金瓶梅》取名于潘金莲、李瓶儿、庞春梅三个女性的名字。全书以男主人公西门庆的罪恶生活史为主线，以西门庆的妻妾潘、李、庞等人的生活为重点，描写一个官僚、富商、恶霸三位一体的暴发户家庭的污秽生活，揭露明代社会（书中背景假托为宋代）尔虞我诈、道德沦丧、争权夺利、人欲横流的黑暗现实。它是一部以描写家庭生活为题材的现实主义巨著，在中国小说史上别开生面。但该书存在严重缺陷：一是有着浓厚的天道循环的宿命论思想；二是有不少庸俗低级的性描写，冲淡了小说的审美力量；三是作者缺乏文学家应有的良知和责任心，在审“丑”与嗜“丑”之间游移不定，使得作品的人文精神完全失落，书中人物大都是畸形的、病态的，整部作品看不到丝毫的光明与希望，完全失去了文字作品应有的弘扬正能量的价值，应给予批判。

吴敬梓的《儒林外史》和曹雪芹的《红楼梦》在清代乾隆年间先后问世。《儒林外史》以批判科举考试制度，讽刺受科举毒害儒林人物的丑态陋行。它通过对儒林文士生活和精神状态的现实主义描写，绘制出一轴色彩斑斓的士林人物长卷。书中通过对儒生、官神、名士三类否定性人物形象的描写，深刻揭露科举制度禁锢思想、荼毒人心从而祸国殃民的罪恶本质。如周进、范进、匡超人等本性良善的读书人，在科举制度引诱下变成不学无术的腐朽官僚或无耻小人，而大批本来心术不正的人更通过科举成为贪官污吏（如王惠）或鱼肉乡民的劣绅（如严贡生）。郭沫若的一副对联称其为：“写鬼写妖，高人一等；刺贪刺虐，入木三分。”《儒林外史》以严肃公正的态度、生动冷隽的语言、高度概括的手法，一针见血地揭露了隐藏在社会现象和人物言行背后的丑恶本质，其批判讽刺艺术达到中国文学史上前所未有的高度。

《红楼梦》是最优秀的现实主义巨著，也是古代文学的光辉总结。其作者曹雪芹是满人。《红楼梦》以贾府这个累世公侯的官僚家庭由盛转衰的过程为背景，深刻揭示了封建社会必然走向没落的历史命运，堪称封建末世的百科全书。《红楼梦》对封建的国家政治制度、血缘宗法制度、婚姻制度、科举制度以及依附于这些制度的价值规范、伦理道德进行大胆批判和否定，成功塑造贾宝玉、林黛玉这一对封建官僚家庭的叛逆者形象。贾府把重振家业的希望寄托在聪明灵慧的宝玉身上，可是宝玉却顽强地逃避既定的封建贵族人生道路。他对封建家庭的反抗既是为了追求恋爱自由，也是出于对整个封建制度及其思想体系的厌恶。他把程朱理学斥为“杜撰”，把封建政治学说（“仕途经济”）斥为“混账话”，把科举制度斥为“诓功名混饭吃”，把“文死谏，武死战”的封建道德斥为“胡闹”。他还彻底否定“男尊女卑”的封建观念，把全部热情倾注在不幸的女性身上。林黛玉作为一个寄人篱下的贵族小姐，不但以清高孤傲的举动维护着自身尊严，而且不守闺训勇敢地追求爱情，在主要价值观念上都持与宝玉相似的观点。站在宝、黛对立面的则是以贾母、贾政为首的封建家长。他们或者道貌岸然而实质虚伪、冷酷，或者凶狠阴险、荒淫无耻，是日益走向灭亡的腐朽势力的艺术象征。宝、黛最后以死殉情（宝玉的出家意味着尘世生命的结束），就是年轻的叛逆者对腐朽封建势力的殊死反抗。《红楼梦》既凝聚着传统文化的精华，弘扬崇尚理性、追求真善美的精神，以审美观点使家庭日常生活升华进入诗的意境，又体现了对传统文化尤其是对重群体轻个体价值取向的深刻反思。宝、黛以死相争的正是个体自由和尊严。国际上专门成立了《红楼梦》研究会，“红学”已成为世界文坛的一门显学。

吴敬梓和曹雪芹都出身于封建官僚家庭，深受传统文化的影响，以艺术家特有的敏锐目光洞察封建制度的弊病，揭露其必然灭亡的历史命运，但他们是怀着惋惜和悲凉心情看待这个历史趋势的，《儒林外史》和《红楼梦》就是为封建制度及其文化传统唱的一曲挽歌。两部小说的成功主要在于对封建制度的深刻反思，对于新文化类型、新社会力量仅仅提出朦胧希望。然而，这种来自内部的反省意识，正是中国文化走向现代的最初践履，成为中国文化即将转型的一线曙光。

第三节　中国古代文学的基本精神

一、中国古代文学的特有地位

中国古代文学是历代作家永久性的艺术典范，是传统文化中最容易为现代人理解、接受的一种形态，是沟通现代人与传统文化最直接的桥梁，也是世界其他文化背景者了解中国文化的最佳窗口。

（一）中国古代文学的内在特色

杰出的文学作品都具有永久魅力。中国古代文学存在着“一代有一代之所胜”的特殊情况，当某种样式在特定时代达到顶峰后，其艺术成就很难被后世所超越，从而成为永久性的艺术典范，乃至后代读者永久性的审美对象。诸如唐诗宋词中的名篇警句至今脍炙人口，元杂剧、明清小说中的故事、人物至今家喻户晓。

中国文学发展呈现波浪起伏的发展轨迹。春秋战国是第一个高峰，诸子百家如群星璀璨、光耀四海。秦汉时期，中国文坛相对沉寂，杰出文学家较少。魏晋南北朝时期，虽社会动荡，但出现了文学史上的另一个高峰。到了唐代，文学事业的发展一路高攀、升至顶峰，李白、杜甫等一大批诗人吟诵出一篇篇千古绝唱，世人为之瞩目。宋朝继续延续唐代势头，范仲淹、苏轼等大批词人继续为中国文学发展引领潮头。元朝，中国文学发展再陷低谷，虽然戏曲有所发展，但是戏曲家们的日子并不好过。明代，中国文学发展虽重新回升，有前七子、后七子等一大批文学家，但已不如唐宋辉煌。到了清朝，虽有大批文学家出现，但是文学发展相比唐宋，属于平稳发展状态。

政治氛围对文学的发展影响巨大。文学创作离不开自由氛围，需在宽松环境下发展。综观中国文学史，文学在两种政治环境下才能得以生存，一种是小国林立时代，一种是江山一统但政治开明时期。春秋战国和魏晋南北朝时期，诸侯割据、小国林立、战乱不休、社会动荡、社会控制相对减少。文人学士得以纵横捭阖，在政治夹缝中自由生存，出现诸子争鸣、魏晋风骨的局面。唐朝是中国古代政治最为开明的时代，政治、经济、文化相互协调、相互促进，给社会各领域的发展带来无限生机，自然包括文学领域。两汉时期因董仲舒提出“罢黜百家，独尊儒术”，导致文学事业的萧条衰退。明朝中后期，宦官弄权，文人屡受迫害，文学发展介于唐宋与秦隋之间。元朝、清朝是外族统治时期，汉族文人对其有所抵制，统治者则采取高压政策，屡兴文字狱，在一定程度上限制了文学发展。

经济对于文学发展的影响同样不可低估。文学家产生需要良好的教育，需要充裕的生存条件，这些都离不开经济基础。历史上许多朝代都在建制初期奋发向上，经济从战祸中恢复起来，稳定的社会环境为文学发展创造了良好的物质条件。进入中期，贪腐现象丛生，经济开始衰退。及至晚期，政治没落，经济崩溃，走向灭亡。因此，唐代初期文学发展优于中期，中期又优于晚期，宋朝则北宋优于南宋。当然，经济对文学的影响力终究不如政治强大，很多文学家的最大成就是在生活贫困潦倒时产生的。元、明、清等朝代初期经济发展也很繁荣，但是文学发展却没有跟上。

中国古代文学跨时漫长、覆盖宽广、传统深厚，往往将“风”“骚”并称，后世文人，或受《诗经》影响，或受《楚辞》引领，由此发展形成两种不同的优良传统：“风”诗传统即现实主义精神，“骚”诗传统即积极浪漫主义精神。前者的主要特征是正视现实、揭露现实、批判现实，由此出现两汉乐府民歌、建安风骨、唐代新乐府运动以及宋代王禹偁、金元之际元好问、元代关汉卿、清代曹雪芹等文学现象和杰出作家；后者的主要特征是充满激情和幻想的浪漫主义，由此出现汉代贾谊，魏晋曹植，两晋南北朝左思、鲍照，唐代李白、李贺，宋代苏东坡、辛弃疾，明代吴承恩及清代蒲松龄等优秀作家。现实主义与浪漫主义类似于“儒道互补”命题，以致雅俗之辨成为中国古典文学思想史的重要命题。

（二）中国古代文学与其他文化要素的关系

文学在中国传统文化中不仅是一门独立的学科，而且渗透到其他文化要素之中，彼此存在不可分割的关系。文学是数千年民族文化的渊薮，中华民族的生存与繁衍，民族的生活习俗、思维方式、情感状态以及审美风尚，无不鲜活而又丰富地内化于文学之中。文学对民族文化心理与基本精神的反映最形象，最易为人们所接受和理解。瑰丽多姿的文学作品，在传统文化中最有风采。

首先，文学与政治关系密切。文学被视为文人必备的修养与技能，历史上有文化者无不爱好文学创作，从帝王将相到普通百姓，都喜好附庸风雅，以能诗会文为荣。古往今来的文学家，无不把文学视为表现社会人生、抒发情志、以求作用于社会的重要途径。各朝各代的民间文学作品，如汉乐府民歌、南北朝民歌、民间传说等，都成为民众抒发疾苦哀乐、进行社会交流的重要窗口，与精英文学相辅相成，使文学具有其他文化要素所不可替代的独特魅力。早在春秋时期，诸侯贵族在进行外交和国事礼仪活动时，就将“赋诗”作为重要的政治手段。在贵族子弟教育中，《论语·季氏》主张：“不学诗，无以言”，自孔子提出“诗教”说之后，两千多年的封建社会都特别强调诗文的政治教化功能，文学被《诗经·毛诗序》当作“经夫妇，成孝敬，厚人伦，美教化，移风俗”的政教工具。被誉为宋诗“开山祖师”的梅尧臣发起诗文革新运动，与欧阳修等诗人相比，梅尧臣在深度和广都更加彰显。

其次，文学与哲学、史学往往融为一体。古代哲学多借助文学表述其基本观点。先秦诸子散文大多既是哲学著作又是文学经典，如《庄子》《孟子》等哲学著作说理畅达，文辞富赡，形象生动，波澜起伏，文学色彩浓郁。中国学界一向有“文史不分家”之说，文学与历史的关系可见一斑。研究文学的人，要对历史了如指掌，才能在历史脉络里找出文学演变的轨迹；研究历史的人，也需具备较高的文学底蕴，才能透过文学技巧，把历史栩栩如生地还原再现。如西汉司马迁的《史记》就以其精彩的文学表现，有“善序事理，辩而不华，质而不俚”之称，更是中国首部以描写人物为中心的大型作品，被后世赞为“史家之绝唱，无韵之离骚。”

再次，文学对其他门类艺术的作用与影响更为深远。孔子云：“志于道，据于德，依于仁，游于艺”，道出了道、德、仁为艺术之基石。“乐者，天地之合也；礼者，天地之节也”，道出了艺术可以沟通、融合人与天地自然，礼为天地万物之秩序。唐诗对书画、舞蹈艺术的描绘和宋诗对禅宗思想的表述都极为成功。综观历史，古代许多著名文学家同时又是著名画家、书法家甚或音乐家。他们或身体力行，或以深厚的理论修养著书立说，引领古代艺术不断向前发展。

（三）中国古典文学的世界地位

古代文学不仅在中国文化中占有重要地位，也以其鲜明个性、独特风格以及辉煌成就卓然屹立于世界文学之林。

中国古代文学与世界文化的交流。自古以来，中国文学就受到世界人民的关注。远在唐代，中国诗歌就已风靡东亚各国。在日本，白居易的《长恨歌》《琵琶行》广受民众喜爱，被誉为日本"古典文学高峰"的长篇小说《源氏物语》就深受《长恨歌》的影响，小说中还大量引用《战国策》《史记》《汉书》中的史实和典故。我国元代杂剧《赵氏孤儿》早在18世纪就传入欧洲，受到伏尔泰、歌德等人高度好评，被译成英、法、德等多国语言。中国古代小说曾经对世界文学特别是对东亚国家的小说产生过直接而巨大的影响。中国的《太平广记》《剪灯新话》等文言小说对朝鲜半岛小说的发展起着明显作用。《三国演义》《水浒传》等通俗小说在中国流行之后，很快就传播到日本、越南与朝鲜半岛等周边国家。在西方，中国古代小说的影响力相对较晚也较弱，但也产生了积极作用。如德国大诗人歌德读了《好逑传》《花笺记》《玉娇梨》等清代小说之后，大受启发，认为人类感情的相同之点超过了异国之情，进而提出"世界文学"概念。及至近代，学习中国语言、介绍和翻译中国古代文学作品的人逐渐增多。中国古代文学遗产已经成为全人类共有的精神财富，成为世界各国了解和学习中国文化的最佳窗口，为世界文化的交流互鉴做出巨大贡献。

中国古代文学与西方文学有着显著差异。首先，在主客体关系上，中国文化罕无独立的个体人格，文学中的抒情、叙事主人公也要正德、利用、厚生，"修身以安百姓"，以"齐家、治国、平天下"为人生理想、审美理想，这成为古代文学没有真正意义的神，而只有重现实、颂美德的人的文学传统形成的主因；西方文学主客体二分，彼此对立，无论处理人事还是置身自然，都有一个坚固的人格矗立着，苏格拉底"认识你自己"的名言已渗入人心灵的各个角落，独立的个体人格，对自然不懈地开发与征服，在社会上，有强烈意识去获取个人权利，而且神都有人格，具有人的七情六欲和权利。其次，在心灵表现形态上，中国古代文学把道德与文化相连，注重表现个人职责义务，关注人际和谐，所谓"文以载道"是其根本价值所在；西方文学注重科学与文化的结合，表现个人本位，注重个人自由权利的发挥。第三，在文化观照方式上，中国古代文学重视作家的内心体验、直觉感受，强调"意会"；西方文学则凸显作家重思辨、重客观分析的理性特征。第四，在文学意境上，中国古代文学追求淡远典雅，儒家认为中和是最高境界，道家则推崇淡泊，情感抒发也要"乐而不淫，哀而不伤"，对罪恶与灾难的感悟不如希伯来人深切。所以，中国文学悲情不深，寂寞感不强，常以“大团圆”结局，诗歌乐章很少能突破平衡、悲喜双用的格局。

（四）中国古代文学的当代价值

立足新时代文化建设。研究中国古代文学，重在探寻民族之魂。古代文学研究本来就是当代文化生成的部分。清理古代文学遗产，旨在推进新时代文化建设，否则清理本身就失去意义。所以，研究中国古代文学，要在清理文学遗产时，厘清哪些是民族文化的精髓和核心。民族之魂应历万年而不灭，随时代而新生。现代化建设不是传统文化的断裂，而是推动其创造性转化和创新性发展，即在延续优秀传统文化基础上的时代再造。研读中国古代文学，应抓住传统文化的灵魂，并阐释其当代意义。如表现在中国古代文学中的士人对理想社会的追求、社会责任感和历史使命感，就是中华民族不断变革创新、社会永续发展进步的不竭动力。刘勰在《文心雕龙·序志》篇中，标举自己论文叙笔的理想，即“振叶以寻根，观澜而索源”，其阐释方式是寻根究底、探本求源，具有典型的中国气质，恰与悠悠漫长的中国文学发展史符节相合、精神相契，从而构建了中国文学史的重要传统。

弘扬古代文学的激励效应。爱国主义情操是贯穿中国古代文学作品的主线。一方面，儒家文化培养的忧患意识，是社会责任感、民族自信心以及爱国情操的反映，乐观进取、奋斗开拓的精神始终蕴含于优秀文学作品中，彰显生生不息的爱国热情及其献身精神，以及对社会现实和政治的批判精神与刚健有为、自强不息的奋斗精神。屈原“亦余心之所善兮，虽九死其犹未悔”，陆游“位卑未敢忘忧国，事定犹须待阖棺”，文天祥“人生自古谁无死，留取丹心照汗青”等著名诗句，千百年来激励着仁人志士在国家危难之际挺身而出、舍生取义。李白、杜甫、韩愈、柳宗元、苏轼、王安石等一大批有志之士虽屡经磨难，却丝毫不减对国家、民族、大众的关心热爱，只要有契机，仍千方百计为国效力。另一方面，大自然的雄奇壮美和清新秀丽等诸多美感，通过古诗词文句的诵读，激发出民众热爱祖国大好河山的情感。文学作品中对勤劳、诚实、勇敢、执着、坚贞、忠义等中华美德的颂扬，也是今天进行素质教育的生动教材。作为中国人，学习和认识中国文学遗产是天职和义务，借以激励爱国心，增强民族自信心和自豪感。

从世界文明视野反观文学价值。中国文学不乏保守主义倾向，但在中国特色社会主义新时代，面对外国文化迅猛的冲击和中国文化与外国文化的对话、交流，甚至是某种程度的融合，更要求我们置中国文学于世界文化之中，在世界文化视阈下观照中国，总结中外文学的异同之处，寻找彼此的契合点，探求中国文学的特质及其对世界文化建设的交流互鉴意义，如中国古代文学中特有的崇尚自然观念，就对西方天人对立观有匡正作用，对于调整现代工业社会人与自然的对立，有特殊的认识价值。

二、中国古代文学的基本精神

（一）经邦纬世、儒道互补的政教伦理观

在中国这块古老而文明的土地上，漫长的血缘宗法制度造就了典型的政治伦理型文化。以修身、齐家、治国、平天下为内涵的政治道德追求，成为涵盖着一切艺术思想价值的主导精神，以“求善”为目标的道德伦理取向和以“求治”为目标的政治取向，在古代文学中形成的思想合力，强有力地占据了文学观念的主体地位，凸显了中国文学鲜明的政教伦理型文化特质。这一理论系统是与政治、伦理、哲学等社会意识关系最紧密、最直接的文学观念，因而在其理论蕴含中，也最能体现古代文学理论的主体价值取向，即浓重的政治教化属性和鲜明的道德训诫色彩。孟子主张的“充实之谓美，充实而有光辉之谓大。”个体通过不断提升自我修养，将固有的善的本性扩大而充之，使其盈满全身称为“美”，充盈能散发光辉成其为“大”。中国古代的文学价值理论，之所以从总体上显现政治伦理型文化特征，原因既在于文学的“经邦纬世”“道德教化”等价值学说历来被人们论述得最多、强调得最充分，更在于古人在阐释文学功用和价值理论时，其最终的价值取向都不同程度地指向政治伦理，从而使政治伦理精神深入各种文学价值观念之中，成为贯穿各历史时期不同价值主张的共性特点，给古代文学理论罩上浓厚的政治伦理化光环。唐宋八大家的韩愈、柳宗元倡导古文运动，“文以载道”恢复儒学道统，将文风改革与复兴儒学相辅相成，开宋明理学之先驱，使宋明理学形成“理高于势，道统高于治统”的政治理念，形成“天理”“天道”取代“天命”和人神的进步思想。到宋仁宗嘉祐二年科举主考官欧阳修主张“做文章要言之有物，平易自然”，坚持提拔实干型官员，此后宋朝科举考试开始注重策论，注重文章是否言之有物。欧阳修通过科举逐步改变了一代文坛风气。以苏轼、苏辙、曾布、章惇、吕惠卿、张载、程颢、王韶等为代表的嘉祐二年进士榜，被后世誉为“千年第一榜”。

以教化为功用的中国文学，在内容上往往偏重政治和伦理道德主题。民生苦乐、宦海浮沉、国家兴亡、人生聚散、纲常序乱等一直都是中国文学的主旋律，不管是诗歌、散文、小说还是戏曲概莫能外。儒家的入世哲学和教化观念给中国文学带来政治热情、进取精神和社会使命感，但也抑制了自我情欲的释放、自由个性的迸发和自我意识的开掘，尤其是“存天理，灭人欲”的极端观念，给文学蒙上了宋明理学的烟霭。

在中国思想体系上，儒、道两家的思想体系互为补充，儒、道、释也常常合流。所谓“达则兼济天下，穷则独善其身”的思想，概因儒家倡导内圣外王、兼济天下的思想，道家则秉承“无为”之旨，力守独善精神。在中国文人身上，

积极入世和消极避世思想往往交织、彼此消长。慷慨悲歌与愤世嫉俗成为古代士人常有的心理状态和艺术意念。虽然儒家思想对中国文学总体风格的影响占主导地位，但老庄哲学的影响不容小觑。主要有两个层面：其一，“大音希声，大象无形”的观点，揭示了艺术中虚和实、无和有的辩证法。对于构架中国文学含蓄精练的艺术表现特点有重要作用。中国文学强调以虚写实、以静写动的表现方法，文人不喜欢纤毫毕现地直接描述，而把艺术感觉、艺术想象的空间留给读者去品味、揣摩和思寻，追求不可言传的大音、大象，即美的极致，创造出无声胜有声的艺术境界。其二，“大制不割”“道法自然”，即强调一种自然的完整性，自然的纯朴、素朴、浑朴。然而，至高无上、形而上的道，要求“法”形而下的自然，强调自然的美。因而，中国文学艺术家向来把刻苦的技巧训练与不露刀斧凿痕的原生境界结合起来，成为毕生孜孜以求的艺术境界。中西文学相比，西方文学直截了当、率性任真，中国文学委婉曲折、含蓄深沉；西方文学锋芒毕露、深刻博大，中国文学绵里藏针、机智微妙；西方文学崇尚一泻千里的铺张，中国文学独守尺幅万里的浓缩。

（二）情景交融、融洽亲和的审美意蕴

中国文学注重审美意蕴。一是触景生情，在自然美的欣赏或以自然景物为反映对象的文学创作中，触景生情是最普通、最常见的审美情感活动。审美主体由于感受到不同的、变化着的自然景色，从而产生变动的、内容相异的情绪和情感活动，如苏轼“横看成岭侧成峰，远近高低各不同。不识庐山真面目，只缘身在此山中”的意境，以及李白“众鸟高飞尽，孤云独去闲。相看两不厌，只有敬亭山”的空旷。二是同情共鸣，当人们欣赏古典文学作品时，常常会与作品中的人物产生共鸣，即读者的感情和作品中的人物及作者的感情相互交流、融成一片，爱作者之所爱，憎作者之所憎，甚至化身为作品中的一个人物，扮演一个角色。如“春风又绿江南岸，明月何时照我还”的浩荡情思及“楚虽三户能亡秦，岂有堂堂中国空无人”的悲情。三是移情感受。读者在欣赏作品时，因情感的能动作用，而由自然事物的特征与人的情感、活动的相似而形成的类似联想。在此，自然事物的形象特征与人的感情活动融为一体，使人感知到自然事物本身也有感情和活动，如“近水楼台先得月，向阳花木易为春”“山重水复疑无路，柳暗花明又一村”等。

中国文学创作方法不重写实而重写意。如古典诗歌中游历山川、探览名胜、凭吊古迹的题材，通过叙事性或描述性的作品，但在众多诗歌中，却往往代之以象征、暗示、隐喻、抒情等艺术手段，而虚化了即目所见的景象。如屈原《渔父》的“举世皆浊我独清，众人皆醉我独醒”的悲愤，唐朝诗人陈子昂的《登幽州台歌》“前不见古人，后不见来者，念天地之悠悠，独怆然而涕下”的悲怆，完全是人生的感喟、心灵的外射和意念的迸发。古诗常提倡情景交融，其实也是借景抒情，着眼于内心郁积情感的宣泄与抒发。

融洽亲和是中国古代文学审美意识的集中表现。人与自然的亲和倾向，在《诗经》和唐诗宋词中都得到了充分体现。如《诗经》开篇《周南·关雎》，以水鸟和鸣起兴，吟咏男女之间的恋情，给人一种温暖和谐、与自然无限亲近之感。在先秦诸子文章中常言“和”，或指自然事物之和，或指审美心理之和，或进入社会伦理层面而言和。特别是孔子提倡“中和”就包含着对人伦亲情之和的重视。他提出的“乐而不淫，哀而不伤”的命题，为中国文学审美奠定了基本原则和标准。古典诗中田园农事、爱情婚姻、人间友情等，无不凸显人与自然的融洽亲和，把人的思想渗透到自然之中，达到主客交融、物我合一：“蒹葭苍苍，白露为霜，所谓伊人，在水一方”“采菊东篱下，悠然见南山”“欲穷千里目，更上一层楼”“离离原上草，一岁一枯荣，野火烧不尽，春风吹又生”等著名诗句，无不成为典范。王国维将其称之为“无我之境，以物观物，故不知何者为我，何者为物。”

（三）关注人生、忧国思患的济世传统

“凡作传世之文者，必先有可以传世之心。”中国文化的最大特点是经世致用，思想家多现世之谋略，少幽玄之沉思。中国文学作品不乏人生苦短的生命悲叹，对永恒境界的无限向往，对现实功名的留恋珍视，对繁华如烟的无可奈何，对人之为人的本体思考，对宇宙存在的形而上追问，对苦难悲伤的根源寻求，对超越世事的热切渴望，“路漫漫其修远兮，吾将上下而求索”的追问，“抽刀断水水更流，举杯消愁愁更愁”的悲情等。虽然其内涵不免沉重而忧伤，但“长风破浪会有时，直挂云帆济沧海”的得意，“月有阴晴圆缺，人有悲欢离合，此事古难全，但愿人长久，千里共婵娟”的思念与祝福之情，“多情应笑我，早生华发，一樽还酹江月”的豁达从容等，都表露出的高蹈旷达的人生基调；“人生得意须尽欢，莫使金樽空对月，天生我材必有用，千金散尽还复来”的洒脱，“不畏浮云遮望眼，只缘身在最高层”表现出的高瞻远瞩，无不彰显舒襟展怀的人生之思。正如2016年11月30日习近平总书记在中国文学艺术界联合会第十次全国代表大会、中国作家协会第九次全国代表大会开幕式上讲话中所强调的：“中华文化既是历史的、也是当代的，既是民族的、也是世界的。只有扎根脚下这块生于斯、长于斯的土地，文艺才能接住地气、增加底气、灌注生气，在世界文化激荡中站稳脚跟。正所谓‘落其实者思其树，饮其流者怀其源’。”①

中国古代文学作品的忧患意识，一是孟子《尽心》篇所称“民之大命在温与饱”“老吾老以及人之老，幼吾幼以及人之幼”的民众基本生存需要，反抗剥削压迫、横征暴敛的“庶民”忧患；二是“孤臣孽子”式的忧患，远可追溯到

① 习近平：《习近平论治国理政（第二卷）》，外文出版社，2017年版，第352页。

周人"敬天保民"思想和居安思危、朝乾夕惕的危机意识，近则是处于衰世、乱世的士子们对即将崩溃的国家政治危机和艰难人生的深刻体验。二者都与民族、国家命运、民生疾苦紧紧相连。孟子"生于忧患，死于安乐"，杜牧"商女不知亡国恨，隔江犹唱《后庭花》"，范仲淹"先天下之忧而忧，后天下之乐而乐"，欧阳修"忧劳可以兴国，逸豫可以亡身"等佳句，既是作者居安思危的醒世名言，更是其忧国忧民使命感的真实写照。

感悟人生与忧患意识的高度结合，凸显中国古代文学作品表达的崇高、悲壮、优美、沉郁的意境，孕育强烈的美感力量。正如 2019 年 3 月 4 日习近平总书记在参加全国政协十三届二次会议文化艺术界、社会科学界委员联组会时的讲话中所倡导的："文化艺术界的良好职业道德体现在执着坚守上，要有'望尽天涯路'的追求，耐得住'昨夜西风凋碧树'的清冷和'独上高楼'的寂寞，最后达到'蓦然回首，那人却在，灯火阑珊处'的领悟。"①

（四）引譬连类、针砭时弊的批判精神

"比兴"是中国古代文学作品的重要特征。它不仅是一种修辞手法，更关系作家基本的人生观和人生态度，如触物生情、托物寓情、感物吟志、情景交融中，都通过"比兴"表现出强烈的美的特征。如《诗经》的"比兴"中就含有"引譬连类"的思维特色，对后世文学作品产生了重要影响。最初可追溯到远古的宗教神话，后随先秦理性思潮兴起而演化为一种流行的思维方式，如《周易》立象尽意、取譬明理的思维特征，墨子"类""故""理"的思维法则等均是其体现。孔子的"诗，可以兴"命题就包含对这种比喻方法和思维方式的认同。比兴所内含的"引譬连类"的思维法则，对后世文学与美学发展具有重要影响。而《诗经》《楚辞》等文学作品中以比兴而提倡艺术的寄寓深永、含蓄而富有韵味、意境，更对中国文学作品中的"美"产生了不可忽视的影响特色。

"美刺"是中国古代文学的一个重色，诸如"投我以木瓜，报之以琼瑶""战战兢兢，如临深渊，如履薄冰""黄钟毁弃，瓦釜雷鸣"等。《诗经》中的"美刺"就寄寓着以诗为谏、以诗为刺的批判意识和政治关怀，也是后世文人提倡美刺精神的意蕴所在，并引领中国古代文学走向与国计民生及个人的政治理想息息相关的创作道路，去完成文学的"裨补时政""劝善惩恶"等政治伦理意义上的社会使命。《礼记》中的《苛政猛于虎》，以虎患与苛虐的暴政相比，来揭露统治阶级残酷剥削人民的罪恶。不朽巨著《史记》更以不虚美、不隐恶的实录精神，对统治阶级乃至最高统治者进行大胆揭露和讽谏：汉高祖的狡诈无情、吕后的凶狠毒辣，都在司马迁的笔下入木三分；并把批判锋芒直指当朝皇帝汉武帝，将其迷信方士、穷兵黩武、侈靡挥霍等暴露得淋漓尽致。扬雄的《长扬赋》

① 习近平：《习近平谈治国理论（第三卷）》，外文出版社，2020 年版，第 326 页。

以汉高祖为民请命、汉文帝节俭守成、汉武帝解除边患来彰显汉成帝背离祖宗和不顾养民之道，讽刺其荒淫奢度之举。杜诗对“朱门酒肉臭，路有冻死骨”黑暗现实进行了入木三分的揭露；柳宗元的《捕蛇者说》反映了沉重赋敛下农民的悲惨命运，揭示出赋敛之毒甚于毒蛇的残酷性；宋代诗人苏舜钦提出“因事”“刺美”等创作主张，彰显出极强的现实性和政治角彩，并成为宋代诗文革新运动的理论基础；方苞的《狱中杂记》则揭露出清代司法制度的残酷与腐朽，充溢着忧国忧民的忧患意识和热爱天地万物的仁爱精神。

（五）形象生动、委婉曲折的艺术特色

中国古代文学种类繁多、风格迥异，但无论何种体裁和题材的作品，除彰显作者强烈的参与意识，寄托自己的理想愿望、爱憎褒贬外，都十分讲究形式完美，即将深厚思想蕴含于美丽多趣的文字里，驱遣着丰富想象、生动比喻和活泼而有情致的文辞。《论语·雍也》提出“文质彬彬”，既重视质朴自然的内容表达，也看重华美文采的形式展示。我国古代诸种文体都因其各具特色的节奏、旋律、韵调、藻饰、意境、趣味等，而表现出独特的美感特征。萧统《文选序》提倡文学作品要成为“入耳之娱”“悦目之玩”，文学创作要“踵其事而增华，变其本而加厉”，而他确立的选文标准就是“综辑辞采”“错比文华”。萧统文论秉持我国古代文艺思想中“骋辞尚丽”的特征，突出古代文学对美感效应的注重与追求。这正是古代文学既反映生活、革故鼎新、彰善嫉恶，又彰显艺术审美价值的生动再现。所谓“春潮带雨晚来急，野渡无人舟自横”的忧伤情怀，“今人不见古时月，今月曾经照古人”的向往而又无奈的复杂心情，“天柱一峰擎日月，洞门千仞锁云雷”的描写天柱山的雄奇景象，等等，即是其代表。

形象鲜明生动、行文委婉曲折成为古典散文题材最突出的特色。既表现在以写景状物、塑造人物形象为主的叙事抒情类作品中，也孕育于托物言志、借古喻今、形象说理的说理式散文中。先秦诸子散文虽旨在论理，但绝不枯燥议论和抽象说教，而是采用大量比喻手法和寓言故事，形象而透辟地阐明事理。如墨子、荀子善于借助琐碎小事比喻说理，微言大义；孟子、庄子和韩非子则长于用寓言故事和历史故事形象说理，如“五十步笑百步”“揠苗助长”“庄周梦蝶”“知鱼之乐”“守株待兔”“曾子杀猪”等经典故事，托物言志，借古喻今。借寓言故事说明深刻道理的表现手法，不仅增强了说理的形象性，更彰显了古代散文委婉曲折的艺术特色。[①]

① 金元浦等：《中国文化概论》，首都师范大学出版社，2008年版，第277－278页。

第十一章　中国古代艺术的主要成就及主体精神

2014 年 10 月 15 日，习近平总书记在文艺工作座谈会上的讲话中说："历史和现实都证明，中华民族有着强大的文化创造力。每到重大历史关头，文化都能感国运之变化、立时代之潮头、发时代之先声，为亿万人民、为伟大祖国鼓与呼。中华文化既坚守本根又不断与时俱进，使中华民族保持了坚定的民族自信和强大的修复能力，培育了共同的情感和价值、共同的理想和精神。"①

习近平：在文艺工作座谈会上的讲话

中华民族上下五千年的文明史，在建筑、雕塑、书法、音乐、戏曲、舞蹈、绘画等诸多领域都成就了无数的艺术瑰宝，令人叹为观止。正如英国著名艺术理论家里德所说："世界上没有任何一个国家能像中国那样，享有如此丰硕的艺术财富，从全面考虑，也没有任何一个国家能够与中国艺术的卓越成就相媲美。"② 中国古代艺术在漫长的演变发展中形成了鲜明的民族特色，展现了古人的勤劳智慧和对美的不懈追求，反映了不同历史时期的社会状貌和百姓生活情景，成为全人类艺术宝库的重要组成部分。

第一节　中国古代艺术的发展演变

中国古代艺术源远流长，形成了既具有中国特色又富有民族魅力的文化艺术。不同门类的艺术相互影响、相互渗透，历经相对一致的发展进程。

一、中国古代艺术的萌芽

远古时代，人类使用原始工具进行集体劳动时，艺术便在先民的生产劳动实践和生活中萌芽了。其劳动情况、生活习俗、社会发展，以音乐、舞蹈、美术等载体表现出来，主要反映在乐舞、绘画和青铜艺术方面。

---

① 习近平：《在文艺工作座谈会上的讲话》，新华网，2015 年 10 月 15 日。

② ［英］赫伯特·里德著，王柯平译：《艺术的真谛》，中国人民大学出版社，2004 年版。

原始乐舞。直接来源于原始社会居民生产生活、图腾崇拜及祭祀活动，最古老的乐舞有葛天氏之乐、朱襄氏之乐、伊耆氏之乐、阴康氏之乐等，其中仅葛天氏之乐就包含《载民》《玄鸟》《遂草木》《奋五谷》《敬天常》《建帝功》《依地德》《总禽兽之极》等八个乐段，表现先民对天地祖先的崇拜和对丰收的祈求。黄帝时《云门》，颛顼时《承云》，帝尧时《咸池》，均为乐舞名。1973 年，青海大通县上孙家寨出土的新石器时代舞蹈纹饰彩陶盆，盆内壁上饰有三组舞蹈图，每组五人，舞者手拉着手在池边载歌载舞，面朝右前方，步调一致，似踩着节拍在翩翩起舞，场面生动壮阔，生动再现中华先民在举行重大活动时载歌载舞的欢乐情景，这是我国出土最早的原始舞蹈艺术的文物。进入阶级社会，先民们从图腾的盲目崇拜中走出来，将全民性无意识的乐舞逐渐演变成一部分人有意识的宗教和艺术活动，原始乐舞开始向着“娱神”与“娱人”的双重纵深发展。帝舜时代有《九韶》，夏代有《大夏》，商代有《桑林》《大濩》，周代有《大武》。尤其是周代制礼作乐，严格规定对不同的神明必须用不同的乐舞来祭祀，据《周礼·春官·大司乐》记载：“乃奏黄钟，歌大吕，舞《云门》，以祀天神。乃奏大蔟，歌应钟，舞《咸池》，以祭地示。乃奏姑洗，歌南吕，舞《大韶》，以祀四望。乃奏蕤宾，歌函钟，舞《大夏》，以祭山川。乃奏夷则，歌小吕，舞《大濩》，以享先妣。乃奏无射，歌夹钟，舞《大武》，以享先祖。”可以想象到一种气派恢宏的乐舞场面，对神明的敬仰、祈求，以及人与神的沟通，皆融会其中，影响现实生活。湖北江陵马山一号墓出土的战国中晚期舞人纹锦保存较完好，图案有两个舞人头戴冠，冠尾后垂，身穿长袍，腰佩饰物，双足外露，双手长袖扬起过头，边歌边舞，这是记录当时社会乐舞活动的形象资料。乐舞作为国家祭祀中必不可少的仪式，并为后世王朝所沿袭，成为中国古代宗教活动的重要形式。

原始绘画。山西朔州发现距今 28000 年前后峙峪遗址出土的刻有类似猎人、羚羊、飞鸟等图纹的兽骨片，是目前已知中国最早的绘画遗存。进入新石器时代，人们不断总结经验，逐渐掌握制陶技术，审美意识和图案装饰艺术得到提升，开始出现绘有简单纹样的陶器。黄河流域的许多文化遗址中都有陶窑遗存，彩陶、红陶、灰陶、黑陶应有尽有，尤以西安半坡的仰韶彩陶最能反映其基本风貌。由于受到图腾崇拜的影响，图案多为动物，有鱼、鸟结合以及鱼、鸟、人面结合和纯粹的鱼纹图像，具有氏族保护神的寓意。分布于南北各地的原始社会岩画遗存也是重要的组成部分，云南沧源和广西左江等地的岩画，内容丰富，画面包括狩猎、动物、放牧、穹庐、毡帐、舞蹈、战争、车辆器物和神灵图像等，凿刻或磨刻的图像简洁、粗犷、浑然多变，动物形象尤为生动，表现了当时生产生活场面和图腾崇拜情况。春秋战国时期绘画艺术开始注意写实，在壁画、帛画、漆画等彰显独特风格，从出土的漆器彩绘、青铜器纹饰和楚墓帛画中，以线造型的绘画艺术已初步形成。

青铜艺术。早在距今 4000 余年的龙山文化时代，人们已开始冶铸青铜器。早期青铜制品多为刀、锥、钻、环、铜镜、装饰品之类的生活工具，朴实无饰，即使个别器物有纹饰，也仅仅是简单的几何纹饰。夏代开始出现青铜容器和兵器。商中期，青铜器品种相当丰富，出现了铭文和精细花纹，纹饰主要是以粗犷线条勾画的兽面纹。西周时期，伴随生产力提高、社会分工扩大和统治阶级的需要，青铜器生产进入鼎盛时期，器型种类繁多，铜体浑厚凝重，铭文逐渐加长，花纹精细繁密。春秋晚期至战国，随着冶铁技术的发展和铁器的推广使用，铜制工具越来越少，青铜器胎体开始变薄，纹饰逐渐简化。

二、中国古代艺术的确立和发展

公元前 221 年，秦王嬴政统一六国，建立了中央集权制度，社会趋于稳定，经济发展迅速，对外交往频繁，各民族之间联系密切，为艺术发展提供了广阔空间。秦朝二世而亡，国祚甚短，但其艺术成就不容忽视。建筑艺术上，秦朝建筑气势雄浑、规模庞大，咸阳宫、阿房宫、始皇陵和万里长城的建造，展示了秦始皇一统天下的雄心壮志，也集中显现出当时的建筑水平。雕塑艺术上，以秦始皇陵兵马俑为代表的随葬俑，被誉为“世界第八大奇迹”，仿照真人真马比例烧制，形象生动、气势磅礴，表达了对秦王“扫六合”壮举的歌颂；以成都说唱俑和洛阳杂技俑为代表的伎乐俑，表情逼真，制作精美，技艺高超，出神入化，反映出当时社会生活的丰富多彩。绘画艺术上，画像砖上的纹饰图案取材广泛、刻画细腻。音乐艺术上，吹管乐器、弦乐器取得较大发展，吹管乐器有笛、排箫、笳等，琴的形制趋于成熟；同时，少数民族地区的箜篌、琵琶开始传入中原，并在实践中不断完善。

汉王朝延续秦时繁荣，生机勃勃，追求包蕴山海的广阔视野，统治阶级的包容理念和富足舒适的生活场景成为艺术表现的题材，也铸就艺术兼收并蓄、活跃自信的时代特色。建筑讲究与天体的对应、精美材料的堆砌、层叠结构的铺排、涂彩饰金的华美，附以总览天地人物的壁饰，风格宏丽。继承先秦音乐管理机构，重建乐府，广采各地音乐，无论是相和歌、鼓吹乐、祭祀乐，还是乐舞百戏，都展现出雅俗共赏、包罗万象的时代精神。瓦当集绘画、雕刻为一体，做工精细，除了用题材广泛的图案和纹饰做装饰外，还有用小篆装饰，文字排列和谐，布局讲究，显示出质朴浑厚的艺术风格，展现汉朝国力强盛、社会稳定的状况。

魏晋南北朝政权分裂，战争频仍，北方人口大量南迁，南方相对安定，门阀制度保证了士族的优越生活，再加上玄学兴起和佛教发展，社会思想和学术自由及多元化，拓展了艺术表现的想象空间，进一步带动艺术创作的发展，音乐、舞蹈、绘画、雕塑、书法乃至园林建筑都发生了较大变化，产生了一大批优秀的艺术家和艺术珍品。人物画、文人画、山水画、石窟壁画等都有较大进步，草书经章草阶段发展为今草，行书逐渐成熟，王羲之的《兰亭序》和《十七帖》、王献之的《鸭头丸帖》、索靖的《月仪帖》是其杰出代表，成为后世书家竞相描摹的楷模。

三、中国古代艺术的成熟期

隋唐宋元至明清时期，虽偶有分裂，但绝大多数时间统一，经济繁荣，各族人民在继承前代和吸收外来的基础上，共同推动艺术的灿烂辉煌，表现在雕塑、绘画、书法和乐舞四个方面。

雕塑艺术。隋唐雕塑艺术以陵墓雕刻、随葬俑群、宗教造像为代表，雕塑技法和风格日益纯熟，对日本、朝鲜等周边国家都产生重要影响。唐朝陵墓雕刻集中分布在陕西乾县、泾阳、礼泉、富平、三原、蒲城 6 县的皇陵，在 18 座陵前至今都保存有大型陵墓石刻群，尤其是唐太宗李世民陵墓前造型生动的“昭陵六骏”，是纪念性群雕的艺术宝库。随葬俑主要是陶塑，也有泥塑、瓷塑、石雕和木雕等不同材质，取材包括人物、动物，以女侍形象最为传神，轮廓曲线富于变化，造型准确，姿态生动，代表人物雕塑的高度成就。西安十里铺出土的三彩对镜梳妆俑、新疆阿斯塔那唐墓出土的庖厨操作泥俑和演杂技的泥俑、韦洞墓出土的彩绘陶打马球女俑都极其生动形象，从不同角度彰显当时社会生活的真实情景。唐代宗教造像多面容慈祥、线条流畅、雕工精细，既融合印度和西域风格，又具有中国特色，是古代石刻艺术的珍品，标志着雕塑艺术进入成熟时期。明清时期建筑砖雕彩饰日趋丰富，即使是民居也能在灰墙白壁及简朴造型中领悟素雅明净的艺术效果。

绘画艺术。唐宋时代是中国绘画艺术的鼎盛时期。题材范围扩大，除以宗教人物为主要内容的故事画外，山水画、花鸟画也逐渐发展起来。宫廷绘画、士大夫绘画、民间绘画各成体系，互相渗透，表现技法丰富、艺术形式优美、创作题材多彩，彰显中国绘画的成熟与繁荣。唐时出现一批各有专长的绘画艺术家，如擅长人物画的阎立本、吴道子、周舫、张萱，擅长山水画的郑虔、王维、韦偃、张璪、李思训、卢鸿、李昭道，擅长花鸟画的薛稷、边鸾、冯绍正、姜皎等。人物画注重用线条表现神态和形态，山水画、花鸟画从工笔走向写意，强调“水墨渲淡”。宋代绘画进入手工业、商业行列，汴京大相国寺每月的庙会设有售卖书籍和图画摊店，临安夜市有细画绢扇、梅竹扇面出售；各地酒楼多悬挂字画装点店堂，作为吸引顾客的手段。宋徽宗赵佶醉心书画，擅山水、人物、花鸟，画风谨细，设色明丽，并亲掌翰林图画院，倡写生，重真实。统治阶级的重视和市场需求，促使一批技艺精湛且各有所长的职业画家出现，如善画“照盆孩儿”的刘宗道、专画楼阁建筑的赵楼台、主画婴儿的杜孩儿、善画村田乐的杨威等，画作畅销，享有盛名。北宋时，知名画家有800多人，比唐五代画家总和的两倍还多。宋代开辟书画艺术的新天地，把书法的表现形式引入绘画，丰富绘画艺术的表现手段。明清时期书法进一步融入画法之中，强调笔墨技巧的运用，讲究绘画作品的书法韵味，主张水墨写意的神似，表现文人画家意识的山水画及墨笔花鸟画大量涌现，梅、兰、竹、菊四君子成为花鸟画中的惯用题材，借以抒发个体情怀，对近现代花鸟绘画产生了深远影响。

书法艺术。唐代书法达到鼎盛时期，既有南方的秀美，也有北方的雄健，兼收并蓄，包罗万象，具有较高的美学价值。唐初，在李世民极力推崇下，欧阳询、褚遂良、虞世南等书法大家继承王羲之书法潇洒飘逸的风格，字形遒美健秀，大小一致，结构严谨。盛唐时期，颜真卿广采博取、融会贯通，创作出笔法遒劲、形体敦厚的“颜体”。中晚唐的柳公权吸收欧颜诸家之长，形成下笔干净利落、字形刚劲挺拔、结体严谨浑厚的“柳体”。宋代出现苏轼、黄庭坚、米芾、蔡襄四大书家，书风自成一格。元代书家首推赵孟頫，诸体皆工，以章草和楷书见长，与颜真卿、柳公权、欧阳询合称“楷书四大家”。

乐舞艺术。唐朝设立太常寺、教坊、梨园等专门音乐机构，造就一批技艺精湛的音乐、舞蹈表演艺术家，集舞蹈、音乐、百戏为一体的“燕乐”，将两汉以来的歌舞大曲推向成熟阶段。琵琶、笛、筚篥、羯鼓、杖鼓等乐器以及演奏技法在宫廷和民间的普遍使用，推动“六幺水调家家唱，白雪梅花处处吹”① 鼎盛局面的出现，许多乐舞经由遣唐使传到日本，对其歌舞艺术的发展产生了深远的影响。宋元时期市民阶层兴起，城市音乐、舞蹈、戏曲艺术都得到很大发展，尤其是元杂剧，情节完整，角色齐全，内涵深刻，标志着中国戏曲艺术的成熟。明清时期戏曲艺术异彩纷呈，徽、汉艺人以二黄调为主，以京韵念白，吸收秦腔、昆腔的唱法，形成享誉世界的京剧；昆山腔经过南北戏曲的交融，形成昆剧，有“戏曲之冠”美誉；民间出现多种器乐合奏的演出形式，北京智化寺管乐、江南丝竹、十番锣鼓等名震一时，广为流传。清代李渔《闲情偶寄》，位列“中国名士八大奇著”之首，全书八部，前三部是戏曲理论，后五部写丝竹歌舞、房舍园林、家具古玩、饮馔调治等生活情趣，被誉为古代生活艺术大全，对后世文人影响很大。李渔的戏曲理论包括立意、构思、语言、音律程式乃至剧本的通俗化等方面，成为中国古代戏曲理论的巅峰之作。

① 白居易：《杨柳枝》，见王步高主编《唐宋诗词鉴赏》。

第二节　中国古代艺术的主要成就

一、音乐艺术

音乐是中国古代艺术园囿中的一朵奇葩，我国音乐艺术有迹可考的历史至少有七八千年。早在原始社会，伴随着人类的繁衍生息和劳动过程，音乐艺术便产生了。河南舞阳贾湖村出土的骨笛以及浙江余姚县河姆渡文化遗址和西安半坡仰韶文化遗址出土的陶埙和骨哨，无不显示当时中国音乐艺术发展的高度。《周易·豫卦》记载："象曰：雷出地奋，豫。先王以作乐崇德，殷荐之上帝，以配祖考"，即是关于尧舜制作古乐以备宗教祭祀的记载。《击壤歌》是中国歌曲之祖，描绘了上古尧时代的太平盛世，人们无忧无虑的生活场景，成为劳动人民自食其力生活的真实写照。

周朝建立以后，经济文化发展促进音乐的不断进步，设立了专门掌管音乐的乐官教授"雅乐"，"四夷之乐"在宫廷音乐中也占据一席之地。制定等级森严的礼乐制度，多用于祭祀天地山川和夸耀政治隆盛的各类礼仪活动。西周是古乐集大成的时代，已出现《乐记》《乐论》等有着完整体系的音乐理论著作，目前已发现的当时使用的乐器有编钟、笙、箫、琴等近 70 种，湖北随县曾侯乙墓出土的编钟音域跨越 5 个八度，只比现代钢琴少一个八度，是世界上已知的最早具有 12 个半音的乐器，彰显我国古代音律科学的发达程度。该编钟总用铜量达 5 吨之多，设计精巧，铸造瑰丽，出土时尚完整地挂在钟架上，被誉为"世界第八大奇迹"。民间流行"郑卫之音"，不仅有高渐离、师襄、师旷等音乐家流芳后世，还有《论语·述而》所载"子在齐闻韶，三月不知肉味"的记载，感人至深，这都说明先秦时期的音乐已达到较高水平。

秦汉大一统，确立中央集权制度，统治者特别重视音乐的社会功能，推崇音乐"征诛""揖让"和"教化于民"的作用，音乐艺术的发展进入中古伎乐时期。1977 年秦始皇陵附近出土的秦代错金甬钟，钟柄刻有"乐府"二字，证明秦朝已设有乐府。汉承秦制，朝廷接受儒生董仲舒的建议，在中央设立重要音乐机构——乐府，任命大音乐家李延年主管其事，收集民间音乐，填写歌词，根据歌词内容作曲编配乐器进行演出，乐人有明确分类，除演员外还有制造工匠。李延年曾为汉武帝作《郊祀歌》19 首，用于皇家祭祀乐舞，并将张骞从西域带回的《摩诃兜勒》编为 28 首"鼓吹新声"，用作乐府仪仗之乐。乐府音乐按用途大致分为四类：郊庙上陵所用的大予乐、辟雍享狩所用的雅颂乐、天子宴群臣所用的黄门鼓吹乐和军中所用的短箫铙歌乐。这一时期随着民族融合的发展，胡笛、羌笛、胡笳、琵琶等传入中原地区，深受百姓和士人喜爱。民间音乐也有进步，开始出现流行于各地的民歌，谓之“相和歌”，如用作葬歌的《梁甫吟》和民间乐府《饮马长城窟》都是风靡一时的歌曲。民间文人所做的古琴曲更是流传至今，如东汉蔡邕所作的《广陵散》与《蔡氏五弄》、蔡文姬所作的《胡笳十八拍》都极具艺术魅力。

魏晋南北朝时期是中国音乐艺术发展的重要阶段。战乱引起的民族大迁徙，使南北方各少数民族和汉族在音乐、文化方面出现前所未有的大融合。原本流行于北方的相和歌，与以建业为中心的吴声歌和以江陵为中心的西曲歌相结合，形成新的音乐形态——“清商曲”，分为平调、清调、瑟调三种调，清越抒情，比较有名的清商曲《子夜四时歌》《春江花月夜》《玉树后庭花》即创作于此时。在音乐理论方面，出现阮籍、嵇康、何承天等著名音乐家。嵇康的《声无哀乐论》，丰富和发展了我国先秦以来的音乐美学思想，其临刑前所奏的《广陵散》更具魅力。何承天“新律”的提出，发展了我国律学理论。

唐代政治、经济、军事、文化的发展以及民族融合、中外文化交流促进了音乐的繁盛。唐王朝对音乐的重视达到极致，武德九年（626 年），唐初祖孝孙“斟酌南北，考以古音”[①]，作大唐雅乐。唐玄宗时，在长安设立教坊，是一所专门培养音乐舞蹈人才的机构，其中有生员二千余人，附属乐工一万多户；玄宗又从中挑选三百余人，于梨园专门学习音乐舞蹈，称为“梨园子弟”，这对唐代乃至后代音乐舞蹈发展起了很大的推动作用。隋代出现的“胡夷里巷之曲”流传至唐，与西凉、龟兹、疏勒、高昌等西域少数民族以及天竺、高丽等外国音乐互相取长补短、推陈出新，形成“大曲”这样一种别开生面的音乐艺术。唐代大曲除保留少量前代承传下来的清乐旧曲，多为当代创作，因其多以诗句入乐迭唱，故大批诗人直接或间接地参与到歌词创作中。按演奏场合和来源不同，唐代大曲可分为用于祭祀典礼的雅乐大曲，用于宴飨、朝会、重大节日的燕乐大曲和用于宗教活动的道调法曲三类。其中，以燕乐大曲结构最为复杂，也最具代表性，如《秦王破阵乐》在雅乐中只有 2 遍，而在燕乐大曲中有 52 遍之多。据唐崔令钦《教坊记》记载，仅唐燕乐大曲作品就有《破阵乐》《绿腰》《凉州》《伊州》《泛龙舟》等 60 余曲。唐代音乐还有散曲、杂歌曲、杂舞曲等，形式多样，内容创新，既促进音乐艺术的繁荣，也影响中国音乐的发展。

宋元明清时期，城市经济进一步发展，市民阶层扩大，中国音乐开始从宫廷走向市井，逐渐世俗化。宋代词人多通晓音律，唐时曲子词至此时发展成词，到元代，嬗变为散曲，出现关汉卿、张养浩、马致远等一大批散曲作家，呈现出纷繁复杂和个性化特点。元代开始出现《琴论》《唱论》等音乐理论作品和一批反

---

① 宋祁、欧阳修等编：《旧唐书》卷 83《音乐志》。

映现实生活的优秀作品，形成古代音乐的又一个高峰。宋元时期还出现专门的卖艺场所“勾栏”“瓦肆”，颇受市民欢迎。明清时期，“民歌”“小调”大量进入城市并衍变为“小曲”，讴歌个性解放。专业性比较强的音乐论著也大量出现，有北宋陈旸的《乐书》，对历代音乐进行论述，是一部百科全书式的音乐著作；明代朱载堉的《乐律全书》，提出了“十二平均律”理论，即匀律音阶的音程可以取为二的十二次方根，成为音律学上的一座里程碑。并被传教士带到西方，广泛应用在世界各国的键盘乐器上，包括钢琴，朱载堉因此被誉为“钢琴理论的鼻祖”。

二、书法艺术

书法是一门最具中国特色的古老汉字书写艺术，源远流长，从甲骨文、金文演变为大篆、小篆、隶书，至东汉、魏、晋的草书、楷书、行书诸体，书法一直以其独特的形式和魅力，集中体现东方的艺术之美和文化内涵。它不仅是中国艺术宝库的珍品，也是世界上光芒独放的艺术瑰宝。

先秦是古代书法艺术萌芽期，主要有甲骨文、金文和石鼓文。甲骨文以象形为主，已基本具备汉字音、形、义诸要素，笔画为单线，一般方直瘦硬，刻画轻重不同，字体大小不一，结构明朗朴拙，从书法角度欣赏，已经完全具备笔法、结构、章法等主要构成因素。金文是从甲骨文发展而来的青铜器铭文，故又名“钟鼎文”，流行于殷商至秦汉，主要用来记载殷周时期的祭典、征伐、宠赐册命、授土授民、诸侯言论等社会生活内容，是研究殷周社会的宝贵材料。整体结构较甲骨文有了较大进步，笔画较甲骨文粗壮，古拙苍劲，气势雄浑，结构紧密，在单线组合中出现粗点，代表作有陕西岐山出土的《毛公鼎》、陕西凤翔出土的《散氏盘》等。石鼓文是刻在鼓形石上的文字，主要记录君王游猎情形，产生于周代，结体匀称适中，用笔圆融浑劲，折笔之处圆中寓方，无论用笔、结字还是章法，都比甲骨文迈进一大步，并且舍弃金文明显的装饰意味，标志书法艺术已开始走向成熟。

秦汉时期是中国古代书法艺术发展的第一个高峰。秦始皇统一天下，为方便政令畅通和各地文化交流，规定“书同文”，秦相李斯以秦国文字为基础，参照商周以来各国流行的不同体式的大篆，创造出一种笔画简略、形体齐整的新文字，称为“小篆”。小篆线条工整，字形美观，上部紧凑，下部舒展，字体圆浑，刚柔相济。现在所能见到的秦篆多为刻石，如琅琊台刻石、泰山刻石和峄山刻石等。隶书也产生于秦代，相传为秦末狱吏程邈所创，由大篆增减损益而成，化繁为简，字形改圆为方，笔画变曲为直，字体扁方规整，便于书写。东汉王次仲由隶书中化出“八分楷法”，将隶书发展推向极致，书法界有“汉隶唐楷”之称，晋唐以后的隶书仅仅在形式风格上的变化而已。草书始于汉初，《说文解字》中说："汉兴有草书"，是"解散隶体"与"笔直波折，向左右分开"的八分书体相融合草草而成的一种写法，又称"章草"。东汉末年的"草圣"张芝擅写章草，他从杜度、崔瑗、崔实汲取草书艺术精华，独创"一笔书"，将字字区别、笔画分离的草法，改为上下牵连富于变化的新写法，张怀瓘《书断·序》中说："如行云流水，拔茅连茹，上下牵连。或借上字之下，而为下字之上。奇形离合，数意兼包"，给中国书法带来无与伦比的生机和活力，备受后世书家推崇，其墨迹遗存甚少，仅《淳化阁帖》中收录《八月帖》等刻帖传世。

魏晋南北朝时期是中国古代书法艺术承上启下、日益成熟阶段。隶书逐渐退出历史舞台，草书、行书、楷书迅速形成和发展，至此篆书、隶书、楷书、行书、草书五种书体均已具备，书法风格日渐清晰。据清代阮元《南北书派论》所记："盖由隶字变为正书、行草，其转移皆在汉末、魏、晋之间。"该时期书法艺术成就主要表现：一是名家辈出，魏晋之时，门阀制度盛行，世家大族政治经济文化及社会生活方面享有特权，生活优越，部分士族蔑视礼法，倡导个性自由，富有浪漫情怀，专心钻研哲学、文学、书法、绘画、科学。一些士族开始把写字作为一门艺术潜心研究，长年累月，挥毫不辍，出现了一批大书法家。如三国时期的钟繇、邯郸淳、韦诞、胡昭、皇象、卫觊、宋翼，西晋时期的索靖、卫恒、卫瑛，东晋时期的王羲之、王献之、陆机、王珣，南朝的谢灵运、羊欣、王僧虔等。其中，王羲之的成就尤其突出，他兼善隶、草、楷、行各体，风格平和自然，用笔细腻，结构多变，有"书圣"的美誉。二是一批堪称楷模范本的书法艺术珍品留传至今，如皇象的章草刻帖《急就章》，陆机的《平复帖》《望想帖》，王羲之的草书《寒切帖》《十七帖》、楷书《乐毅论》《黄庭经》《曹娥诔辞》和行书《兰亭序》（摹本）都是公认的书法珍品。王献之的行草《鸭头丸帖》是其书法作品中唯一的传世真迹，楷书《洛神赋十三行》唐宋时已亡佚，保留下来的刻本为宋代根据真迹石上的拓本，《中秋帖》更被乾隆皇帝誉为"三希"之一，赏鉴价值极高。三是书法理论已成体系，出现了一批书法理论家和学术著作。如卫恒《四体书势》论述古文、篆书、隶书、草书四种书体的起源、分析名作，系以赞语；卫夫人《笔阵图》列举七种基本写字笔画，阐述执笔、用笔方法；虞铄《论书表》品评宫中所藏以及奉命寻访到的优秀书法作品，记录钟繇、王羲之、王献之各家作品卷数、字数以及拓书情况等；庾肩吾《书品论》评论书法作品，并对书家进行评价，多为后世书法评论家所继承；袁昂《古今书评》对王子敬、王右军、羊欣等25名自秦汉至齐梁的著名书家逐一点评，以形象化笔法描述抽象的书体效果，将富有哲理的简洁点评与生动比喻融为一体，这些理论作品对后世书法艺术颇有影响。

隋唐是我国书法艺术全盛时代。篆、隶书体复兴，楷、行、草各体书法纷呈异彩，尤以楷书和草书成就最为突出，极大地丰富了我国书法艺术宝库。享有盛誉的

“初唐四家”欧阳询、虞世南、褚遂良、薛稷书法造诣极深，各有千秋。欧阳询的楷书险劲挺拔，在平实中求奇险、险绝中求平正，自成一体，被后人称为“欧体”，传世碑帖有《九成宫醴泉铭》《皇甫诞碑》《化度寺》；虞世南的楷书用笔圆润，结构疏朗，外柔内刚，气韵秀健，传世作品有《孔子庙堂碑》《汝南公主墓志铭》；褚遂良的楷书初学虞世南，后取法王羲之，下笔遒劲，笔致流畅，古雅绝俗，传世作品有《孟法师碑》《雁塔圣教序》《倪宽赞》；薛稷的隶书、行书俱佳，结体遒丽，媚丽又不失气势，劲瘦中兼顾圆润，反映初唐书法的时代风格，仅有《信行禅师碑》传世。盛唐时期，各体书法都有长足发展，楷书、草书体更在“二王”法外求法，代表人物为颜真卿和柳公权。颜真卿的字中锋运笔，线条丰满，字体方中寓圆，端庄严谨，人称“颜体”，传世作品有《多宝塔碑》《颜勤礼碑》以及《祭侄文稿》。柳公权的字结构严谨，用笔劲挺，人称“柳体”，传世作品有《玄秘塔碑》《金刚经刻石》《蒙诏帖》等。盛唐草书在章法上变今草为狂草，用笔百变，豪放纵逸，以张旭和怀素为代表，将狂草艺术推向高潮。

宋元帖学盛行，书法艺术少有突破。因宋代诸帝皆好书法，士大夫阶层尤其推崇，再加上当时金石学的盛行，直接推动帖学发展。所谓“帖学”，即是把法帖作为学习书法艺术的范本，进而开展书法创作，然后把新创作的作品再刻成帖。包括对前代名帖进行摹刻，现存宋拓本有王献之的《洛神赋十三行》，王羲之的《圣教序》《兰亭序》《黄庭经》，智永的《真草千字文》，颜真卿的《争座位帖》等，同时大量翻刻古代名碑，现存宋拓古碑有李邕的《李思训碑》《岳麓寺碑》，柳公权的《玄秘塔碑》《神策军碑》，欧阳询的《九成宫醴泉铭》《温彦博墓志铭》，颜真卿的《东方朔画赞碑》等。宋代书法艺术以行书成就最大，以黄庭坚与苏轼、米芾、蔡襄“宋四家”最具代表性。楷书以赵佶自创的“瘦金体”最为著名，运笔如同作画，轻落重收，线条细劲，笔迹瘦硬，存世墨迹多见于其题签在书画上的诗句。草书以黄庭坚最具风采，单字结构奇险，结字四缘发散，行笔顿挫曲折，笔画遒劲郁拔，常打破单字界限，富有创造性，严谨又不失活泼，代表作有《请上座帖》等。元代首屈一指的书法家为赵孟頫，精通书法，诸体皆擅，《元史》称“孟頫篆籀分隶真行草无不冠绝古今，遂以书名天下，”[①] 尤精于楷、行，其书笔法圆熟、结体严整、端庄肃穆、雄强苍健，被称为“赵体”，代表作有《洛神赋》《胆巴碑》《玄妙观重修三门记》《临黄庭经》《前后赤壁赋》等。

明清之际，中国书法艺术虽继续发展，但多属仿效前人而鲜有创新。明初楷书流行于翰林、中书舍人之中，圆润平正，多用作奏章、官府行文中的书法，称之“台阁体”，后逐渐演变为科举考试时使用的标准书体，影响延及整个清代。明代中期，行书成就最大，重姿尚形，集书画于一体，用笔、结体、章法更趋灵

① 宋濂，王袆主编《礼史》卷172《赵孟頫传》。

活。清代书法艺术可分为三个阶段：顺治、康熙、雍正三朝，因殿廷考试“尤以字体为重”，致使帖学成为干禄仕进的工具，讲求平、板、匀、圆的“馆阁体”逐渐僵化并日渐式微；乾隆、嘉庆两朝，由于乾隆皇帝的提倡，赵孟頫成为官僚士大夫与书家竞相追逐的典范，主要代表有张照、董浩、汪由敦等，扬州画派诸家继承清初“画家书法”的衣钵，并将之发扬光大，足以与当时正统的帖学书法分庭抗礼；道光、咸丰、同治、光绪、宣统五朝，基本上是碑学一统天下局面，甲骨文、金文、篆书、隶书获得空前发展，书坛充满活力，涌现出一批名家，如何绍基、张裕钊、赵之谦、吴昌硕、吴熙载、翁同龢、康有为、林则徐、左宗棠、曾国藩等，他们致力于笔墨意趣的发挥，使清代书法得以从宋、元、明以来“二王”的帖学影响中解放出来，对近现代书法艺术发展起了推动作用。

三、绘画艺术

原始绘画出现应早于文字，绘画仅仅是对自然事物的描摹，文字的象形却是一种创造。中国绘画起源可追溯到距今六七千年前新石器时代画在陶器上的彩陶画和刻在岩石上的岩画，至今在新疆、广西、贵州、内蒙古等地发现为数众多的原始岩画，如西安半坡文化的人面鱼纹、良渚文化玉琮上的兽面纹、山西陶寺遗址的彩绘龙、庙底沟文化的鹳鱼石斧图以及青海柳湾彩陶文化中的舞人等，都是原始绘画的集中反映，也是人们研究早期绘画艺术的重要资料。这些已经体现出中国绘画艺术讲究线条为主、整体布局、平面构图的基本原则。春秋战国时期，现代意义上的绘画艺术出现，有帛画、壁画、漆器画和铜镜画等多种形式。已出土的战国楚墓《人物御龙帛画》《人物龙凤图》是迄今发现最早的人物画，作品以彩描勾绘，线条流畅，形象生动，基本体现出我国绘画的传统样式。

秦汉时期的绘画发展比较迅速，然秦朝国祚较短，存世作品极少。汉代推崇儒学独尊，绘画成为维护中央集权的一种手段，获得较大发展，先后出现瓦片画、画像砖、木版画等，但保留下来的主要是用来歌功颂德的壁画，多采用白描技法，钩形准确，线条流畅。汉代画家有姓名流传后世者仅十余人，如蔡邕、张衡等都擅长绘画，以为王昭君画像的宫廷画师毛延寿最负盛名。

三国两晋南北朝是中国绘画艺术的形成期，绘画开始作为一个成熟而独立的艺术门类，产生了一批著名的画家，并留传下为数不多却异常珍贵的绘画作品，只是绝大多数为后代摹本。魏晋人物画已达到成熟的阶段，内容多为宗教画和表现名士生活的故事画。三国时期曹不兴极擅画佛。据唐张彦远《历代名画记》记载，三国两晋南北朝时期画家达百人以上，而有画作摹本传世者仅几人而已。如顾恺之《女史箴图》卷（唐摹本）、《洛神赋图》卷（唐、宋摹本）、张僧繇《五星二十八宿真形图》（唐摹本）和萧铎《职贡图》（宋人摹残本）。魏晋南北朝绘画理论也有相当水平，主要有《论画》《续画品录》《古画品录》《魏晋胜流画赞》，为中国绘画理论发展奠定坚实基础。

隋唐宋是中国绘画艺术繁荣鼎盛期，山水画、人物画、花鸟画都发展迅速。

（1）山水画。隋朝尚未完全摆脱魏晋以来的装饰手法，但写实能力增强，比例恰当，初具独幅山水画雏形。比较著名的山水画家有郑法士、杨契丹、展子虔、董伯仁等，但传世作品仅有展子虔的《游春图》。唐初以李思训为代表的山水画工沿袭隋时画风，但已经开始出现简单的斧、劈、皴技艺。盛唐以李昭道、吴道子为代表的山水画工有了一定的立体感。晚唐以王墨等人为代表的山水画选材以树石为主，画法渐重用墨，泼墨山水出现，使山水画开始成为独立画科。唐代著名山水画家及作品有李思训的《江帆楼阁图》、王维的《江干雪霁图》、李昭道的《明皇幸蜀图》（宋摹本）和《春山行旅图》等。五代山水画进步明显，泼墨、破墨、设色以及写意技法均已出现，用以显现山石纹理、质感与结构的皴法得到发展，选材突破原有局限，开始将山水作为一个广阔的自然环境加以描绘。比较著名的有关仝的《关山行旅图》《山溪待渡图》，巨然的《万壑松风图》《山居图》《秋山问道图》，荆浩的《匡庐图》，董源的《溪岸图》《潇湘图》《龙宿郊民图》等。宋代山水画的巨大成就在于技艺日趋成熟，创造出各种新式皴法，形式上从五代水墨山水发展为泼墨山水，画家更注重意境创造和感情抒发，笔触更加泼辣大胆，泼墨手法发挥得淋漓尽致。

（2）人物画。隋朝画家将人物活动置于自然景物中表现，人物仪容神态更为丰满。唐朝人物画发展较快，在准确把握人物造型和气质上大有进步，不仅惟妙惟肖，更表现出人物的心理性格。人物仕女画浓丽丰满，线条流畅，重设色者柔丽鲜明，淡设色者以墨为主，在焦墨痕中略施微色渲染，这些创新技法流传至今。唐代知名人物画家和传世作品有阎立本的《步辇图》（宋摹本）、《历代帝王图》《凌烟阁功臣像》《职贡图》（宋摹本），张萱的《虢国夫人游春图》《捣练图》，尉迟乙僧的《番君图》《天王像》，周昉的《挥扇仕女图》《簪花仕女图》等。五代人物画题材多样，既有宗教神话，又有历史故事，还有文人生活，画家更注重人物神情和心理描写，技法上用笔细劲多变，赋色鲜艳细腻，著名人物画家与作品有顾闳中的《韩熙载夜宴图》，周文矩的《琉璃堂人物图》《宫中图》《重屏会棋图》，阮郜的《阆苑女仙图》，贯休的《十六罗汉像》等。宋代人物画在继承唐五代基础上有较大创新，人物故事画多取材于神话传说、历史故事和现实生活，多与当时的政治斗争有关，常借历史故事讽喻现实，如李唐的《采薇图》《晋文公复国图》。南宋人物画的一个重要内容在于描写风土人情，直接反映当时的社会风貌，如张择端的《清明上河图》，李嵩的《货郎图》，祁序的《江山放牧图》，燕文贵的《七夕夜市图》等。《清明上河图》描绘了北宋京城汴梁及汴河两岸的繁华热闹景象和优美的自然风光，画卷长 528 厘米，高 24.8 厘米，画中有 814 人，牲畜 60 多匹，船只 28 艘，房屋楼宇 30 多栋，车 20 多辆，轿8顶，树木170多棵，往来衣着不同，神情各异，栩栩如生，其间还穿插各种活动，构图疏密有致，富有韵律。

（3）花鸟画。五代花鸟画大放光彩，出现两大风格，一种是以西蜀黄筌为代表的画派，取材多宫庭园圃中的瑞鸟、珍禽、奇花、异石，以轻色渲染而成，几不见用墨痕迹，主要作品有《写生珍禽图》；另一种是以江南徐熙为代表的画派，取材多为家花野卉、水鸟渊鱼，只以墨笔画之，稍用一点色彩，成为后世水墨写意花鸟画的先驱，主要作品有《雪竹图》《雏鸽药苗图》。至此，花鸟画开始独立呈现于中国绘画史中。宋代花鸟画家长期追崇黄筌父子，注重师法自然，讲究写生，花鸟形态生动，色彩鲜明。徐崇嗣创立的"没骨"画法，受到元明清花鸟画家追捧，成为花鸟画的重要技艺。宋徽宗赵佶还创立了粗笔水墨花鸟画风格。南宋花鸟画主要取材于梅、兰、竹、菊，并成为后世文人画的传统题材。

元明清时期，中国绘画艺术继续发展。元代画风转变，趋向工笔写意，更注意表达个人情绪意兴，一般采用画面题诗形式，以诗文表明画意，山水画、花鸟画继续占据统治地位。元初山水画，以钱选的青山绿水和赵孟頫、高克恭的山水画为代表，元中后期，以"元代四大家"黄公望、吴镇、倪瓒、王蒙为代表，留下大批传世精品，如黄公望的《富春山居图》、吴镇的《渔父图》、倪瓒的《水竹居图》轴以及王蒙的《葛稚川移居图》等。元代花鸟画继承宋代传统，主要以梅、兰、竹、菊"四君子"为题材，多采用墨笔画法，以王渊的《山桃锦鸡图》、王冕的《墨梅图》、边鲁的《花竹雉鸡图》、柯九思的《清闷阁墨竹图》等为代表性成就。明代绘画艺术的突出特点是以地域为中心，重师承渊源和艺术风格的画派竞相发展，出现了百花齐放的局面，主要画派有活跃于苏州地区以沈周、文徵明、唐寅、仇英为代表的"吴门画派"，以董其昌、顾正谊、宋旭为代表的"华亭派"，以宋旭的门人赵左、沈士充所创的"苏松派"和"云间派"，以蓝瑛、陈洪绶、项圣谟为代表的"武林派"。清代绘画呈现特定的时代风貌，既继承了千余年优秀传统，又汲取了西方绘画思想而求新变。清代文人画风靡，在题材内容、笔墨技巧、思想情趣等方面各有追求，流派迭起，名家云集。宫廷绘画在康熙、乾隆时期有所发展，但大都细密严谨，富于装饰性，无生气可言。水墨写意画盛行，取材多花鸟、人物，诗、书、画、印相结合，格调清新，既抒发个性，又迎合商贾附庸风雅的需要。清朝晚期，列强入侵，近代资本主义工商业兴起，以上海为中心，形成了以赵之谦、虚谷、任熊、任颐、吴昌硕为代表的"海派"，将书法、篆刻技法融入画中，开创出清新明丽、雅俗共赏的画风，成为中国画商品化的最佳形式。

四、建筑艺术

中国地域辽阔、人口众多，在复杂多样的自然条件下，人们创造性地使用木头与砖、石等材料建造房屋，积累了丰富经验，逐步形成极具中国特色的建筑体系，不同历史时期的建筑又呈现各自特点。

（一）秦汉以前建筑——形成期

原始社会，早期先民的居住处所主要有两种模式，一是利用天然崖洞的穴居，二是构木为巢的巢居。直到原始社会晚期，在北方黄河中游一带，华夏先祖才开始在以厚且松的黄土层为壁体的土穴上用木架和草泥建造简单的穴居或浅穴居，后来逐步发展为地面建筑；而在温暖潮湿的南方，则在地面打上木桩或柱子，然后在桩柱与地板和屋架之间或用树皮茅草、木块，或用草泥填实，上层住人，下层堆放杂物和放养动物，成为极具地域特色的干栏式建筑。进入阶级社会，土木混合的构筑方式成为中国建筑主线。夏朝出现夯土建筑，为建造大型宫室提供了必要的技术准备。商代夯土技术更加成熟，开始出现较大规模的宫室和陵墓。春秋战国时期瓦的出现与普遍使用，使建筑彻底摆脱“茅茨土阶”的简陋状态，成型于高大夯土台上的建筑更为发达，推动了城市规模的扩大，这是中国建筑的重要进展。这一时期，还出现了砖和彩画，推动了建筑装饰和色彩的发展。

（二）秦汉魏晋南北朝建筑——发展期

秦汉时期木构架技术日益完善，抬梁式和穿斗式结构愈发成熟，高台建筑仍然盛行，多层建筑不断增加。秦始皇统一天下，大兴土木，修建宫殿、都城、驰道、陵墓，其修建的阿房宫、骊山陵、万里长城，规模宏大，气势磅礴。西汉帝王在都城大举修建宫殿、庙坛、陵墓和住宅，城市规模不断扩大，作为中国古代建筑标志的木架建筑趋于成熟，并且木制楼梯和房梁已出现，出现了斗拱、庑殿、硬山、攒尖等屋顶样式，木制建筑造型更加美观。东汉石料使用逐步增多，出现了石祠、石阙和石墓等建筑物。

魏晋南北朝时期建筑主要受佛教文化影响，出现了大量木塔、寺院、石窟和精美壁画、雕塑。这一时期，砖瓦的产量和质量有所提高，金属材料被用作装饰，木结构和砖结构技术也大规模地应用到地面建筑。河南登封嵩岳寺塔就显示出石结构建筑和雕琢技术的高水平。

（三）隋唐建筑——成熟期

隋朝建造规划严整的大兴城，开凿贯通南北的京杭大运河，留下安济桥、赵州桥杰作。唐都长安在隋大兴城的基础上进行改造，成为当时世界上最大最繁华的城市，城内布局和建筑风格规模宏大，气魄雄浑。在建筑材料上，砖和琉璃的使用逐步增多，砖塔、砖墓数量增加；建筑技术上，木构架可以相当准确地运用材料性能，斗拱部分和构件比例形式都已标准化，并出现专门用绳墨绘制图样和施工的都料匠；在建筑装饰上，强调空间的主从有致，注意色彩的简洁明快，创造出统一和谐的风格。唐朝住宅无论布局或造型都具有较高艺术和技术水平，且体现森严的等级制度，根据主人的等级，其门厅大小、间数以及装饰、色彩都有严格规定。

（四）宋元建筑——转变发展期

宋朝是中国古建筑的转变时期，规模一般比唐朝小，但更富于变化，出现样式复杂的殿台楼阁。为管理宫室、坛庙、官署、府第等建筑工程，宋徽宗于崇宁二年颁行《营造法式》，作为各种建筑设计、结构、用料和施工的"规范"。现存宋代建筑有山西太原晋祠圣母殿、河北正定隆兴寺、福建泉州清净寺和浙江宁波保国寺等，风格渐趋柔和，屋顶坡度较前代有所增大，门窗多采用菱花隔扇。

元朝民族融合也引领建筑风格转变。元大都按照汉族传统都城的布局建造，规模巨大、规划完整，有各行各业的作坊、店铺、戏台和酒楼。元代藏传佛教寺院和塔以及伊斯兰教礼拜寺等，吸收了中亚各地工艺美术特色，推动了中国传统建筑模式的多元化发展。

（五）明清建筑——程式化期

明清的工程制度更加严密，尤其是清朝于 1723 年颁布工部《工程做法则例》，统一建筑模数和用料标准，使得官式建筑高度标准化，导致木构架艺术形式和技术遵从僵化的程式发展，建筑整体造型变得呆板、僵硬。但是，明清时期琉璃瓦、琉璃面砖的使用和推广，建筑外观色彩更富变化，在建筑风格、布局规划和装饰上，依然是古代建筑艺术史上的精品。

五、雕塑艺术

雕塑在中国有着悠久的历史传统，是传统艺术的重要组成部分。中国古代雕塑艺术主要有三类：陵墓雕塑、宗教雕塑和民俗雕塑。

（一）陵墓雕塑

陵墓雕塑是古代社会厚葬制流行的产物，包括墓室随葬俑和墓前或者陵墓周围设立的石柱、石人、石兽等仪卫性石刻，集中体现特定历史时期的社会理想和高超的艺术水平，如霍去病墓前的马踏匈奴、乾陵神道前的翼马和顺陵前的石狮等。

随葬俑是活人殉葬的替代品，始于东周，至战国已蔚然成风，秦、汉和唐代尤为盛行。河南信阳、湖南长沙、湖北江陵等地出土不少战国时期的木俑，人物形象造型简练，神态刻画细致，衣纹多为彩绘或彩漆。湖北随县曾侯乙墓出土的 6 个彩绘钟铜人，均作武士装束，是战国时期陵墓雕塑的代表性作品。最高艺术成就者为堪称"世界第八大奇迹"的秦始皇兵马俑，群体组合，数量惊人，目前已挖掘的 1、2、3 号坑，占地 2 万余平方米，如按原排列形式复原，有武士俑 7000 余件，陶马 100 余匹，战车 100 余乘，武士俑和陶马都与真人真马大小，众多的武士俑采用模塑和手塑相结合，生动地塑造出每个武士的年龄、身份和个性特征，且无一雷同；陶马比例匀称，膘肥体壮，骨骼肌肉的表现十分逼真，具有轩昂骏健的神韵。它们依照秦时禁军真实军容，排列为长方形军阵，气势雄伟，显示出秦军“奋击百万，战车千乘”的威势。陕西咸阳、江苏徐州、河南洛阳等地也发现了汉代兵马俑，单个俑体型较秦俑小，仅及其1/3，虽在数量和气势上不能与秦俑相提并论，但恰恰是汉代雕刻写意手法的表现。南北朝时期，随葬俑种类繁多，数量庞大，包括镇墓俑与镇墓兽、出行仪仗、奴婢和伎乐等，单个墓随葬俑数百以至千件以上不等。宋以后，墓葬制流行纸器具，随葬俑逐渐消失。

陵墓的地上雕塑自汉至唐十分兴盛，在形象塑造上以写实为主，采用写意手法，富有浪漫色彩。陕西兴平西汉大将霍去病墓前现存的马踏匈奴石雕，石马与真马大小相当，结构简练，造型逼真，灵动之势跃然而出，马蹄下神情紧张的匈奴士兵表情刻画细腻，彰显霍去病北伐匈奴的伟大功绩，体现出汉代雕刻的水平之高。东汉石刻形象多凝重，遗存以石辟邪为主，如洛阳、伊川、南阳出土的石辟邪，咸阳出土的一对石兽，四川雅安高颐墓前的石辟邪，姿态雄健豪迈，对后世陵墓装饰石雕具有深远影响。南北朝时期的陵墓地面石刻群遗存数量惊人，仅宋、齐、梁、陈四朝帝王及王侯陵墓石刻群就有31处，多为成对的石兽、石柱与石碑，其造型劲健、华丽。乾陵是唐高宗与武则天的合葬墓，以山为陵，陵前自北向南有蕃臣像61躯，文武侍臣10对，鞍马5对，鸵鸟、翼马、华表各1对，这些高低错落、体貌不同、排列空间不等的石雕群，气势威武雄壮，无论人物还是动物形象，除象征守护和仪仗作用外，更显示封建王权的强盛和天下归心思想。明清帝王将相墓前石刻保存较完整，主要有北京明十三陵石刻群、南京明孝陵石刻、河北遵化清东陵和易县清西陵石刻群，但气势与前代已不可同日而语。

（二）宗教雕塑

宗教雕塑兴盛于魏晋南北朝至唐中期，具有更丰富的内容和更多变化。伴随着佛教流行而大量出现，主要保存于寺庙和石窟寺之内，有石雕和泥塑，以佛教为主，也有少量道教和其他宗教的造像。敦煌、龙门、云冈、麦积山四大石窟均开凿于魏晋南北朝，以皇室或勋臣贵戚雕造的大像为中心，由众多窟、龛、摩崖造像等构成庞大的石窟群，如龙门石窟中奉先寺卢舍那的大佛面部丰满，神态柔美，与两旁的弟子、天王、菩萨上下呼应，仿佛武则天与大臣协商军国大事一般秩序井然。石窟寺分布地区很广，早期石窟有新疆地区的克孜尔石窟、柏孜克里克石窟、森木塞姆石窟等；晋朝以后，有河西走廊和华北地区的莫高窟、麦积山石窟、云冈石窟、龙门石窟、万佛堂石窟、安西榆林窟、须弥山石窟、南北石窟寺、巩县石窟等，这些石窟艺术的作者继承秦汉以来的优良传统，又吸收外来艺术精华，创造出雕塑和绘画的综合艺术，成为我国也是世界上伟大的艺术宝库；隋唐以后，新开凿的有云门山石窟、安岳石刻、柳埠千佛崖石刻和云南南诏国的剑川石窟等。宋代寺庙造像以罗汉和菩萨最为常见，代表作有山东济南灵岩寺和江苏吴中保圣寺的罗汉群像，生动传神地表现世人情态，有很强的写实性。明清石雕佛像几乎绝迹，寺庙造像形随唐宋风格，在寺庙里供奉着名目繁多的神像，从题材到表现手法日趋世俗化、程式化。

（三）民俗雕塑

中国民俗雕塑在题材和技法上具有鲜明的民族特色，并在长期发展中，吸收、融会了诸多外来成分，日益成熟。汉唐两代，社会生活情景成为雕塑题材，汉代的舂米、酿酒、驱车、宴饮、习射等士大夫生活都得以体现。如四川出土的“击鼓说唱俑”和山东济南无影山出土的“杂技百戏俑”，动作传神，富有浓厚的生活气息。

隋唐时期，以泥、木、瓷、石等作为原材料，以黄、蓝、褐、绿等釉色烧制而成的三彩“俳优俑”“参军戏”等数量众多，体态雕刻生动可爱，服饰深浅色彩交错。金银器上的镶嵌浮雕纹饰、青铜镜上的花纹，受到波斯等国艺术的影响，有异族风情。

五代以后，大规模的雕造日益减少，而中小型雕塑则获得新发展。明代寿山石雕中的印章兽钮雕刻知名度极高，其精品多为宫廷收存。清代著名石雕有寿山石雕、青田石雕、惠安石雕和云南大理石雕等。明清时期以反映“渔、樵、耕、读”为主题的佛山雕塑，是民俗雕塑的杰出代表。人物造型生动活泼，姿态各异，形神兼备，常被置于屋脊上成为精致华丽的脊饰，或被置于山石盆景之中，极具感染力，富有装饰趣味，深受民众喜爱。

六、戏曲艺术

中国戏曲艺术是集说白、歌唱、音乐、舞蹈等多种因素于一体的综合表演艺术，经历漫长的历史时期方才形成。

（一）早期戏曲

在正式产生以前，许多表演艺术已有戏曲的成分。原始社会，《尚书·尧典》中称人们“击石拊石，百兽率舞”。之后巫术盛行，巫人伴随着音乐且歌且舞，以表现对鬼神的崇拜和对祖先的祭祀，这是中国戏曲艺术的源起。周朝，统治者制定“刑不上大夫，礼不下庶人”的礼乐制度，把歌舞作为维护社会秩序的重要手段。在祭祀活动中，常由一名领舞者装扮成驱鬼辟邪的神，带领一群人组成的傩队跳“方相舞”，后配以音乐和歌唱，称之为“傩戏”，这是中国最古老的戏曲之一。西周末年，出现了专门在天子诸侯宴请时表演的艺人——“优”，其中倡优以表演鼓舞为主，伶优演奏音乐，俳优则长于滑稽、讽刺的幽默表演。汉时建立乐府，搜集、整理民间乐舞，“百戏”盛行，包括武术、杂技、滑稽表演、演唱、音乐演奏、舞蹈等多种民间艺术表演形式。南北朝时期，出现《拨头》《代面》《踏摇娘》等歌舞戏和以动作、说白为主要表演手段的《参军戏》，主要由演员装扮角色来表现人物和故事情节，兼含音乐、舞蹈、表演、说白多种艺术因素，在唐代继续流行并有所发展，为戏曲艺术的形成奠定了基础。

（二）宋元杂剧

宋元是我国戏曲艺术的形成和繁荣期。宋代南戏起源于东南沿海一带，又称为“永嘉杂剧”或“温州杂剧”。南戏一般用南方音乐，后期也吸收北方音乐成分，有独唱、对唱、合唱、轮唱等不同方式。一部戏有几十出，规模宏大，适合演绎情节曲折的家庭和爱情故事，代表作有《赵贞女蔡二郎》《王焕》《王魁》《陈巡检梅岭失妻》和《乐昌分镜》等。

元杂剧融合歌唱、舞蹈、说白、杂技等表演艺术，是比较成熟的戏曲形态。其剧本主要由唱曲、宾白和表演三部分组成。在结构上，以“折”为单位，通常一本分为四折，也有五到六折的，有的杂剧还有“楔子”，位于折前或两折之间，用来介绍人物和情节。一般一折戏只用由同一宫调的不同曲子组成一套曲子，排列顺序也比较固定。一本戏中由正末或正旦一人用北曲主唱，另有副末、贴旦、搽旦、净、孤、卜儿等配角，使用琵琶等弦乐，风格豪放激越。元杂剧创作风靡全国，作家云起，涌现了关汉卿、王实甫、康进之、高文秀、纪君祥、石君宝、郑光祖、马致远、白朴等成就卓著的剧作家。关汉卿是最伟大的戏曲作家，作品有《窦娥冤》《单刀会》《望江亭》《救风尘》等几十种，取材于现实生活，寄托了作者强烈的反抗精神。王实甫的《西厢记》取材于唐代元稹所著的传奇小说《莺莺传》，剧情冲突激烈，人物性格鲜明，心理描写细致，是元代杂剧的代表作。元杂剧主要题材有爱情剧、公案剧、水浒剧、世情剧和历史剧，以叙事为主，语言质朴自然，贴近百姓生活，洋溢生活气息。

（三）明清传奇

明清两代，戏曲分为杂剧和传奇两大类。明代杂剧最有名的作家是徐渭，代表作是“四声猿”，包括《雌木兰》《女状元》《狂鼓史》《玉禅师》四部独立戏，剧本多使用口语和俗语，符合人物身份。他撰写的关于南戏的理论专著《南词叙录》，在戏剧发展史上具有重要意义。明清时期虽然还有人写杂剧，但无法超越宋元杂剧的成就。明清传奇荟萃宋元南戏和杂剧的精华，成为主要戏剧题材，《琵琶记》被称为“传奇之祖”，奠定了明清传奇的基本格局。明万历以后，传奇名家辈出、佳作纷呈，出现了三大传奇《宝剑记》《浣纱记》《鸣凤记》，由于对戏曲文学、音乐的理解不同，明代剧坛出现了不同派别，其中影响较大者是以沈璟为代表的吴江派和汤显祖为代表的临川派，两人展开戏曲理论的激烈争论，史称“汤沈之争”。汤显祖创造性地继承了唐人小说和元人杂剧的优良传统，写出《紫钗记》《牡丹亭》《南柯记》和《邯郸记》，合称“临川四梦”。清初最杰出的传奇作品是洪昇的《长生殿》和孔尚任的《桃花扇》，前者结构巧妙，场面壮观，情节曲折，清丽流畅；后者结构严谨，曲辞优美，宾白生动，塑造了众多的正反面人物，且各具个性，互不雷同，故有“南洪北孔”之称。清中叶后，传奇剧本创作每况愈下，较重要的有唐英的《古柏堂传奇》和蒋士铨的《红雪楼九种曲》。

（四）地方戏曲

清乾隆后期，传奇表演渐趋式微，地方戏开始兴起并日益繁盛。较大的剧种有河南梆子、山西梆子、河北梆子、川剧、豫剧、越剧、吕剧、两湖地区的花鼓戏、江西的采茶戏、安徽的黄梅戏、西北的道情、东北的秧歌，皮影戏、木偶戏等，丰富多彩。尤其值得一提的是“国粹”京剧的形成，乾隆五十五年，三庆、四喜、春台、和春等四大徽班先后进京演出，同期，一批湖北艺人也相继入京，徽、汉艺人相互、融合，以二黄调为主，同时吸收秦腔、昆腔唱法，以京韵念白，韵味醇厚，形成了享誉世界的京剧艺术。

七、舞蹈艺术

舞蹈产生于早期人类的劳动韵律，主要反映人口繁衍、生产劳动和氏族部落之间的斗争，颂扬氏族英雄以及表达对原始图腾的崇拜。原始舞蹈形式简单，一般是随手选取自然拙朴的生活用品及劳动工具作为道具，氏族聚落居民集体参与，“击石拊石”即为音乐，“投足以歌”即为动作，即兴抒发情感。原始居民载歌载舞的形象在各地岩画遗存中都可寻到踪迹，如内蒙古阴山山脉狼山地区岩画、新疆霍城干沟村和额敏县喀拉也木勒镇等地岩画、广西花山岩画、甘肃黑山岩画中发现的舞蹈造型多是双手叉腰，右腿后蹬，威武挺拔，反映原始人狩猎的场景。原始社会还盛行图腾舞，“百兽率舞”“凤鸟天翟舞”都体现出先民对图腾信仰的推崇。进入阶级社会后，舞蹈从表演形式到器乐形制都更加规整，乐舞艺术从夏朝开始成为真正的表演艺术，有了专职乐舞的奴隶，传说夏桀拥有“女乐三千”。在已出土的商朝盘庚时期的甲骨卜辞中，频繁出现“乐”“舞”“磬”等字样，可见当时歌舞艺术的发达。

周朝是中国古代舞蹈艺术的第一个高峰。周朝主张众民是天生的，天选择有德的国君做天的元子，国君成为众民的宗主，代天保民。统治人民最好的办法就是依靠严格的等级制度和礼制的约束，使众民守法。周公旦依据周原有制度，参酌殷礼，制定出一套礼乐制度，规定不同等级、不同背景的人应使用不同规格的乐舞，如王的舞队用八佾，诸侯六佾，大夫四佾，不得逾制。周朝乐舞的代表是“雅乐”，即古乐，以“六代舞”最著名，包括黄帝祭天神的《云门》、尧帝祭地神的《咸池》、舜帝祭四方神的《大韶》、禹帝祭山川的《大夏》、商汤祭先妣的《大濩》、周武王祭先祖的《大武》六部，前四部为轻盈优雅的“文舞”，体现阴柔之美，后两部为执干（盾）、戚（斧）等兵器而舞的雄壮粗犷的“武舞”，体现阳刚之美。宫廷中专门用于朝会、宴享的正统音乐，名曰“散乐”和“四裔乐”。贵族子弟必须学习的舞蹈也是周朝整理编排的，包括《帗舞》《羽舞》《皇舞》《旄舞》《干舞》《人舞》，多用于祭祀活动。

汉代是中国古代乐舞发展的第二个高峰，代表作是“俗乐”，即充满朝气的民俗乐舞。汉代经济发达，国力强盛，汲取秦朝严刑峻法加速王朝灭亡的教训，渐趋采取独尊儒术、礼教治国的方针，各民族频繁往来、国泰民安，使汉代乐舞艺术得到蓬勃发展。汉朝宫廷设置两种乐舞机构：掌管宗庙祭祀雅乐的“太乐”和搜集民间乐舞并进行加工、整理以供皇帝娱乐的“乐府”。专门乐舞机构的建立，对乐舞的发展起到了积极的推动作用。乐舞大体分为两类，即以徒手、长袖、手持乐器而舞的“文舞”类和手持兵器的“武舞”类，分别表现柔与刚两种不同的舞蹈风格。汉代著名舞蹈中，“袖舞”“巾舞”属于文舞，“表飞縠之长袖，舞细腰以抑扬”；“建鼓舞”“盘鼓舞”等擂鼓舞蹈、由西南少数民族传入中原的“巴渝舞”、汉高祖刘邦所作“大风歌”等都是雄浑苍劲、舞姿豪放的武舞。最能代表汉代“武舞”水平的就是“角抵百戏”，这是一种带有娱乐性质的融汇杂技、舞蹈、武打、驾车等多种技艺串演的惊险奇诡的武舞。在汉代酒宴中，除即兴歌舞外，还流行带有交谊性质的“以舞相属”的舞蹈活动，舞时须注意姿态仪容，一般先由主人起舞，舞罢，客人起舞为报；然后再以舞相属于另一人，假如被属之人不起舞，便会被视为失礼，甚至结怨。

魏晋南北朝是中国历史上政权更迭最为频繁的时期，穷兵黩武的战争、空虚荒诞的玄学、崇佛论道的说教、外来文化的渗入，无不影响着乐舞的发展，使之带有明显的地域特色。北方由匈奴、鲜卑、羯、氐、羌等少数民族统治，乐舞带有粗犷豪放的西域风格，主要有龟兹乐、疏勒乐、高昌乐、安国乐、康国乐以及由朝鲜传来的高丽乐。原居于北方的汉族统治者南迁后在江南建都，乐舞多充满浪漫色彩的轻歌曼舞，以流行于长江流域和太湖流域的吴歌、西曲为主，兼有巫觋祭神专用的“神弦歌”，这些歌舞给江南生活平添了无限新意。此外，南北朝还有佛教乐舞。天竺乐即舞者身穿“朝霞袈裟”表演印度佛教乐舞。魏晋南北朝石窟壁画上的舞姿带有鲜卑人及中原汉人的特点，彰显瘦骨清相的魏晋风度。

唐代是中国古代乐舞艺术发展的第三个高峰。其经济发达，政治开明，气势恢宏，舞蹈开始以独立表演形式出现在艺术舞台之上。唐代歌舞一部分直接继承了前代乐舞，一部分来自西域，还有一部分是新创作的，以“健舞”和“软舞”为代表，推动着中国传统歌舞走向辉煌。健舞节奏明快，动作矫健有力，如《剑器舞》，舞者手持短剑进行表演，舞姿雄健爽朗，气势磅礴；《胡旋舞》，由西域康居传来，因在跳舞时极速旋转而得名；《胡腾舞》，也由西域传来，为男子独舞，刚毅奔放，诙谐有趣；《柘枝舞》，源于西域石国，传入中原以后，在长期地流传中出现了保持原有民族风格的单人表演的《柘枝舞》和两人表演的《双柘枝》；《秦王破阵乐》亦属健舞，为歌颂唐太宗的功绩而作，曲调受西域影响很深，“皆擂大鼓，杂以龟兹之乐，声震百里，动荡山谷。”① 一般由一百二十人披甲执戟而舞，模拟战阵动作，合着歌唱拍节而战斗击刺，规模宏大。软舞节奏舒缓，动作柔美，如《绿腰舞》，为女子独舞，舞者身穿长袖舞衣表演，音乐节奏由慢到快，舞姿轻盈优美；《春莺啭》，乐如鸟鸣般优美动听，“设单席，舞伎一个，立于席上，进退旋转，不离席上而舞”；《霓裳羽衣舞》为唐代最有名的大型乐舞，由音乐、舞蹈、诗歌组合而成，亦属软舞，由唐玄宗李隆基根据印度佛曲《婆罗门曲》改编而来，在开元、天宝年间曾经盛极一时，白居易曾评价：“千歌万舞不可数，就中最爱霓裳舞。”

宋元至明清，戏曲兴起，作为独立表演艺术的舞蹈渐趋衰落，但被吸收、融合在戏曲中，增强了故事情节，丰富了表现内容。舞蹈开始从宫廷走向社会，促进了民间舞蹈繁荣发展，“勾栏”“瓦肆”的出现，助推舞蹈走向商业化，更加贴近百姓生活。传统琵琶曲《十面埋伏》现存最早的乐谱见于 1918 年华秋萍编著的《琵琶行》，乐曲描写楚汉战争垓下决战情景，汉军用十面埋伏阵法击败楚军，使西楚霸王项羽自刎于乌江。明末清初《四照堂集》的“汤琵琶传”中，曾记载演奏此曲的情景：“当其两军决战时，声动天地，瓦屋若飞坠。徐而察之，有金声、鼓声、剑弩声、人马辟易声，俄而无声。久之，有怨而难明者，为楚歌声；凄而壮者，为项王悲歌慷慨之声、别姬声；陷大泽，有追骑声；至乌江，有项王自刎声。余骑蹂践争项王声。使闻者始而奋，既而恐，终而涕泣之无从也。其感人如此。”

第三节　中国古代艺术的主体精神

习近平总书记 2014 年 10 月 15 日在文艺工作座谈会上的讲话中强调：“中华美学讲求托物言志、寓理于情，讲求言简意赅、凝练节制，讲求形神兼备、意境深远，强调知、情、意、行相统一。我们要坚守中华文化立场、传承中华文化基因，展现中华审美风范。”② 中国几千年艺术史展现出令人目不暇接的丰盛奇观，门类之多、风格之繁、流派之富，令人叹为观止，其中所蕴含的文化精神值得我们发掘、领悟并传承。现从以下几个视角解读中国古代艺术精神。

一、天人合一、崇尚自然的思想内蕴

从先秦诸子的“天人之辨”，到汉代思想家董仲舒的“天人合一”，再到宋

① 《旧唐书》卷 30《音乐志》。

② 习近平：《坚定文化自信，建设社会主义文化强国》，求是，2019 年第 12 期。

代理学的"万物一体"论，"天人合一"理念成为中华传统文化的本原。天人关系是中国传统文化的重要组成部分，几乎贯穿中国古典艺术的方方面面。外在自然物的美与人的生命发展有密切关系，其运动节奏、韵律同人的伦理道德情感要求之间存在着吻合、同一。中国传统画家所追求的"天人合一"是一种通过平衡与和谐，通过"外师造化"，既向大自然学习，又经人的再创造即"中得心源"来表现自然之道，最终达到大自然与人相一致的境界，彰显人与自然融为一体。正如庄子主张的"坐忘""心斋"，魏晋玄学家倡导的"玄冥之境""玄同彼我""与物冥合"，中国画师们多属意天机所合，有道有气，心与神会，在达到某种天人契合境界。

中国古代始终贯穿理性主义精神，更重视直觉和情感在审美和艺术中的重要作用。当艺术家们将这种体悟以绘画语言表达出来时，更多地注重对人精神境界的营造，如国画中的山水云雾与画中人甚至作画之人的身心融为一体，同时也使观画人达致忘我的境界。在各类艺术中，人只是万物之一，与万物同样顺命于天。人立于天地之间，必求顺应天理，取法自然，这是艺术的最高境界。如商周青铜器的凝重沉稳，木构建筑的厚基飞檐，正是贯通天地之气的体现。在美学上，和谐化诗意关联的"天人合一"思想，深刻浸渍了中国古代审美境界论，特别强调人生境界与审美境界的合一。对音乐来说，最高境界莫过于"天籁之音""此曲只应天上有"。而雕塑、建筑、绘画、书法等造型艺术无不强调"法自然"，写其实，悟其意，更强调主观心得，务求神似，都是"写意"式。贯穿艺术根脉的是"道"，道追求自在之境，是自然之归，灵魂反思。各类艺术形式能够互相渗透、交流融通，即缘于诸多艺术形式都由道衍生，崇尚"道法自然"。

中国传统艺术借由作品的情、意、象所蕴含，传达的真、善、美彰显自身价值。古代典籍《尚书·尧典》所谓"诗言志"，"志"就包含思想与情感的意思。真与善，只有通过美的艺术表现才能格外感人，使人受到春雨润物般的熏陶和感染。正是情真、意善、象美的统一，才形成文学艺术形象特点及其审美心理机制，使读者和观众产生愉悦感。正如2014年10月15日习近平总书记在文艺工作座谈会讲话中强调的："追求真善美是文艺的永恒价值。艺术的最高境界就是让人动心，让人们的灵魂经受洗礼，让人们发现自然的美、生活的美、心灵的美。我们要通过文艺作品传递真善美，传递向上向善的价值观，引导人们增强道德判断力和道德荣誉感，向往和追求讲道德、尊道德、守道德的生活。只要中华民族一代接着一代追求真善美的道德境界，我们的民族就永远健康向上、永远充满希望。"①

① 习近平：《坚定文化自信，建设社会主义文化强国》，求是，2019年第12期。

二、儒道互补、情理融合的建构主体范式

儒道两家是中国历史中的两大思想脉系，可谓中华文化的两大支柱。中国传统艺术的发展深受儒道两家影响，正如李泽厚先生所论及的："前者强调艺术的人工制作和外在功利，后者突出的是自然，即美和艺术的独立。如果前者由于以其狭隘实用的功利框架，经常造成对艺术和审美的束缚、损害和破坏；那么后者则恰恰给予这种框架和束缚以强有力的冲击、解脱和否定。"[①] 儒家和道家相互补充成为中国传统思想的一条基本线索，这就是所谓的"儒道互补"传统。道家文化的"虚静论"不仅直接表现于文艺创作及批评理论，而且塑造出一种超功利的艺术人格。而儒家文艺观的主导思想是事功和教化性。文艺的性质和功能被界定在社会政治和伦理道德层面，文艺创作、接受和传播，都是为了达于政事、使于四方，近之事父、远之事君，达之于邦国、用之于乡人。儒家文化的功利主义价值取向，在赋予文学艺术以厚重的政治使命感和社会责任感时，相对地忽略了其审美特质。相应地，道家文化的"自然无为""大音希声""得意妄言"，才以其超功利、重审美的价值取向，弥补了儒家文化之不足。儒道互补的"和合"辩证法的普遍运用，使得中国美学智慧特别注意以对应性、辩证性、和谐性来理解和处理系列艺术的审美范畴。实际上，中国古代士大夫很少有纯粹的儒家或道家，他们往往具有进取与退隐的双重矛盾心理，但最终将两者折中，践行"穷则独善其身，达则兼济天下"的处世理念。

中国古代园林艺术最能体现士人自由的艺术观念和审美理想，与山水画的兴起大有关系。它祈求人间环境与自然界的有机联系，追求人为的场域自然化，尽可能与自然合为一体；它通过各种巧妙的"借景""虚实"技巧，促使建筑群与自然山水美汇合融通，形成一种更为自由开阔的有机整体美。威严庄重宫殿建筑的严格对称性被打破，彰显迂回曲折、趣味盎然、以模拟和接近自然山林为目标的建筑美。园林空间有畅通、有阻隔，变化无常，出人意料，引发更多想象和情感，再现"山重水复疑无路，柳暗花明又一村"的意境，在"情""理"之间寻求统一。

又如，著名的二胡曲《汉宫秋月》表达了古代宫女哀怨悲愁的情绪和一种无可奈何、寂寥清冷的生命意境，以唤起听者对她们不幸遭遇的同情。整体曲调速度缓慢、细腻多变，旋律经常出现短促的休止和顿音，音乐时断时续，纯朴古雅，情景兼备，极具艺术感染力。

三、和谐统一、兼容并蓄的艺术追求

艺术的精髓在于承载传递人类文明，艺术的真谛在于求美。中国艺术发展史

---

① 李泽厚：《美的历程》，安徽文艺出版社，1999 年版。

实际上就是兼容并蓄、和谐统一的历史。我国古代艺术追求的最高境界便是“中和之美”，并构架“中和”这一特有的美学本体论范式，包括人与人之和、人与社会之和、人与自然（天）之和。“中”即为适中，不偏不倚，表现在形态上则体式均匀。“和”即为和谐统一，也就是把若干矛盾因素融合在一个整体之中，使之和谐。在中国艺术话语里，看到的不是西方式以部分与整体（“一多”）关系为核心的整一性、有机性、结构性，而是两两相对的矛盾统一（“一两”）关系中的对偶性、均衡性、折中性。这一“中和”范式在具体的审美和艺术观念中，一般呈现“相乐”“皆得”“兼备”“交融”“互鉴”“相生”“两忘”等。集中体现“合两为一”的思维路径，贯穿“中”的美学本体理念，践行“执两用中”的审美范式。

这种“中和”，表现在文学中是不激不励、含蓄优雅、如诗如画、意境悠远；表现在书法中，就是把方圆、轻重、长短、浓淡、干湿、疏密等对立面并存融合，使之方圆兼备、刚柔相济、疏密相宜、干湿有度、和谐自然。综观中国艺术发展史，通过书法艺术蕴自然灵性，纳万物精华，养浩然正气，创物我同心。著名悲剧《窦娥冤》《赵氏孤儿》《精忠谱》《桃花扇》等，无论如何让忠臣义士饱受委屈、受尽折磨甚至走向死亡，但最后总以平反昭雪大团圆结尾。根据唐代诗人王维《送元二使安西》谱写的琴歌《阳关三叠》，优美典雅，不愠不火，不紧不慢，表现出依依惜别友人的感人场面。中和之道，既是中国艺术的内在精神，更是中国艺术追求的最高境界。

中国古体诗词讲究“色彩斑斓”“文字质朴”，与绘画讲究“随类赋彩”相一致；古体诗词重立意构思与绘画重“经营位置”之间异类而同质，如同阴阳共存于道。兼容并蓄与和合之境紧密关联，和合之境正是各种矛盾对立包容渗透的结果。通过对艺术作品的时空性的相互关照、协调统一，使主客体高度契合而达到完美境界。“天长地久有时尽，此恨绵绵无尽期”“停车坐爱枫林晚，霜叶红于二月花”“等闲识得东风面，万紫千红总是春”“问渠哪得清如许？为有源头活水来”等，都是其艺术再现。

四、主客观一体、整体建构的呈现范式

西方艺术思维倾向主客分离，便于对审美主客体进行深入细致的客观研究分析，因而西方多是分门别类的文艺理论。中国人的艺术思维侧重主客一体、阴阳合一，本质上是一种整体的直觉思维、朴素的系统思维。这种“直觉”是理智的，不是感觉的，而这种“理智”，又是直觉的，不是思辨的、逻辑的。一般从一种基本模式出发，通过一系列意象组合和直觉判断的矛盾运动，逐步拓展和深化，直到认识完成，才逼近其本质意义，即达到庄子所称颂的“目击道存”。如中国画家既不追求纯客观的再现，也不追求主观的想象，而是把心之所感所想的

主面融为一体予以传达。这种呈现方式与生活保持直接联系，不是向分析、推理、判断的抽象思辨理路发展，而是横向铺开，向事物的性质、功能、序列、效用间相互联系的整体把握方向拓深。

中国传统艺术主客观一体的思维机制，蕴含着理性沉淀，又与个体的感怀、情感、经验、历史有关。它作为一个有机的思维整体，形成文史哲不分家的思想传统，所谓“才学识兼备”及清朝桐城派大师姚鼐等“义理、考据、词章三者不可偏废”即是其体现。《论语》《老子》《庄子》《孟子》等著作，在哲学家眼里是哲学，在文学家眼里是文学，在史学家眼里是史学。《史记》既是我国第一部纪传体史学著作，又是我国第一部传记文学著作。《诗经》本是文学作品，而儒学大师们却把它视为政治著作，成为“五经”之一。

五、注重意境、追求神似的表现手法

中国艺术追求意境领悟。艺术家从对客观事物的观察、认识、体验及感受中，产生某种思想感情哲理及联想，然后透过特殊的艺术形式如音乐、绘画、书法、雕刻、建筑、园林，把这种思想感情充分展现出来。古琴典《高山流水》至唐代分为两曲，《高山》言仁者乐山之意、《流水》言智在乐水之意，两首著名的古琴典与伯牙钟子期的故事一起，在民间广为流传。意境和情趣在书法艺术中表现得更为形象，因为书法的表现形式并不是再现现实世界的客观形象，而是通过线条造型把书家内心感触融入作品之中。园林艺术的精髓则是建筑艺术、山水自然美及文学画融于一体，把客观的自然之“景”与造园家主观的“情”结合起来，既模仿自然，又追求“诗情画意”韵味，所谓“不出城郭而获山水之怡，身居闹市而有林泉之趣”。如被誉为“天下园林之典范”的苏州拙政园，就以其悠久的人文历史、丰富的文化内涵、疏朗自然的风格、典雅秀丽的景观闻名于世，以小巧、自由、精致、淡雅、写意见长，更注重文化和艺术的和谐统一，达到“虽由人作，宛自天开”的境地。

中国艺术强调神似，注重表现物的神态。艺术家的意趣，在于以形写神。描画人物，注重表现精神和个性；画草木、花鸟，着力彰显意趣和形态；画山水，尤其重视美的境界和季节变化。写形是手段，写神是目的。形似要有生气，神采不离规矩。正如范缜《神灭论》的细解：“形者神之质，神者形之用。”而真正完美的艺术形象，应该是形神兼备，在形似基础上，实现客观精神及艺术家主观精神两相交融，追求两相契合的内在体现。如古典《春江花月夜》形象地描绘春江月夜的迷人景色，尽情称赞江南水乡的魅力风姿，全曲如同一幅工笔精细、色彩柔和、清丽淡雅的山水画卷，引人入胜。大型琴曲《广陵散》取材于“聂政刺韩王”的悲壮故事。慷慨激昂，气势宏伟，全曲贯注一种浩然正气。汉魏时“竹林七贤”的精神领袖嵇康因反对司马氏专政而遭杀害时，刑前从容不迫，索

琴弹奏此曲，并慷然长叹：“《广陵散》于今绝矣！”后亦称事无后继、已成绝响者为“广陵散”，堪称形神兼备之绝唱。

2016 年 11 月 30 日习近平总书记在中国文联十大、
中国作协九大开幕式上的讲话　新华社记者摄

2016 年 11 月 30 日，习近平总书记在中国文联十大、中国作协九大开幕式上的讲话中，从历史与现实紧密结合的视野出发，对新时代文学家、艺术家创作指明总体方向：“历史给了文学家、艺术家无穷的滋养和无限的想象空间，但文学家、艺术家不能用无端的想象去描写历史，更不能使历史虚无化。文学家、艺术家不可能完全还原历史的真实，但有责任告诉人们真实的历史，告诉人们历史中最有价值的东西。戏弄历史的作品，不仅是对历史的不尊重，而且是对自己创作的不尊重，最终必将被历史戏弄。只有树立正确历史观，尊重历史、按照艺术规律呈现的艺术化的历史，才能经得起历史的检验，才能立之当世、传之后人。”习近平强调文学艺术工作者应“坚持不忘本来、吸收外来、面向未来，在继承中转化，在学习中超越，创作更多体现中华文化精髓、反映中国人审美追求、传播当代中国价值观念、又符合世界进步潮流的优秀作品，让我国文艺以鲜明的中国特色、中国风格、中国气派屹立于世。”①

① 习近平：《坚定文化自信，建设社会主义文化强国》，求是，2019 年第 12 期。

第十二章　中国古代科技的主要成就及基本特征

科学指人们关于自然现象和规律的知识体系，包括数学、物理、化学、天学、地学、生物学、农学、医学等学科。技术则指各种工艺操作方法与技能，譬如纺织、建筑、机械、冶金、车船、兵器、陶器、造纸、印刷等。

习近平在中国科学院第十九次院士大会、中国工程院第十四次院士大会上的讲话

习近平主席在2014年3月27日巴黎联合国教科文组织总部的演讲中说："中国的造纸术、火药、印刷术、指南针四大发明带动了世界变革，推动了欧洲文艺复兴。中国哲学、文学、医药、丝绸、瓷器、茶叶等传入西方，渗入西方民众日常生活之中。《马可·波罗游记》令无数人对中国心向往之。"① 英国学者罗伯特·坦普尔在对著名科技学者李约瑟的巨著《中国科学技术史》进行提炼后得出结论："现代世界赖以建立的种种基本发明和发现，可能有一半以上源于中国，充分彰显中国科学技术对世界文明发展做出的重大贡献。"②

第一节　中国古代科学领域的突出成就

一、天文学

中国天文学在原始社会就开始萌芽。早在帝尧时代，就设立专职天文官，从事"历象授时"。古代天文学成就可归纳为三方面：天象观察、仪器制作和编订历法。

天象观察。中国古代对太阳、月亮、行星、彗星、恒星，以及日食、月食、太阳黑子、日珥、流星雨等罕见天象都有丰富记载，其观察之仔细、记录之精

① 习近平：《文明交流互鉴是推动人类文明进步和世界和平发展的重要动力》，求是，2019年第9期。

② ［英］罗伯特·坦普尔：《中国：发明和发现的国度》，陈养正，陈小慧等译，21世纪出版社，1995年版。

确、描述之详尽达到惊人程度，至今仍具有很高的科学价值。在中国河南安阳出土的殷墟甲骨文中，已有丰富的天象观察记载。这表明至少在公元前14世纪时，我们祖先的天文学知识就很丰富。而产生于春秋战国时代的《甘石星经》是世界上最早的天文学著作。

仪器制作。在天文仪器方面，中国人创造性设计和制造了许多种精巧观察和测量仪器。中国最古老、最简单的天文仪器是土圭，也叫圭表，用来度量日影长短。西汉的落下闳改制浑天仪，这种测量天体位置的主要仪器几乎历代都有改进。东汉的张衡创制了世界上第一架利用水力作为动力的浑象。元代郭守敬先后创制和改进10多种天文仪器，如简仪、高表、仰仪等。

编订历法。古人勤奋观察日月星辰的位置及其变化，旨在通过观察类天象，掌握其规律性，借以确定四季，编制历法，为生产生活服务。中国古代历法不仅包括节气推算、各月天数分配、月和闰月安排等，还包括日食、月食发生时刻、可见情况的计算和预报、五大行星位置的推算和预报等，凸显中国古代对天文学和天文现象的重视，也是用来验证历法准确性的重要手段之一。古代历法特别重视冬至节气，准确测定连续两次冬至的时刻，其间隔就是一个回归年。其中，二十四节气是我们祖先长期生活观测的经验总结，是我国古人时间体系标志，具有重要的遗产认知和文化继承价值，并成为古代把握作物生长时间、观测动物的活动规律和认识人的生命节律的文化技术。2016年，二十四节气列入人类非物质文化遗产代表作名录。根据观测结果，中国古代上百次改进历法。我国现存最早的历书是《夏小正》，也是我国现存最早的文献之一。郭守敬于1280年编订的《授时历》，通过3年多共数百次测量，经过计算，采用365.2425日作为一个回归年长度，该数值比欧洲格里高利历早了300年。

二、数学

数学是一切科学技术发展的基础，享有“科学之王”美誉。中华民族以非凡智慧在数学王国里耕耘拼搏，创造了世界一流的研究成果。

中国是最早应用“十进制”计数法的国家，比印度留下的十进制数码早1000多年。在世界各种记数法中，十进位记数法最先进、最方便。英国著名科学史学家李约瑟曾对中国商代记数法予以很高评价：“如果没有这种十进制，就几乎不可能出现我们现在这个统一化的世界了。”①

算筹是中国古代的计算工具，在春秋时期已经很普遍。使用算筹进行的计算称为筹算。中国古代数学建立在筹算基础之上，与西方及阿拉伯数学明显不同。但是真正意义上的数学体系形成于西汉至南北朝的三四百年间。《算数书》成书

① ［英］李约瑟：《中国科学技术史》第3卷，科学出版社，1978年版，第323－333页。

于西汉初年，是中国传世最早的数学专著。《周髀算经》编撰于西汉末年，虽然是一本关于“盖天说”的天文学著作，却包括两项数学成就：其一为勾股定理的特例或普遍形式，“若求邪至日者，以日下为勾，日高为股，勾股各自乘，并而开方除之，得邪至日”①，这是中国最早关于勾股定理的书面记载；其二为测太阳高或远的“陈子测日法”。

《九章算术》在中国古代数学中占有重要地位。经过多人整理而成，成书于东汉时期。全书共收集 246 个数学问题和解法，包括分数四则和比例算法、各种面积和体积及勾股测量的计算等。在代数方面，中国古代在世界数学史上最早提出负数概念及正负数加减法法则。注重应用是其显著特点，一些知识传播至印度和阿拉伯地区，甚至到达欧洲。《九章算术》标志着以筹算为基础的中国古代数学体系正式形成。

南北朝是古代数学的蓬勃发展时期，有《孙子算经》《夏侯阳算经》《张丘建算经》等著作问世。祖冲之、祖暅父子最具代表性，他们着重进行数学思维和数学推理，在前人刘徽《九章算术注》基础上继续拓展。他们的代表著作《缀术》（已失传）取得重要成就：圆周率精确到小数点后第六位，得到 $3.1415926<\pi<3.1415927$，并求得 π 的约率为 22/7，密率为 355/113，其中密率是分子分母在 1000 以内的最佳值，欧洲直到 16 世纪才得出同样结果。祖暅还推导出球体体积公式，并提出两个同高立体，如在等高处截面积相等则体积相等定理，欧洲 17 世纪才提出同一定理。

隋唐时期开始建立数学教育制度，这与国子监设立算学馆及科举制度有关。在当时的算学馆，《算经十书》成为专用教材。该书收集《周髀算经》《九章算术》《海岛算经》等 10 部数学著作。公元 600 年，隋代刘焯在制定《皇极历》时，最早提出等间距二次内插公式；唐代僧一行在《大衍历》中进一步发展为不等间距二次内插公式。

中国古代数学以宋元时期为最高水平。在世界范围内，宋元数学与阿拉伯数学一起居于领先地位。贾宪提出任意高次幂开方的“增乘开方法”，同样方法至 1819 年才由英国人发现；贾宪的二项式定理系数表与 17 世纪欧洲出现的“巴斯加三角”类似。秦九韶是南宋杰出数学家，他在《数书九章》中将“增乘开方法”加以推广，论述高次方程的数值解法，并且列举 20 多个取材于实践的高次方程解法，最高为十次方程。他还对一次同余式理论进行过研究。李冶于 1248 年发表《测圆海镜》，成为首部系统论述一元高次方程的著作。在该书的序言中，李冶公开批判轻视科学实践、将数学贬为“贱技”“玩物”等长期存在的士风谬论。元代王恂、郭守敬等制订《授时历》，列出三次差的内插公式。郭守敬

① （西汉）佚名：《周髀算经》上卷二。

还运用几何方法求出相当于现在球面三角的两个公式。公元1303年，元代朱世杰著《四元玉鉴》，把“天元术”推广为“四元术”（四元高次多项式方程），提出消元解法，还对高阶等差级数求和问题开展研究，得出高次差的内插公式，不仅比西方早400多年，也是整个中世纪最杰出的数学著作。

算盘名称最早见之于宋代的《谢察微算经》，确定最迟在宋代就有横梁穿档的大珠算盘出现。《清明上河图》中可看到赵太承药店的柜台上就放着算盘。明代编著的关于珠算的专著包括徐心鲁的《盘珠算法》、程太位的《算法统宗》等，并形成简明易记的珠算口诀。明初，中国算盘流传到日本，后又流传到俄国，进而传至西欧各国，对近代文明产生很大影响。

三、医学

（一）中医学

中医学以完整系统、博大精深的理论体系，高超的医疗技术和丰富的典籍著称于世。3000多年前的殷商甲骨文中，就有医疗卫生以及多种疾病的记载。周代医学已经分科，《周礼·天官》把医学分为食医、疾医、疡医、兽医四科；已经使用望、闻、问、切等诊病方法和药物、针灸、手术等治疗方法；王室已建立一整套医务人员分级和医事考核制度。春秋战国时期，涌现出许多著名医家如医和、医缓、长桑君、扁鹊等。扁鹊被誉为中国方剂学鼻祖，成为医生的代名词，代表中国医学的兴起。《黄帝内经》等经典著作面世，是中医学理论的第一次总结。

秦汉时代，已经使用木制涂漆模型展示人体经络，成为世界最早的医学模型。临床医学方面，东汉张仲景被称为“医圣”，其所著的《伤寒杂病论》专门介绍外感病与内科杂病的施治方法，成为中国医学方书的鼻祖，并被誉为讲究辨证论治而又自成一家的临床经典著作，为后世临床医学发展奠定了基础。据《史记·扁鹊仓公列传》记载，西汉初的名医淳于意曾创造性地将所诊患者姓名、里籍、职业、病状、诊断及方药翔实记载，谓之“诊籍”，成为现知最早的临床病案，其中包括治疗失败的记录和死亡病例。东汉末年神医华佗已经开始使用“麻沸散”进行各种外科手术，比西方早1600多年，他最擅长胃肠吻合术。

从魏晋南北朝到隋唐五代，脉诊取得突出成就，晋代名医王叔和在前代著作《内经》《难经》“独取寸口”诊法的基础上，进一步规范化，并归纳24种脉象，提出脉、证、治并重理论。该时期医学各科和专科化已渐趋成熟。从晋代开始，已经出现由国家主管的医学教育，南北朝刘宋时代曾有政府设立的医科学校。隋代设立太医署，成为世界上最早的国立医学教育机构。形成于唐中期的《四部医典》，由著名藏医学家云丹贡布所著，共四部，156章，是集藏医药医疗实践和理论精华于一体的权威工具书，被誉为藏医药百科全书，是藏医药学中最系统、最完整、最根本的一套理论体系。唐代有孙思邈的《千金要方》和王焘的《外台秘要》等大型综合性医书。

宋朝创设校正医书局，集中一批著名医家，对历代重要医籍进行收集、整理、考证、校勘，出版了一批重要医籍。除皇家御药院外，还设立官办药局、太医局、卖药所与和剂局等，推广以成药为主的“局方”。由太医局负责医学教育，各府、州、县也设立相应医科学校；太医局初设九科，后扩为十三科。宋代针灸教学法也有了重大改革，王惟一编著了《铜人腧穴针灸图经》，又主持设计制造了等身大针灸铜人两具，供学生实习操作，堪称价值连城的“国宝奇珍，医中神器”，对后世针灸发展影响很大。宋代出现各种类型的医院、疗养院，包括专供宫廷患者疗养的保寿粹和馆，供四方宾旅患者疗养的养济院，收容治疗贫困患者的安济坊等。

明代中叶，北京已创立世界上最早的学术团体“一体堂宅仁医会”。这个团体由新安医学家徐春甫创立，并有明确会规，且组织编撰了百卷《古今医统大全》。中医学最早的学术期刊《吴医汇讲》于1792年创刊，由著名温病学家唐大烈主编。该刊发行近10年，每年一卷，有理论、专题、验方、考据、书评等栏目，促进了学术交流，表明中医学科已形成较为完备的体系。

（二）中药学

早在春秋时期的《诗经》中，就记载了一些可以做药的植物，如“芣苢”（车前）、“虻”（贝母）、“蓷”（益母草）等。《山海经》更明确提到120多种药，包括植物、动物、矿物三类，并提到各种药的简单用法和治疗性能，有些还可以用来预防疾病。

由于古代的药物主要来自自然界的植物，因而人们把药物学著作称作“本草”。汉代，中国出现了专讲药物的书《神农本草经》，这是现存最早的药物学专著，书中记载药物365种，分成上、中、下三品。更可贵的是两千年前，我们的祖先即通过大量的治疗实践，发现许多特效药物，如麻黄可以治咳喘、大黄可以泻下、常山可以疗疟等，这些都通过现代科学分析得到证实。南北朝时期，博物学家陶弘景整理成《本草经集注》，共得药物730种，比《神农本草经》多1倍。首创按药物自然属性和治疗属性的新分类法，分为草、木、米食、虫兽、玉石、果菜和有名未用等七类，后来成为中国古代药物分类的标准方法。

唐代由政府主持编修一部药物学著作，并向各地征集实物标本，绘制成图，成为图文并茂的药物学专著，取名《新修本草》。该专著共载药物844种，分为九类。这种由国家颁定的药物学专书称作“药典”，对统一药名、修正药性认知、促进医药发展，都有积极作用。

中国古代药物学的最高成就是明代李时珍的不朽巨著《本草纲目》。该书总计52卷，记载药物1892种，收入方剂11000首，共分16部。书中图文并茂，纠正了许多前人错误，猛烈抨击方士道家企图通过服食炼丹求得长生不老药的谬论。它以单一药物为纲，由同一药物派生或演化的附属物为目，对其名称、栽培养殖、收采、炮制、药性、应用、方剂等内容，旁征博引，考证鉴定，十分详明。其生物分类法已具有生物进化论思想萌芽，还应用比较解剖方法对动植物进行分类研究。该书涉及古代自然科学许多领域，诸如动物、植物、化学、矿物、地质、农学、天文、地理等学科，并被译成日文、英文、德文、法文、拉丁文、俄文等多种文字，成为国际上的重要科学文献，被誉为“东方医药医典”。达尔文在期著作中多次引用相关资料，并称其为“古代中国百科全书”。英国李约瑟更称赞李时珍为“药物学界中之王子”。

四、农学

（一）农家与农学

“农家”之称，始于班固。“农家者流”与诸子并称于世，合称为“九流”。农家曾留下较为丰富的著作，但大都亡佚，且多为托名之作，如《神农》《后稷》等都是战国时代的作品。班固首次将农家列入战国诸子百家之中，并在《汉书》中载有战国时农家作品《神农》20 篇和《野老》17 篇。《吕氏春秋》中的《上农》《任地》《辨土》及《审时》等4 篇文章是目前所发现的战国时最完整的农家言论，成为最值得注意的农学论著。《上农》专谈农业政策，申述“重农主义”主张，其余3 篇则专谈农业生产技术，对土壤、水利、保墒、播种、植株培养等生产技术，以及相土之宜、审天之时等均有涉及，充分体现春秋战国时的农学特点：既对前人农业生产经验进行总结，使其理论化、系统化，成为普遍的技术原则；也提出发展农业的经营政策，为富国强兵服务。

《孟子·滕文公》直接记载许行“为神农之言者”，主要有两点：第一是君民并耕，即君主应和农民一样从事农业生产劳动；第二是物价统一，即保护农民的利益，以免遭受商业的侵害。

农家思想在中国古代社会具有独树一帜的作用。农家思想讲究“天”和“时”，农家思想的“天”，源起农业生产中不可控制的一切自然因素的总和，而生产中可以利用的因素，如自然界的节气就是所谓的“时”。农家思想对于解决“农”问题有着独到见解，故无论是古代的诸子百家还是近代著作，充满农家思想的痕迹，并被国内外各种思想流派广泛吸收。

（二）中国古代农业技术发展历程

原始农业大约起源于一万年前，是在采集和渔猎经济中逐步发展起来；夏、商、周为农业技术的初步形成时期，发明了金属冶炼技术，青铜农具开始应用于农业生产，水利工程开始兴建；春秋战国为精耕细作的发生期，炼铁技术的发明和畜力利用，推动了农业生产发展；秦、汉至南北朝为北方旱地精耕细作技术的形成期，耕、耙、耱配套技术的形成，多种大型复杂的农具先后被发明和运用；隋、唐、宋、元为南方水田精耕细作的形成期，经济重心从北方转移到南方，南方水田配套技术完善，水田专用农具发明与普及，南北方农业同时获得大发展；明清为精耕细作的深入发展时期，开始出现人多地少矛盾，许多美洲的作物被引进中国，对农作物结构产生了重大影响，多种经营和多熟种植成为农业生产的主要方式。

《齐民要术》是我国现存最早的一部完整系统的农学名著，也是世界最古老的农学巨著之一。著者是我国东魏时著名农学家贾思勰。他“采捃经传、爰及歌谣、询之老成、验之行事”[①]，完成该书。“齐民”即平民的意思，“要术”即谋生的主要方法。作者在序言中说：“起自耕农，终于醯醢（xi hǎi），资生之业，靡不毕书。”该书记载了黄河流域下游地区及南方的农业生产，内容涉及生产生活的各个方面，包括耕作技术，种子选择保藏，各类粮食作物、瓜果蔬菜、花草树木的栽培种植，马牛羊猪的畜养及疾病防治，酒、酱、醋、豆豉、肉脯、饴糖等的制作，还包括烹饪技术，食品加工，笔、墨、胶、染料、护肤用品等的制造，与平民百姓生计息息相关的诸多层面都有涉猎。

第二节　中国古代技术领域的巨大贡献

一、四大发明

印刷术、指南针、火药和造纸术，这四大发明是中华民族奉献给人类甚至改变世界历史进程的伟大技术成就，反映了中国人民的伟大创造力，是中国成为世界文明古国的标志之一。英国哲学家弗兰西斯·培根指出，印刷术、火药、指南针“三种发明已经在世界范围内把事物的全部面貌和情况都改变了：第一种是在学术方面，第二种是在战事方面，第三种是在航行方面；并由此又引起难以数计的变化来：竟至任何教派、任何帝国、任何星辰对人类事务的影响都无过于这些机械性的发现了。”[②] 马克思评论道：“火药、指南针、印刷术——这是预告资产阶级社会到来的三大发明。火药把骑士阶层炸得粉碎，指南针打开了世界市场并建立了殖民地，而印刷术则变成新教的工具，总的来说变成科学复兴的手段，变成对精神发展创造必要前提的最强大的杠杆。”[③]

（1）指南针。战国时期，已发现磁石吸铁现象，并用天然磁石制造“司南之勺”“其柄指南”。此后，经过长期实践，发现人工磁化方法，造成更高一级的磁性指向仪器。宋代科学家沈括首次记载地磁偏角，提出用天然磁石摩擦钢

① （北魏）贾思勰：《齐民要术·序》。
② ［英］培根：《新工具》，商务印书馆，1984年版，第103页。
③ 《马克思恩格斯全集》第47卷，人民出版社，1979年版，第427页。

针，使之磁化成为磁针，可以指南，而常微偏东，并介绍了四种支挂磁针的方法：一是浮于水面，二是放在指甲上，三是放在碗沿上，四是线缕悬挂。后来又发展成磁针和方位盘联成一体的罗经盘，即罗盘。阴阳家用地罗看风水，在清丈田地和判决土地诉讼时，也使用地罗。北宋后期，指南针已用于航海；南宋时，使用“针盘”导航，还使用“浮针”。指南针在12世纪传到阿拉伯，并传到欧洲。在地理大发现中发挥了不可替代的作用，在航海技术发明中，指南针也是最重要的单项发明。

（2）火药。火药是在炼丹中发明的，由硝石、硫黄和木炭三种物质混合制成，因当时把这三种物品作为治病的药物，故取名“火药”，即所谓“着火的药”。自秦汉以后，炼丹家用硫黄、硝石等炼丹，从偶然发生爆炸的现象中得到启示，再经过多次实践，找到了火药配方。三国时，马钧用纸包火药方法作出娱乐用的“爆仗”，开创了火药应用的先河。唐朝末年，火药开始应用到军事上。利用抛石机把火药包点着以后，抛射出去，烧伤敌人，这是最原始的火炮。后来将球状火药包扎在箭杆头附近，点着引线以后，用弓箭将火药射出去烧伤敌人。到了宋朝，将火药装填在竹筒里，火药背后扎有细小的“定向棒”，点燃火管上的火硝，引起筒里的火药迅速燃烧，产生向前的推力，使之飞向敌阵爆炸，成为世界上第一批火药火箭。以后又发明了火枪，都是用竹管制成的原始管形火器，成为近代枪炮的源起。13世纪，火药传到阿拉伯，欧洲人在和阿拉伯人的战争中学会了制造火药武器。火药的发明大大推进了人类历史的发展进程，也是欧洲文艺复兴、宗教改革的重要支柱之一。

（3）造纸术。东汉元兴元年（公元105年），蔡伦在前人造纸术的基础上，改革和推广了造纸技术。在此之前，商代用甲骨，西周用青铜器，春秋时将竹简、木牍、缣帛作为记事材料。汉代，农业发达，经济繁荣，国力强盛，文化事业蓬勃发展。笨重的竹简和昂贵的缣帛已不能满足社会需求，寻求新的书写材料已成为时势所趋，造纸术应运而生。《后汉书·蔡伦传》对蔡伦发明造纸术的记载，成为迄今为止准确记载造纸术的最早记录。12世纪，造纸术传到欧洲，直到18世纪以前，世界各国都在沿用中国的造纸技术。

（4）印刷术。印刷术开始于隋朝的雕版印刷，经宋仁宗时的毕昇发展、完善，产生活字印刷，并由蒙古人传至欧洲，所以后人称毕昇为印刷术的始祖。雕版印刷是用刀在木板上雕刻成凸出来的反写字，然后再上墨，印到纸上。每印一种新书，木板就得重新雕刻，速度很慢，如果刻版出现差错，又要重新刻。北宋刻字工人毕昇用质细且带有黏性的胶泥，做成一个个四方形的长柱体，在上面刻上反写的单字，一字一印，放在土窑里用火烧硬，形成活字。然后按文章内容，将字依顺序排好，放在一个个铁框上做成印版，再在火上加热压平，即可以印刷。结束后把活字取下，下次还可再用。这种方法虽然原始简单，却与现代铅字排印原理相同，表示印刷技术进入了一个新纪元。元代著名农学家与机械学家王桢发明了木活字，并创造出比较简捷的适于汉字复杂特点的转盘排字方法，后来又发明了金属活字，使印刷术得到改进。中国古代的造纸术和印刷术直接促进近代西方文艺复兴，成为人类进入近代社会的号角。

二、水利工程技术

水利是农业的命脉。古代最重要的生产部门农业受自然因素影响极大。历代王朝都十分重视农业基础建设，兴建公共水利工程。这不仅直接关系农业生产的发展，而且可以扩大运输，加快物资流转，发展商业，推动整个社会经济繁荣。如三国时期蜀国在诸葛亮的辅佐下，十分重视水利工程的兴办和对都江堰的修缮，郦道元《水经注·江水》强调要“以此堰农本，国之所资”，并专置管理堤堰的“堰官”，负责维护都江堰。

由于历代政府的重视，中国古代水利事业不断发展。夏朝就掌握了原始水利灌溉技术。西周时期已构筑蓄、引、灌、排的初级农田水利体系。春秋战国时期，各诸侯国就兴建了芍陂、漳水渠、都江堰、郑国渠等一批著名水利工程。秦始皇统一全国后，水利工程规模与日俱增。灵渠沟通了漓江和湘江。两汉时期水利工程主要在北方有大量发展，如六辅渠、白渠的修建，同时大的灌溉工程已跨过长江。魏晋以后水利事业继续向江南推进，隋代完成的大运河，使“运漕商旅，往来不绝”，成为贯通南北的大动脉。宋代更掀起了大办水利的热潮，1070年至1076年间，京畿及各地兴修水利工程一万多处，灌田36万顷。元明清时期的大型水利工程虽不及宋前多，但地方小型农田水利工程兴建数量越来越多。康熙亲政后，将“三藩”、河务、漕运列为三大政事，“夙夜廑念，曾书而悬之宫中柱上。”[①] 平定“三藩”后，他更把治河放在首要位置，六次南巡调查研究，亲理河务，使黄淮海平原受灾程度明显减轻。

三、其他实用技术

（一）陶瓷技术

陶器制作是人类最早的一项手工生产劳动，在新石器时代早期，中国先民们就已经开始陶器制作。各地发现秦汉时期的陶俑，如西安秦始皇兵马俑，以完美的艺术形式、生动逼真的神态，深刻地揭示了各种人物的内心世界，体现出中国雕塑艺术的现实主义传统和雕塑艺术的高度发展。南北朝时期，江南瓷器生产呈现遍地开花局面，在南方制瓷工艺影响下，北方成功烧制青瓷，以后又发展了黑瓷和白瓷，为中国制瓷工业开拓了广阔道路。

---

① 《清圣祖实录》卷一五四。

隋唐时代，陶瓷发展进入一个繁荣成长阶段。瓷器在隋唐普遍用较高温度烧成，胎质更为致密；部分漆器、金属器及铜器的使用逐渐为瓷器所代替，瓷器生产得到社会各阶层重视；正式出现“窑”的专称，象征着产量的增长。宋元时期，制瓷工艺出现更多革新与创造，普遍应用“火照”检查烧制过程中窑炉的温度与气氛，以保证成品率。元代景德镇在制瓷工艺上有新的突破，成为全国制瓷中心，赢得“瓷都”桂冠。明代，各种具有特殊技能的制瓷工匠向景德镇汇集，形成了“工匠来八方，器成天下走”局面。特别是青花瓷，几乎遍及亚、非、欧、美各洲，世界上许多国家的大型博物馆都收藏有中国明代瓷器。清代制瓷工艺达到高峰，产品品质之精，造型之多样，彩釉之丰富，无不令人惊叹。

瓷器大约在公元 8 世纪唐代时通过“丝绸之路”及东方的海路传到西亚和南亚，再传到欧洲各国。中国瓷器以其瑰丽色彩和高雅气质，深受世界各国人民喜爱，成为高贵的艺术珍品。随着瓷器西传，造瓷技术也于 11 世纪传到波斯和阿拉伯世界，15 世纪传到意大利，但欧洲人真正掌握造瓷技术是在 18 世纪初。中国瓷器驰名世界，在西方人的眼里“中国”（China）就是“瓷器之国”。

（二）纺织印染技术

中国的纺织印染技术具有悠久历史。早在原始社会时期，为适应气候的变化，古人已学会就地取材，利用自然资源作为纺织和印染原料，并制造简单的纺织工具。中国机具纺织起源于新石器时代的纺轮和腰机。西周时期具有传统性能的简单机械缫车、纺车、织机相继出现，汉代广泛使用提花机、斜织机，唐以后纺织机械日趋完善，大大促进了纺织业的发展。

古代世界各国用于纺织的纤维均为天然纤维，一般是毛、麻、棉三种短纤维。古代中国还大量利用长纤维——蚕丝。蚕丝在所有天然纤维中是最优良、最长、最纤细的纺织纤维，可以织制各种复杂的花纹提花织物。丝纤维的广泛利用，大大促进了纺织工艺和纺织机械的进步，推动丝织成为中国最具特色和代表性的纺织技术。

中国古代用于着色的材料包括矿物颜料和植物染料，以后者为主。先民很早就掌握了多种植物染料的性质，并发明被称为“缬”的防染印花技术。各种染料均有其着色原理，矿物颜料和植物染料虽然都是色料，但着色原理却不同。矿物颜料着色是通过黏合剂使之黏附于织物表面，但颜色遇水即容易脱落；植物染料的色素分子是通过与织物纤维亲和而改变纤维的色彩，所着之色虽经日晒水洗，均不易脱落。古代常用的矿物、植物染料众多，根据不同染料特性而创造的染色工艺有直接染、媒染、还原染、防染、套色染等。染料品种和工艺方法的多样性使印染行业的色谱十分丰富，见于记载者有几百种，特别是在一种色调中明确地分出几十种近似色，这需要熟练掌握各种染料的组合、配方及改变工艺条件。至于纺织产品，包括刺绣、丝绸、服饰和地毯四大品种，制作工艺各不相同、风格独具。

（三）建筑技术

著名建筑大师梁思成先生在《拙匠随笔》中说："中国建筑之个性乃我民族之性格，即我艺术及思想特殊之一部，非但在其结构本身之材质方法而已。""我们应该研究汉阙，南北朝的石刻，唐宋的经幢，明清的牌楼，以及零星碑亭，泮池，影壁，石桥，华表的部署及雕刻，加以聪明的应用。中国的建筑千篇一律，你看都是千篇一律，同时千变万化。"

中国建筑是世界上最古老的建筑体系之一，有七千年以上实物可考的历史。三千年前已形成以木构架为主要结构、以封闭院落为基本布置方式的独特风格，并对朝鲜、日本和东南亚都有重要影响。中国古代木结构技术居于世界最高水平，在群组布局、园林和城市规划上也独树一帜，为世界建筑发展作出了重大贡献。

中国建筑在漫长的进程中，分为几个发展阶段，从商周到秦汉是萌芽与成长阶段，秦和西汉是第一个高潮；历魏晋经隋唐而宋是成熟与高峰阶段，盛唐至北宋的成就更为辉煌，是第二次高潮；元至明清是充实与总结阶段，其中明至盛清以前是第三次高潮。每一次高潮的出现，都伴有国家统一、长期安定和文化交流等社会背景。

秦朝统一后国运短促，但建筑工程规模却前所未有。曾用数十万人修筑驰道、长城、阿房宫、始皇陵。秦始皇扩建咸阳宫殿，集中仿建六国宫室，使各国建筑艺术和技术得以交流，为形成统一的建筑风格开创先声。从盛唐开始，融合和吸收外来文化因素，逐渐形成完整的建筑体系，创造出绚丽多姿的建筑风貌。中国古代宫殿、寺院、宅第等布局形式至此已基本定型。五代十国时期，中原残破，而南唐、吴越、前蜀、后蜀却保持相对安定局面，建筑仍有发展，并影响北宋前期的建筑。而今天所见到的古代建筑，主要是明清两朝遗存。明清两代建筑趋向程式化和装饰化，体现在城市规划、宫室建筑和园林建筑之中。

中国建筑特别重视群体组合美。群体组合常取中轴对称的严谨构图方式，也有自由式组合，均十分重视对中和、平易、含蓄而深沉的美的追求。但因朝代不同，审美旨趣的区别，而呈现出不同特色。

第三节 中国古代科技的基本特征及近代发展迟滞

一、中国古代科技的主要特征

中国古代科技的众多领域虽然内容迥异，但却存在着相同的思维定式和精神特质，推动其趋向统一的特征和形态。

（一）实用性

从巩固封建秩序出发，统治者要求科学技术直接为生产服务，强化实用性色彩，如天文历法及四大发明等。中国古代发明创造较少上升到理论高度，疏于考察相关技术构造的内在原理，也就无法从中推演、抽象出高度概括性的理论。秦朝“焚书坑儒”时规定，“所不去者，医药、卜筮、种树之书”①，也就是对有实用价值的书籍要保留，表明科技实用性仍受重视。汉承秦制，科技的实用性被固定下来，与农业关系密切的学科更多地得到发展，促进了医药、天文历法、数学与农学四大传统科技的发展，或在此时成书，或在原有基础上扩充。

以古代物理学为例，力学知识与农耕技术、都邑建筑、铁制工具、各种原动力和简单机械的应用、水利工程、船舶制造、材料选配等紧密相连；声学知识与乐器制造、音乐活动、礼乐制度推进、特殊需要建筑的建造以及军事活动等紧密相连；热学知识与冶炼业和炼丹术、火药、火箭研制、气象、气候观测及日常生活等相联系；电学与磁学知识与雷电现象的观察与防避、冶铁业发展、地形测量、航海事业、军事、医学以及日常生活等紧密相关；光学知识与古镜研制、照相、火的利用、自然现象的观察、对天然晶体的考察等息息相关。虽也有单纯揭示物理规律的研究（如元赵友钦之于几何光学），但毕竟是少数。对于已形成体系的天文学、数学，其实用性特点也非常突出，例如天文学就具有围绕“颁历授时”等维护皇权的实用性目的；数学的发展同样与亟须回答各种计算问题联系在一起，偏重于计算数学。

（二）整体观

中国传统科技思想注重整体性，讲究协调和协和，重视事物的结构、功能和联系，把自然界看作是一个有机体，注重从整体上把握事物及其规律，受到诸如“天人合一”“阴阳五行”等思想影响。“天人合一”是一种以直觉和朴素方式表现人与自然沟通、共存共荣的思想。其主旨在于天与人的紧密相连、不可分割，也指“天道”与“人道”、自然与人为的相协统一。影响到传统的思维方式，就是不注意区别主观与客观、我与非我，更加强调整体，以人和自然为一个和谐的整体，亦即庄子所称“天地与我并生，而万物与我为一。”中国古代数学、天文学、中医学思想发达，但就思维方式而言，被置于“天人合一”分析框架之中，如中医学十分强调从整体角度症病求医等。

阴阳五行说是整体观的主要体现。阴阳是古代思想家解释自然界两种对立和相互消长物质势力的概念。战国末期，它和天人感应相结合，广泛应用在自然现象、具体事物，具有神秘色彩。五行则指水、木、金、火、土，战国时流行“五行相生相胜”之说，“相生”即相互促进，“相胜”即相互排斥。以此基础而生

① 《史记·秦始皇本纪》。

发出多项对应系统，如五色、五气、五味等。古代科技即是在阴阳五行学说滋养下成长起来，各学科均与此密切联系。如中医学就以阴阳五行学说区分器官和心态，将肝、心、脾、肺、肾人体五大器官，同怒、喜、思、忧、恐五种情绪，以及酸、苦、甘、辛、咸五种味道，连同木、火、土、金、水对应起来，用以论述病因，借以对症治疗。

（三）封闭性

古代中国基本上是一个较为封闭的大国，与两河流域、埃及、希腊、罗马等古代文明发源地相距较远，而周边的区域性小国和地区，发展层次大幅落后，从而使中国古代科技既自成一体，又相对封闭，适合封建政治理念需要的科学文化在封建社会框架内得以延续。中国大多数王朝统治者自封为天朝大国，唯我独尊。唐朝以后，周边国家来中国学习者多，而主动走出去者少，属于不对等交流。中国古代数学技术较为先进，尽管与阿拉伯地区交流不少，但始终没有吸收其数字符号、公式等优点，而长期通过语言来表达数学，造成晦涩难懂，显著影响了数学的进一步传播。

二、中国近代科技发展停滞的原因

中国古代科技曾经在世界文明史上写下了辉煌灿烂的篇章，但当西方经过文艺复兴的洗礼，近代科技生机勃勃之际，中国科技却进展迟缓，越来越滞后于西方，其原因何在？

（一）传统思维方式局限

其一，重实用，轻理论。注重实用性曾是一种推动力，促进中国古代科技的发展，但过于讲究实用而轻视理论探讨，很难形成完备、系统的理论体系。中国古代除医学之外，其他各个领域都缺乏系统的科学基础和理论建树，因而很难获得长足进步。比如天文学，古代观测天象主要应用于政治需要或者王朝更替，一直未能进入哲理推究和科学殿堂。数学也以实用计算为前提，缺乏古希腊欧氏几何式的精密逻辑体系，如《九章算术》仅是一部总结日常生活问题的习题集，并且在书中都给予正确答案，既没有证明，也没有逻辑推理，因而没有建立起中国数学的科学体系。其二，重直觉，轻分析。中国传统科学轻视辩证思维方式，使科学家在认识客观事物时，满足于通过直觉得到总体印象，不习惯于开展周密、详细地分析。中国古代圣贤显示出与古希腊智者不同的知识追求，古希腊智者力图用理性逻辑描绘自然世界的真实图画，以“求真”为趣旨，而中国圣贤习惯用直观方法表现主观精神，以“求善”为先导，往往具有神秘色彩。重实用、轻理论，重整体综合、轻个案分析的思维方法，使中国古代科技无法顺利实现近代转化，除中医学至今尚属科学范畴外，其他领域多已被近代科技所取代。

（二）传统政治理念束缚

首先，重政轻技。中国注重文化政治化。重视做官、鄙视技艺、轻视学问成为整个国家的时尚。儒家所谓“学而优则仕”，把读书人引上“千里求学为做官”的道路。很多科学巨著无人理睬，甚至成为绝版。《九章算术》在北宋以后，其术已不传，至明朝时已无人知晓，反而传到日本和朝鲜后，一直被用作教科书而世代流传。明末宋应星名著《天工开物》因与功名无关很快失传，在日本却发展成为“天工学”，用以指导科技发展。李时珍花费 27 年时间完成的《本草纲目》，在献给朝廷后，明神宗只批了“书留览，礼部知道”就被束之高阁。其次，重道轻器。表现在重视事物总体特质、与环境关系的探求，而轻视事物内在形质，轻视社会生产领域个体器物、具体技能的研究。古代士人只热衷于参加科举考试、博取功名，而对科学技术持轻视态度。中国传统伦理思想对科技发展的束缚也是不言而喻的。“和用”“厚生”的科技活动自然不能违背“正德”宗旨，以儒家伦理教条限制科技发展的事例屡见不鲜，如在“身体发肤，受之父母，不敢毁伤”观念的束缚下，人体解剖学在中国很难发展。再次，重农抑商。封建统治者长期重视农业，抑制工商业的发展，使科技发展缺乏应有的产业基石。长期坚守农桑为本、工商为末，从事工商业者长期被视为贱民。儒家“重义轻利”思想进一步强化了这种执政理念，成为近代科技落后的社会根源。

（三）封建专制制度禁锢

其一，科技人员社会地位低下。在中国古代有成就的科学家当中，几乎都是社会地位低下、淡于名利、安于贫贱的士人。以唐朝为例，医官最高不超过正五品，阴阳、工巧、造食、天文等最高均不得超过七品，造成私塾老师不愿意传授有关科技知识，学生更不屑于钻研这类知识，很少有人真正对科学感兴趣，或专门花费时间和财力去探究，以至于一些曾领先的技术门类在近代先后衰落，失去了应有地位。其二，始终没有形成科技产品的市场机制。中国古代高品位的科技产品及高水平的技师工匠，几乎全部为统治阶级所支配、占有。封建等级制度严格限制各类科技产品的使用，一切豪华消费都按官阶高下，通过政府计划进行调配，缺乏真正意义上的市场，缺乏产品更新换代的观念和大幅度提高生产效率的迫切要求。其三，为了维护统治，统治者还经常直接限制科技的发展。中国专制制度的基础是个体小农经济和千百年沿袭不变的伦理道德传统，而科学技术则意味着自由独立思想的充分发展和生产生活方式的不断更新。在统治者看来，民间科技发展会扰乱民众思想，不利于大一统王朝的长期延续，因此，对一切非官方科学技术存有天生的恐惧心理。这种保守、封闭、专制的学术氛围，无疑对科学技术的发展起着扼制作用。

第十三章　中国传统服饰文化及其审美特征

服饰是人类特有的劳动成果，它既是物质文明的结晶，又具精神文明的表征。人类社会经过蒙昧、野蛮到文明时代，缓缓地行进了几十万年。我们的祖先在与猿猴相揖别以后，披着兽皮与树叶，在风雨中徘徊了难以计数的岁月，终于艰难地跨进文明时代的门槛。追求美是人的天性，衣冠于人，其作用不仅在遮身暖体，更具有美化的功能。

中国传统服饰文化源远流长，迄今至少已有上万年的历史。几乎从服饰起源开始，人们就已将其生活习俗、审美情趣、色彩爱好，以及种种文化心态、宗教观念都沉淀于服饰之中。服饰是中华“礼”的主要载体，是中华先民勤劳智慧的结晶，反映了中国传统社会审美的演变；同时，还促进了纺织印染技术的发展。“中国有礼仪之大，故称夏；有服章之美，谓之华。”① 中国上下五千年的文化博大精深，积淀了丰厚的服装服饰文化。2018 年 4 月，“中国华服日”首届活动在西安大明宫遗址紫宸殿盛大举行，并选定每年农历三月初三中华民族始祖黄帝诞辰日为固定活动日，通过富有中华民族独特魅力的系列服装服饰，向全世界展示中华文化的独特魅力。

第一节　中国传统服饰、冠制的演变

所谓服饰，从狭义上理解，就是指平常所说的服装；从广义上来说，它还包括头、手、颈、胸、脚等部位佩戴的各种饰物。服饰在人类日常生活中占有极为重要的地位，在衣、食、住、行四项中，“衣”被列为首位。

原始人使用服饰的最初动机是用来装饰。宝石、羽毛、兽皮、贝壳、树皮、果壳都被取来堆积在颈上、头上、腕部、腰部、足踝，耳朵和鼻子也要穿孔，以便佩戴。原始人对身体的装饰，除佩戴饰物以外，还有涂绘和毁形两种。身体的涂绘最为普遍，人们喜欢用各种颜色，在身体上绘出种种图形，也就是“文身”。原始部落中毁形盛行，如嘴唇、面颊、鼻子或者耳朵穿洞，作为一种标志。

① （唐）孔颖达：《春秋左传正义》。

中国传统社会的女子缠足和为戴耳环而穿耳孔，就是毁形装饰的痕迹。随着社会发展进步，涂绘和毁形逐步废弃，而使用各种附加物来装饰身体的习俗则长期保存下来，演变成各式各样的服饰。

进入阶级社会，服装的保护、遮羞和装饰三种功能已同时具备，前两种比较容易达到，但人们并未就此满足，而是在装饰和美观方面继续努力。服饰的演变，与政治、经济、思想、文化以及宗教信仰、生活习俗都有密切关系，相互间有一定影响。服饰具有鲜明的地域特色和民族特色，对服饰演变的研究，可以帮助人们更好地了解古代社会风貌。

一、中国传统服饰的演变

（一）先秦时期的华夏服饰

我国传统服饰有两种形制，即上衣下裳和衣裳连属制，两种形制的服饰交相使用，相容并蓄。上衣下裳服制，即上身有衣，下身有裳。这种服制起源于传说中的黄帝，《易·系辞下》载："黄帝尧舜垂衣裳而天下治，盖取诸乾坤。"这是中国最早的衣裳制度表述。《诗经·秦风·无衣》中称："岂曰无衣？与子同裳。"上衣形状多为交领右衽，下裳类似围裙的形状，腰系带，下系芾。这种服制对后世影响很大。

衣裳连属制，其雏形见于原始社会。《礼记·深衣》注称："名曰深衣者，谓连衣裳而纯之以采也。"其用途很广，"可以为文，可以为武，可以傧相，可以治军旅。完且弗费，善衣之次也"。深衣同当代的连衣裙结构类似，上衣下裳在腰处缝合为一体，领、袖、裾用其他面料或刺绣缘边。深衣这一形制，对后世服饰有影响，汉代命妇以它为礼服，古代的袍衫就采用这种衣裳连属形式。

夏商周时期，中原地区华夏族的服饰是上衣下裳、束发右衽。河南安阳出土的石雕奴隶主形象，头戴扁帽，身穿右衽交领衣，下着裙，腰束大带，扎裹腿，穿翘尖鞋，反映出商代服饰情况。周代贵族的服饰，与商代基本相同，只是在腹前常系有一条像围裙一样的韨。在《尚书》《诗经》等古文献中可以看到玄衣、衮衣、黄裳、绣裳等名目。周初制礼作乐，对贵族和平民阶层的冠服制度作出详细规定，也对后世产生了深远影响，如周代冕服即被后代沿用，作为祭祀礼服。

春秋战国之际，诸侯称雄争霸，"礼崩乐坏"，各诸侯国、各民族间在服饰及风俗习惯上差别明显。周代服饰只是规定正式场合的服装，民间除明令禁止的服装之外，则从未真正统一过。各地服饰吸收了民间服制的因素，最重要的变化是深衣广泛流行和胡服的出现。战争促进汉族宽衣博带、长裙长袍服装的改革。赵武灵王为提高军队战斗力，冲破阻力，下令全国穿游牧民族的短衣长裤，学习骑射，终使赵国强盛起来。这是中国历史上第一次服装改革，即为"胡服骑射"，胡服从此盛行。伴随胡服也传来带钩，用于结束革带，相比绅带扎结方式便捷得多，因此也很快流行起来。

（二）汉代传统冠服制的确立

汉代是传统冠服制的确立时期，主要流行深衣，但其先后有所不同。西汉的深衣是将衣襟接长，向后拥掩，所谓“续衽钩边”，既不便利，又费布帛。东汉改为直裾，称为“襜褕”。发展到唐、宋成为交领袍。裤，古称绔或袴。《说文》：“袴，胫衣也。”《释名·释衣服》：“袴，跨也，两股各跨别也。”可见当时的绔是开裆的，外罩以裳或深衣。后虽然出现满裆裤，但开裆裤仍作为套裤长期存在，而将之作为婴孩的专服则是后来的事。东汉开始，上层社会的袍服开始制度化，此后的史书中常列“舆服”一门，记载冠服制度，但其中所记多为礼服，对平常家居生活及一般民众服制记载很少。平民与贵族服饰的主要区别在衣服长短上，由于生产需要，劳动人民的服饰比较短，色彩、纹饰也很朴素，所谓“鹑衣短褐”“荆钗布裙”，即指其日常衣饰。

（三）魏晋南北朝时期胡服流行

魏晋南北朝是我国服装史的大转变时期。由于大量少数民族进入中原地区，胡服成为社会流行装束；一般平民服装受胡服影响最为强烈。他们将胡服中窄袖紧身、圆领、开衩等因素吸收过来。汉族贵族也在胡服基础上加以变化，方法是将其长度加长，加大袖口和裤口，改左衽为右衽。而少数民族统治者也受到中原文化影响，十分羡慕古代帝王峨冠博带的“威仪”，于是周代冕服仍作为礼服保存下来。

（四）隋唐时期服装的雍容大度

隋唐时期，政治稳定，经济繁荣，使其能上承历史服饰之源头，下启后世服饰制度之经道。服饰经过融合、变迁，男子常服为幞头、袍衫，穿长筒靴。但袍衫与前朝略有不同，式样为圆领、右衽、窄袖、领袖裾无缘边。还有襕袍衫和缺胯袍衫等式样，腰带形式也由带钩改为带扣，并在身上装上一些方形的饰片（称“带銙”）。其质料和颜色，视官员品阶不同和社会阶层差别而有相应规定。

隋朝的“品色衣”到唐代形成制度，成为官服制度的一大特色。宋、明各代虽然具体规定不同，但都把官品与服色联系起来。在唐代，皇帝服色为柘黄，官僚一品至九品，服色以紫绯绿青为差。平民多穿白衣。士兵在汉代衣赤，隋代衣黄，唐代则衣皂。

唐武德七年（公元 624 年），高祖李渊颁布新律令，即著名的“武德令”，其中包括服装律令，计有天子之服十四、皇后之服三、皇太子之服六、太子妃之服三、群臣之服二十二、命妇之服六。内容基本因袭隋朝旧制，天子的 14 种服装为大裘冕、衮冕、鷩冕、毳冕、絺冕、玄冕、通天冠、缁布冠、武弁、弁服、黑介帻、白纱帽、平巾帻、白帢。皇太子的六种服装有衮冕、远游冠、公服、乌纱帽、弁服、平巾帻。群臣的 22 种服装有衮冕、鷩冕、毳冕、绨冕、玄冕、平冕、爵冕、武弁、弁服、进贤冠、远游冠、法冠（獬豸冠）、高山冠（侧注冠）、委貌冠（与皮弁同制）、却非冠、平巾帻、黑介帻、介帻、平巾绿帻、具服（朝服）、从省服（公服）、婚服。皇后的三种服装有袆衣、鞠衣、钿钗袒衣。皇太子妃的三种服装有褕翟、鞠衣、钿钗礼衣。命妇的六种服装有翟衣、钿钗礼衣、礼衣、公服、半袖裙襦、花钗礼衣。在武德令推行之后，唐代冠服制度仍在不断完善，它上承周汉传统，从服装配套、服装质料、纹饰色彩等方面形成完整系列，对后世冠服产生深远影响。

（五）宋代服饰的人格内倾与辽、金、元的异地胡风

宋代服饰大体沿袭唐制，但呈现多样化趋势，即所谓“士农工商，诸行百户，衣装各有本色，不敢越外。”① 宋代的缺胯袍衫式样有广袖大身和窄袖紧身两种。穿褙子和半臂习惯极为普遍，但不能作为礼服穿用。总的来说，宋代服饰比较拘谨保守，色彩也不及前代鲜艳，给人以质朴、洁净、淡雅之感，这与当时经济、政治和思想文化状况，尤其是程朱理学盛行有密切关系。

辽、金、元服饰的共同特点，既沿袭汉唐礼服制度，又具有本民族特色，比较混乱。辽、金男子服饰多为圆领、袖的缺胯袍，着长筒靴或尖头靴，下穿裤，腰间束带。元代男子服饰有汉族的圆领、交领袍，也有本民族的质孙服，形制与深衣类似，衣袖窄瘦，下裳较短，衣长至膝下，在腰间有无数褶裥，形如现今的百褶裙，在腰部还加有横襕。领型有右衽交领、方领和盘领。下穿小口裤，脚穿络缝靴。服色以白、蓝、赭为主。开始突破质料上的变化，此前我国服饰材料一直以丝、麻、皮、毛为主，很少用棉布。元代棉花种植得到全面推广，棉纺技术也普遍提高，棉布从此成为我国主要的衣料品种。

（六）明清时期服饰艺术典范

明代服饰基本沿袭唐制，《国史旧闻·明禁胡服》中称：“士民皆束发于顶，官则乌纱帽、圆领袍束带、黑靴。士庶则服四带巾，杂色盘领衣……其辫衣推髻、胡服、胡语，一切禁止。”但宋元服装某些式样也有保留。清代服饰对近现代服装形式影响较大，是一个重要的转变时期。清代男子剃发梳辫，着长衫。马褂初为满洲贵族的马上装束，康熙以后日趋普遍，一般民众也多有服用者。马褂是清代特有服装，式样多为圆领，有对襟、大襟、琵琶襟等式样，有长袖、短袖、大袖、窄袖之分，但均为平袖口。

满洲贵族曾强制推行其民族服饰，通过法令要求汉族人民薙发易服，有所谓“留发不留头，留袖不留手，留裙不留足”说法，激起汉族民众的普遍反抗。经过一段时间的斗争和统治政策的调整，满族服装样式虽获推行，但在汉族民众中仍有“生降死不降，男降女不降，老降少不降”等“十不降”做法，使汉族服

① （北宋）孟元老：《东京梦华录·民俗》。

装形式得以相当程度的存留下来。直到清末西洋服装传入和辛亥革命后的剪辫，服饰才出现重大变革，这一时期成为服装史上的一个重要转变时期，近现代服装样式就此基本奠定。

二、中国传统冠制的演变

冠礼是我国古代汉族男子的成人礼，始于周代，男子满 20 岁（天子、诸侯可提前至 12 岁）要举行加冠之礼，改作成人发髻，由长辈为其加冠，以示成人，称为冠礼。《礼记 · 冠义》载："古者冠礼，筮日筮宾，所以敬冠事。"冠制，是我国服饰制度的重要组成部分。随着衣裳的产生，头上戴的冠帽也应运而生，《后汉书 · 舆服志》载："上古穴居而野处，衣毛而冒皮"，即利用兽皮缝合成帽形而加之于头上。束发习惯形成后，又从束发器的形式中产生了冠。冠与帽的区别在于前者只罩住发髻而后者则覆盖整个头顶。考古资料所见商代冠形比较简单，通常作帽箍式，基本形制与早期的束发器相同，可以看到其沿革关系。在阶级社会，冠帽是贵贱等级的标志，贫贱无身份的不准戴冠。

周代冠的形制有冕、弁两种。冕的基本形状是冠上加一木板，前后有垂旒，旒以玉珠穿成，随等级差别及种类用途的不同，垂旒数目也有差别。天子最尊贵的衮冕是十二旒，等级最低的大夫玄冕仅二旒。这种冕一直为历代所沿用，直至清末。弁仅次于冕，其形如覆杯，自天子至士都得戴之，是在一般性正式场合所用，有爵弁、皮弁、韦弁之分。古人顶冠，讲究与衣服搭配，冠服常常连称。

汉代冠式都作前高后低、倾斜向前形，最主要的两种：一是文官所戴的进贤冠，以冠上加横梁多少区分身份高低；二是武官所戴的武弁大冠，以漆纱制作，上加鹖尾或貂尾为饰，冠内都要衬帻。汉代以前，帻大抵是包裹鬓发的头帕，至汉代，帻的形式大体与帽相似。据说王莽头秃，所以先戴帻，帻上再加冠，后来这种戴法普及开来。汉代冠与帻的配合有一定规矩，如进贤冠必配介帻，武弁必配手上帻，卑贱者只能戴帻，未成年童子则戴空顶帻及露双髻无屋之帻。汉冠制度影响颇大，后世都是稍加变化而成，一直持续到明代。

魏晋南北朝时，正式官服仍袭汉冠制度，但戴冠帽的习惯却出现变化。一是帽在日常生活中流行起来，上自天子，下至庶人，均有服用；二是巾的流行，三国时期多用巾帻，不仅文人喜用巾子表示名士风流，连王公大臣、将帅也多有服之者。巾裹头，开始以两角后裹，后来裁成四方，两个巾角向前系住髻，两个巾角向后系结下垂，称幞头。幞头在隋唐时期很流行，幞脚以铜、铁丝撑起，为"硬脚幞头"，根据不同形状，有"翘脚幞头""展脚幞头"等多种名称。因幞头所用纱罗通常为黑色，也称"乌纱"，俗称"乌纱帽"。头戴乌纱帽起源于东晋，但作为"官服"的一个组成部分，却始于隋朝，兴盛于唐宋明三朝。

宋代礼服仍用冠冕，而一般公服则多戴幞头，帽形平直，幞脚平展很长（据说是为了防止臣僚们在朝仪时窃窃私语），成为主要冠服。其时为戴脱方便，已在巾上加漆使之形状固定（或用漆纱），每次服用不必费时裹束，时称“幞头帽子”。身份低者多戴无脚或软脚幞头，《清明上河图》中画出的各色人物服饰均不一致，有顶帽，有披背，也有皂衫角带；致仕在野的官僚或士大夫多戴巾、帽，其式样繁多，当时流行方顶重檐桶形状帽子，称为“东坡巾”。

辽、金、元的公服多沿汉族旧制，而在一般场合仍保持本民族服制。辽、金人多戴皮帽，元人多戴盔式折边帽，帽顶多饰以珠、玉、宝石。

明代新创儒巾，仿幞头形制，无翅，设垂带，凡无功名的士人多服之；四方平定巾，其形四平直，取“四方平定”之意；六合一统帽，即后代所谓的瓜皮帽，因多以六瓣布料缝制，故取“六合一统”的美称，一般夏天用结棕或漆纱，冬天则用绒或毡制作。

清代民间冠帽大体沿用明代旧制而稍加变化，官服之帽则废明代旧制。皇帝和官员夏天戴敞沿凉帽，冬天戴折沿暖帽，上缀朱纬，帽顶饰顶珠。帽上顶珠随品级不同，颜色和质料各异。顶戴以一品、二品红色，三品、四品蓝色，五品白色，六品、七品金色，八品、九品银色。有特殊功勋者，皇帝还赏以用孔雀毛做的花翎，戴在帽顶并垂向后方。

第二节 中国传统社会妇女服饰的演变

女性服饰向来变化较多，这是因妇女生活、习俗所决定的。古代妇女的服装分礼服和日常服饰两大类型，前者随丈夫的品级不同而各有差等。

（一）唐代以前

先秦时期，妇女服装与男子的形制基本相同，仅在质料、花纹上有所区别。汉代妇女礼服是深衣，而日常服饰则为上衣下裳。裙与裳的形制相似，而女子所着，专名为裙，说明当时已经带有女性装饰特点。早在战国中期，居住在长江中下游一带楚国的妇女出现梳髻时尚。汉代妇女更加流行梳髻。如以“举案齐眉”“相敬如宾”故事著称的梁鸿的妻子孟光，《后汉书》称她“为椎髻，著布衣”。根据时尚不同有种种样式，还有戴特制的假髻来装饰头发。从此，髻式成为妇女的重要装饰内容。当时的髻饰还有帼，即以巾覆于发上，然后在上加插首饰。后来称女英雄为巾帼英雄，即源于此。

由于受北方少数民族习俗影响，魏晋南北朝妇女服饰出现较大变化。典型的是服装样式由上长下短变为“上俭下丰”，由宽衣博带变为窄袖紧身，衣上还出现帔。当时，姬妾声伎特别繁盛，民间还出现营业性妓女，妓女专事修饰，衣着渐趋奢侈，对社会影响很大。当时女子服装地方效仿京师，而京师则由妓女衣饰为时尚。

（二）唐宋时期

唐代女装主要由裙、衫、帔三件组成。裙长曳地，衫的下摆裹在裙腰里，肩上再披如长围巾一样的帔帛。唐代前期，中原妇女还喜欢穿西域装，着翻领小袖上衣，条纹裤，线鞋，戴一顶卷檐胡帽。唐代妇女以体态丰腴为美，服装也渐趋宽大。以罗纱作女服衣料是唐代妇女服装的一个特色，这与当时的社会经济有密切关系。唐代妇女戴一种四周大沿、类似斗笠的帷帽，四周垂以网子或薄纱之类以蔽面。唐代贵妇人戴花钗，宋代改用花冠。安阳宋人韩琦墓所出金丝编织的花冠制作精细，和故宫旧藏的《历代帝后图》中宋代皇后所戴凤冠极为相似。

宋代妇女渐不用帔帛，多着小袖对襟式上衣，盖在裙子之外。其衣饰趋向也一改唐之宽大而趋于逼窄贴体称身。妇女帷帽演变为以方幅紫罗障蔽上半身，成为盖头，后世新娘的盖头即由此演变而来。在程朱理学影响下，前代服装中色彩鲜丽、衣装暴露的风尚也有所改变。平民妇女的衣裙，短身窄袖式样，质料也很粗陋，仅在婚嫁时可以“摄盛”，超越其身份，只要有能力办到，虽非命妇，也可借末等的命服穿用。

（三）明清时代

明代妇女装束仍是上衣下裙，唯衣裙的长短时有变化。弘治年间，妇人衣衫仅掩至裙腰；正德年间，衣衫渐大，裙褶渐多；嘉靖初年，衣衫长大，垂至膝下，去地仅五寸，袖阔至四尺多，裙则短而褶少；隆庆、万历年间，衣袖减窄，长三尺余，仅露出裙二三寸；明末，由于崇尚南妓，服饰趋尚由效仿京师转为效仿南方，尤以秦淮曲中的装束为四方所取法，以雅淡朴素为尚，不作鲜华绮丽，且衣衫长短、袖之大小也应时变易。妇女冬装有披风（亦称“褙子”）、帽兜（如昭君套、观音兜）等。在年轻妇女中，还有戴头箍的风尚，头箍系从原来的“包头”发展而来，其材料最初以棕丝为之，结成网状，罩住头发，随着戴者渐多，又出现纱头箍及熟罗头箍。头箍形式，初期尚阔，后又行窄，即使在盛夏时节，仍有戴者。其作用已不限于御寒或束发，而成为一种装饰。后来扎在额眉上的“勒子”，即由此脱胎而来。

清代满族妇女服饰一般是上下连裳的旗袍，罩马甲，梳如意头、一字头、大拉翅等，穿高跟至足心的花盆底鞋，初期比较朴素，清中叶以后较为烦琐。汉族妇女有“男降女不降”之说，仍沿前明旧制，以上身着袄、衫，下身束裙为主，或再加上一件较长的背心，裙色以红为多，到后期流行下身不束裙而只着裤子。南方妇女多束裙，北方妇女多扎裤脚。后期，满汉装束互相影响，各自都有明显变化。清代服装的效仿中心有过几次变更，乾隆后期南方苏州成为服饰中心；嘉庆年间，南京与扬州仿效法式；咸丰、同治时期，又移至上海。清朝中晚期的女装中，花边运用很广泛。其最初用途是为了增加衣服牢度，古时服装多用轻薄柔软料子制成，一无骨架，二不耐穿，尤其是领袖襟裾等部位更易磨损，须用较为厚实的料子镶边。由于这些缘边面积较大，地位显著，其上织绣各种纹样，增添了装饰效果。清代镶边道数渐多，有“十八镶”之称，最多者“衣身居十之六，镶条居十之四”。到民国时期，服饰上的种种禁例解除，兼之西式服装及装饰方法（如烫发）传入，妇女服装才产生更大变化。

第三节　中国传统服饰的文化内涵与审美特征

一、中国传统服饰的文化内涵

服饰构成一个民族的外部特征，不同民族的服饰反映的文化特征也各有差异。中国传统服饰文化历经数千年发展历程，其内涵丰富多彩。代表性的是和谐统一性、标示突出性和种类多样性等文化内涵。

第一，和谐统一是传统服饰文化的精髓所在。纵观中国数千年的服饰发展史，和谐协调与规制统一是其真谛。遵循着物理取暖与审美表现、标识显示与象征表达、个性突出与喜庆吉祥的多样统一，达到服饰与自然、服饰与社会、服饰与人的和谐、协调。情景交融、意象统一的美成为中国传统服饰文化的珍贵特质。

第二，标示突出是传统服饰文化的基本元素。主要表现在等级尊卑、行业职业、行为道德以及年龄性别等标示上。从原始部落头领与狩猎功臣服饰到封建帝王的官服标示，从文官、武官到现代军装、职业装的标示，从官府制度中的礼制到今天的便服、晚礼服等，都彰显其文化内涵。标示不单单是一种“制度”要求，更作为社会道德规范。这种将服饰标示功能推到登峰造极程度的意念，反过来又大大推进了中国传统服饰文化的发展。可以说，如果没有数千年冠服制度的保障，中国“衣冠王国”的殊荣也不可能获得。

第三，种类多样是传统服饰文化的典型特征。从纵向上看，中国历代服饰文化均有较大差异。仅以中国近数千年阶级社会形态的服饰“制度形态”演变轨迹看，周礼和汉服不同，唐制与清制也差异明显，每个朝代都有其服饰制度和特定礼仪要求。从横向上看，由于中国地大域广，民族众多，在对服饰的款式追求、色彩忌讳、服饰材料应用，乃至服饰不同时间、地点和场所的意象表达上，均存很大差异，有时还表现出显著对立。这种多样性特征，既反映中国传统服饰文化的丰富多彩，又凸显其典型文化特色。

二、中国传统服饰的审美特征

中式服装、西式服装历经数千年历史积淀，形成各具特色的风貌和体系，在式样与外形、结构特征、装饰与审美，以及面料、色彩、图案方面均不相同，有其鲜明的民族性和地域特色。

（一）外形特征

中西服装的不同样式。中国传统服装主体是前开型大襟和对襟式样，即上衣下裳和衣裳连属，两种形制在中国几千年历史中交叉使用，相容并蓄。女子穿上衣下裳式样较多，男子多穿上下连属的袍衫。西洋服装在样式上有一个演变过程，古希腊的服装是披裹式；古罗马到中世纪，服装式样以披裹式的非成型类衣和前开式的半成型类衣为主。公元4世纪，日耳曼民族南下，其四肢分离的体型服装逐渐渗入欧洲服装的基本样式中。从13世纪至今，体型服装逐渐占据主体地位，基本形制是男子上衣下裤、女子上下连属的裙装。

中西服装不同的外形特征。中国服装强调纵向感觉，自衣领部位开始自然下垂，不夸张肩部，常用下垂线条、过手长袖、筒形袍裙、纵向装饰等手法，使着装人显得修长，特别是四肢有拔长感。如清代服装相对来说比较肥大，袖口、下摆都有向外扩张之势，而清代妇女那高高的旗髻和几寸高的花盆底鞋，加上垂至脚面的旗袍，使旗人比历代妇女都显得修长。服装外形的修长感是对东方人较为矮小身材的弥补，在感官上产生视错觉，在比例上达到完美、和谐，即自然修长的服饰使男性显得清秀、女性显得窈窕，而平顺的服装外形更与中国人脸部柔和轮廓线条相称。西洋古典服装强调横向感觉，常采用肩部轮廓、各种硬领、轮状领、膨胀袖型、庞大裙撑、重叠花边，以及浆洗纱料和各种衬垫，使服装线条产生夸张和向外放射之效。这种外形特点与西方人热情奔放的气质、起伏明显的脸部轮廓及高大挺拔的体型相适应。

（二）内部结构

中西服装的总体结构。中式服装采用平面直线裁剪法，无论袍、衫、襦、褂，通常只有袖底缝和侧摆相连的一条结构线，整件衣服可以平铺于地，结构简单舒展。而西式服装采用立体裁剪法，视人体为多面体，细心对待人体上下、前后凸凹起伏关系，利用打褶和省道处理等工艺手段，讲求立体效果。可见，中式服装如平面绘画，西洋服装似立体雕塑；前者表现二维效果，忽视侧面结构设计，后者强调三维效果，突出人体结构特点，合体实用，广受青睐。

中西服装的局部结构。中式服装的斜交领、对开V领、直立领、衣服下摆两侧开衩、清代箭袍式的前后左右开四衩，以及衣服的对襟、大襟、一字襟、琵琶襟等都不乏东方特色的局部细节，常被设计师用作表现服装趣味的处理手法，中式立领和衣服下摆两侧开衩更为典型。西洋服装广泛运用袒领和轮状褶领，轮状褶领是通过布料上浆后熨烫成形，有时需用细金属丝做支撑；喜用填充物衬垫或支撑，如垫肩、垫胸、垫袖、垫臀、裙撑等，肩饰造型多样，袖子款式多变。

（三）审美特征

中式服装的装饰特点。由于中式服装是平面直线裁剪，以二维效果为主，强调平面装饰。装饰手段是中国传统的镶、嵌、滚、盘、绣几大工艺。巧妙运用，虽造型简练，但纹样色彩斑斓，美不胜收。刺绣用于服装历史久远，运用平面刺绣方法装饰表面空间，是中式服装设计的惯用手法，甚至“衣必锦绣”。尤其是精妙绝伦的刺绣工艺与丝绸面料配合，充满东方风韵，令人赞叹不已。除刺绣外，镶、滚工艺在中式服装上运用也很多。例如清末，市井流行在衣缘处镶、滚装饰，女子衣缘越来越阔，从三镶三滚，五镶五滚，发展到“十八镶滚”。

西式服装的装饰特点。西洋服装是立体构成设计，表现三维效果，所以装饰与整体结构造型相对应，强调立体感和空间感，装饰手段是借助各种立体物如穗饰花结、荷叶边、金银丝带、褶裥、切口等点缀服装表面。采用立体装饰有其精彩之处：一是立体装饰与立体结构造型相呼应，天然谐调；二是装饰效果符合审美心理，因为平铺直叙、一览无余的表面，给人单调感，而层次丰富、虚实搭配、重叠穿插的表面空间有耐人寻味的效果，激发观赏美感。

东西方服装审美文化的不同性。第一，中国文化起源于大陆文明，文化本能比较封闭，在服装上具有固执的“本体”意识，传统服装形制几千年来地位稳定，吸收异域服装相对困难；西方文化起源于海洋文明，文化本能比较开放，易于融合外域服装文化。第二，中国文化是和谐文化，强调均衡、对称、统一的服装造型，以规矩、平稳为最美；西方文化善于表现矛盾、冲突，服装强调刺激、极端形式，以突出个性为荣。第三，中国文化是一种隐喻文化，艺术偏重抒情性，追求服装的精神寓意和文化品位；西方文化是一种明喻文化，重视造型、线条、图案、色彩的客观化美感，以视觉舒适为第一。第四，中国服装不过分表现人体曲线，宽衣博带，遮掩人体，表现庄重、含蓄之美。西方文化崇尚人体美，表现性感，如露颈、露肩、露背、以紧缩腰围等表现女性曲线。

中式服装的美学特点，反映了中华民族的审美心态和文化征貌。中国人受儒道互补的美学思想影响，重视情理结合，以理节情，追求闲适、平淡、中庸，追求超出形体的精神意蕴。中式女装严密包裹人体，使人难窥其详，增加神秘感。中式男装严整修长，洋溢着中和之美。皇帝的礼服宽博繁复，辉煌壮观，不仅象征权力，也是国人审美观的表现。

（四）内容特色

第一，服装面料。中国最早使用的纺织品是葛布、苎麻布和大麻布。葛布由葛藤的茎皮纤维加工制成。苎麻是我国特有的植物，欧洲人称为“中国草”，大麻被称为“汉麻”。中国享誉世界的服装面料是丝绸，养蚕、缫丝、织绸是我国先民对世界纺织服装发展的杰出贡献。中国人穿棉布较晚，棉花是从印度引进的，元明之时，棉布才成为人们普遍穿着的衣料。古希腊、古罗马的服装面料主要是半毛织物和亚麻布。古希腊贵族喜爱白色，古罗马服饰流行色是白色和紫色，紫色象征高贵，白色象征纯洁、正直。一般庶民衣服则是羊毛、亚麻天然的原色，讲究朴素。中世纪西方已出现许多名贵的面料，除东方丝绸、锦缎之外，还有天鹅绒、高级毛料、北欧的珍贵裘皮等。

第二，服装色彩。上古时代，黑色被认为是支配万物的天帝色彩，夏、商、周时天子的冕服为黑色。随着集权专制的发展，人们把对天神（黑色）的崇拜转向对大地（黄色）的崇拜，所以形成了“黄为贵”的传统观念。黄色成为帝王专用色，隐喻着统治者至高无上的地位。传统服装色彩受阴阳五行影响，有青、红、黑、白、黄五色之说，并被视为正色，其余颜色则为间色，正色在大多数朝代为上等社会专用，显示高贵。在民间，正色是人们衣着配色所喜爱和追求的颜色。中国民间对蓝色有更多偏爱，如蓝印花布、靛蓝蜡染布等。蓝色与黄种人肤色相配，容易谐调，产生柔和的色比效果。从配色方法看，高艳度、强对比是中国传统的配色方法。在金、银、黑、白等中性色的缓冲配合下，强烈的对比色洋溢着富丽堂皇、浑朴大方的气氛。西洋服装色彩上，中世纪哥特式教堂中彩色玻璃窗被装饰得辉煌灿烂，引导人们追求天堂的色彩，充满宗教气氛。文艺复兴以来，随着服饰奢华程度的升级，明亮色彩更受欢迎，于是在织锦缎和天鹅绒中织进闪闪发光的金银丝线。法国人特别喜欢丁香色和蔷薇色，也很迷恋含蓄的天蓝和圣洁的白色；西班牙人崇尚高雅的玫瑰红和银灰色调；英国人认为黑色是神秘、高贵的色彩，特别是黑缎子和黑天鹅绒成为贵妇首选。迷人的黑色衬着白种女性白皙肤色，非常炫目。

第三，服装图案。中式服装图案丰富多彩，飞禽走兽、四季花卉、山峦亭阁、几何纹样等，抽象、具象、夸张、写实等风格俱全，图案纹样不仅精美，而且内涵丰富，喜好运用图案表示吉祥的祝愿。从古至今，从高贵绸缎到民间印花布，吉祥纹样运用极为广泛。如龙凤呈祥、龙飞凤舞、九龙戏珠、蜥龙闹灵芝等纹图，不仅隐喻着图腾崇拜，更抒发着“龙的传人”的情感。像鹤鹿同春、喜鹊登梅、凤穿牡丹、团鹤仙寿、福禄寿喜、连年有余、吉祥八宝等图案，凸显人民对美满生活的希望，而官服图案重视标识作用，明清文官为飞禽图案，武官为走兽图案。皇帝龙袍象征真龙天子，龙袍上十二章纹图案各有寓意。西洋服装图案随着历史变迁而不断变化：古代多流行花草纹样，意大利文艺复兴时期流行华丽的花卉图案；法国路易十五时期，受洛可可装饰风格影响，流行表现S形或涡旋形的藤草和轻淡柔和的庭园花草纹样。

中国服饰和西方服饰文化各具有丰富内涵和鲜明特色，都是人类祖先留下来的宝贵文化遗产，我们应进行积极研究，在明辨的基础上继承弘扬。

第十四章　中国古代区域文化的瑰宝：徽州文化及其当代价值

明代著名戏剧家、诗人汤显祖在一首诗中写道："欲识金银气，多从黄白游，一生痴绝处，无梦到徽州，"彰显徽州文化的深厚底蕴和无穷魅力。徽州文化，是在原徽州（府）下属六县（歙县、黟县、休宁、祁门、绩溪、婺源）出现的既带普遍性又有典型性更有一定学术含量的文化现象的统合。

从家出发：
习近平总书记的
"家国情怀"

明清文化的标本。徽州文化的内涵十分丰富，徽州人在文化领域里创造了诸多成就，几乎涉及文化的各个领域，并在全国产生极大影响，所谓"商成帮，学成派"。作为中国地域文化的重要代表，徽州文化折射出中国传统文化的内在特质与家国情怀。其锲而不舍、发奋进取的精神，勇于突破传统的魄力与创意，取财于义、生财有道的商业道德，崇文重教的文化意识等，在当今仍有重要价值。2001 年 5 月，时任国家主席江泽民视察黄山时，明确提出徽州文化"五要素"的概念，即 C（文化）、B（贸易）、M（医学）、E（教育）、A（建筑），同时指出："如此灿烂的文化，如此博大精深的文化，一定要世世代代传下去，让它永远立于世界文化之林。"2019 年 12 月，首批国家级文化生态保护区名单正式分布，以安徽省黄山市、宣城市绩溪县和江西省婺源县的传统徽州区域为中心的"徽州文化生态保护区"入围，保护区总面积为 13881 平方千米，总人口为 200 万人。

第一节　徽州文化的发展历程

一、徽州文化与徽学

区域文化是以文化作为研究对象，探讨附加在自然景观之上的人类活动形态，文化区域的历史地理特征、环境与文化的关系，以及文化传播路线、走向和人类的行为系统，其内容包括民俗传统、经济体系、宗教信仰、文学艺术、社会组织，等等。“地域”概念通常是古代沿袭或俗成的历史区域，它在产生之初当然是精确的，但由于漫长的历史进程，逐渐泯灭其地理学意义，导致疆域模糊，加上景物易貌，人丁迁移，只剩下大致的所在地区了。岁月流逝，时代发展虽然改变原有区域的精确性，但是这种模糊的区域观念已经转化为文化界分的标志，深深扎根在人们头脑当中。地域文化将具有相近生存方式和文化特征的集结作为单独的认识对象，然后进行历史分类归纳和探源。通过解读个体区域文化中所拥有的内容，从而展现文化学中一个分支的研究价值和意义。大自然赋予人们生存的条件和环境，人们又根据自身特征和需求适应或者改造着自然，不同的生存环境或不同的人类群体造就了相应的区域文化。

不同区域的民俗传统存有差异，并通过各自行为系统表现出来。《礼记·王制》记载“命太师陈诗以观民风”的做法，就是通过诗歌体察各地民情。《诗经·国风》则按照十五个地区汇集诗歌，生动展现不同区域的风土人情，是将文化按地域分类的肇始。《汉书》已经明确提出“域分”概念：“凡民函五常之性，而其刚柔缓急，音声不同，系水土之风气，故谓之风；好恶取舍，动静亡常，随君上之情欲，故谓之俗。”[①] 该观点寓有价值，区域文化形成不外乎两种主要因素，一是自然环境，二是社会结构，所谓“古今沿革，有时代性；山川浑厚，有民族性。”[②]

徽州地理格局形成于唐代。唐代宗时，从黟县和浮梁县分设祁门县。歙县、休宁、婺源、祁门、黟县、绩溪同属歙州，一州六县（后为一府六县）格局自此奠定，直至民国时期废止，维持了1200年。徽州之名则始于北宋，徽宗宣和年间，在镇压方腊起义之后，改歙州为徽州，真正意义上的徽州由此开始。徽州文化指起于宋至于清代兼及过去与现在的以本土和本土以外的徽州人所创造，并以物质、制度和精神文化为内核的典型文化。

“徽学”是徽州学的简称，两者内涵统一。徽学是以徽州历史文化为主要研究对象，通过徽州文书、文献和文物遗存，研究历史上徽州人活动以及由此形成具有典型意义和鲜明特征的徽州区域社会及历史文化的一门新兴综合性学问。学术界对其展开专门研究，至少经历了大半个世纪，20世纪80年代以来更趋火热，逐渐形成一门相对独立的地方学——“徽学”。并与敦煌学、藏学被誉为走向世界的三大地域文化。徽州文化与徽州学的区别在于：产生的时间不同，徽州文化源远流长，而徽州学是20世纪50年代以后才逐步产生；概念内涵不同，徽州文化是徽州学的研究对象，而徽州学则是一门综合性学科；徽州文化是徽学形成的基石，徽州学的发展进一步弘扬了徽州文化的价值。

---

① 《汉书·地理志》。

② 黄宾虹：《九十杂述》。

二、徽州文化形成的内在动因

（一）特殊的自然地理环境

黄山雄奇甲天下，白岳旖旎称神州。古代徽州地域，大致在黄山南麓，天目山以北，徽州境内新安江、龙田河水系，汇集到钱塘江；阊江、婺江水系西入鄱阳湖；绩溪有数支水系北注长江。徽州总面积约10000平方千米，人口在鼎盛时100万人。徽州四境均被高山环绕：东有大鄣山之固，西有浙岭之塞，南有江滩之险，北有黄山之阨。境内60%以上地域平均海拔在1300米以上，30%以上平均海拔在1100米以上。徽州“居万山环绕中，川谷崎岖，峰峦掩映，山多而地少。”① 陆路交通不畅，形成相对闭塞的自然屏障，加上生产能力不高的农耕社会，而向四周奔涌的江河成为徽州人走出崇山峻岭的重要通道。可以说徽州是一个既封闭又“开放”的区域。

所谓“地狭人稠，获耕三不赡一，即丰年亦仰食江楚，十居六七，勿论岁饥也。……一日米船不至，民有饥色，三日不至有饿殍，五日不至有昼夺。”② 境内粮食依赖外地输入；加上农耕条件差，形成“高山湍悍少潴蓄，地寡泽而易枯，十日不雨，则仰天而呼；一骤雨过，山涨暴出，其粪壤之苗又荡然空矣。大山之所落，多垦为田，层累而上，指至十余级，不盈一亩。”③ 徽州各县情况都是如此，艰苦的生产生活条件，使得徽州人只能外出经商，正如俗语所说：“前世不修，生在徽州，十三四岁，往外一丢。”

群山环抱的徽州气候温润，温度适宜，一年之中，四季分明且比较均匀，动植物资源丰富。大自然的惠赐，孕育了气象万千、秀美奇绝的人间仙境黄山风光，江南名山齐云山的丹霞地貌，为历代文人墨客、达官贵人心向往之，推动了徽州移民源源不绝。

（二）社会历史条件

早在六七千年以前，徽州地域就有人类活动的足迹，近年出土了大量西周及春秋战国时期的青铜器、陶器。徽州崇山峻岭构成的天然屏障，兵革难至，每当中原地区战火纷飞、干戈扰攘之时，这里就成为中原大族寻求避难的“世外桃源”。从汉代起至元代，全国各地尤其是中原望族纷纷迁入徽州聚族定居。徽州程、汪、方、邵、金、余、黄、叶、戴、吴等族姓就是在汉代至晋代动荡时入迁的。其中西晋末年、唐朝末年和两宋之交是外地移民迁居徽州最盛的三个时期。民国《歙县志》载：“邑中各姓以程、汪为最古，族亦最繁……其余各大族，半

① 吴日法：《徽商便览·缘起》，民国八年铅印本。
② 张海鹏，王廷之主编：《明清徽商资料选编》，黄山书社，1985年版，第6页。
③ 《歙县志》卷一《舆地·风光》，清·顺治刻本。

皆由北迁南，略举其时，则晋、宋南渡，及唐末避黄巢之乱，此三期为最盛。”此外文人、雅士、仕宦、隐士等因喜爱徽州秀丽山水而迁徙定居，使古代徽州成为一个典型的移民社会。

中原名族的迁入，带来先进的文化传统，在徽州地区重新得到发扬光大。至宋代起，徽州文风昌盛，名臣辈出，成为“文献之邦”“东南邹鲁”，开始跻身中国文化教育发达区域行列，而徽州商人至明中叶起，执中国商界之“牛耳”，称雄300余年。徽州移民社会始终处在变动中，明代中叶以后，徽州“人多地少”矛盾更加激化，外出经商渐成习尚，经商队伍逐渐壮大，时人评价：“十三在邑，十七在天下。”这种人口的大迁移，对徽州经济、文化和社会的影响深远。

宗族制度的影响。宗法制度的保持与传承对徽州文化的延续甚为关键。徽州“新安各姓，聚族而居，绝无一杂姓掺入者，其风最为近古。……祭用文公《家礼》，彬彬合度。”“千年之家，不动一抔；千丁之族，未曾散处；千载之谱系，丝毫不紊。主仆之严，数十世而不改，而宵小不敢肆焉。”① 森严的宗族制度对徽州文化的保存起到了重要作用。

（三）程朱理学影响

程朱理学继承并发扬传统儒学，朱熹是理学的集大成者，理学是南宋后中国封建社会的统治思想。“二程”与朱熹祖籍均是新安，因此程朱理学又称为“新安理学”。徽州与理学这种得天独厚的关系，极大地增强了徽州士人凝聚力和文化自觉。基于强烈的乡土认同，推动“程朱阙里”的徽州地区受理学影响尤盛。徽州士人认为：“我新安为朱子桑梓之邦，则宜读朱子之书，服朱子之教，秉朱子之礼，以邹鲁之风自恃，而以邹鲁之风传之子若孙也。”② 宋元以降的徽州士人，不仅是程朱理学的热心传播者，更是忠实践行者。程朱理学对仕宦、乡绅、徽商、平民乃至妇女都产生深刻影响。

（四）徽商雄厚经济基础

徽州文化的崛起、兴盛与徽商发展相始相伴。徽商以儒家“以义取利”“义先利后”的教诲指导经商；而出于对“文”的敬畏和喜好，徽商经商致富后，致力于发展家乡和经商之地的文化教育，教育成为培养人才的温床，“其教子也以义方，延名师购书籍不惜多金”，“富而教不可缓也，徒积资财何益乎?”③ 徽商凭借丰厚财力，倾力教育投入，办学堂、聘名师、刻书籍、讲家风、重资助，不仅改善徽商故里子弟学习环境，也推动重教尚文风气的形成。明清两朝徽州籍名儒名宦，如许国、汪道昆、金声、潘珏、戴震、王茂荫均是徽商后代，推动徽

① （清）赵吉士：《寄园寄所寄》卷十一。
② （清）吴翟：《茗洲吴氏家典》卷首。
③ 《歙县新馆鲍氏著存堂宗谱·柏庭鲍公传》，清刊本。

州“第一等好事只是读书”理念深入人心。

许多徽商本来就出身于书香门第，从事文化产业开发，在徽墨、歙砚生产经营中，就有不少徽州巨商。徽商经营的徽州刻书业，创造了中国徽派刻书的历史辉煌。正是由于徽商“贾而好儒”，对文学艺术的爱好与不懈追求，经过长期艺术积累，由徽商扶持和培育的“四大徽班”进京以后，博采众家之长，终于融合成国之瑰宝——京剧。纵观徽州文化的崛起与兴盛，徽商在其中发挥了关键作用，徽商堪称徽文化的“酵母”。

三、徽州文化的发展历程

中国历史上朝代不断变更，时有动荡，而徽州地域相对稳定，进而为徽州文化体系的形成和发展创造了良好条件。伴随移民而来的中原文化与徽州山越土著文化、徽商活动带回的各方文化，融合在徽州这块独特的土地上，最终形成以程朱理学为核心的徽州文化。徽州尚学重教，府学、县学和书院广泛分布，教育普及，参加科举的人数增加，越来越多徽州士子通过科举考试获得功名，并赢得“名臣辈出”的美称。随着徽州教育的发展，徽州刻书业应运而生，发展迅速，徽州刻书占全省三分之一还多，可见教育与刻书之间密切关联，相辅相成。

徽州文化的发展也遭遇到曲折。元统一全国后，汉族文化受到打击和压制，尤其是元代几十年没有举行科举考试，汉族士人无用武之地，徽州文化也不可避免地遭到冲击。

明代中叶以后，徽州文化进入鼎盛时期，出现以宗族关系为核心的徽州商帮，并在嘉靖和万历年间达到繁盛。徽商的成熟，既似酵母一样刺激区域文化发展，也提供坚实的经济基础，推动徽州文化不断赢得新的发展机遇。嘉靖年间徽州地区书院林立，社学遍及，且多数得到徽商的资助。教育发展助推徽州科举考试成绩优异，成就突出，徽州在明代共考中425名进士。当时的徽州，刻书与版画迅速发展，其中版画更多地出现在书籍的插图中；涌现出一批医学家和医学著作，形成了“新安医学”；出现了著名数学家程大位；文学家和戏曲家也相继涌现；形成了至今仍为我国主要画派的“新安画派”；“徽州三雕”不仅展现出新安画派和徽州版画深厚的艺术根基，也凸显了徽商的雄厚财力；徽州村落建筑彰显特定风格，并得到广泛认可。

进入清代后，徽州文化继续发展。私塾遍及乡村，“十户之村，不废诵读”，“自井邑、田野以至深山远谷，居民之处，莫不有学有师，有书史之藏。”① 徽州大地至今仍传诵着“连科三殿撰，十里四翰林”的美谈。明清两代徽州府籍的进士人数仅次于苏州府，名列全国第二，而休宁有“状元县”之称。许多世家

① （元）赵汸：《东山存稿》卷四《商山书院学田记》。

名族往往科甲蝉联，朱紫盈门。宋明以降，浓厚的文化氛围，为培养鸿学巨儒创造条件。朱熹、程大位、汪道昆、朱升、江永、戴震、俞正燮、王茂荫、胡适、陶行知、渐江、黄宾虹、许承尧、詹天佑等一大批在思想、科学、艺术、教育领域有着重要建树的名家，都从徽州走向全国乃至世界。

第二节　徽州文化的杰出成就

中原移民是徽州人口的构成主体，徽文化烙着宗法血缘印记，程朱理学构成徽州文化的理性内核。徽文化的实质是具有徽州地域特色的儒家文化积淀。它既是区域文化，又是中华正统文化传承的典型代表，并集中、典型地体现中华地域文化的精华。[①] 徽州文化的主要成就体现在新安理学与徽派朴学、徽商与徽剧、徽州教育与徽派刻书、新安画派与徽派版画、徽州科技与徽派建筑等。

一、新安理学与徽派朴学

理学是中国思想史上曾起过重大影响的学派，徽州为“程朱桑梓之邦”，宋代理学奠基人程颢、程颐及理学集大成者朱熹，祖籍均系徽州。且在新安的传播和影响尤为深刻，世称“新安理学”。

新安理学始于宋代，传于元朝，鼎盛于明代，终于清朝，历经 700 年的发展演变，对 12 世纪以后中国哲学、文化思想、学术延续产生重大影响。作为一种思想流派，新安理学在演变过程中所呈现出的阶段性特征，凸显中国哲学在宋元明清各阶段的共性与徽州文化个性的有机结合。新安理学是程朱理学的重要分支，该学派奉朱熹为开山宗师，以维护继承、发扬光大朱子学为基本宗旨，其核心是伦理纲常，倡导“穷理之要，必在于读书”“天理为义，人欲为利”“正其义又谋其利，明其道又计其功”等思想要义及“修内政”“攘夷狄”的节义思想。大致经历了四个阶段：

一是南宋形成时期。代表人物有朱熹、程大昌、吴儆、汪莘、李缯、程永奇、吴昶等。他们环护在朱熹周围，精研性理之学，著书立说，确立学派以朱子学为宗旨的基本原则。

二是宋元之交与元代的发展时期。代表人物有程若庸、胡方平、胡一桂、许月卿、陈栎、胡炳文、倪士毅、汪克宽等。他们针对朱熹之后“异说”纷起的学术界状况，致力于维护朱子之学的纯洁性，将排斥“异论”、阐发朱子学本旨作为研究重心。同时，元代新安理学家崇尚“气节”，不仕元朝，将精力集中于

---

① 叶显恩：《徽州文化定位及其发展大势》，《徽州文化全书·总序》，黄山书社，2005 年版。

讲学授徒，培养一批有较大建树和影响的新安理学学者，呈现出人才辈出、学术研究深化和普及读物大量出现等新气象。元朝以后，历代封建王朝竭力推崇理学，定朱熹《四书章句集注》为科举考试的依据。徽州学者对程朱理学更是信奉不移。

三是元明之际与明代的盛极而衰时期。代表人物有郑玉、朱升、赵汸、朱同、范准、程敏政、汪道昆、程文德、潘士藻等。明前期的朱升、郑玉、赵汸等人在批评元代理学家墨守门户、死抱师门成说之弊的基础上，先后提出求“本领”“真知”“实理”等新治经主张，并据此进行学术研究，形成或“旁注诸经”发明朱子之学，或“和会朱陆”弘扬本门宗旨等不同风格。从学术研究的成就和特色来看，这是新安理学发展史上最丰富灿烂的时期。明代中后期的新安理学因受“心学”影响，阐释朱子之学不力，整个学派出现萎靡不振迹象。

四是清代终结时期。代表人物有江永、戴震、程瑶田等。他们在清初学风影响下，倡导汉学，培养了一批以考据见长的新安经学家，最终实现徽州地方学术从新安理学到徽派朴学的转变。

“朴学”指徽派考据学派，又称为皖派、皖学，其主要代表人物是徽州人江永和戴震。朴学盛于乾隆、嘉庆年间，又称“乾嘉学派”。它直接继承了汉古文经学，把经学研究从考据藩篱中解救出来。

黄生、江永、汪绂治经不废宋儒，至江永弟子戴震开始，摒弃宋儒的玄与空，把汉代训诂学作为研究学问的门径，故称考据学为汉学。戴震每一字必求其义，一字之义，必本诸六书，贯群经以为定诂。他以考据训诂为主要治学方法，但又并不囿于汉儒，而是从实求真，不主一家。这在中国经学上史无前例，清代徽派朴学因此被称为皖学。皖学创造于江永而成于戴震，戴震嫡传弟子段玉裁、王念孙王引之父子，通过深入考索，在各自领域卓然而立，成为皖派以至乾嘉学派的殿军。江永的学生程瑶田、金榜也是徽派朴学佼佼者。而戴震更是朴学的集大成者，其《孟子字义疏证》一书，在批判程朱理学方面有着振聋发聩的意义。但徽派朴学发展到后期，因烦琐考据，唯汉是求，研习内容脱离社会现实，使其弊端日显。民国年间，经学大师歙县吴承仕继承徽派朴学的治学方法，对中国现代学术也产生了深远影响。

中国传统哲学从理学阶段就开始与徽州结下不解之缘。徽州士人研究理学，形成新安理学，以维护、继承、弘扬朱子之学为宗旨，“严遵师道，精悟师训”，著述颇丰，影响甚大，代表朱子理学的正宗。在明清之际启蒙运动时期，徽州人反理学、反封建最为出色，其中戴震是公认的清代启蒙运动的一面大旗。汉学家段玉裁评价说：戴氏决意“专与程朱为水火”“发狂打破宋儒家中太极图”（《经韵楼集》卷七）。梁启超评价戴震：“欲以情感哲学代理性哲学，就此点论之，乃与欧洲文艺复兴时代思潮之本质绝相类。”“为八百年来思想界之一大革命”

"其哲学发二千年所未发"①。孙叔平先生则明确指出戴震是"五四运动"以前对封建礼教发起猛烈批判的第一人。② 胡适则是新文化运动时期的一面旗手，提出文学改良，反对八股文言；倡导中西文化结合，引入"实用主义"，倡导"大胆假设，小心求证"等，其学术思想影响至深至远。可见，宋代以后，徽州学术思想的发展，完整地彰显了中国封建社会后期思想发展的基本脉络。

二、徽商与徽剧

徽州商帮形成于明代成化、弘治年间，其资本雄厚、活动范围广、经营项目多、兴盛时间长且崇尚文化，雄踞中国商界300余年。清康熙中叶到嘉庆、道光之际的100年是徽商的兴盛阶段，道光以后逐渐衰落。经商成为徽州人的"第一等生业"，成人男子中，经商者约占70%。盐业、典当业、茶业、木材业为其四大主营行业，粮食、棉布、丝绸、瓷器、纸张以及餐饮业稍次。以各县从业情况看，婺源多茶、木商，歙县多盐商，绩溪多菜馆业，休宁多典当业，祁门、黟县以经营布匹、杂货为多。

乾隆末年，封建统治盛极而衰，课税、捐输日益加重，徽商处境愈益困难。1831年，两江总督兼管两淮盐政陶澍革除淮盐积弊，改行"票法"，靠盐业专利发迹的徽商开始衰败；典当业也因左宗棠垄断及外国银行侵入而中落；茶、木两商则由于鸦片战争和太平天国运动影响，连年亏损。尤其是随着外资渗入，国外商品倾销，徽商经营行业大多被其替代。同时与帝国主义、军阀官僚联系密切的广东、江浙财阀开始崛起，仅仅掌握传统商业知识、技能的徽商，逐渐失去操纵、垄断地位，开始走下坡路。清末和民国时期，虽有个别人物如胡雪岩、李宗媚、程霖生等崭露头角，但整体上挽救不了徽商颓势。

在历史上，徽商"其货无所不居，其地无所不至，其时无所不鹜，其算无所不精，其利无所不专，其权无所不握。"③ 徽商主要有以下特点。

第一，范围广阔，品种广泛。东抵淮南，西达滇、黔、关、陇，北至幽燕、辽东、南到闽、粤。徽商足迹"几遍天下"，所谓"无徽不成镇""钻天洞庭遍地徽"。徽商足迹还远至日本及东南亚各国。盐、棉（布）、粮食、典当、文具笔墨（文房四宝），无论什么生意，只要能赚钱，就有徽商经营。

第二，资本雄厚，富可敌国。明代人谢肇淛说，新安大贾有拥资达百万的，至于二三十万两的资本商人，不过是"中贾"罢了。休宁人汪福光在江淮从事贩盐，拥有船只千艘，所销之盐占淮盐1/2以上，所谓"扬州之盛，实徽商开

① 梁启超：《戴东原图书馆缘起》。
② 孙叔平：《中国哲学史稿》（下），上海人民出版社，1981年版，第380页。
③ （明万历）《歙县志·货殖》。

之”①。在扬州从事盐业的徽商拥有资本 4000 万两白银，而当时清朝国库存银仅 7000 万两。清乾隆末年，关税盈余每年 85 万两白银，而出口商品中徽商经营的茶叶为第一位。

第三，吃苦耐劳，经营灵活。徽商除从事多种商业和贩运行业外，还直接兴办产业。休宁商人朱云沾在福建开采铁矿，歙县商人阮弼在芜湖开设染纸厂，边生产边贩卖，集工商于一身。徽商经营多采取批发和长途贩运。一些徽州富商巨贾，在经营中，还委有代理人和副手。徽商在经营中注重延揽人才，做到知人善任，注重市场行情，实行灵活经营。徽商中有一业为主兼营它业者，也有根据不同行情、季节变换经营项目者。

第四，“贾而好儒”，文风鼎盛。徽商坚守的经营理念是“诚信为本、以义取利”，在市场上取得良好信誉。很多徽商兴办社会公益与慈善事业。徽州“儒风独茂”，不断熏陶徽商；反过来，徽商凭借自身财力又大力投资文教事业，从而有力地促进了徽州“儒风”兴盛。明清时期，仅徽州一府就有书院 89 所，大多得到徽商资助，不少书院得以长盛不衰，更推动徽州文风日盛，科举兴旺。根据北京歙县会馆观光堂“题名榜”记载，有清一代，仅歙县本籍和寄籍“官京朝取科第者”共有进士 296 人，其中状元 5 人、榜眼 2 人、探花 8 人、传胪 5 人、会元 3 人、解元 13 人，曾任内阁大学士者 4 人、尚书 7 人、侍郎 21 人、都察院都御史 7 人、内阁学士 15 人，另有举人约近千人②。这仅是一县一朝统计，若算上明清两朝六县的统计，其数字更为惊人。在全国能与徽州相媲美的府地绝无仅有。这些蟾宫折桂之士，大多有商人家庭背景。

徽州文化的发展，不仅表现在科第兴盛上，还反映在众多领域。新安理学、新安医学、新安画派以及刻书、三雕、建筑、戏剧等各种学术和艺术事业的发展和繁荣，都与徽商无不千丝万缕的联系，“从某种意义上说，徽商是其（文化教育事业）酵母”③。

徽剧形成于安徽徽州、池州、太平一带，但其发展成名，主要是徽州商人的大力倡导。徽商有蓄养家班习惯，明清时期徽戏艺人在吸收弋阳腔和西秦腔基础上衍变而成徽剧。到清代中期，徽剧风靡全国，成为唱、念、做、打并重的剧种。乾隆五十五年，徽班名艺人高朗亭率三庆班入京。接着春台、和春、四喜等徽班又相继进京，广泛吸取京腔、秦腔、昆曲、汉调等剧种长处，经程长庚等杰出艺人创造革新，经过 20 年的孕育，到道光、咸丰年间，遂形成京剧而流行全国。

徽剧在表演上具有动作粗犷、气势豪壮的特点，由于继承安徽旌阳（今旌

① （清）陈去病：《五石脂》。
② （清）许承尧：《歙事闲谭》第十一卷，黄山书社，2014 年版。
③ 张海鹏，王廷元主编：《明清徽商资料选编》“前言”，黄山书社，1985 年版。

德）一带目连戏艺人的技艺，徽戏表演一直擅长武戏，有翻台子、跳圈、蹿火、飞叉、滚灯、变脸等诸多特技，并吸收民间武术如“红拳”等，成为武打中颇具特色的招式。徽剧音乐唱腔包括徽昆和吹腔与拨子、二黄、西皮、花腔小调等。徽昆唱腔曲牌较苏昆粗犷强烈，以演武戏为主，大多用大小唢呐伴奏，配以大锣大鼓，气势恢宏。

三、徽州教育与徽州刻书

唐宋是徽州教育兴起与发展时期，徽州府学始建于唐，所辖各县也在北宋先后建立县学。南宋时徽州还出了大教育家朱熹，对徽州产生深刻影响。随着徽商崛起，明清时期徽州教育极为兴盛，书院私塾遍布城乡。世人赞徽州是“人文辈出，鼎盛辐辏，理学经儒，在野不乏。”徽州教育在宋、元、明、清时期均取得显著成就。徽州官学、书院、小学启蒙教育都有很大发展，宋代以降徽州籍名家的教育思想传播，以及徽州进士人数、进士群体的学术与事功、宗族与徽州教育发展的关系等层面，都体现出徽州教育底蕴深厚、人才辈出、思想活跃、相互促进的整体特色。

徽州教育基石是书院。书院是我国古代特有的教育组织形式，既有官办，又有私立。绩溪人胡忠于北宋景德四年创办的桂枝书院是徽州也是安徽最早书院。宋元时期，徽州书院发达，有42所。徽州书院在宋代约占全国总数的4.5%，在元代约占全国新建书院总数的9%，处于全国领先地位。[①] 南宋书院则以传授朱子之学为主要任务。其中歙县紫阳书院建于1246年，院名由理宗皇帝亲题，是全国著名书院之一。明清时期，徽州书院更为昌盛，明代创建45所，清代创立19所，大部分为私人创办。其中歙县斗山书院，黟县中天书院、碧阳书院，休宁还古书院、天泉书院，绩溪东山书院，婺源福山书院等均闻名遐迩。明中期以后，陆王心学逐渐控制书院讲坛，代表人物有李圣始、邹守益、洪有本、汪尚和、陈文台等。休宁还古书院成为王派心学在徽州的讲学中心，每次会期10天，听众多达千人以上。

在子女教育上注重言传身教，以身作则。徽商乐善好施、济困助贫、热心公益事业，凡此“惠及乡里”的种种义举，客观上起到引领作用，教育子孙积德行善，助人为乐。歙县棠越鲍氏代表人物鲍志道大耄之年，亲撰《鲍氏五伦述》，列举先代鲍氏在君臣、父子、兄弟、夫妇、朋友五伦方面的典型人物，图画、书写、漆刻于宗祠享堂正中屏门上，以使子孙万世效则。他先后修建鲍氏牌坊10多座，并曾获得清廷“乐善好施”牌坊的赏赐。徽州人善于借助建筑样式、厅堂装饰等实施家庭教育，把对子孙的教育愿望无声地表达出来。黟县西递村一

① 李琳琦：《徽商与明清徽州教育》，湖北教育出版社，2003年版，第25页。

副楹联“读书好，经商好，效好便好；创业难，守成难，知难不难。”从中可见对教育和经商的看重。

徽州教育发达，使得徽州士人在科举考试方面领先其他地区。据《明清进士题名碑索引》载，明代徽州籍进士392人，清代226人。徽州还出现“连科三殿撰，十里四翰林”“一门九进士，六部四尚书”“一榜十九进士”“父子尚书”“四世一品”等佳话。而历史上人口长期不过十七八万人的休宁县，却拥有19名状元，成为当之无愧的中国状元第一县。其中五城镇的黄氏家庭先后出现黄庚、黄轩和黄思永3位状元，可谓“一镇三状元”。

徽州教育发达催生“文房四宝”的出现。即宋朝以后产于徽州歙县的徽墨、歙砚，以及附近宣城的宣笔和泾县的宣纸，享誉中国，驰名世界，历久弥新，长盛不衰。

在我国雕版印书史上，明代徽州刻本有着相当重要的地位。它始于中唐，盛于明，万历年间达到鼎盛。徽州刻本的历史自南宋始，至明初已有相当规模。明中期以后，徽州商业资本日趋增强，并逐渐进入刻书行业。依靠雄厚的资本、徽籍士绅和盐商的强力支持，徽派刻书成为当时最具影响力的一大派别。明嘉靖以前，歙县已经“刻铺比比皆是，时人有刻，必求歙工。”① 万历以后，发展更是迅猛，“雕工随处有之，宁国、徽州、苏州最盛，亦最巧。”② 至崇祯年间，徽州刻本上可与宋板媲美，下与苏杭争价，很快跻身于全国刻书业前列。

徽派刻书精品迭出。吴勉学所刻《二十子》《庄子》和《楚辞集注》；吴继仕所刻《六经图》，其精深清晰，常常使书贾剜改，冒充宋本。至于大盐商鲍廷博所刻《知不足斋丛书》，无论在网罗遗佚、校勘精湛、刊刻精良方面，均为学者们推崇。徽州刻书家们精益求精，推陈出新，明万历以后，刻书字体出现了横粗竖细（长方体）的嬗变，即渊源于徽刻。

徽派刻书特色鲜明。首先，校勘认真，刊刻精良。徽派刻书以校勘认真著称于世，版本价值极高。无论坊刻、官刻还是私刻，都讲究版本精善，刻写校对绝不苟且，以至外地的家谱文集都拿到徽州来刊刻。其次，大量刊登插图，发展了中国的版画艺术。图书有插图能够增加读者的阅读兴趣和理解，徽派刻书就是以大量精美动人的插图占据刻书市场。其插图格调清新，式样翻新，工整秀丽，尤其单页和双页整版插图，图版加大，刻工缠绵精致的刀法得到淋漓尽致的发挥。《程氏墨苑》《十竹斋书画谱》《十竹斋笺谱》的出现，使彩印技术达到一个新的高度。仿宋字体的出现，成为中国刻书史上的一次革命，大大加快刻书速度。再次，编刻丛书、类书，保存大量有价值的文献。张潮的《昭代丛书》、吴琯的

---

① 郑振铎：《中国十代木刻画史略》。

② （清）钱泳：《履园丛话》卷十二。

《古今逸史》、汪士贤的《汉魏六朝诸家文集》等都是徽州丛书中最为著名者。徽派刻书对保护古代典籍、传承民族文化、推动雕版印刷业发展和教育繁荣，均发挥了重要作用。

四、新安画派与徽派版画

新安画派，源远流长，至明末而兴盛。明清易代之际，画苑人才辈出，崇尚倪瓒、黄公望，画风渐近，流派遂成。新安画派称谓始于清人张庚，他在《浦山论画》说："画分南北，始于唐世，然未有以地别为派者。至明季方有浙派之目。……新安自渐师以云林法见长，人多趋之，不失之法，即失之疏，是亦一派也。"[①] 以渐江、查士标、程邃、汪之瑞、汪家珍、雪庄、郑旼、吴山涛、姚宋、祝山嘲、方士庶、汪梅鼎等代表的新安画家，冲破"四王"（王时敏、王鉴、王翠、王原祁）为代表的正统派"步履古人、摹仿逼肖"的摹古风气，高举"师从造化"大旗，以变幻无穷的黄山为蓝本，将中国山水无尽的情趣、韵味与品格生动地展现在尺幅之间，高扬画家的人品和气节秉持，绘画风格趋于枯淡幽冷，具有鲜明的士人格调，在结构与技法上也打破四王"三叠""二叠"等陈陈相因的公式，一反柔媚甜俗、奢靡华贵之气，开创一代简淡高古、秀逸清雅之风，形成"新安画派"，并在明末清初的中国画坛大放异彩。

弘仁（渐江）、查士标、孙逸、汪之瑞被称为"新安四家"。他们笔墨简淡清逸，线条遒劲，爱写生黄山，画云海松石之经。其中，弘仁与查士标影响最大。[②] 弘仁是新安画派的领军人物，他画师古人，更师造化，而以"江南真山水为稿本"，曾作黄山真景 50 幅，笔墨苍劲整洁，富有透逸之气，给人清新之感。

新安画派后期的代表人物有洪范、江蓉、汪滋、江彤辉等，直到现当代，徽籍绘画大师黄宾虹、汪采白、江兆申等人的作品，仍是新安画派的延续，黄宾虹主张"先师古人，再师造化，而以自然为归"，为中国画品抹上浓墨重彩一笔。

版画，肇端于墨模镂刻，明万历始兴，墨模中墨面图案的镌刻技术，被徽州灵巧的工匠用之于版画镌刻中，逐渐形成徽派版画。到了明末清初，版画镌刻达到高峰，在海内独步一时，其产量之多，种类之丰富，技艺之高超，都达到空前高度。徽派版画的兴盛，首先是一大批木刻家推动。明万历年间，徽州刻书业不断发展，呈现"无书不图"风气，而"刻图必求歙工，歙工首推黄氏"。歙县虬村黄氏精于刻书，父子兄弟相传为业，人才辈出，独步艺林，著名者黄应祖、黄一彬、黄晟、黄应泰等近百人。从明万历到清初的近百年中，黄姓有 300 多人从事刻书，其中三分之一从事版画镌刻，有"徽刻之精在于黄，黄刻之精在于画"

① 俞剑华：《中国古代画论类编》（上），人民美术出版社，2000 年版，第 223 页。
② 汪世清：《汪世清艺苑查疑证散考》（上卷），河北教育出版社，2009 年版，第 260 页。

之说。

版画是画家、刻工、印刷通力合作的产物。徽派版画名家主要有丁云鹏、吴廷羽、蔡冲寰、陈老莲、汪耕、黄应澄、雪庄等。明万历三十三年，徽州滋兰堂用四色、五色赋彩印制程君房的《程氏墨苑》，成为版画精品。明末，寄居南京的休宁人胡正言创“拱花”套色技法，印制的《十竹斋书画谱》《十竹斋笺谱》，刊版套印精美，施墨着色雅丽，代表徽派版画最高水平。[①]

徽派版画的艺术特色是依靠白描手法来造型，线条细如毛发，柔如绢丝，一扫过去粗壮健雄之风，适应明中期以后社会风尚，以工整、秀丽、缜密而妩媚情调见长，抒情气息浓厚；技法上舍弃大面积的黑白对比，以线条粗细、曲直、起落、翻简、疏密来表现事物远近、体积、空间和质量关系；运用虚实相生、动静对照、繁简互衬等手法刻画人物。19 世纪中叶后，随着近代西洋版画传入中国和近代印刷术兴起，徽派版画渐趋消沉。

五、徽州科技与徽派建筑

徽州科技奠基于隋唐，宋元时期崭露头角，明清得到迅速发展。在工程技术、医学和算学方面尤为突出。尽管徽州耕地不多，但在农业社会里，耕种粮食仍然是徽州人的必要活动。同时，徽商外出，河流是主要通道。因此，兴修水利工程是历代徽州人的重要任务。文献记载中，有很多人曾经凿渠引水，灌溉田地，如宋代郑德成居住歙县郑村，在熙宁年间开凿三个水塘，灌溉几十亩天地，被称为“三塘居士”；他还在村南边凿渠引来流水，以资灌溉。婺源汪口村西侧两溪合流的地方，水流湍急，下雨洪水涨起，更为凶险。清代学者江永经过实地考察，提议筑堰以平水势，同时，将堰设计成曲尺形，不仅使上游水势平缓下来，更便于船只航行，该水利工程又称“曲尺堰”，至今仍发挥作用。歙县渔梁坝更是徽州著名的水利工程。它位于城南练水之上，坝身为不等腰梯形，下游平缓；条石之间有铁锭互相固定，每隔 1.5 米距离，又有石柱竖立其间，坝脚有条石护佑；坝体上有三个泄洪水道，由北向南渐次低矮，以调节流量。该坝自隋末唐初开始修建，历代反复重修，技术上也不断革新，终成为坚固的水利工程。它既拦截了上游水势，更便于泊船、行船，坝旁的渔梁街因此成为徽州交通转运和货物集散的商埠，也是徽州通往杭州的第一码头。

新安医学“肇自北宋，盛于明清，从宋代至清末，涌现著名医家 543 人，撰、辑医籍 460 多部，其中部分医籍东传朝鲜、日本。”[②] 著名者包括宋代张杲撰写的《医说》10 卷，是我国现存最早载有大量医史人物传记和医学史料之书，

① 吴丽霞：《风雅徽州》，安徽大学出版社，2011 年版，第 180 页。
② 何警吾：《徽州地区简志》，黄山书社，1989 年版。

也是第一部较为完整的新安医学著作。歙县江瓘辑的《名医类案》12卷，收集自扁鹊以来名医验效医案，是我国第一部汇集历代名医案专著。

明代休宁数学家程大位出身于商人家庭，少年时随父经商，足迹遍及江南各地，他切身感受到传统筹码计数法的不便，决心编撰一部简明实用的算学书。他遍访数学名家和珠算高手，并多方求购数学遗书，悉心研读，40岁后，程大位弃商回归故里，专心数学研究，又经过近20年刻苦钻研，终于编撰出《算法统宗》十七卷，包括各种实用数学问题和数学方法；其中，珠算开方法是第一次记述，还全面介绍珠算各种方法和归除口诀，并配图形加以详细说明，通俗易懂，推广算盘在日常生活中的应用。该书被辑入《古今图书集成》，成为民间算学的基本读物，还流传至日本、朝鲜、东南亚及欧洲，闻名世界。

清初徽州著名学者戴震在科技领域成就斐然，著述众多。在数学领域，戴震撰有《策算》《勾股割圆记》《准望简法》，还发掘校勘《九章算术》《五经算术》等久已失传的古代算书。研究内容涉及开方、平方、勾股等方面，为中国古代数学的传承做出杰出贡献。在机械、考工方面，戴震著有叙述车转原理的《自转车记》，农家灌溉用水车制作方法和功用的《螺旋车记》，他的《考工记图序》是对古代科技名著《考工记》最杰出的研究，人称天下“奇书”。他在天文领域著有《原象》《续天文略》《迎日推策记》等，在天文、测算研究中广泛参照并借鉴西学新方法，总结古代天算的学术成就，表现出近代科学的研究精神。在地理学领域，著有《水地记》，以中华历史文化为线索，叙述大地山川，且以水领山，一反传统地理著作“于古郡国为主而求山川”的研究方法，显现独特的地理考证创见。另有考证历史地理的巨著《水经注》。《水经》一书旧传汉代桑钦所撰，北魏有郦道元撰写的《水经注》至南宋时已残缺不全，经注难辨、讹误众多。戴震运用实证方法，独寻其义例，重新考校，明辨是非，为后人提供了经注分明、体系完整的地理著作。

徽派建筑是指明清时期徽州府辖区及其流播地区形成、发展的一种建筑形式，以其独特的方式，强化并传承儒家思想为核心的传统建筑。传统徽州区域至今仍留存大量明清时期的各类建筑，成为华夏建筑宝库中的遗珍，值得永久保存。习近平总书记指出：“既要保护古代建筑，也要保护近代建筑；既要保护单体建筑，也要保护街巷街区、城镇格局；既要保护精品建筑，也要保护具有浓厚乡土气息的民居及地方特色的民俗。”①

明代是徽派建筑的成熟期。因自然环境变化，干阑式微，底层加高，楼层减低，楼上多用于贮藏和次要居室，楼下成为主要居住和活动空间。房舍外部砖墙围合，内部木扇分割，梁架和门扇常施以雕饰。为防范火患，明弘治年间，徽州

① 习近平：《坚定文化自信，建设社会主义文化强国》，求是，2019年第12期。

知府何歆成功地将岭南地区建筑上防台风的山墙推广应用到徽州，“马头墙”遂成为徽州建筑的主要表征，徽派建筑基本定型。在演化过程中，木结构得到传承，徽州明代建筑用材硕大，柱础与木柱间常加木櫍。屯溪程氏三宅、绩溪龙川胡氏宗祠和歙县西溪南村吴宅都是明代徽州建筑的主要代表。现存徽州古建筑多建于清代，为振兴家族、开一方文运，徽商将大量资金投入祠堂、牌坊、社屋、书院、精舍、风水塔等家乡公益性建筑，既为怡情享乐，又广建园林、豪宅，并将外地建筑文化移植徽州故里，丰富、发展建筑文化。徽派建筑尤以民居、祠堂和牌坊最为典型，被誉为“徽州古建三绝”，为中外建筑界所叹服。

徽派建筑独具特色。第一，总体布局依山就势，构思精巧，自然得体。其选址适当，依山傍水、因地制宜，村落大小分合，房舍位置前后错落等因环境而变化，是人工与自然的有机结合。其营造理念是力求不破坏自然生态，不占用良田，就地取材，经济节俭。建筑群组合采取多进式连接拓展，既封闭又开放。第二，外部造型丰富，讲究韵律美，马头墙、小青瓦最具特色。徽派建筑多朝向东南，利于采光，但无固定模式，主要根据环境灵活变通，以天井、马头墙、斗拱、三雕等部件构成外部造型。尤其是马头墙高低错落，跌宕起伏，有“五岳朝天”之称，墙顶线条流畅，手法简练，形式多样，韵律感强，与周边环境及天极线交相辉映。粉墙黛瓦、黑白素雅是徽州建筑的主色调，大面积白色粉墙可以充分反射阳光，底层无窗、楼上小窗以增加安全感，宽街窄巷，明暗对比，独具光影效果。第三，内部设计规整灵活，变幻无穷，注重美感。传统徽州宅居的基本格局一般为三开间、内天井，民间俗称为“一颗印”。平面布局对称，中间厅堂，两侧厢房，楼梯在厅堂前后或左右两侧。入口处形成一内天井，起采光通风用。在此基础上建筑纵横发展、组合，可形成四合式、大厅式和穿堂式格局。四合式为人口多的家庭居住，由两组三间式相向组合而成，分为大四合与小四合。大四合式前厅与后厅相向，中间是大天井。前厅是三间式，但地平较高，为正厅堂；后厅也为三间式，但进深可略浅，地平面较前厅低。前后二厅以厢房相连，活动隔扇，楼梯间有设于厢房，也有设在前厅背后。内部木板分隔，外墙均为砖墙出山马头墙。天井则根据地形可大可小，也有的在前厅背后再设厢房、小天井。天井中布置盆景、片石假山、太平池（缸），为居室增加景致、生机与美感。第四，文化审美独特，三雕艺术富丽堂皇。徽派建筑广泛采用砖、木、石雕，表现出高超的装饰艺术水平。砖雕大多镶嵌在门罩、窗楣、照壁上，在大块青砖上雕刻生动逼真的人物、虫鱼、花鸟及八宝、博古和几何图案，极富装饰效果。木雕在古民居雕刻装饰中占主要地位，表现在月梁头上的线刻纹样，平盘斗上的莲花墩，屏门隔扇、窗扇和窗下挂板、楼层拱杆栏板及天井四周的望柱头等。徽州木雕的主要特色是：内容广泛，多人物、山水、花草、鸟兽及八宝、博古；题材众多，有传统戏曲、民间故事、神话传说和渔、樵、耕、读、宴饮、品茗、出行、乐舞等生活场景；手法多样，有线刻、浅浮雕、高浮雕、透雕、圆雕和镂空雕等，其表现内容和手法因不同建筑部位而各异。这些木雕均不饰油漆，而是通过高品质的木材色泽和自然纹理，使雕刻细部更显生动。石雕主要表现在祠堂、寺庙、牌坊、塔、桥及民居的庭院、门额、栏杆、水池、花台、漏窗、照壁、柱础、抱鼓石、石狮上面。内容多为象征吉祥的龙凤、仙鹤、猛虎、雄狮、大象、麒麟、祥云、八宝、博古以及山水风景、人物故事等，主要采用浮雕、透雕、圆雕等手法，质朴高雅，浑厚潇洒，凸显徽州人特有的审美情趣、哲学思维、宗教信仰、伦理道德和教化观念等。

第三节　徽州文化的独特精神价值

一、徽州文化的基本特征

徽州文化内容极其丰富，涉及经济、社会、教育、学术、文学、艺术、工艺、建筑、医学等诸多学科，凡与徽州社会历史发展有关的内容，都可以纳入徽州文化的范畴。尤其在哲学、商业、医学、建筑、绘画、版画、篆刻、戏曲、饮食等领域都有显著成就。它不仅是中华民族的精神财富，也是全人类的宝贵财富。徽州文化有以下特点。

（一）儒学化

徽州文化理念体现了优秀传统文化主流的儒家传统价值观，是中国儒家思想的具体表现，这与新安理学的长期氤氲分不开，有所谓“程朱阙里”“东南邹鲁”之称。徽州商业道德的鲜明特色是“以儒道经营”，即遵循儒家的道德规范来行事，所谓“以诚待人”“以信接物”“以义取利”，推崇儒商道德。艺术上讲究温文尔雅，中庸平和。即便在改朝换代之际，文人思绪也是“哀”多于“怒”，“悲”多于“愤”，“隐”多于“叛”。新安画派苍凉、冷漠、幽寂的意境和醇正简明的笔法成就中国文人画发展的一大高峰，也是儒家思想在绘画艺术上的典型表现。刘海粟曾评价说：“就人品、艺品而言，黄山画派代表人物均高于扬州八怪、金陵八家。”就是从儒家正统和主流视角来评价。

（二）平民化

徽州文化极具平民化倾向，充满浓郁的乡土纯情色彩。古徽州地区至今仍保存大量的物质和非物质文化遗存，许多古村落和古建筑保存完好，成为中国优秀地域文化传承的标本。在新安理学推动下，徽州平民教育非常普及，早在元代就有“十户之村，不废诵读”的说法；不论是从民间产生的音乐与舞蹈，还是已经文人化的戏剧，都非常注意迎合老百姓的口味；“徽州腔”的产生，正是平民化的体现，徽剧讲究感官刺激，注重武戏和杂耍等表演形式，就是为了吸引更多平民观众。作为不可多得的世界文化遗产，徽州文化的平民化与乡土气息，印证了“越是民族的，越是世界的”浑厚哲理，对于新时代的文化自信和文化大众化有启迪作用。

（三）多样性

独特的地理环境，鲜明的地域特色，深厚的移民个性，铸就了徽州文化的多元性和兼容性特征。徽州文化注意兼收并蓄，广泛吸纳其他地域文化优点，形成自身特色。徽剧声腔就是在广泛吸收弋阳腔、昆腔、秦腔等唱腔基础上形成的，在表演上则继承了目连戏翻台子、跳圈、蹿火、飞叉、滚打、变脸等武打和杂耍技巧；新安画派汲取了米友仁、倪瓒、黄公望等人的画风；徽派版画熔诗文、书印章和图画于一炉，这些都是徽州文化兼容性的体现。

（四）商业性

徽商是徽州文化的酵母。徽州“中家以下皆无田可业。徽人多商贾，盖势其然也”。徽商纵横中国商界300余年，有“无徽不成镇”“徽商遍天下”之说。古代徽州属于相对封闭型的自然地理单元，种地难以生存，经商成为生计所需。徽州文化兼具宗族文化和儒商文化的地域特色。徽州文化因受宗族与商业氛围浸染而留下深刻的烙印。徽州宗族为徽商经营活动提供了强有力的支持；徽商巨大财力，又强化了宗族统治和宗族意识。时至今日，徽州的非物质文化遗产仍能领略这种遗风余韵。诸如渗透着程朱理学的楹联匾额，技艺高超、精美绝伦的徽州三雕，凝精聚神所在的徽州祭祠，乃至田亩买卖、条据公约之类的契约文书，等等，都浸透着独特地域性的儒商文化和宗族文化精髓。

（五）外向性

徽州文化并不局限于一隅，而是紧随徽商足迹，遍及国内各地，凸显极强的扩张意识。通过经商、科举、出仕、游学、移居等多种途径，徽州人与外界建立了广泛联系。如徽剧一开始仅在徽州境内流传，清代中叶完全超出徽州地域，风靡全国，与相关剧种合流演变成京剧，成为著名国粹；徽州书商坊斋遍布全国各大都邑，流寓外地的刻工也很多，杭州、苏州、金陵等地的版画艺术，多受徽派影响，遂使明末以后中国传统版画都朝富丽精工方向发展。

二、徽州文化的主体精神

习近平主席在2014年3月27日巴黎联合国教科文组织总部的演讲中说：“对待不同文明，不能只满足于欣赏它们产生的精美物件，更应该去领略其中包含的人文精神；不能只满足于领略它们对以往人们生活的艺术表现，更应该让其中蕴藏的精神鲜活起来。”[①] 作为中国区域文化的瑰宝，徽州文化的主体精神，

① 习近平：《文明交流互鉴是推动人类文明进步和世界和平发展的重要动力》，求是，2019年第9期。

在中国特色社会主义新时代仍有重要价值。

（一）家国情怀

中华民族在几千年的发展过程中熔铸成不朽的爱国主义传统，家国一体的观念自古就深入人心。徽州文化的核心理念蕴藏着爱国爱家、和睦邻里的人文精神，成为其集中体现。“徽州多大姓，莫不聚族而居。”这些大姓，皆有千年不紊的谱系、宏伟壮丽的祠堂、完备翔实的宗规家法、严格规定的尊卑秩序，以及用于宗族公共事务和赡贫济穷之资的族田族产。宗族制度的完备和宗族势力的强大成为徽州地区一个特殊现象。这种以尊祖、敬宗、睦族为基本特征的宗族制度，强化了宗族间的精神联系，养育出徽州人强烈的宗族归属感，造就徽州地区“重宗义，讲世好，上下六亲之施，无不秩然有序”，以及族人乡里之间“相亲相爱，尚如一家”的社会风尚。徽商的家国情怀突出地表现在抗倭斗争中。明中叶，东南沿海的富庶，使得倭寇垂涎三尺，加上一些奸民的勾结，倭寇侵犯更加频繁，给正常生产生活带来巨大灾难。为了维护自身利益，东南沿海居民掀起抗倭斗争，徽商也在经商地积极投入抗倭行列。他们或捐资筑城，募勇抗倭；或出谋划策，领导抗倭斗争；或弃贾从戎，杀敌疆场。总之，从明朝初年不辞劳苦、运粮输边，到明中后期积极参与抵抗倭寇侵略的斗争，乃至近代为了抵御外国入侵，踊跃捐资捐物，处处时时彰显徽商深厚的家国情怀。他们深知，没有国家的安定与统一，就不会有家庭乃至个人事业的兴旺和发达。“国家兴亡，匹夫有责”，也是我国历史上共同的家国传统。

（二）广博深邃

所谓“商成邦、学成派”，徽州现存各种文献有 1000 多种，各种契约文书 100 万件，包括世界文化遗产西递、宏村在内的古村落、民居、祠堂、牌坊等文物古迹 10000 多处，从 16 世纪到 19 世纪，徽商驰骋在中国乃至东亚和东南亚地区，执掌中国商界之牛耳 300 余年。新安理学、新安医学、新安画派、徽州版画、乾嘉学派之皖派学术等，都是当时中国影响巨大的学术流派。[①] 尤其是作为一个整体而言，徽州文化深刻展现了东方社会与传统文化之谜，全息包容了中国封建社会后期民间经济、社会、生活及文化的基本内容，被誉为典型标本性地域文化。

（三）奋进不息

出于谋生需要，徽州人从小背井离乡，外出创业。异地陌生、商路艰险，无不从肉体到精神折磨着他们。但素以“勤于山伐，耐寒暑，恶衣食”著称的徽州人，都能肩负父兄、家族生存发展的重负，义无反顾地“离世守之庐墓，别亲爱之家庭。”“近者岁一视其家，远者不能以三四岁计。”许多人“一贾不利再

① 卞利：《论徽州文化及其核心价值：儒家精神及开拓创新精神》，理论建设，2014 年第 4 期。

贾，再贾不利三贾，三贾不利犹未厌焉”，造就徽州文化“徽骆驼”“绩溪牛”之美称。徽商不仅在失利时表现出百折不挠的进取精神，就是在富有之后，也并未小富即安，而是奋斗不止，至老不衰。市场风云变幻莫测，活跃于国内市场的徽商必须时时细心观察市场动向，研析市场行情，并根据供求情况，对目标市场进行细分，选择所经销的商品，并且能够使经营时间、地点随供求关系变化而灵活机变。他们所从事的五大行业食盐、粮食、木材、茶叶、典当无不根据市场行情变化而灵活经营。由于能够随时观察市场，根据市场变化审时度势，因此面对市场竞争，每每走在同行的前面，甚或出奇制胜。《江南通志》就称颂徽州商人“以货殖为恒产，善识低昂时取予，以故贾之所入，视旁郡倍厚。”

（四）贾而好儒

“贾而好儒”是徽商的显著特点。作为《资本论》中唯一提及的中国人，歙县人王茂荫留下的《遗产和家训》中，提出“治平之道，在用人、理财二端”，主张“以书籍传子孙，胜过良田百万”，并有着浓厚的德本财来思想，重人品轻财利，在市场经济时代，仍不乏厚重价值。徽商酷爱读书，他们白天经商，晚上勤读不辍。勤于读书给徽商带来诸多优势：一是提高其文化素养和文化品位。而较高的文化素养又成为他们与官僚士大夫交往的“黏合剂”，进而给商业经营带来诸多便利。二是由于读书，使得徽商善于从历史上汲取商业经验、智慧，促进自身商业持续发展。三是增强了经商的理性认识，即能够以所谓的“儒道经商”，从而形成良好的商业道德。徽商高举“诚信”大旗，本着先义后利、义中取利的心态走进市场，恪守货真价实、童叟无欺、奉公守法、互惠互利等基本道德，自然博得消费者欢迎，进而在生意场左右逢源，处处受益。徽商吴南坡“宁奉法而折阅，不饰智以求赢”“人宁贸诈，吾宁贸信，终不以五尺童子而饰为欺”的表现，胡仁之大灾之年不为“斗米千钱”所动、平价售粮的举动，无不彰显徽商的“诚信”风范。

（五）推陈出新

创新是明清时期徽州科技在全国独树一帜的重要原因。徽州学者不仅兼收并蓄、择善而从，而且“师古而不泥古”，敢言人所未言，在医学、算学等方面不断发明，推陈出新。在中医诊断思想上，自王叔和《脉经》问世后，医家多重切诊，而忽视其他诊法，汪机则在《补订脉诀勘误》中指出：“古人治病不专用脉，而必兼于审证。”在数学领域，汪莱具有代表性。在清康熙以后“西学中源”说占统治地位的背景下，汪莱一反复古思想，矢志创新，开创了中国传统数学从未有过的方程论研究方向，并讨论了P进制，从二进位，三进位……一直到十进位制，始创组合数学的研究。至于球面三角形的可解性及解的个数与条件等详尽无余的讨论，更是当时国内数学界尚未深入之事，汪莱成为清中叶最具创造力的数学家。

三、徽州文化的当代价值

习近平主席在2014年3月27日巴黎联合国教科文组织总部的演讲中说："每一种文明都延续着一个国家和民族的精神血脉，既需要薪火相传、代代守护，更需要与时俱进、勇于创新。"① 如何推动以徽州文化为代表的优秀地域文化的创造性和创新性发展，是时代赋予的使命所在。

（一）中国地域文化的标本

第一，通过对徽州文化的研究，可以加深对中华文化的认知。不同地域文化有其自身特色，正是地域文化的丰富多彩，才形成中华地域文化的博大精深。徽州文化及徽州社会生活结构都成为传统地域文化形态的标本，这也决定了徽州文化在中华地域文化发展史上的独特地位。第二，徽州文化是封建社会后期历史文化的典型样本。宋代以来，中国逐步演变成一个平民化的宗族社会，要研究中国封建社会后期的宗法和宗族史，就不能不涉猎徽州宗族和宗法史。明代中后期，商品经济发展活跃，出现资本主义萌芽，而徽商是该时期成功商人的代表，徽商的经营活动是中国明清经济史研究的主要篇章。第三，在学术文化思想上，徽州士人自南宋以降信奉朱子学术，形成新安理学；清代又形成以戴震为首的徽派朴学，成为乾嘉朴学的主力军。理学与朴学在徽州的辩证发展，凸显宋代以来理学与清代朴学发展转换的历史轨迹。而在艺术与科技方面，新安画派、徽州雕刻、新安医学、徽州科技等，更全面彰显明清中国艺术和科技发展风貌。

（二）新时代文化自觉的典范

第一，明清时期徽州呈现人与自然、人与社会和谐发展状貌，凸显中国优秀传统文化的"和合"精神，追求人与自然的和谐统一，以及人际关系的和谐共存。认真研究和总结徽州文化的贵和传统，对于新时代构建和谐社会大有启迪：徽州保存大量文书，反映其契约精神。无论是土地买卖、子女过继、遗产分割，还是演戏酬神等，徽州人都要立字为据，这些契约文书，显示了民间明确的契约意识和法制观念；徽州村落建造于依山傍水之地，注重"风水"，房屋鳞次栉比，街巷纵横交错，既考虑取水、排污、防火、防盗等多重因素，又兼具生活起居的实用方便，整体布局合理，适宜生活，富有美感，凸显"天人合一"思想；徽州宗族是维护地方稳定的非行政组织，发挥着社会调节功能，如重视宗族子弟教育、接济贫困、杜绝赌博游戏、禁止滥砍滥伐等不良行为，通过宗族劝诫与奖励方法让族人自觉参与、共同维护社会和谐与稳定。

第二，徽州文化精神遗产值得借鉴传承，为新时代精神文明建设服务。明清两代，徽商盛极一时，其"徽骆驼"精神——甘于吃苦忍耐的传统，仍然是当

① 习近平：《文明交流互鉴是推动人类文明进步和世界和平发展的重要动力》，求是，2019年第9期。

今从事一切工作和事业所需要的优异品质；徽商尊崇诚信，注重回报社会的道德观值得继承；徽州人重视教育，认为读书是天下一等好事，也是认知万事万物之本，出现“十里之村，不废诵读”等重文重教的风气，使徽州这个山区涌现出大批在中国文化史上做出重大贡献的人物。绩溪上庄《胡氏家训》可谓徽州人为人处世的准则：“读书，起家之本；勤俭，治家之源，谨慎，保家之气；忠孝，传家之方。”强调读书知礼、学优出仕、积德行善，集贾、儒、仕于一体的家风家训于一体，并涌现出胡开文、胡雪岩及胡适等经济文化名人。身处一隅的徽州人能创造出精美建筑和大量改善生存环境的道路、水利工程，还有医学、算学等科技发明，所展现出的创造智慧和适应并改造生存环境的精神，给当代人很大的启迪。徽州还有着大量的物质文化遗存，许多古村落和古建筑都保存完好，西递、宏村被列入世界文化遗产保护名录，黄山被列入世界自然、文化遗产名录，共同成为中国古代地域文化的直观标本，这些珍贵的旅游资源，更让世人领略到中国辉煌灿烂的文明成果。

第三，徽州文化根植于乡土的尊祖敬宗、爱家爱国精神，对于新时代团结全球华人，实现中华民族伟大复兴的“中国梦”有着积极意义。徽州人重视宗族乡土之情，徽商足迹遍及宇内，现代文化名人胡适、陶行知等都从徽州走向全国乃至世界。挖掘、研究和宣传徽州文化，发挥徽州文化所蕴含的精神力量，对于联络海外华人的民族感情，增强民族凝聚力、认同感和归属感，团结海外侨胞，共襄中华民族伟大复兴“中国梦”的宏图大业，都有着不容低估的积极意义。

总之，徽州文化兴盛了数百年，在中华民族文化史上有其独特地位。南宋以后，中国传统社会开始进入后期，徽文化就是在这一时期全面崛起并持续繁荣，整体彰显全面性、丰富性、辉煌性、独特性、典型性和全国影响性，更使之成为中国封建社会后期地域文化发展的典型缩影，从而确立其典型代表和标本地位。[①] 通过对徽州文化遗存和数以百万件（册）计徽州文书文献的研究，推动“徽学”研究的持续发展壮大，功在当代，利在千秋。20 世纪 80 年代以来，国内逐渐形成一门相对独立的区域文化学科——徽学，被誉为与敦煌学等并列的中国三大走向世界的区域文化显学之一。

① 刘伯山：《徽州文化的基本概念及历史地位》，安徽大学学报，2001 年第 6 期。

第十五章　中西方文化精神比较

习近平主席在2014年3月27日巴黎联合国教科文组织总部演讲中说："对待不同文明，我们需要比天空更宽阔的胸怀。文明如水，润物无声。我们应该推动不同文明相互尊重、和谐共处，让文明交流互鉴成为增进各国人民友谊的桥梁、推动人类社会进步的动力、维护世界和平的纽带。我们应该从不同文明中寻求智慧、汲取营养，为人们提供精神支撑和心灵慰藉，携手解决人类共同面临的各种挑战……让中华文明同世界各国人民创造的丰富多彩的文明一道，为人类提供正确的精神指引和强大的精神动力。"①而以古希腊和古罗马文化为源头的西文文明，曾在人类文明史上留下巨大影响，值得我们去审视与借鉴。

习近平：文明交流互鉴是推动人类文明进步和世界和平发展的重要动力

西方，既是地理概念，又是文化和政治概念。就方位来讲，西方指太阳落下去的那一边。我国古代称印度为西天，在佛教中直接指西方极乐世界。汉代以后，习惯上称我国领土以西为西域。清代以后，特别是鸦片战争后，西学东渐，"西方"泛指英、法等欧洲国家。冷战时期所指西方包括西欧、北美等资本主义国家，使"西方"概念又有了政治文化内涵。

第一节　西方文化的主要发展脉络

一、古希腊、古罗马文化

公元前20世纪左右，希腊南部海域的克里特岛，已进入青铜时代，农业与手工业分离，城市也建立起来。公元前17世纪到16世纪，克诺萨斯王国所建立起来的米诺斯王朝，称霸雅典城邦。此时，农业、葡萄种植业、商业、造船业皆已具备，并出现了铜制货币，与希腊半岛、埃及小亚细亚、腓尼基等地发生贸易

① 习近平：《文明交流互鉴是推动人类文明进步和世界和平发展的重要动力》，求是，2019年第9期。

联系。公元前15世纪克里特岛上的城市及建筑遭到毁灭性破坏，很可能是外敌入侵所致。随着克里特文明衰落，迈锡尼文明开始出现，阿卡亚人从巴尔干半岛北部进入希腊半岛中南部，后在迈锡尼、柯林斯等地创建比较发达的青铜文化。就在克里特岛被毁灭的同一世纪，该地区建立起奴隶制国家。迈锡尼王朝曾渡海征服过克里特岛的克诺萨斯王朝。公元前12世纪，居住于希腊中部地区的多利亚人征服迈锡尼王国，迈锡尼文明结束。此后400年间，属于希腊从青铜器向铁器的过渡期，著名《荷马史诗》就反映该时期的社会状况，被称为“荷马时代”。因为史诗所描写的是英雄故事，所以又称为“英雄时代”。在此期间，铁器逐渐取代青铜器，比较先进的农具和耕作技术已被普遍采用，农业生产力有很大提高，商业贸易也有较大发展。在政治制度上实行军事民主制，由军事首领和贵族长老、民众大会共同处理有关事务。随着军事首领和贵族长老的权势日趋膨胀，在“荷马时代”后期，经济不断发展，导致私有制出现和阶级对立，部落管理体制开始向国家经济体制转变。

公元前8世纪到公元前6世纪，随着人口增多，希腊中落的贵族和失去土地的农民需要到海外拓展生存空间，整个希腊城邦展开大规模的海外殖民扩张活动，参加的城邦有40多个，他们每攻占一地，立即按照母邦模式建立起新城邦，对当地人实行殖民统治，但这种殖民城邦不依附母邦，而是保持其政治独立性。200多年的持续拓展，希腊城邦的殖民地遍布地中海北岸和黑海南岸、北非尼罗河口。攻城略地的大规模战争虽然破坏生产，但也加强了希腊诸邦与海外各地的商业往来，客观上促进了希腊与西亚及北非的经济、文化交流。

公元前6世纪后半期，西亚波斯帝国在征服小亚细亚诸城邦后，屡屡侵入希腊本土，导致与希腊城邦的大规模战争，史称“希波战争”，雅典作为一个大城邦，扮演希腊诸城邦的领导者与主力军角色。雅典位于希腊的阿提卡半岛，希波战争后，雅典民主政治高度发展，进入极盛的“伯利克里时代”，奴隶制民主政治协调城邦不同阶层的意志与利益，调动公民参政、议政的积极性与主动性，为人类的古典文明做出巨大贡献，并在文学、艺术、历史、戏剧诸方面取得空前成就。

古希腊另一个著名的奴隶制城邦斯巴达，位于伯罗奔尼撒半岛东南部。在公元前9世纪到公元前7世纪，斯巴达人逐渐征服当地居民，逐渐强大起来。由于雅典长期称霸，引起斯巴达的不满，公元前431年，战争爆发，经过长达三十年的伯罗奔尼撒战争，最终以雅典彻底失败告终。战争使希腊诸城邦均遭到重创，经济面临衰竭。公元前4世纪，希腊北部的马其顿王国乘机南征，于公元前338年击溃希腊联军，统治了整个希腊。

习近平在希腊媒体发表署名文章：让古老文明的智慧照鉴未来

此后，国王亚历山大建立了一个地跨欧、亚、非三洲的马其顿帝国，定都巴格达，但很快帝国崩溃，分裂为一系列“希腊化”国家。由于庞大的帝国疆域，使希腊文明逐渐向东扩展，与东方文明进行多方面渗透和交融。习近平总书记2014年10月在文艺工作座谈会上强调：“古希腊产生了对人类文明影响深远的神话、寓言、雕塑、建筑艺术，埃斯库罗斯、索福克勒斯、欧里庇得斯、阿里斯托芬的悲剧和喜剧是希腊艺术的经典之作。”①

2014年10月15日，中共中央总书记、国家主席、中央军委主席习近平在北京主持召开文艺工作座谈会并发表重要讲话。新华社记者　摄

西方文化渊源于希腊，发扬光大于罗马。罗马文化是希腊文化的继承和发展，在哲学、文学、戏剧、文字、雕塑等方面都保留有希腊文化遗风，在西方文化史上承前启后。古罗马文明的发祥地是意大利，公元前509年，奴隶主贵族推翻王权，建立共和政体，罗马成为奴隶主贵族寡头统治社会，其国家首脑由两名执政官组成，每年从贵族中选举产生，任期一年。征服希腊化国家托勒密王朝后，罗马把希腊的文艺作品当作典范进行模仿、抄袭，并用劫掠来的希腊艺术品装点、充实罗马城。许多希腊人移居罗马城传播希腊文化，罗马人也狂热地学习、吸收和效仿。

习近平在意大利媒体发表署名文章：东西交往传佳话　中意友谊续新篇

公元前1世纪，罗马先后出现苏拉和恺撒的独裁统治，恺撒政权对元老院进

① 习近平：《坚定文化自信，建设社会主义文化强国》，求是，2019年第12期。

行彻底改组，使之成为咨询机关而徒有其名，借以强化中央集权，实行独裁统治。公元前44年，恺撒遭元老院成员暗杀身亡，政局再一次动荡。公元前30年，恺撒大帝的继任者屋大维先后战胜对手，成为罗马军事独裁者。公元前27年被元老院尊称为“奥古斯都”（拉丁文意为“神圣的”“至尊的”），屋大维自称“第一公民”，集军、政、宗教大权于一身，他所创立的元首制，实质上是披着共和制外衣的“帝制”，罗马从此进入帝国时代。约200年后，罗马帝国地跨三洲，在吸收、融合东西方文化的基础上，创造了独具一格的古罗马文化，在法律制度、文学、史学、哲学、建筑等领域均取得辉煌成就。公元476年，日耳曼人入侵，西罗马帝国宣告灭亡。东罗马帝国一直延续到1453年。

2019年3月，国家主席习近平在意大利《晚邮报》发表题为《东西交往传佳话　中意友谊续新篇》的署名文章指出：中国和意大利是东西方文明的杰出代表，在人类文明发展史上留下浓墨重彩的篇章。作为古罗马文明的发源地和文艺复兴的摇篮，意大利雄壮华美的历史古迹、文学艺术巨匠的恢宏杰作广为人知。中国和意大利两个伟大文明的友好交往源远流长。早在两千多年前，古老的丝绸之路让远隔万里的中国和古罗马联系在一起。汉朝曾派使者甘英寻找“大秦”。古罗马诗人维吉尔和地理学家庞波尼乌斯多次提到“丝绸之国”。一部《马可·波罗游记》在西方掀起历史上第一次“中国热”。马可·波罗成为东西方文化交流的先行者，为一代代友好使者所追随。①

二、文艺复兴时期欧洲文化

14世纪至17世纪，西欧新兴资产阶级在思想文化领域发动了一场伟大的反封建革命，即文艺复兴运动。既是资产阶级新文化运动，也是人类历史上一次重要的思想解放运动。但当时资产阶级尚不成熟，尚未提出完整的政治理论和思想体系。于是他们打着“再生”和“复兴”古典文化的旗号，广泛收集和研究古代希腊文化和古罗马文化，从中汲取营养，创造资产阶级文化。

14世纪到15世纪，在佛罗伦萨、威尼斯、热那亚和米兰等城市，开始出现具有相当规模的手工工场和发达的商业、银行业。意大利资本主义萌芽及发展，奠定了新文化运动的经济基础。在政治方面，有些城市已经形成城市国家，如威尼斯、佛罗伦萨等城市。比较重视经济和文化发展，积极推动文艺复兴运动，在文化上具有优势。意大利是古罗马的直接继承者，保留很多的古典作品，一些学者从罗马废墟中发掘文物，从各神院搜求古籍，并潜心研究。15世纪，君士坦丁堡陷落后，东罗马帝国许多学者带着古籍和手稿来意大利避乱、讲学，促进了意大利人对古典文化的学习与研究。

① 《习近平在意大利媒体发表署名文章》，新华网，2019年3月20日。

文艺复兴运动在思想文化领域激起深刻变革，极大地推动了思想解放，给西方带来前所未有的艺术繁荣和科学文化的空前发展。文艺复兴时代是一个群星灿烂、人才辈出的光辉时代，各个领域都出现了一批学识渊博、多才多艺的文化巨人，给人类留下了宝贵精神遗产，放射智慧的光芒。意大利文学艺术成就最为突出，但丁、彼得拉克、薄伽丘被称为“文艺复兴三颗巨星”。绘画方面，达·芬奇、米开朗琪罗、拉斐尔被誉为“艺术三杰”，达到前所未有的高度。随着文艺复兴运动在西欧的扩展，德国、法国、英国、西班牙在文学艺术等领域取得了巨大成就，出现伊拉斯谟、拉伯雷、蒙田、莎士比亚、塞万提斯等在世界文学史上有重要影响的作家，进而推动近代自然科学发展，哥白尼的“日心说”从根本上动摇了统治一千多年的“地心说”。1609 年，伽利略使用自制的世界上第一架天体望远镜探索宇宙奥秘，发现许多新的天文现象。开普勒的三大定律揭示行星运转速度与轨道的相互关系。数学方面，1514 年英国数学家耐普尔制定世界上第一张对数表。1637 年，法国学者笛卡尔创立解析几何。

16 世纪的宗教改革是又一次精神文化革命运动，是对现存宗教秩序的反思，它打破天主教会在精神上的统治地位，以崭新的宗教思想开辟欧洲资产阶级的思想革命学说，给基督教发展注入新的活力。宗教改革后，基督教形成三大派别：直接隶属于罗马教皇的“天主教”（旧教）；原东罗马系统的“东正教”；马丁·路德、加尔文以及其他宗教改革派别所创立的“新教”。宗教改革不仅进一步解放思想，而且促进民族语言发展，使欧洲各国民族文化得到迅速发展。明末清初，西方的传教士利玛窦、汤若望、南怀仁曾到中国传教，把西方的宗教信仰带到中国社会生活中，同时带来西方科学文化成果，开始“西学东渐”。

启蒙运动最先在法国开展，是欧洲资产阶级的文化革命运动，也是继文艺复兴的第二次思想解放运动，它批判中世纪神权观念和蒙昧主义，确立人在社会生活中的主体地位，为西方近代自由、平等、博爱的文化价值观的形成奠定了深厚理论基础。启蒙运动核心思想是理性主义。自然科学领域，牛顿力学体系总结一个半世纪以来的科学发明，是科学发展史的一个里程碑。文学领域，17 世纪法国伟大剧作家莫里哀把戏剧艺术推向高峰，其《伪君子》《吝啬鬼》塑造的人物形象，丰富了世界艺术经典画廊。出现启蒙思想家伏尔泰、卢梭、狄德罗。伏尔泰《老实人》，卢梭的《新爱洛伊斯》、孟德斯鸠的《波斯人信札》、狄德罗的《修女》等，用文学形式表达了启蒙主义思想。17 世纪的西方艺术进入了一个新时代，即巴洛克时代，这种艺术风格一反中世纪传统，塑造出不规则、奇特的艺术形象，其代表人物是意大利画家、雕塑家、建筑师贝利尼。在巴洛克艺术中，荷兰画派独树一帜，鲁本斯、伦勃朗的作品有着极高的艺术价值。

三、近现代西方文化

科学革命是西方社会从传统迈向现代的重要转折，此后，科学主义与人文主义并列，成为西方文化的两大内容。1640 年，英国爆发资产阶级革命，成为世界近代史的开端，其后以蒸汽机为代表的工业革命，引发了一系列新兴科技变革，科技成果大规模应用到生产前沿，催生了工厂制度，现代资本主义得以确立。科学革命不仅使物质生活发生巨大变化，而且对粉碎中世纪占统治地位的宗教世界观，树立现代科学的世界观和方法论，都建立不朽业绩。

现代文明是科学化、工业化和民主化的三位一体，存在于其中的自由与平等两大价值观的张力，是现代文明演进的内在动力源。20 世纪是人类历史发生翻天覆地变化的时代。在不到 30 年的时间内，爆发两次世界大战，给人类带来空前浩劫。战后世界格局由美苏两极向多极化发展，人类在经历对抗之后，更多谋求对话，和平与发展成为时代主题。20 世纪又是人类科学技术日新月异发展的时代，出现以原子能开发和利用、计算机、空间技术为特征的第三次技术革命，给人类带来的影响巨大而深远。自 70 年代以来，科技进步日渐成为经济发展的决定性因素，科学技术是第一生产力成为现实。90 年代知识经济出现后，新兴产业层出不穷，人类正经历一场全球性的科学技术革命。这不仅极大地提高了劳动生产率，而且影响着社会生活的各个方面，也大大推动了文化思想发展。人们的思维方式发生变化，墨守成规不再适应时代要求。面对历史传统的崩溃，主导认识的缺乏和对未来的空虚感、失落感；激烈的震荡和科技的迅猛发展，导致人们对文明“进步”的忧虑和失望，社会出现信仰危机和理想真空，这为各种非理性思潮和现代艺术流派的产生和发展提供了适宜土壤。

20 世纪西方哲学流派十分复杂，流派名目繁多，内容庞杂。实证主义哲学是西方现代哲学的开端，创立者是法国的孔德，他认为科学只是主观经验的描写，不能反映任何客观规律，只有经验事实才是确实的，而人的经验事实又是人的主观感觉构成的。在其他众多哲学流派中影响最大、流传最广的是实用主义、存在主义和精神分析学派。19 世纪末实用主义产生于美国，20 世纪初开始流行，代表人物是詹姆士和杜威。这是一种主观唯心论，杜威自称“经验自然主义”，认为自然只能在主观经验之内，没有独立于主观经验而存在的自然。杜威把知识、理论、观念、学说等当作行为的工具，称之为“工具主义”，本质上属于“有用论”。1919—1921 年杜威曾到中国讲学，鼓吹实用主义，流行一时，影响颇广。存在主义在二战后流行于法国、意大利、美国以及拉丁美洲各国，最负盛名的代表是法国的萨特。它是一种独特唯我论的主观唯心主义，既是非理性主义思潮的典型表现形式，又是一种极端个人主义和悲观主义哲学，但它强调人用行动对荒诞的世界进行反抗，强调人的自由选择、人的价值和作用。存在主义渗透到文学艺术、心理学、宗教学、社会学、历史学、教育学等学科乃至社会生活各个方面。精神分析学派创始人是奥地利心理学家、精神医生弗洛伊德。他认为人的意识是由“无意识”变化的，人的任何心理现象都是“无意识”决定的。在人的无意识领域里，存在着本能欲望冲动，是人类一种原动力、内驱力。意识只不过是无意识的暗流所产生的表面微波。弗洛伊德不断对其精神分析学说加以修正完善，如今该学说已经远远超越心理学领域，对现代哲学、美学、宗教、民俗学、语言学、社会学、历史学都产生深远影响。弗洛伊德因之被认为是20世纪以来最有影响力的思想家之一。

20世纪西方文坛各种文学力量并存，现实主义文学、苏联文学、现代主义文学彼此对立又相互影响。20世纪前期现实主义文学仍在流行，现代主义文学异军突起，并且日益成为主导力量，它标志着西方文学发展的重要趋势。现代主义文学流派众多，以表现主义、意识流、存在主义、新小说派、拉丁美洲魔幻现实主义、“搞垮的一代”文学流派、美国的“黑色幽默”等成就较著。奥地利的卡夫卡是表现主义最负盛名的作家，代表作为《变形记》。爱尔兰作家乔伊斯被推崇为意识流大师，代表作为《尤利西斯》。哥伦比亚作家马尔克斯的《百年孤独》反映拉丁美洲的历史演变进程，具有浓烈的神秘主义色彩，被冠以“魔幻现实主义”。美国作家海明威的《太阳照常升起》《永别了，武器》等，反映了美国青年在文化和精神上的茫然、困惑和失望，社会影响巨大。

20世纪西方美术各种流派并存多变，主要有现代派、表现主义、立体主义、未来派、抽象主义绘画等。科技发展迅速，音乐与科技相结合成为现代派音乐一大特色，20世纪初电子音乐产生，爵士音乐是重要流派之一。二战后，爵士音乐又发展成摇滚乐，传遍世界各地。

第二节　西方文化的基本精神概略

一般认为西方文明的源头是古希腊。黑格尔在《历史哲学》中说，古希腊是西方人的精神“家园”。拉尔夫在《世界文明史》中也认为：“在古代世界的所有民族中，其文化最能鲜明地反映出西方精神的楷模者是希腊人。没有其他民族曾对自由，至少是对其本身，有过如此炽烈的热心，或对人类成就的高洁，有过如此坚定的信仰。”① 西方文化深受古希腊文化影响，希腊文化是西方文化的重要精神渊源。

一、民主、法治传统

古希腊精神对后世影响最大的是民主精神。其基本原则是主权在民，最高权力属于公民。定期举行的公民大会是最高权力机关，所有国家大事都由公民意志

① 菲利普·李·拉尔夫等：《世界文明史》（上、下卷），商务印书馆，2001年版，第208页。

表决，任何个人不得凌驾于公民之上。“轮番为治”与公民大会是“主权在民”原则的体现。公民轮流参加议事会和陪审法庭、处理国家事务、审理案件及调解纠纷。民主精神包括许多重要原则，诸如民主政治在于全体公民执掌政权，在法律面前人人平等，用人惟才，政务公开与自由，私人生活自由与宽恕，等等。这些原则对西方社会影响深远，在当今西方民主制度中，仍可以看到“希腊的灵魂”。

民主与法治密不可分。真正的民主必然是法治的，真正彻底的法治也只有在民主制度下才能通行无碍。希腊的民主精神与法治精神有机结合在一起。在古希腊，法律被视作城邦安全的基础，具有女神般的尊严，堪称城邦的真正保护神。城邦按法律治理，任何人的地位都不得高于法律。如柏拉图所言，法律是决定国家兴衰的因素。罗马在法制方面对后世的贡献巨大，西方现代立法理论的三个重要原则——法律面前人人平等、契约自由和财产所有权不容侵犯，在古罗马法中均有充分体现。不仅在社会生活中发挥极为重要的作用，对以后西方历史发展更产生深远影响，这是古罗马对人类文明做出的突出贡献。

现代西方国家政体各异，但民主与法治的精神贯穿如一，民主与法治的潮流在当代已不可阻挡。民主主义主要包括主权在民、民有、民享、民治、多数人统治的原则。主权在民在现代表现为人民主权思想，人民地位不断上升，并得到宪法和法律的有效保障。保证民有、民享、民治得以落实的多数人统治原则，主要体现为普选制、代议制和少数服从多数的政治统治原则。为防止多数人统治变得暴虐，就要用法律保护个人的基本权利，用合理制度来确保、规范权力使用。

二、科学、求真传统

古希腊哲学家伊壁鸠鲁曾说：“一个人不知道什么是宇宙的性质……没有自然科学的知识，就不能享受无比的快乐。”科学之父亚里士多德构建了一套完整的科学知识体系，并对西方传统思维方式进行总结，在许多科学领域不断发展，创立逻辑学，并对修辞学、政治学、伦理学、物理学、生物学、心理学、美学等学科都有研究，形成完整的科学思维方式，对西方现代科学思维、认识事物和处理问题的方法以及形而上思想都起到奠基作用。不仅如此，古代西方在文化精神上是人文与科学并重，毕达哥拉斯定理、泰奥弗拉斯的《植物史》、希波克拉底的医学理论、欧几里得的《几何原本》、阿基米德的浮力定理、老普林尼的百科全书《自然史》，等等，构成西方古典时代辉煌的科学原地。古希腊这种探索传统到近代转化为一种科学精神。

中世纪虽然出现过扼杀科学真理的宗教迫害运动，但在信仰与理性的争论中仍孕育着传统的科学精神。为更好地理解上帝本身，让信徒能够掌握自然科学知识，从11世纪起，教会在各地兴办学校，从小学一直到大学，课程除神学外，还开设文法、逻辑、修辞、算术、几何、天文、音乐等。这些大学虽然由教会控制，以神学为主要课程，但同时讲授人文科学和自然科学知识。正是在宗教信仰中贯穿对宇宙的探索精神，蕴含科学精神，使得西方在中世纪仍然出现哥白尼的“太阳中心说”，以及为捍卫真理而献身的布鲁若、伽利略等杰出科学家。文艺复兴和宗教改革运动使西方世界理性主义复苏。思想领域的变革大大促进了科学发展，在变革中弘扬传统文化的精华，使之与新兴经济需求中的科学发展相结合，再塑西方的科学精神。

近代西方是一个科学张扬的时代，并将宗教信仰与科学理性相结合，在信仰与理性中不断探索，推动自然科学的持续发展，标志着西方文化精神进入一个新阶段，这就是以探求规律为特征的科学精神。在这种精神的滋养下，西方社会获得长足发展，实现超越，在驾驭自然方面取得优势。

求真精神与科学传统相伴始终。近代与现代科学之所以能在西方兴起，并且一路领先，与希腊哲学的求实精神密不可分。在古希腊，人们对什么是善恶总要争论。这些讨论广泛涉及如何做一个好公民、成为一个合格的人等问题，苏格拉底与人谈话总是围绕着两个话题：究竟什么才是善？你认为你对它有了真知了吗？苏格拉底从不给人一个现成的结论，只是通过平等、生动对话，让对方根据事实和理性做出判断，开启让人重新观、思考、检查追寻真正的善的道路。希腊哲学家所说的知识指的是真知，苏格拉底把真假善恶同真知联系起来，提出“美德即知识”命题。亚里士多德更是“求真”的典范，面对老师柏拉图，他喊出“吾爱吾师，吾尤爱真理”，一直鼓舞激励着众多有志之士追求真理、献身科学。亚里士多德认为：研究哲学的人应该具有求真精神，应该有自己独立的见解，而不是盲目地屈从他人，屈从于某种权威，唯其如此，哲学才能说是自由的，才能求得真知。因为求真精神，形成西方文化中重视逻辑分析、尊重科学的精神传统，从而推动科学的持续发展。诸如毕达哥拉斯对数的研究，德谟克利特对原子的探究，阿基米德对浮力的思考，欧几里得对几何学的探索等，都是求真精神的体现，对西方文化发展产生深远影响。

三、自由、博爱传统

自由精神最集中地体现在对个性追求和尊重上。希腊人认为，每个人都有自身个性、独特价值，不可重复，不可替代；既然来到世间走一遭，总要干出一番轰轰烈烈的大事业，至少要有自己的独立见解和主张，不人云亦云，随波逐流，这种个性意识是野蛮人所没有的。每个人都有自己的鲜明个性，人生的价值和意义就在于让自己的个性充分发挥。智者普罗泰哥拉说：“人是万物的尺度，是存在的事物存在的尺度，也是不存在的事物不存在的尺度。”这是从哲学角度对人的个性的肯定。

西方个人主义精神是在人类对自然环境挑战及适应社会经济下逐渐形成的，对个人欲望和幸福等思想做出最早阐释者首推17世纪英国著名思想家霍布斯，他认为所有人按其本性来说都只关心个人利益，都只为了满足和发展个人欲望，为了追求个人幸福。资产阶级启蒙运动时代，随着生产发展和科学进步，个人主义思想也随之向前发展。亚当·斯密提倡个人自由、自由竞争，反对政府干涉私人经济活动，成为个人主义的经济学基础。

从中世纪到现代，西方的个人主义逐步扩展，先是从神的权威下张扬，再从人的权威下解放。在革命斗争中，西方人的自由意识逐步建立并形成完整理论。

对个性自由的追求促进博爱思想的衍生。中世纪时期基督教占据文化和意识形态的统治地位，基督教的罪感意识和救赎意识、爱的精神、禁欲主义以及封建的骑士精神构成中世纪西方文化的精神主流。基督教有三个基本的道德原则：仁爱、信仰、希望，仁爱居三德之首。在基督教看来，爱是信仰和希望的落实处。

第三节　中西方文化基本精神交流互鉴

习近平总书记指出：“文明因交流而多彩，文明因互鉴而丰富。文明交流互鉴，是推动人类文明进步和世界和平发展的重要动力。”“各种人类文明在价值上是平等的，都各有千秋，也各有不足。世界上不存在十全十美的文明，也不存在一无是处的文明，文明没有高低、优劣之分。”“推动文明交流互鉴，可以丰富人类文明的色彩，让各国人民享受更富内涵的精神生活、开创更有选择的未来。”① 本节从精神传统、戏剧文化、绘画艺术、建筑文化等领域入手，对中西方文化传统进行比较性考察。

一、中西不同的精神传统

（一）人文主义与宗教精神

在中国传统文化中，儒道两家的主体思想占据主体地位。正如儒道互补构成中国文化的主流意识，形成人文主义传统，儒家强调社会秩序化、和谐化，“观乎人文，以化成天下”；道家以自然智慧批评、反思人文，超越人文，丰富包含

① 习近平：《文明交流互鉴是推动人类文明进步和世界和平发展的重要动力》，求是，2019年第9期。

了人文价值，使人文发展更加健康。希腊、希伯来文化则是西方文化的主流。如果说，古希腊文明为西方文化奠定理性认识的基础，那么希伯来文化则为西方文化提供超越性的宗教观念。希伯来人大约在公元前 18 世纪创立犹太教，犹太教系一神教，其宗教经典《圣经·旧约全书》包括创世纪、挪亚方舟等基本内容。到罗马帝国后期，犹太教一支在地中海地区广为传播，它继承摩西与上帝耶和华在西奈山立约的教义，在此基础上又确立了新的学说：耶稣降世是上帝与人类新的立约，故基督教将前者称为“旧约”，后者称为“新约”。

基督教从犹太教中继承一神论教义，引入希腊哲学中理性观念，把犹太教耶和华推崇为各个民族共同的神。同时，基督教吸纳古希伯来的契约意识和原始法律观，糅合吸纳古罗马的法律思想，在弃旧扬新中，基督教构筑了全新的宗教理论。经过宗教改革，提出人人平等的思想，使得基督教适应资产阶级信仰的需要，对西方人追求个人幸福的奋斗精神给以肯定，并对财富观予以新的解释，对近现代西方人的信念产生极大影响。另外，基督教宣扬“爱”的宗教情感一直左右西方人的道德理念，使其成为一种人道主义理想，对维护社会稳定发挥重要作用。

（二）“天人合一”和征服自然

“天人合一”是中国文化核心精神，儒家文化奠定对天的认识，孔子说：“君子有三畏：畏天命，畏大人，畏圣人之言”，并进一步提出“敬鬼神而远之”观点。宋代张载在总结前人理论的基础上，系统上提出“天人合一”的理论体系。其主要内容包括人与自然有共同的本原和人是自然的一个组成部分。自然运行的规律，体现着人类社会发展的规律，自然现象是人类社会的征兆，日月星辰正常运行是安定顺畅的体现，山崩地裂则是凶险灾异的警示。人类社会的一切活动均应顺应自然，才能如《孟子·寡人之于国也》所说“养生丧死无憾，王道之始也。”

西方文化在人与自然的关系上有三个基本观点：其一，人与自然是对立的，人有上帝赋予的统治自然权力；其二，人只有通过战胜自然、征服自然的艰苦斗争才能得以生存；其三，人与自然的产物是敌对的。人与自然二元对立及征服、驾驭自然的观念是西方文化的基本精神，这与海洋文化质的规定性关系密切。古希腊人面对惊涛骇浪、神秘莫测的大海，在产生畏惧的同时，为了生存，也激发其驾驭自然、征服自然的雄心。征服自然必须认识和掌握自然规律，“知识就是力量”。亚里士多德早在公元前 4 世纪就写下了《物理学》《天体论》《动物史》等关于自然科学著作。在探求自然中，哥伦布发现美洲大陆，哥白尼发现新天体，麦哲伦环绕地球航行，证实地球为圆形的结论。正如英国历史学家托马斯·布克尔在其《英国文明史》中说：“西方文明的全部进程均是以精神法则战胜自然法则——人战胜自然为标志的。”

（三）群体本位与个体本位

人是人类社会的核心，在这一点上，东西方文化是一致的，中国文化把人类看成家庭和整个社会关系的一员，作为群体的一分子，个人的利益和命运通过群体的认同才得以体现，个人存在只有通过对群体负责才得以向社会昭示。正如《礼记·礼运》所说："父慈、子孝、兄良、弟悌、夫义、妇听、长惠、幼顺、君仁、臣忠，"就明确规定了个人在家庭、社会中处理人与人关系的准则。总体上强调先有国，次有家，最后才有个人，个体有浓厚的家国情怀。

西方文化则把人看成具有自由意识的独立个体存在，每个人对自己的生存和命运负责，个体价值通过自身奋斗而获取。西方文明所孕育出来的社会精神，形成以个人为中心的价值取向，个人生存与发展皆由己而为，谋事在人，成事在己，每个人要对自己的行为负责。家庭与个人是一种暂时的关系，在家庭中，强调成员的自由、权利和独立意志，淡化个人对家庭的责任与义务。

西方人具有强烈的法律意识，法律是调节人与人、人与社会冲突的一个杠杆。经过启蒙运动，西方法律对个人权利的规定已深入家庭内部，规定夫妻之间、父母与子女之间所享有的权利，财产权、隐私权不能受任何人的干预，内容十分具体。奉行以自我为中心的价值观，对造就个体创造性与开拓性都起着重大作用。马克思说："人的本质并不是单个人所固有的抽象物。在其现实性上，它是一切社会关系的总和。"① 但西方观念中所推崇的"鲁滨孙式"的个人奋斗，只能在一种原始条件下生存，任何一个孤立的鲁滨孙，都无法推动人类社会的进步与发展。

二、中西方戏曲文化

（一）精神风貌

通观中西方戏剧，中国戏剧一直将"乐"作为融入其他艺术要素的本源。远古时期，中国"丑""祝""优"的表演，以歌舞与音乐为基本要素。西方戏剧在演化过程中出现相对独立的"体裁"，以语言表达为主体的戏剧称为话剧；以歌唱为主体的戏剧称为歌剧；以舞蹈为主体的称为舞剧。但在中国，以乐为本位，融诗、歌、舞为一体的表演程式则始终如一。西方戏剧始终与时代精神相配合，古希腊时代、中世纪、文艺复兴时期、启蒙时代，西方戏剧无论在内容抑或形式上，都紧密联系社会，在政治、思想、哲学等方面始终与文学思潮及文学运动相一致，反映时代精神风貌。

（二）表演手法

中国通过写意手法，求其神似而非形似，需要通过观众的联想，方能实现传

① 《马克思恩格斯选集》第1卷，人民出版社，1972年版，第18页。

达内涵的目的；西方戏剧追求艺术真实，戏剧演员的表演必须真实，“真实才能感人”是西方戏剧表演的至理名言，演员要进入角色，把握人物性格，找到适当、真切的表现形式，在心目中形成明晰、完整的艺术形象，通过自己的语言与形体，将这一完整的艺术形象转化为舞台形象，呈现于观众面前。

（三）结局展现

持中贵和是儒家文化的基本精神，在这种文化精神支配下，不仅难以产生希腊式悲剧，也不可能产生文艺复兴时期的悲剧和喜剧，多以“苦戏”“冤戏”“哀曲”为特征，必然产生“终成正果”的戏剧结局。中国悲剧人物大都是弱小善良、无辜受害的小人物，处在社会底层的弱势群体。而在西方悲剧中，顶天立地式的悲剧人物比比皆是，古希腊是以神化英雄为主角，中世纪后悲剧主角成了贵族和英雄豪杰。中国悲剧表现的是主人翁的悲惨遭遇，而不是剧烈的冲突。在戏剧矛盾中，主人公的抗争非常软弱，以道德评判作为胜败的尺度，以同情弱者的社会心理激发观众垂泪，甚至激起观众的义愤，缺乏西方悲剧对立双方抗争中的斗争精神和无畏气概。西方悲剧所揭示的冲突多是人与命运的抗争。中国悲剧重在惩恶扬善，表达善恶终有报思想。西方悲剧的结局是英雄用义无反顾的精神去斗争，用自己的生命去彰显斗争的必然性及重大意义。

三、中西方绘画艺术

（一）不同的艺术语言

线条、色彩、形体是绘画艺术独特的表现方式和表现手段，构成绘画艺术的语言。中国画线条始终占有重要位置，甚至被认为是根本，一向坚持以线条造型的原则，并赋予线条以内蕴的生命力和个性特征。西方传统绘画非常重视描绘对象的真实感，强调绘画模拟状物的功能，认为色彩是绘画的灵魂，将其审美价值提高到无与伦比的地位。中国画在色彩运用上主张“随类赋色”，山水画多用石青石绿填色，所谓“青绿重彩、工细巧整”即为此意。这种赋色方法，一般不是为描绘对象的需要，而是为追求画面的艺术效果。西方传统绘画注重客观的真实再现，在构图上，西方绘画充分运用光学、几何学，采取“焦点透视法”，从固定角度、固定观察点，作为透视整个物体的视点去描绘事物。中国画特别是山水画，采用“散点透视”，可以步步走、面面观，“景内走动”。中国画不关心面部光线对形象构成的影响问题，在中国画家眼中，光线是次要的，关心的主要对象是轮廓。

（二）写意与写实

习近平主席在2014年3月27日巴黎联合国教科文组织总部演讲中说：“中国音乐、绘画、文学等也不断吸纳外来文明的优长。中国传统画法同西方油画融合创新，形成了独具魅力的中国写意油画，徐悲鸿等大师的作品受到广泛赞赏。”① 彰显中西绘画的相互促进、共同提升。

在中国文化观念中，人与自然的关系是一种有机和谐、水乳交融的整体。中国画追求写意，即以主观表现为出发点的艺术表达方式，作品中的大千世界，均经过主观提炼乃至改造，以至形成某种主观化图式，不求形似，但求神韵。西方艺术写实特点更加明显，西方哲学关于人与自然的二元分离，以及靠知识来把握世界的宇宙观，认为人与自然宇宙不可能达到有机融合。正如达·芬奇指出的："绘画的确是一门科学，并且是自然的合法的女儿，因为它是从自然产生的。为了更确切起见，我们应该称其为自然的孙儿。因为一切可见的事物概由自然生养，这些自然的儿女又生育了绘画。”②

（三）审美特征不同

中国绘画的审美标准在儒家倡导的中庸哲学熏染下，注重情感表达，强调温婉与节制，追求怨而不怒、哀而不伤、乐而不淫的艺术境界，向往婉曲和温柔敦厚。西方绘画则崇尚阳刚之美，倡导英雄主义与悲剧精神，充溢个性铺张、浪漫激情和深沉博大气势。中国画家以含蓄而鲜明的笔墨描绘主体，除必要点缀或衬托之外，剔除一切多余之物，在画面上留有较多空白，给观赏者留有自由驰骋的想象余地，产生言有尽而意无穷的艺术效果。正如钱钟书所说："以经济的笔墨获取丰富的艺术效果，以削减迹象来增加意境。”③

四、中西方建筑文化

中国主要以建筑群形式出现，组群布局规整，对称均衡、轴线突出、层次分明，给人以稳定和谐的艺术感受。从先秦到清代两千多年中，台基、柱子加斗拱、大屋顶这三段式的建筑模式始终没有改变。不以人工和自然竞争生存，而是与自然保持一种和谐的关系。多窗户，特别是在中国南部地区，通向庭院的一边，常常铺开一排落地长窗，打开窗户，室内外空气完全融合在一起。建筑外部造型也尽可能表现出与自然相协调的观念，追求虚实相应，轮廓柔和，曲线蜿蜒，给人一种庄重而灵动的审美感受。风水也称堪舆，在中国古建筑中起着重要作用，表现于建筑基址的选择及建筑坐向，风水的理论基础仍然为天人合一，顺应自然。

在西方文化中，人与自然相抗衡、相对立的心态突出，为了表达永恒意念和与自然抗衡的张力。西方古典建筑更强调个性，从古希腊、罗马时代开始，个性

① 习近平：《文明交流互鉴是推动人类文明进步和世界和平发展的重要动力》，求是，2019 年第 9 期。
② 达·芬奇：《芬奇论绘画》，人民美术出版社，1979 年版，第 17－18 页。
③ 钱钟书：《钱钟书论学文选》，花城出版社，1990 年版，第 11 页。

追求已成为推动建筑艺术繁荣的原动力，风格多样，流派纷呈。从拜占庭式建筑到中世纪早期基督教教堂，从10世纪左右流行的罗马风格到12世纪开始兴起的哥特式建筑，从文艺复兴之后的古典建筑到17世纪、18世纪的新古典主义、洛可可风格等，建筑结构和形式变化往往伴随着宗教派系归属和统治者更迭而大起大落，变革一直是西方建筑文化主调。西方建筑十分注重对单个建筑物宏伟气势的渲染，以此显示皇权或宗教威严，以其象征至尊和永恒。更加讲究个性，每座建筑都是一个独立、封闭的个体。那些巨大穹隆顶式建筑，更表达一种向上与向外拓张的气势，彰显雄健挺拔，傲然自信。

第十六章　当代中国文化的大众化与和谐化

2014 年 3 月 27 日，习近平主席在巴黎联合国教科文组织总部的演讲中说：“推动中华文明创造性转化和创新性发展，激活其生命力，把跨越时空、超越国度、富有永恒魅力、具有当代价值的文化精神弘扬起来，让收藏在博物馆里的文物、陈列在广阔大地上的遗产、书写在古籍里的文字都活起来，让中华文明同世界各国人民创造的丰富多彩的文明一道，为人类提供正确的精神指引和强大的精神动力。”①

把培育和弘扬社会主义核心价值观作为凝魂聚气强基固本的基础工程

中国传统文化中蕴含着丰富的和谐思想，体现了先辈对于社会和谐的追求，为当代社会的发展奠定了深厚的思想基础。但这些和谐思想大多仅仅停留在“主张”层面，很少能够成为大多数人的共识并付诸实施。改革开放以来，伴随着“文化热”的持续深入和文化走进千家万户，真正实现文化“大众化”，传统的和谐思想才逐步显示其魅力，成为国人关注的热点，并逐渐上升为治国理政的重要理念。构建社会主义和谐文化已成为中国先进文化发展的现实诉求。

第一节　20 世纪 80 年代的“文化热”

一、“文化热”兴起的缘由

20 世纪 80 年代，曾经备受冷落的文化再度进入人们视野，得到持续关注，形成“文化热”。1983 年 12 月，由中国社会科学院近代史所、复旦大学历史系和联合国教科文组织《人类科学文化史》中国编委会，邀集国内著名学者召开“中国文化史研究学者座谈会”，对文化与文明及其关系，文化史的研究对象和范围，文化的性质、形态、结构、演化和分类及中外文化交流等问题都进行深入研讨。1984 年 12 月，上海中青年理论工作者召开“全国首届东西方文化比较研

① 习近平：《文明交流互鉴是推动人类文明进步和世界和平发展的重要动力》，求是，2019 年第 9 期。

讨会”，就“东西方文化的概念”和“东西方文化比较的意义”等展开讨论，并成立上海东西方文化比较研究中心。同时，《文汇报》《光明日报》相继开辟“中国传统文化和现代化”“关于中国传统文化”专栏和一批文化系列丛书的出版，对“文化热”起了推波助澜作用。

20 世纪 80 年代形成的“文化热”由京、沪等大城市扩展到全国，由知识界扩展到整个社会，有其深刻的时代背景。首先，随着思想解放运动的深入，社会在清理“左”倾错误的同时，开始对“文化大革命”乃至整个传统文化进行反思。不可避免地要问：为什么会出现“文化大革命”？这些与传统文化有没有关系？促使人们对传统文化重新审视。其次，西方文化涌入，对人们的思想意识和价值观念提出严峻挑战。存在主义、人道主义、精神分析学说、老三论（信息论、控制论、系统论）相继被介绍进来，在思想界引起巨大反响，萨特、尼采、弗洛伊德成为人们谈论的热门话题。第三，随着经济改革初见成效，文化建设被提上国家议事日程。1980 年 12 月，邓小平在中央工作会议上指出，我们要建设的社会主义国家，要有高度的精神文明。1982 年中共十二大提出“我们在建设高度物质文明的同时，一定要努力建设高度的社会主义精神文明，这是建设社会主义的一个战略方针问题”。政府的积极倡导，对文化讨论的兴起和发展起着引领作用。

二、文化讨论的主体内容

20 世纪 80 年代兴起的文化讨论，主要围绕中国文化的基本精神、对中国传统文化和西方文化的估价、中国传统文化与西方文化的关系以及中国文化的未来走向等相关内容展开。

（一）中国传统文化的基本精神

由于这场文化讨论的导火索是如何开展文化史研究，深层原因是反思“左”倾错误的根源，因而如何评价中国传统文化，在当时成为一个热点问题。主要观点有“儒家文化”说、“封建文化”说、“多元复合体”说、“周秦至清中叶这三千多年历史中形成并发展起来的文化”说以及“中国古代思想家所提炼出的理论化和非理论化的转而影响整个社会的、具有稳定结构的共同精神、心理状态、思维方式和价值取向等精神成果的总和”说等。

关于中国传统文化的主干，主要有“儒家思想主干”说、“道家思想主干”说、“儒、道共为主干”说、“儒表法里”说和“以儒家思想为主，儒道释三家相互渗透、相互补充”说以及“儒释道法三学二教并行而由儒学居中制衡”说等。

关于中国传统文化的核心精神，是当时争论最多的问题之一。主要有“调和持中（或中和主义、追求和谐）”说、“人文主义”说、“人伦主义”说、“王权主义（或者说专制主义）”说、“礼为中心”说及“天人合一”说等。

有关中国传统思维的特点，有学者认为，中国传统文化是一种富于静态美的文化，其封闭性集中显现于一些牵动民族意识神经的哲学观念，包括循环论的发展观、以宗法为经的人伦道德观、“反求诸己”的人生态度等。这一观点引起轩然大波，围绕传统文化的开放性与封闭性特点，成为当时讨论的热点。有关思维方式在文化结构中的深层问题，主要观点有“从整体的直观到经验的直觉”说、“超稳定”说和“反创造”说等。

（二）中国传统文化的时代意蕴

传统文化与现代化的关系问题，两者是否相容、传统文化中有无民主和科学、传统文化中是否具有现代化因素、如何寻找传统文化与现代化的结合点等，均成为热点问题。如对 17 世纪中国出现的社会批判思潮，有人认为其性质与欧洲的文艺复兴相类似，是近代的曙光；持反对意见者认为它是传统文化的自我调整，是日落西山时天空中的一抹晚霞；还有人认为明清之际思想的性质，既非近代的曙光也非中世纪的晚霞，而是近代思想的胚胎。

对中国传统文化的不同估价，直接影响到对中国文化前景和出路问题的认识。先后出现过“儒家复兴”说、“全盘西化”论、“西体中用”说等多种主张。

“儒学复兴”说。在 20 世纪 80 年代以来的文化讨论中，对中国内地儒学复兴影响最大的是美国华裔学者、哈佛大学教授杜维明。他先后奔走于中国内地、香港地区、台湾地区，还有新加坡等，倡导儒学第三期发展。儒学复兴逐渐演变成一种社会思潮。围绕现代新儒学、儒家资本主义以及是否在中国内地复兴儒学等问题展开激烈论争。

“全盘西化”论。这不仅是历史学、文化学概念，同时也是政治学概念。在文化讨论过程中，很少有人公开主张实行全盘西化，但事实上这股思潮在当时影响很大。直到 1989 年以后，伴随政治形势变化和学术风尚转换，这一思潮才逐渐退隐。

“西体中用”说。早在 20 世纪 30 年代的东西文化论战中就被明确提出，40 年代初贺麟也曾使用此提法。1980 年，黎澍在义和团运动 80 周年学术讨论会上提出，应当把“中学为体，西学为用”改为“西学为体，中学为用”。该主张被李泽厚引用，以阐述他的文化主张，从而引起激烈论争。季羡林就认为西方文化已经走到尽头，21 世纪将是中国文化的世纪。这一主张也引起激烈论争。张岱年提出“综合创造”论得到诸多学者赞同。

总体看来，20 世纪 80 年代的“文化热”可以解释为重大社会变革时期的文化启蒙，但其背后蕴含着“文化救国”与“文化本位”的传统情结。“文化热”是中国近现代社会发展的特殊现象，每当社会发展的重要时刻，都会爆发巨大的“文化热”。“文化热”的诱发渊源于中西方文化的剧烈冲突，代表人们对文化在社会、经济发展中重要性的认同，体现社会发展转折关头文化启蒙的重要性，文化变革往往成为社会变革的先导。

第二节　20 世纪 90 年代以来的文化大众化

20 世纪 90 年代以来，随着市场经济的持续推进，文化尝试走出书斋，开始走进大众生活，大众文化发展处于更加多元的国内外背景，越来越呈现更为多样化景观。文化开始进入“转型期”的历史阶段，大众文化的娱乐化和网络化趋向日益凸显。

一、20 世纪 90 年代以来中国大众文化转型

（一）文化转型的社会背景

国际上，20 世纪 80 年代末，苏联解体、“东欧剧变”，持续了几十年的“冷战”宣告结束，全球出现多极化趋势。但民族问题、宗教问题及各国家、各地区间为争夺利益而发生的冲突乃至局部战争依然存在。而新技术革命特别是信息革命爆发，发达国家在信息产业等领域展开一轮新的竞争，从而带动经济“全球化”。广大发展中国家采取各种方略应对经济“全球化”对本国经济带来的冲击，也在寻求迅速发展的机遇。20 世纪 90 年代的“经济全球化”“政治多极化”趋势与走向，极大地拓展了人们的视野，影响着人类的价值观念、思维方式、社会结构、生活方式与心理心态。在国内，1992 年邓小平南方谈话之后，我国明确提出“建立社会主义市场经济体制”的宏伟目标，并相继制定了一系列政策措施，涉及国民经济和社会发展几乎所有领域、行业。

（二）文化格局的自身嬗变

以 20 世纪 90 年代文化格局，大体上可分为主流文化、精英文化和大众文化。这三种文化形态与存在方式鼎足而立，对立与互补、冲突与交融，构成该时期文化领域繁荣与混乱同在、希望与失望并存生态。

首先，主流意识形态的不断强化。中共第三代领导集体高度重视主流意识形态的作用，在宣传思想领域采取有力政策，凸显主流文化的价值引领作用。江泽民总书记倡导：“努力以科学的理论武装人，以正确的舆论引导人，以高尚的精神塑造人，以优秀的作品鼓舞人”；关于社会主义精神文明建设诸多问题的论述；以及“讲学习、讲政治、讲正气”的强调，构成主流意识形态主题，彰显主流意识形态对于精神产品的生产与传播的总体要求。对于先进的、体现时代精神的英雄模范人物的大力宣扬，对于落后、愚昧、错误思想意识与行为的揭露与鞭挞，对于优秀精神产品的表彰与鼓励，无不彰显主流意识形态的强化。

其次，精英文化圈的日趋分化。与20世纪80年代“异曲同工”的状态（精英文化形成一股较大的、具有共同思潮特征的状态）不同，90年代精英文化圈出现严重分化趋向。“转型期”经济发展成为社会最为关注的中心话题，思想文化“形而上”地位开始跌落，精英文化圈中学者感觉自己从“话语中心”被挤压到“话语边缘”。现实生存的压力与话语中心转移带来的失落，使得“文化热”时期“振臂一呼应者云集”的精英文化风光不再，并出现严重分化：或“下海”“投笔从商”，或归并主流，或将视野瞄准大众文化，不一而足。

再次，大众文化地位的持续飙升。20世纪90年代市场经济活跃、商品意识普及给大众文化发展创造了生存空间，成为社会关注中心，开始扮演文化建设的“主角”。大众传播媒介跃升为最具社会影响力和最大的社会舆论来源，报纸、杂志、电影、广播、音像尤其是电视成为人们日常生活中不可或缺的文化产品。

二、大众文化的娱乐化倾向

大众文化是社会文化系统中一个相对晚出又具有相对独立性的文化形态，它是在现代工业社会中产生，与市场经济发展相适应、以城市大众为主要消费对象，并通过现代媒体广泛传播的文化形式。从其内容、功能和传播主体上看，既同体现执政党意识形态和为国家所倡导的主流文化、知识分子所追求的精英文化相区别，也与传统农业社会中的各种民间文化、通俗文化存在较大差异。

（一）文化娱乐化的内在原因

经济市场化是文化娱乐化的根本动因。市场经济以市场为资源配置的主要手段，文化生产机构陆续被推向市场，文化受众口味成为文化创作的主要导向。作品精神内涵让位于物质内容，经济规律替代审美原则，市场经济模式带来消费主义价值观，本应成为提升人的精神境界的文化降格为一个普通的消费物品。文化已不再是认知世界、陶冶灵魂、表达理想与坚守信仰的主要方式，而是一种提供感官快乐的手段，文化美学变成精神快餐。市场化过程出现生活功利化、感性化和金钱化为代表的享乐主义人生观被许多人认同与接受，这又导致文化生活的世俗主义和官能主义。理想被嘲弄，崇高被调侃，神圣被亵渎，文化的启蒙和批判功能被淡化，甚至被视为“乌托邦”而遭摒弃。

文化意识形态的淡化与宽松是重要政治条件。在以经济建设为中心政策导向下，经济衡量标准成为文化创作个体的主要价值导向，人际关系和社会生活平常化。“双百”（百花齐放，百家争鸣）方针、“双为”（文艺为社会主义服务，为人民服务）方向得到落实。文化价值观呈现多元并存、和平共处、相互借鉴的宽容局面。

电子媒介的迅速发展培养了娱乐文化消费群体。电子传媒拉近了非文化人与文化的距离，电子传媒的价廉物美和普通大众生活的改善，使文化生活需要及其支付能力极大提高。普通大众对文化品质的要求不仅仅是形而上的终极价值信仰，不是隐晦的语言表达方式，而是简单明了的娱乐和消遣，大众文化占据文化半壁河山。

（二）文化娱乐化的基本特征

第一，主体市民化。大众文化本质上是随着现代城市出现和在工业社会条件下产生的一种市民文化。现代城市既是政治经济中心，也是文化中心，不仅代表着先进的工业文明，而且代表着先进生活方式，并创造传播一种超越传统农业文明的市民文化。如果没有现代城市的产生及其工业社会的来临，进而超越传统农业社会之乡土文化，大众文化也就失去其经济基础和社区条件。与按照血缘、地缘关系而聚集的村落不同，城市居民是由无数个没有血缘、地缘关系者汇集而成的，其共同身份是城市大众。普遍的文化需要和趋同的文化人格，构成一种独特的大众文化形态。大众文化具有一定的先进性和比较优势性，会源源不断地向广大农村传播。

第二，应用科技化。大众文化更多借助大量的现代化科技传播手段。影视产品制作、演唱设施、娱乐手段、广告设计、支付方式及文化产品生产等广泛运用现代科技成果。缺乏现代化科技传播手段的运用，大众文化就不可能产生如此强大的生产力和如此高效的传播速度。

第三，消费娱乐化。大众文化的主要功能是娱乐，其产品就是娱乐消费品，它反映和满足人们日常文化娱乐需要。一方面，人们可以根据自己的需要和条件自由地购买大众文化产品；另一方面，大众文化的生产者和传播者也要满足人们的消费需要、维护人们的消费权益和遵守国家的产业政策与管理规定。大众文化具有深厚群众基础和大量消费者，具有高度的普及流行化特征。一部电视剧播出引发万民争睹，一首歌曲可以迅速唱遍全国，一款网络游戏出现众人追逐。

第四，运行市场化。大众文化生产具有明确的功利目的、商品属性和商业特征，其运行基本遵循市场机制和商业规则。在创作和生产中，文化产品经营者从策划、制作、传播、推销等各个运营环节，都要计算成本和收益，都会由市场这只“看不见的手”驱使而追逐利益最大化；在生产环节上，大众文化是由文化生产者、文化生产资料组成的进行大规模、高效率、批量生产体系；在社会效应上，大众文化产业又吸纳了大量就业人口，为国家创造大量税收，成为朝阳产业之一。

总之，大众文化的形成是市场经济条件下市民社会成长的伴生物。它开辟了迥异于单位所属制的政治空间和家族血缘伦理关系网的另一个公共文化空间。从歌迷会、球迷会、练歌房到网上聊天室，无不提供文化的个人空间和个性表达方式，实现个人在公共空间拓展想象、选择趣味。

（三）文化娱乐化的功能影响

第一，大众文化以其强烈的娱乐功能，满足各阶层人们的文化娱乐需求。首先，随着市场经济体制逐步完善，激烈竞争和快节奏工作和生活节律，使得人们非常渴望身心放松。大众文化通过其视听等快感效果，能缓释人们的劳作紧张和内心焦虑，表达大多数人的审美和心理需要，使紧张疲惫的身体和精神得到放松。其次，随着我国经济体制转轨在各个领域的全面铺开和改革深化，面对生存重压和社会利益的重新分配及调整，大众心理变得更加敏感、脆弱，极易失衡，需要得到精神抚慰，大众文化为其提供宣泄情感的最佳途径。再次，现代科学技术的迅速推广应用，加快了社会现代化进程。现代社会生活日益喧嚣，人们在紧张、单调、枯燥的劳动时间之外，越来越有意识地追求轻松自在的娱乐方式。电影、电视、流行音乐、通俗报刊，KTV、露天舞场及各种娱乐性设施纷纷出现。大众文化正是以其多样性、娱乐性、广泛性，迅速占领巨大的文化市场，满足大众的文化消费需求。

第二，大众文化突破精英文化的沉重性和受众面的狭隘性，以其生动视听形式和先进传播手段，开拓出一个泛大众文化群体。尊重大众的趣味并不等于没有文化品位。文化必须为社会主义服务，为人民服务。然而，如何真正贯彻落实文化为人民大众服务的问题始终没有得到很好解决。文化是人的教化，特别是在社会主义条件下，文化享受更是普通劳动者的基本权利，文化不能脱离普通大众而存在，大众需要才是文化的生命之源。大众文化在本质上是一种以广大群众的生存、享受和发展需要为出发点和归宿的文化形态。

第三，大众文化以其寓教于乐、潜移默化方式，改变着人们传统的价值观念、思维方式和生活方式。现代社会倡导民主、平等、自由的价值观念，要求尊重个人的正当利益，塑造独立的个性，传统价值观已难以适应这一要求。大众文化以其追求独立个性、更具娱乐功能的特点得以迅速兴起、成长并扩展开来，以其灵活多样的形式，吸引着包括最底层的劳动人民。大众文化一改曾经居庙堂之上的神圣面目，冲出精英分子的文化圈，进一步走向平民，彰显文化的民主化、普及化和平民化。

第三节　中国特色社会主义和谐文化的建构路径

习近平总书记指出：“中华民族崇尚和谐，中国‘和’文化源远流长，蕴涵着天人合一的宇宙观、协和万邦的国际观、和而不同的社会观、人心向善的道德观。在5000多年的文明发展中，中华民族一直追求和传承着和平、和睦、和谐的坚定理念。以和为贵，与人为善，己所不欲、勿施于人等理念在中国代代相传，深深植根于中国人的精神中，深深体现在中国人的行为上。”① 中国传统文

① 习近平:《在中国国际友好大会暨中国人民对外友好协会成立60周年纪念活动上的讲话》，新华网，2014年5月15日。

化的主体精神是一元和谐，和谐文化也是中国特色社会主义文化的重要特征之一。顺应时代和实践发展的要求，遵循优秀传统文化的创造性转化和创新性发展理路，持续推动中国特色社会主义和谐文化的建设进程。

一、社会主义和谐文化的本质属性

社会主义和谐文化具有丰富的内涵，可以从内容层次、本质特征等不同角度进行界定。本书认为，应从两个层面把握和谐文化的本质属性。

（一）以和谐为主要价值取向

中国传统文化强调整体，崇尚和谐统一，和谐要求要素内部以及要素之间配合得当，它强调和而不同、协调相处，体现多样性的协调，表明均衡、协调的发展状态。中国传统文化中包含丰富的和谐思想，如儒家“和为贵”“天人合一”“协和万邦”思想，道家“万物负阴而抱阳，冲气以为和”主张，都把和谐放在重要位置。在人类社会发展历程中，和谐作为一种价值被孜孜不倦地追求，和谐作为一种理念贯穿在实践活动中。和谐文化则是以和谐为思想内涵和价值取向、以文化为表现方式的文化，它融思想观念、理想信仰、价值取向、社会风尚和行为规范于一体，包含着对和谐社会的总体认识和评价，是社会发展和文化建设的有机结合。和谐文化的形成，是一定的社会主体对历史、现实和未来生活的自觉认识和向往，体现社会主体对社会发展的认知水平。从表现形式看，和谐文化包含思想观念、制度规范内容：在思想观念上，和谐文化体现人们对和谐社会的认知和感受，对社会和谐目标的追崇；在制度规范上，和谐文化彰显人们在和谐理念引导下建立起来的一系列调整利益关系、化解社会矛盾的制度和机制。从存在形态看，和谐文化并非独立于社会文化大系统，而是融合于社会文化存在与发展之中，贯穿于社会文化的各种形式之中，其精神内核则是和谐。和谐文化建设对社会主义和谐社会、和谐世界乃至于人类命运共同体的推进意义深远。

（二）彰显主流文化的先进性

社会主义先进文化是人类进步的结晶，遵循历史发展规律，顺应时代发展要求，具有创新性；是民族的科学的大众的文化，既扎根于民族文化土壤，又批判继承人类理性精神，同时尊重民众的实践创造，代表民众要求，为人民服务；是能够不断丰富人们精神世界的文化，指向人的精神世界不断丰富、人的精神力量不断增强，以及人的全面发展。和谐思想观念是人类精神进步的产物，追求人与人、人与社会、人与自然以及人自身的和谐，达到人的全面发展，成为数千年来人类的美好理想。从这个意义上说，和谐文化就是先进文化。和谐文化是一种新的文化形态和文化范式，是一种与优秀传统文化相承接、与人民对美好生活要求相契合、与新时代背景相适应的先进文化，反映了人们对和谐社会的总体认识和理想追求，是构建和谐社会的文化源泉和精神动力。但先进文化并不等同于和谐文化，先进文化较和谐文化内涵更广，和谐文化包含在先进文化之中，成为先进文化的重要组成部分，是先进文化建设的现实要求和具体体现。

总之，所谓社会主义和谐文化，就是以社会主义主流意识形态为核心，以培育践行社会主义核心价值体系和核心价值观为根本，以崇尚和谐、追求和谐为价值取向的思想文化；它融社会主义理想信念和核心价值观、以人为本的发展理念、自然和谐的行为规范于一体，在借鉴人类有益文明成果基础上，不断创新的民族的科学的大众的现代文化；是以先进文化为导引、立足现实、面向时代、放眼世界、与中华民族和谐传统相承接、与和谐社会要求相吻合的文化体系。

二、社会主义和谐文化的主要内涵

社会人类学家马林诺夫斯基认为："文化是包括一套工具及一套风俗——人体的或心灵的习惯，它们都是直接地或间接地满足人类的需求。一切文化要素，若是我们的看法是对的，一定都是在活动着，发生作用，而且是有效的。"① 一般的社会文化都由物质生产文化、制度行为文化、精神心理文化三个层面构成。结合和谐社会的基本特征，社会主义和谐文化应包括以下内容：

（一）和谐物质生产文化

所谓物质生产文化，又称物态文化，是指以艺术语言、动作、图像等手段反映社会生活的文化现象和文化产品。物质生产文化反映人的最基本的文化需求，是因自然规律的作用在使用过程中不断被损耗的文化，是人不断地处理与自然的关系的成果累积。从中国古代"人定胜天"思想到新时代建设"美丽中国"主张，都彰显国人对于人与自然关系认识的转变：由过多地强调人对于自然的征服、改造、利用，转变为尊重自然、善待自然、回归自然、追求人与自然的和谐发展。随着中国社会生产力迅速发展和物质生活水平的不断提高，人们越来越清醒地认识到文化在物质层面和谐发展的重要性与迫切性，这就要求人们树立循环经济、循环消费和良性生态循环理念，合理开发、利用自然资源，保护人类赖以生存的自然环境，走生产发展、生活富裕、生态良好的文明发展之路。

（二）和谐制度行为文化

制度文化，即保证物质生产和社会生活健康有序进行的制度管理文化，是和谐文化在政治制度、经济制度、社会管理制度、行政机关与企事业单位管理制度等的综合体现。"民主法治"是和谐社会的基本特征，是社会公平正义、安定有序的基础和制度保障，成为和谐文化在制度层面的根本体现。首先，和谐文化是民主的文化，坚持以人为本的执政理念，用完善的民主政治制度保障人民当家作主的地位和参与管理国家各项事务的愿望，完善利益表达机制，协调各社会阶层

① （英）马林诺夫斯基著，费孝通译：《文化论》，华夏出版社，2002年版，第15页。

的利益，调动民众参与管理国家各项事务的积极性，发挥民众管理国家各项事务的作用。其次，和谐文化是法治的文化，民主实现需要法治来保障，法治是和谐社会的基本要求和体现。通过饱含人本精神的法律制度来确保人民当家作主的民主权利，规范经济运行，是发展民主政治的必然要求。最后，民主精神和法治精神有机结合并贯穿于社会和谐的管理制度中，从整体上有效地协调、调控社会的运行，推进经济、政治、文化、社会生活的法制化、规范化，推动构建和谐社会目标的顺利完成，因而也成为和谐文化不可或缺的内容。

行为文化是指人们在长期社会实践中形成的行为方式、处世原则等，如社会行为准则、社会道德习惯等。和谐文化在行为文化层面包括平和包容的处世态度、通融和善的行为方式两个方面。首先，处世态度是人们对世界上的人和事的基本认知和心态。处世态度是积极还是消极，影响到人们的社会行为和人生状态。正确、积极、和谐的处世态度，有益于人们身心健康和精神愉悦，有助于更好地融入社会和立业建功。当前，随着中国社会的迅速发展，人们自觉不自觉地卷入"快餐式"文化中，始终秉持一颗平常心，用平和包容的态度看待世界上的人和事，显得尤为重要。其次，在行为方式上，任何社会都要讲规范、讲秩序、讲稳定、讲合作。秉承"和为贵""退一步海阔天空"精神，坚持真善美的价值取向，理性、融通、达观，自觉地求和谐，而不是偏执极端，激化矛盾，引起冲突。

（三）和谐精神心理文化

精神心理文化体现为对信仰和精神的追求，包括人的政治思想树立、精神塑造、道德熏陶、科学文化知识教育、素质能力培训、思维方式引导等方面。在和谐文化中集中体现为坚定的信仰、共同的社会理想、以和为贵的价值观念、和而不同的思维方式和安定健康的社会心理。首先，马克思主义的坚定信仰和中国特色社会主义共同理想是社会主义和谐文化的核心内容。其次，以爱国主义为核心的民族精神和以改革创新为核心的时代精神是社会主义和谐文化的重要内容。以爱国主义为核心的民族精神承继了中国传统的以和为贵的价值观念，要求我们在处理人与人、人与社会、人与自然的关系时，要按照"诚信友爱""公平正义""人与自然和谐相处"等要求，在追求公平正义过程中，善待他人、社会和自然，追求人与人、人与社会、人与自然乃至国与国的和谐；弘扬以改革创新为核心的时代精神，按照"充满活力"的要求，养成和而不同的思维方式，正视客观存在的各种差异性，求同存异，在对立中求统一，在矛盾中求和谐，有效化解矛盾，实现社会和谐。再次，和谐文化还包括安定健康的社会心理。社会主义和谐文化，应该引导人们正确对待自己、他人和社会，塑造符合"安定有序"要求的自尊自信、理性平和、积极向上的社会心态，促进人的心理和谐。

在社会主义和谐文化系统中，物质生产文化、制度行为文化、精神心理文化相辅相成、相互制约、相互融合、相互促进。其中，物质生产文化是基础内容，展示着和谐文化的艺术追求，满足城乡居民多层次、多样化、多方面的精神追求和审美需要；制度文化是关键环节，是物质生产和社会生活健康有序进行的重要保证，反映社会和谐运行的规范化、有序化要求，而行为文化是重要内容，是和谐文化在人们社会行为上的体现，反映社会的现实精神风貌；精神心理文化是核心要素，体现人们对和谐社会目标的向往和追求，决定着物质生产文化、制度行为文化的发展方向。

社会主义核心价值观是社会主义和谐文化的灵魂和集中体现。2014 年 5 月 4 日，习近平总书记在北京大学师生座谈会上说："富强、民主、文明、和谐，自由、平等、公正、法治，爱国、敬业、诚信、友善，传承着中国优秀传统文化的基因，寄托着近代以来中国人民上下求索、历经千辛万苦确立的理想和信念，也承载着我们每个人的美好愿景。我们要在全社会牢固树立社会主义核心价值观，全体人民一起努力，通过持之以恒的奋斗，把我们的国家建设得更加富强、更加民主、更加文明、更加和谐、更加美丽，让中华民族以更加自信、更加自强的姿态屹立于世界民族之林。"①

三、社会主义和谐文化的构建路径

（一）和谐性与先进性相统一

指向和谐性。和谐文化强调和而不同、尊重差异、包容多样，注重主导文化与多元文化、主旋律与多样化的和谐，强调多元归于一统，一统包含多元，在尊重差异中扩大社会认同，在包容多样中增进思想共识，形成百花齐放、百家争鸣的生动局面，在各种文化的动态竞争中，使先进文化得以发展，健康文化得以支持，落后文化得以改造，腐朽文化受到抵制，使不同文化主体和要素在交流比较中互动融合、相互促进、共同发展。

永葆先进性。社会主义和谐文化是先进文化的重要组成部分。它以马克思主义为指导思想，内蕴着中国特色社会主义的共同理想、以爱国主义为核心的民族精神和以改革创新为核心的时代精神，符合中国先进生产力发展要求，代表着中国社会发展的方向和要求；它是民族的科学的大众的文化，体现了中国文化"面向现代化、面向世界、面向未来"的要求，符合时代发展和引领和谐社会建设的本质要求。

（二）人本性与包容性相统一

坚守人本性。以人为本是马克思主义的重要原则。马克思主义认为，未来的

---

① 习近平：《青年要自觉践行社会主义核心价值观：在北京大学师生座谈会上的讲话》，新华网，2014 年 5 月 5 日。

社会是“以每个人的全面而自由的发展为基本原则的社会形式”，它“将是这样一个联合体，在那里，每个人的自由发展是一切人的自由发展的条件”。① 这种“自由人的联合体”的形成，需要一定的条件，核心就是以人为本。以人为本，就是把人民的利益作为一切工作的出发点和落脚点，一切为了人民，一切依靠人民，不断满足人们多个方面的需要，促进人的全面发展。

遵循包容性。所谓“海纳百川，有容乃大”，文化发展，难以依靠单一的文化形态，需要相互宽容。和谐文化强调“和而不同”，承认差异、尊重差异，倡导在多元中立主导。随着经济全球化不断加强，中国面临多种文化并存局面，如主流文化和非主流文化、传统文化和现代文化、雅文化和俗文化、理想文化和现实文化、一元文化和多元文化，等等。因此，建设社会主义和谐文化，要“坚持以社会主义核心价值体系引领社会思潮，尊重差异，包容多样，最大限度地形成社会思想共识”②。

（三）继承性和发展性相统一

秉持继承性。中国优秀传统文化体现出和谐化的价值取向，包含着丰富的和谐思想，是建设社会主义和谐文化重要的思想资源。但建设和谐文化，绝不是简单回归传统文化，更不是以传统文化取代社会主义文化，而是坚持实事求是态度，自觉地消除传统文化中的消极成分，汲取传统和谐思想的有益成分，在继承传统文化精髓的基础上，实现优秀传统文化的创造性转化和创新性发展，立足于中国现阶段的实际，有目的、有意识地构建和营造有益于民族精神生成和发展的文化环境。

着眼发展性。和谐文化以改革创新的时代精神为主体，具有鲜明的发展性。它立足于新时代改革开放和现代化建设实践，着眼于世界文化发展前沿，与和平与发展时代主题相符合、与社会主义基本制度相统一、与和谐社会要求相吻合、与改革创新时代精神相一致，在解决中国的时代课题过程中发展起来，是传统和谐思想在解决现代社会问题过程中被扬弃、创新的结果。要推动中华优秀和谐文化的创新性发展，就应该将现代文化内涵融入民族精神之中，重塑当代中国精神，形成全民族奋发向上的精神力量和团结和睦的精神纽带，凝聚和激励中华民族为实现国家富强、民族复兴而团结奋斗。

四、建构中国特色社会主义新时代文化

习近平总书记在中国共产党第十九次全国代表大会的报告中强调：“中国特色社会主义文化，源自中华民族5000多年文明历史所孕育的中华优秀传统文化，熔

① 《马克思恩格斯选集》（第1卷），人民出版社，1995年版，第294页。
② 《中共中央关于构建社会主义和谐社会若干重大问题的决定》，人民日报，2006年10月18日。

铸于党领导人民在革命、建设、改革中创造的革命文化和社会主义先进文化，植根于中国特色社会主义伟大实践。发展中国特色社会主义文化，就是以马克思主义为指导，坚守中华文化立场，立足当代中国现实，结合当今时代条件，发展面向现代化、面向世界、面向未来的，民族的科学的大众的社会主义文化，推动社会主义精神文明和物质文明协调发展。要坚持为人民服务、为社会主义服务，坚持百花齐放、百家争鸣，坚持创造性转化、创新性发展，不断铸就中华文化新辉煌。”①

建设中国特色社会主义文化，需要正确认识和辩证把握中华优秀传统文化、革命文化和社会主义先进文化三者之间的关系。第一，中华优秀传统文化是中华民族在漫长历史长河中淘洗出来的智慧结晶，既呈现于浩如烟海、灿烂辉煌的文化成果，更集中体现为贯穿其中的思想理念、传统美德、人文精神。它昭示了中华民族的璀璨历史，展现各族人民的伟大创造，也是中华民族在修齐治平、尊时守位、知常达变、开物成务、建功立业过程中逐渐形成的独特标识。第二，革命文化是近代以来特别是五四运动以来，在伟大斗争中培育和创造的思想理论、价值追求、精神品格，集中体现中国近现代文化的发展及其成果，展现顽强不屈、坚韧不拔的民族气节和英雄气概。它既是中华民族革命斗争历史的高度文化凝聚，也是中国精神在革命年代的主要展现形式。第三，社会主义先进文化是在党领导人民推进中国特色社会主义伟大实践中，形成的面向现代化、面向世界、面向未来的，民族的科学的大众的社会主义文化，代表着时代进步潮流和发展要求。“这三种文化都是中华民族在生存发展进程中的伟大创造，记载了中华民族自古以来在建设家园的奋斗中开展的精神活动、进行的理性思维、创造的文化成果，是民族禀赋、民族意志在伟大斗争中的历史表达、时代体现，也是中华民族生生不息、发展壮大的丰厚滋养。”②

中国共产党之所以能始终保持为中国人民谋幸福、为中华民族谋复兴的初心和使命，源于对中华优秀传统文化的创造性转化和创新性发展，源于对红色文化与红色基因的坚守和弘扬。红色基因是党的生命之魂、生存之根、发展之本。红色文化形成于20世纪以来中华民族伟大复兴的血与火的斗争中，既植根于中华优秀传统文化，又成为社会主义核心价值观的重要基因。以习近平同志为核心的党中央高度重视红色文化与红色基因的传承弘扬。2016年4月，习近平总书记视察安徽金寨时说：“一寸山河一寸血，一抔热土一抔魂。回想过去的烽火岁月，金寨人民以大无畏的牺牲精神，为中国革命事业建立了彪炳史册的功勋，我们要沿着革命前辈的足迹继续前行，把红色江山世世代代传下去。”③

① 习近平：《坚定文化自信，建设社会主义文化强国》，求是，2019年第12期。

② 汤玲：《中华优秀传统文化、革命文化和社会主义先进文化的关系》，红旗文稿，2019年19期。

③ 《鉴往知来——跟着总书记学历史：再来大别山，重温革命岁月》，新华社，2019年9月17日。

2016 年 4 月 24 日，习近平总书记参观金寨县革命博物馆并发表重要讲话　新华社记者摄

2019 年两会期间，习近平总书记在看望文化艺术界、社会科学界委员时强调：“共和国是红色的，不能淡化这个颜色。”① 2019 年 9 月，习近平考察河南新县鄂豫皖苏区首府时强调：“党员、干部要多学党史、新中国史，自觉接受红色传统教育，常学常新，不断感悟，巩固和升华理想信念。革命博物馆、纪念馆、党史馆、烈士陵园等是党和国家红色基因库。要讲好党的故事、革命的故事、根据地的故事、英雄和烈士的故事，加强革命传统教育、爱国主义教育、青少年思想道德教育，把红色基因传承好，确保红色江山永不变色。”②

红色文化的重新崛起成为新时代中国特色社会主义文化建设的重要内容。一是党中央高度重视。一切向前走，都不能忘记走过的路；走得再远、走到再光辉的未来，也不能忘记走过的过去，不能忘记为什么出发。党的十八大以来，以习近平同志为核心的党中央高度重视中国共产党革命精神研究与红色文化基因的传承弘扬。2014 年，习近平总书记在视察南京军区机关时强调指出：“要把红色资源利用好、把红色传统发扬好、把红色基因传承好。”2017 年 10 月 31 日，习近平率新一届中央常委集体瞻仰一大纪念馆与南湖红船。同年 12 月 1 日，《人民日报》《光明日报》等主流媒体同时刊

把红色基因传承好，
习近平这样要求

① 习近平：《一个国家、一个民族不能没有灵魂来源》，求是，2019 年第 8 期。

② 习近平：《用好红色资源，传承好红色基因　把红色江山世世代代传下去》，求是，2021 年第 10 期。

发习近平《弘扬“红船精神”走在时代前列》一文。2019 年在全国上下普遍开展“不忘初心，牢记使命”主题教育。2021 年在全国进行党史学习教育活动。二是革命精神成为社会热点。习近平总书记近年来曾对红船精神、井冈山精神、苏区精神、遵义会议精神、抗战精神、长征精神、延安精神、沂蒙精神、大别山精神等一系列革命精神发表过许多重要论述，全国目前基本定型的红色精神表述达到 40 多种。三是教育部门不懈助推。2013 年教育部和中央党史研究室联合设立“高等学校中国共产党革命精神与文化资源研究中心”，并在复旦大学、井冈山大学等 8 校设立研究基地，教育部社科中心分年度出版《高校红色文化资源育人发展报告》，相继创办《红色文化资源研究》《红色文化学刊》等学术刊物。四是学界专家积极回应。2014 年以来，江西、福建等地持续举办“红色文化高端论坛”，江西多所高校教师联合编写出版《红色文化十讲》并入选 2018 年全国主题出版物，赣南师大组织出版“苏区与红色文化研究博士书系”，红色文化读物更是竞相吐芳、百花争艳，以《红色文化概论》《话说红色金寨》为代表的区域红色文化普及图书，采取文字、图片、视频紧密结合的呈现方式，更好地适应信息时代读者的不同需求，受到社会较大关注，红色文化研究传承正在形成全国性热潮。

总之，在中国特色社会主义新时代，构建社会主义和谐文化，要重点宣传阐释中国特色，彰显中华文化积淀着中华民族最深沉的精神追求，是中华民族生生不息、发展的丰富滋养；彰显优秀传统文化是中华民族的突出优势，是我们最深厚的文化软实力；彰显中国特色社会主义植根于中华文化沃土、反映中国人民意愿、适应中国和时代发展进步要求，有着深厚历史渊源和广泛现实基础。社会主义和谐文化高度契合新时代先进文化的总体要求及其发展方向，正如习近平总书记在中国共产党第十九次全国代表大会报告中所宣示的：“中国共产党从成立之日起，既是中国先进文化的积极引领者和践行者，又是中华优秀传统文化的忠实传承者和弘扬者。”并强调“当代中国共产党人和中国人民应该而且一定能够担负起新的文化使命，在实践创造中进行文化创造，在历史进步中实现文化进步！”①

① 习近平：《在中国共产党第十九次全国代表大会上的报告》，人民日报，2017 年 10 月 28 日。

参考文献

[1] 习近平. 习近平论治国理政（第一卷）. 北京：外文出版社，2014.
[2] 习近平. 习近平论治国理政（第二卷）. 北京：外文出版社，2017.
[3] 习近平. 习近平论治国理政（第三卷）. 北京：外文出版社，2020.
[4] 习近平. 在纪念孔子诞辰2565周年国际学术研讨会暨国际儒学联合会第五届会员大会开幕会上的讲话［N］. 人民日报，2014-09-25（1）.
[5] 习近平. 在文艺工作座谈会上的讲话［EB/OL］. 新华网，2015-10-14. http：//www. xinhuanet. com/politics/2015-10/14/c_ 1116825558. htm.
[6] 习近平. 一个国家、一个民族不能没有灵魂来源［J］. 求是，2019，（8）.
[7] 习近平. 文明交流互鉴是推动人类文明进步和世界和平发展的重要动力［J］. 求是，2019，（9）.
[8] 习近平. 在亚洲文明对话大会开幕式上的主旨演讲［EB/OL］. 新华网，2019-05-15. http：//www. xinhuanet. com/photo/2019-05/15/c_ 1124499047. htm.
[9] 习近平. 坚定文化自信，建设社会主义文化强国［J］. 求是，2019，（12）.
[10] 习近平. 在敦煌研究院座谈时的讲话［J］. 求是，2020，（3）.
[11] 习近平. 用好红色资源，传承好红色基因 把红色江山世世代代传下去［J］. 求是，2021，（10）.
[12] 习近平. 在庆祝中国共产党成立100周年大会上的讲话［EB/OL］. 新华社，2021-07-01.
[13] 中共中央办公厅，国务院办公厅. 关于实施中华优秀传统文化传承发展工程的意见［N］. 人民日报，2017-01-26（1）.
[14] 教育部关于印发《高等学校课程思政建设指导纲要》的通知，教高［2020］3号文。
[15] 朱耀庭. 中国传统文化通论［M］. 北京：北京大学出版社，2005.
[16] 冯天瑜，杨华，任放. 中国文化史［M］. 北京：高等教育出版社，2007.
[17] 金元浦，谭好哲，陆学明. 中国文化概论［M］. 北京：首都师范大学出版社，2008.

[18] 张岱年，方克立．中国文化概论［M］．北京：北京师范大学出版社，2009.
[19] 钱穆．钱穆先生全集：中国文化史导论［M］．北京：九州出版社，2011.
[20] 檀江林．中国文化概论［M］．北京：科学出版社，2013.
[21] 柳诒徵．中国文化史（上下）［M］．长春：吉林人民出版社，2013.
[22] 庄锡昌．西方文化史（高教版）［M］．北京：高等教育出版社，2011.
[23] 徐行言．中西文化比较［M］．北京：北京大学出版社，2004.
[24] 卜宪群．与领导干部谈历史［M］．北京：中共中央党校出版社，2020.
[25] 樊浩．中国伦理精神的历史建构［M］．南京：江苏人民出版社，1992.
[26] 张晋藩．中国法制史（第5版）［M］．北京：中国政法大学出版社，2016.
[27] 陈来．古代宗教与伦理［M］．北京：北京大学出版社，2017.
[28] 陈来．古代思想文化的世界［M］．北京：北京大学出版社，2017.
[29] 袁行霈．中国文学史［M］．北京：高等教育出版社，1999.
[30] 王超．中国历代中央官制史［M］．上海：上海人民出版社，2005.
[31] 李林琦．徽商及明清徽州教育［M］．武汉：湖北教育出版社，2003.
[32] 叶显恩．徽州文化定位及其发展大势——徽州文化全书·总序［M］．合肥：黄山书社，2005.
[33] 汤玲．中华优秀传统文化、革命文化和社会主义先进文化的关系［J］．红旗文稿杂志社，2019，(19)．
[34] 韩宵宵．传统文化的生命力在于创造．光明日报，2019-08-18 (12)．
[35] 丁俊萍．一本传承红色基因的优秀普及读物——读《话说红色金寨》［J］．红色文化学刊，2019，(3)．
[36] 檀江林，项银霞．高校红色文化传扬平台的优化与模式构建［J］．教育探索，2017，(6)．
[37] 卞利．论徽州文化及其核心价值：儒家精神及开拓创新精神［J］．理论建设，2014，(4)．
[38] 刘伯山．徽州文化的基本概念及历史地位［J］．安徽大学学报，2001，(6)．
[39] 许总．论宋明理学的形成及其历史必然性［J］．齐鲁学刊，2000，(5)．
[40] 赵吉惠．论儒道互补的中国文化主体结构与格局［J］．陕西师范大学学报，1994，(4)．

后　记

习近平总书记指出："中华优秀传统文化是中华民族的精神命脉，是涵养社会主义核心价值观的重要源泉，也是我们在世界文化激荡中站稳脚跟的坚实根基。"中国人民的特质和禀赋，不仅铸就了绵延几千年发展至今的中华文明，而且深刻影响着当代中国发展进步，深刻影响着当代中国人的精神世界。增强文化自觉和文化自信，是坚定道路自信、理论自信、制度自信的题中应有之义。

英国著名历史学家阿诺德·汤因比博士曾经统计，在近6000年的人类历史上，共出现过26个文明形态，在长期的历史发展演变中，或者被异族征服，或者中断，或者衰落，或者消亡，至今尚存者寥寥。唯有中华文明绵延数千年从未中断，成为世界延续型文化的代表，至今仍展现其强大的生命力。汤因比并预言："21世纪是中国人的世纪。"

在中国特色社会主义新时代，诠释中国优秀传统文化的基本内容、主体精神和价值观念，了解中华民族伟大历史，秉承中华民族基因，增强民族自豪感和自信心，借以探寻优秀传统文化创造性转化和创新型发展的可行路径，让中华文明展现出永久魅力和时代风采。本书主要面向理工类大学生，以习近平新时代中国特色社会主义文化建设思想为指导，遵循理论与实践有机结合理路，贯彻历史与逻辑相统一原则，侧重中国文化的精神形态、思想观念、人文传统、道德规范的形成、演变及其规律性探讨。

本书设计紧密关联的四大模块：首先，系统阐释中国文化的总体状貌、形成背景、发展沿革和基本精神，让读者对中国传统文化有一个总体性把握（绪论、第一章至第三章），绪论重点梳理党的十八大以来提出面向新时代的中国文化自信，第一章重点阐释中国优秀传统文化的主体精神和基本精神，相当于全书的总纲；其次，从"形而上"与哲学认识论高度，深度洞悉儒家思想、道家道教思想、中国佛教文化及法家法文化的主体精神（第四章至第七章）；再次，深度挖掘中国制度文化、史学、文学、艺术、科技及服饰文化等六个部类文化的主要成就及基本精神（第八章至第十三章）；最后，特色板块，对中国区域文化的瑰宝徽州文化、中外文化主要精神比较以及改革开放以来文化大众化、和谐化和红色文化受到重视等予以适度考察（第十四章至第十六章）。必须指出的是，由于受总体篇幅限制，第一版和第二版中的“中国传统哲学思想”和“传统兵家思想”做成二维码处理。

本书由檀江林、夏建圩担任主编，祁高飞、郭晓燕担任副主编，具体分工依次是：绪论、第一章（檀江林）；第二章、第五章（崔景明）；第三章（陈二林）；第四章、第七章、第九章（汪清）；第六章（刘红梅）；第八章（陈伟）；第十章（祁高飞）；第十一章（郭晓燕）；第十二章（王前军）；第十三章、第十四章、第十五章（夏建圩）；第十六章（王前军、孙玉红）。最后由檀江林、夏建圩统稿，胡海燕及合肥工业大学文法学院姚悦、徐海燊同学都参与了书稿核对工作。

特别值得一提的是，本书重点收集整理了2012年以来习近平总书记有关增强新时代文化自觉与文化自信、推动优秀传统文化的创造性转化与创新性发展的数十篇重要讲话及刊发于《求是》《人民日报》的重要文章，并通过二维码方式，分别插入书稿相关章节，便于读者对中国文化做详细考察与深度探究。书中对习近平总书记的多次重要讲话还配上了相关图片。

本书连续获评安徽省“十一五”“十二五”“十三五”规划教材，2011年，本书第一版曾获评“中国大学出版社第二届优秀教材二等奖”，2012年还被中国科学出版社遴选为“科学版素质教育丛书”，凸显一定的社会影响。本书是省哲学社会科学规划项目“安徽近代家风家教研究（JS2015AHZ0236）”及合肥工业大学出版社首批重点资助图书《中国文化概论（修订本）》的最终建设成果。本书编写及修订补充中，广泛参考引用学术界和网络上中国文化相关的最新成果。主要参考资料已通过脚注方式尽可能体现，同时列入书后参考文献中，如有疏漏，敬请谅解。中国文化思想博大精深，中国文化典籍浩如烟海，本书涉猎内容可谓挂一漏万。由于作者专业水平和知识经验所限，书中的不足乃至疏漏在所难免，欢迎读者及专家、同仁批评指正。我们期待在今后教学实践中，不断将本书修改、充实与完善。

本书编写组

2021年9月

图书在版编目(CIP)数据

中国文化概论/檀江林,夏建圩主编.—3版.—合肥:合肥工业大学出版社,2021.10

ISBN 978-7-5650-4381-9

Ⅰ.①中… Ⅱ.①檀…②夏… Ⅲ.①中华文化—教材 Ⅳ.①K203

中国版本图书馆CIP数据核字(2018)第303020号

中国文化概论(第三版)

ZHONGGUO WENHUA GAILUN

主编 檀江林 夏建圩　　　　责任编辑 权 怡

出 版	合肥工业大学出版社	版 次	2009年12月第1版
地 址	合肥市屯溪路193号		2021年10月第3版
邮 编	230009	印 次	2021年10月第9次印刷
电 话	编校中心:0551-62903210	开 本	710毫米×1000毫米 1/16
	市场营销部:0551-62903198	印 张	18.75　字 数 380千字
网 址	www.hfutpress.com.cn	印 刷	安徽昶颉包装印务有限责任公司
E-mail	press@hfutpress.com.cn	发 行	全国新华书店

ISBN 978-7-5650-4381-9　　　　定价:48.00元